AFGHANISTAN

Nicht aus heiterem Himmel

Winfried F. Wiegandt

Orell Füssli Verlag Zürich

Nichts in der Welt ist stärker
als eine Idee, für die
die Zeit gekommen ist.

Victor Hugo

History can never in any manner
of eventuality be what it could,
or should or would, but simply
and unalterably be what it is.

Thomas Carlyle

Abbildungen: Wiegandt: 1, 2, 7, 8, 10, 14–27, 29
Keystone: 3–6, 9, 11–13, 28
Umschlag: Gamma, Paris

Gestaltung: Heinz von Arx, Zürich
Photolithos: Singer AG, Zürich
Satz und Druck: Orell Füssli Graphische Betriebe AG, Zürich
Einband: Schumacher AG, Schmitten FR
Printed in Switzerland
ISBN 3 280 01199 x

Inhaltsverzeichnis

Vorwort

Die Ereignisse in Afghanistan geschahen nicht aus heiterem Himmel. Sie hatten eine längere, komplizierte Vorgeschichte. Man mag sagen: eine Geschichte von Versäumnissen. Die Schilderung des Ablaufs der sowjetischen Invasion im Dezember 1979 muß deshalb, neben einem historischen Abriß, die aktuelle Vorgeschichte der Jahre vor der kommunistischen Machtübernahme einschließen.
Die Beschreibung der gegenwärtigen Situation kann nicht einfach die Polarisation ergeben: hier das alte Königreich, dort Moskau. Afghanistan hat komplexe Strukturen; der König beherrschte nie das ganze Land. Völkerschaften, Stämme, Sprachen, Religionen spielten mit hinein – und die neunzig Prozent der Zukurzgekommenen im Land. Haben heute die Kommunisten nur rund zehn Prozent der Bevölkerung hinter sich, so war das unter dem König nicht viel anders: eine verhältnismäßig kleine Oberschicht herrschte aus der Distanz und auf Kosten der Völkerschaften.
Die Rückkehr zum alten System kann heute nicht die Frage sein. Allerdings sollte die jetzige Herrschaft einer unbefugten Minderheit auch nicht hingenommen werden. Afghanistan hat viele Bedürfnisse und viele Gesichter. Eine Evolution, sehr gemäßigt, fand und findet auf jeden Fall statt, ob mit dem Willen der einen oder anderen politischen Richtung oder nicht.
Die ins Spiel gekommene dritte Kraft in Afghanistan muß das ebenfalls in Rechnung stellen: die islamischen Fundamentalisten. Ihre schier unerschöpflichen geistigen Reserven sollten ebensowenig unterschätzt werden wie ihr wirtschaftlich-finanzieller Hintergrund. Evolution wird auch mit ihnen stattfinden, eingebettet in den moslemischen Glauben. Zu einem Kompromiß werden alle Beteiligten bereit sein müssen: Kom-

munisten, Moslems, Nationalisten, Liberale, Monarchisten. Den endgültigen Sieg kann jeder nur anstreben, voraussichtlich aber, entsprechend der afghanischen Situation, nicht vollständig erreichen. Hilfe von außen – und von allen Seiten –, Geduld und Einfühlungsvermögen werden auch in Zukunft notwendig sein.

Dieses Buch wurde innert sehr kurzer Zeit in Zusammenarbeit mit dem Orell Füssli Verlag, Zürich, geplant. Es entstand, nachdem sich die internationalen Dimensionen der Afghanistan-Krise abzeichneten. Es erhebt keinen Anspruch auf Vollständigkeit; ein wissenschaftliches Werk sollte es nicht werden, vielmehr eine kurzgefaßte Schrift zum Nachschlagen für den interessierten Leser. Afghanistan kann nicht isoliert betrachtet werden, deshalb sind kurze Kapitel auch Nachbargebieten gewidmet.

Das Buch wurde Ende Mai 1980 abgeschlossen. Für das Thema relevante Entwicklungen bis zu diesem Termin wurden berücksichtigt. Den Leser mag es im Verlauf des Jahres, wenn Afghanistan noch hin und wieder in den Tagesnachrichten auftaucht oder beim Studium der unvollständigen Olympia-Ranglisten von Moskau, daran erinnern, wie es diesem Land und seinen Völkern erging, die sich mit vorsichtigen Schritten auf dem Weg vom Mittelalter zur Moderne befanden. Das Bemühen, ihr geistiges und kulturelles Erbe zu wahren, ist weiter vorhanden – auch heute noch.

Der Autor ist Afghanistan und seinen stolzen, eigenwilligen Menschen von zahlreichen Reisen und Begegnungen her in Sympathie verbunden. Das hat notgedrungen auf seine Betrachtungsweise abgefärbt. Er entschuldigt sich nicht dafür. Danken möchte er für Interesse, Zuspruch und Unterstützung, die ihm von vielen Seiten zuteil wurden, als der Plan für dieses Buch Gestalt annahm. Er bittet um Verständnis dafür, daß angesichts der einzuhaltenden Termine nicht alle Anregungen Aufnahme gefunden haben. Ein besonderer Dank gebührt der Schweizerischen Depeschenagentur, Bern, die durch ihr Verständnis und die Hilfe von seiten der Geschäftsleitung einen Besuch Afghanistans und Pakistans ermöglichte und auf großzügige Art und Weise die Fertigstellung des Manuskripts erleichtert hat.

UdSSR
Duschanbe
CHINA
Amu-Darja
Ternez
PAMIR
Faisabad
Wachan
Kundus
Mazar-i-Scharif
BADAKHSCHAN
IRAN
Kuschka
Maimani
HINDUKUSCH
Salang
Bamyan
CHITRAL
HAZARAJAT
Herat
KUNAR
FIRUZ KOH
GHOR
Kabul
Khyber
Jallalabad
AFGHANISTAN
Ghazui
Peschawar
Islamabad
URUZGAN
PAKTIA
Farah
PATSCHUNISTAN (Nordwest-Grenzprovinz)
ZABUL
Grischk
Kandahar
PAKISTAN
IRAN
Quetta
BELUTSCHISTAN
INDIEN

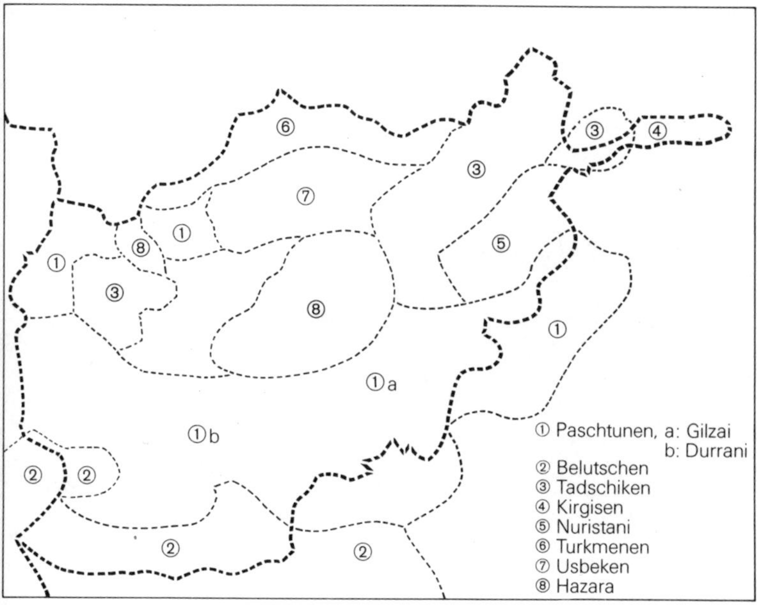
① Paschtunen, a: Gilzai
b: Durrani
② Belutschen
③ Tadschiken
④ Kirgisen
⑤ Nuristani
⑥ Turkmenen
⑦ Usbeken
⑧ Hazara

Der Weg durch die Geschichte

Aus alter Zeit

Die Beziehungen zwischen Ost und West fangen nicht mit Alexander an. Die Vorgeschichte lehrt uns, daß sie Jahrtausende älter sind. Aber wenn Alexander so früh nicht ist, auf dem ostwestlichen Felde ist er groß und unvergleichlich. Auf dem ostwestlichen Felde hat er die Zukunft der Weltkultur bestimmt.

Peter Bamm

Afghanistan als historischen Begriff, wie er uns beispielsweise beim benachbarten Reich der Perser geläufig ist, hat es bis in die neuere Zeit nicht gegeben. Das geographische Gebiet in Zentralasien, das wir heute unter dem politischen Begriff Afghanistan kennen, hat erst seit dem 18. Jahrhundert sukzessive die bis in die Gegenwart gültigen Grenzen erhalten. Es hat sich im Lauf der Geschichte fast ununterbrochen Bedrohungen von außen gegenübergesehen, es wurde in Kriegszügen überrollt und von rivalisierenden Mächten in seiner Nachbarschaft zerrissen und wieder zusammengefügt, zahlreiche Völkerschaften hinterließen ihre Spuren bis auf den heutigen Tag. In diesem weiten geschichtlichen Rahmen gesehen, erscheint die gegenwärtige Bedrohung nur als ein weiteres vom Griffel der Geschichte beschriebenes Blatt.

Nach wissenschaftlicher Ansicht hat es zur selben Zeit, da im Indus-Tal und in Mesopotamien Hochkulturen bestanden, auch in dem zentralasiatischen Raum des jetzigen Afghanistan und an dessen Rändern blühende Kulturen gegeben. Spuren davon gibt es kaum. Ein einziges zusammenhängendes Reich

jedenfalls bestand in der Frühzeit nicht. Die verschiedenen Kleinreiche wurden erobert, zurückgestutzt, bestehenden Imperien einverleibt. Für die Völkerströme war jenes Ariana, wie Strabo es beschrieb, ein Durchzugsgebiet.
Menschliche Siedlungstätigkeit größeren Ausmaßes – schon im 6. Jahrtausend vor Christus – wurde im Norden des Gebietes nachgewiesen, beidseits des Stromes, der aus der Geschichte als Oxus bekannt ist und heute als Amu-Darya die Grenze zwischen Afghanistan und der Sowjetunion bildet. Der Abbau von Lapislazuli in der heutigen afghanischen Nordostprovinz Badakhschan ist seit dem 4. Jahrtausend bekannt. Das Land war reich an Edelsteinen dieser Art und ist es bis heute geblieben. Mit ihnen entwickelte sich seinerzeit ein reger Tauschhandel, der sich bis nach Indien und Ägypten erstreckte.

Ab 2000 vor Christus breiteten sich arische Volksgruppen von Norden her über die Berge und Wüsten Irans und Afghanistans bis nach Indien aus. Die Arianer haben in ihren Hymnen – den Vedas – die deutlichsten Spuren ersten kulturellen Erwachens im Raum zwischen Hindukusch und Amu-Darya für uns hinterlassen. Ihr Name wird noch heute hochgehalten. Die Arianer kannten eine Anzahl Götter sowie ein gewissermaßen «demokratisch» aufgebautes Staatswesen mit einem Alleinherrscher an der Spitze.
Vom 9. Jahrhundert vor Christus an kamen in Eroberungswellen Meder, Perser, dann Assyrer. Sie setzten sich im Westen und Norden der Region fest. Zoroaster (Zarathustra) begann seine Lehre vom alten Ariana (dem nachmaligen Bakhtrien) aus im 6. Jahrhundert vor Christus zu verbreiten. Er soll in Balkh (Bakhtra), das heute in Trümmern liegt, geboren worden sein. Gleichzeitig begann die berühmte Seidenstraße, die China über Balkh mit den westlichen Kulturen verbinden sollte, Gestalt anzunehmen und in jenem Gebiet ihre Spuren zu hinterlassen, das von dem indischen Astronomen Vaharamihira erstmals unter dem Namen Avagana erwähnt wurde.
Wie ein Paukenschlag erscheint in der afghanischen Frühgeschichte der Name eines der persischen Großkönige: Kyros II., der Große, schlug die Meder aus dem Felde und vereinnahmte mit seinen Armeen zwischen 550 und 545 vor Christus Ariana,

schlug es zum achämenidischen Reich und stieß über Turkestans Steppen und Gedrosiens Wüsten (Belutschistan) bis nach Indien vor. So fiel ihm auch der südliche und östliche Teil des heutigen Afghanistan, damals dem Gandhara-Reich zugehörig, zu. All diese Gebiete zählten hinfort als Satrapien zum Achämeniden-Reich. Die Lehre Zoroasters hat dieses iranische Großreich stark beeinflußt. Unter den Nachfolgern des Kyros – Kambyses und Darius I. – bestand das gewaltigste Reich jener Epoche zwischen mittelmeerischem und mittelasiatischem Raum. Doch es sah sich an seinen Rändern schon bald bedroht.
Im Westen begannen sich die Griechen gegen die persische Herrschaft zu wehren. Das zog sich lange hin, und erst der junge makedonische Feldherr und König Alexander setzte mit seinen Kriegerscharen zu jenen Feldzügen an, die dem persischen Reich ebenso zusetzten wie die Aufstände im Osten, in Indien. Im Jahre 331 vor Christus schließlich schlug und tötete der Makedonier, jetzt Alexander der Große genannt, König Darius III., den letzten der Achämeniden. Das persische Großreich fiel ihm zu. Es hatte ihn ununterbrochene Kämpfe gekostet, und Kämpfe bestimmten auch die folgenden Jahre, in denen Alexander weiter nach Osten vorstieß. Indien lockte. Die Feldzüge führten den neuen Großkönig, der mehr Feldherr war, durch Bakhtrien und Sogdiana (Samarkand). Aus Bakhtrien wird berichtet, daß Alexander dort die gefangene Prinzessin Roxane zu seiner Frau machte. Aber sein unruhiges Blut hielt ihn nicht. Über den Hindukusch trieb es ihn weiter, nach Indien. Erst 326 vor Christus konnte Alexander überzeugt werden, am Indus umzukehren. Durch Gedrosien und über das Arabische Meer zogen seine Heere zurück. Rund zwanzig Städte tragen seither im mittleren Asien den Namen Alexanders des Großen; Kandahar und Herat sind seine Gründungen. Für ein ganzes Jahrtausend sollte griechische Kultur, verbunden später mit jener des Buddhismus, der Region den Stempel aufdrücken.
Dem Weltreich Alexanders erging es nach dessen frühem Tod nicht viel anders als dem der Perser – es fiel Neid und Mißgunst der Nachfolger und Satrapen anheim. Einzig Seleukos Nikanor, jener Feldherr, der Babylonien geerbt hatte, machte

den erfolgreichen Versuch, den drohenden Verlust der Satrapien im Osten aufzuhalten. Bakhtrien, das flache Land nördlich des Hindukusch, blieb für rund zwei Jahrhunderte unter hellenistischem Einfluß. Die Herrscher des Seleukidenreiches stießen wieder bis gegen Indien vor. Verloren geben mußten die Seleukiden hingegen um 305 vor Christus den Süden und Osten, die Satrapien Arachosien und Paropamisos. Sie fielen an das mächtig anwachsende Reich des Inders Chandragupta, den Maurya-Staat. Einer seiner Nachfolger, Kaiser Aschoka, führte nach seiner Bekehrung 263 vor Christus den Buddhismus in jenem Gebiet ein.
Mittelasien war in der folgenden Zeit ständig von Unrast erfüllt. Während Jahrhunderten sah es Völkerzüge zwischen Indien und Iran; türkische und innerasiatische Eroberer erschienen. Von Westen und Norden fielen Parther und Skythen ein, von Süden schob sich das entstehende Kuschan-Reich vor. Es waren die Yüeh-tschi aus dem Nordosten, aus Innerasien, die nach den Skythen um 125 vor Christus Bakhtrien und Sogdiana eroberten, tief nach Süden vordrangen und schließlich die Kuschan-Dynastie errichteten. Griechischer Einfluß in Kunst und Kultur blieb unter den großen Kuschan-Herrschern Kadphyses und Kanischka lange Zeit erhalten, wenn auch die weitere Verbreitung des Buddhismus nicht aufgehalten werden konnte. Aus der Begegnung zwischen diesen zwei so gegensätzlichen Kulturkreisen ging die Gandhara-Kunst hervor, von der noch heute zahlreiche Werke zeugen.
Um 450 nach der Zeitwende begannen die ersten Hunneneinfälle. Sie verstärkten sich rasch und führten in der Folge zur Zerstörung Bakhtriens und Kuschans. Erst von den arabischen Sassaniden geschlagen, verschwanden die Hunnen wieder in den Steppen Innerasiens. Im zentralasiatischen Hochland blühte mehr denn je der Buddhismus. Überwältigendes Zeugnis davon legen noch heute die riesigen Buddhafiguren in der braunen Sandsteinwand des Bamiyan-Tales ab, das zu jener Zeit ein berühmtes Klosterzentrum war.

571, das Jahr der Geburt des Propheten Mohammed in Mekka, markierte für die gesamte mittelasiatische Region den Beginn einer fürwahr umwälzenden Epoche. Eine neue Religion, der Islam, breitete sich, einem Feuer gleich, von Arabien her nach allen Himmelsrichtungen aus. Der «Steppenbrand» erreichte in der Folge Persien. Aus dem Streit um die Nachfolge des Propheten rührte später das Schisma im Islam. Bis heute behaupten sich im iranisch-irakisch zu umreißenden Raum die Schiiten, obwohl sie nicht mehr als rund zehn Prozent Anteil unter den Moslems stellen. Im persischen Hochland wurden 637 die Sassaniden endgültig geschlagen. Sunnitische Ommayaden stießen weiter nach Norden vor, 652 standen sie vor Herat. Der umfassenden, oftmals gewalttätigen Islamisierung wurde zwar erst im Indus-Tal Einhalt geboten, der Buddhismus aber war zurückgedrängt. Für den Gott des Lichtes und den Gott des Rades war in Mittelasien die hohe Zeit vorbei. Zu viele Völker der Region hatten sich bereit gezeigt für die neue Lehre, zu viele waren einfach zu schwach gewesen, sich zu wehren. Griechisch beeinflußte Kunst und Kultur wurde verdrängt.

Doch der Islam war nicht allein mit Feuer und Schwert gekommen. Im Namen Allahs und seines Propheten Mohammed wurde nicht nur die Islamisierung der eroberten Gebiete vollbracht. Aus der neuen geistigen Kraft erwuchsen Baukunst und Dichtung zu hoher Blüte. Sie erreichten ihren ersten Höhepunkt in Mittelasien unter der im Südosten des heutigen Afghanistan an die Macht gelangten Dynastie der türkischstämmigen Ghaznaviden, noch vor der Jahrtausendwende. Die Stadt Ghazni, heute zurückgesunken zu einem staubigen, umkämpften Marktflecken südlich von Kabul, wurde nach den erfolgreichen Vernichtungszügen der sunnitischen Dynastiegründer Sebütigin und Mahmud, die sich gegen Indien richteten, zur «größten Stadt der Welt». Zumindest war sie eine der blühendsten, ein Treffpunkt der bedeutendsten Dichter und Architekten. Ghazni wurde ein Sultanat, anerkannt vom Kalifen. Mahmud der Große war nicht nur ein fähiger Heerführer und grausamer Eroberer, er führte auch den Ehrentitel «Beschützer der persischen Kultur».

Als Dichtkunst und Dynastie ihrem Niedergang entgegengingen, war es im 12. Jahrhundert eines der von den Ghaznaviden eroberten Kleinreiche im Innern des heutigen Afghanistan, dem der erfolgreiche Gegenschlag gelang: Ghor. Mit zerstörerischer Wucht drang dieses afghanische Bergvolk aus dem Gebiet des Firuz-Koh-Gebirges nach Südosten vor. Den Ghoriden gelang es, sich für die jahrzehntelange Unterdrückung durch die türkischen Ghaznaviden zu rächen und als erster vermutlich als rein afghanisch zu bezeichnender Stamm ein Reich bis zu den indischen Ebenen zu besetzen. Ghazni, die Blühende, wurde von Allauddin Hassan, dem Ghoridenführer, verbrannt – Jahandus, «Brandstifter der Welt», wurde er danach genannt. Sein Nachfolger ließ sich als Sultan von Ghazni bestätigen und stieß über das Fünfstromland (Panjab) nach Delhi und Benares vor, der Schwerpunkt der Ghoridenherrschaft verlegte sich nach Indien. Die Zeit der persisch-, arabisch-, türkisch- oder indischstämmigen Herrschergeschlechter für den Bereich des heutigen Afghanistan schien vorbei. Das Gebiet blieb jedoch weiterhin sunnitisch.

So rasch die Ghoriden aufgestiegen waren – sie wurden ebensosehr dem Vergessen anheimgegeben wie die Ghaznaviden. Auch sie waren geschwächt durch familiäre Uneinigkeit, das Leiden vieler Dynastien. Den seit dem frühen 13. Jahrhundert einfallenden Horden des Dschingis Khan boten sie darum kaum Widerstand. 1221 begann der Eroberungs- und Zerstörungszug des großen Mongolen durch das Ghoridenreich – von dessen Kultur zeugen in heutiger Zeit nur noch wenige Baudenkmäler, so das erst seit kurzem entdeckte, einsam in der Landschaft Ghor stehende Minarett von Jam, östlich von Herat, sowie architektonische Spuren in Herat selbst. Die blühenden Städte jener Zeit, Balkh, Bamiyan, Kabul, Ghazni und Herat, wurden von Dschingis Khans Mongolen gnadenlos zerstört, die Bevölkerung verschleppt oder getötet.
Da starb im Jahre 1227 der Eroberer. Die vier Söhne Dschingis Khans teilten die Beute, ein Reich zwischen Peking und Wolga, unter sich auf. Marco Polo, der im selben Jahr auf seiner Reise zum chinesischen Hof die Seidenstraße entlangzog, erwähnte Herat überhaupt nicht, Balkh bot sich schon ihm als Trümmerhaufen dar. Im Jahr 1250 war das, was Afghanistan werden sollte, halb persisch und noch halb mongolisch (das Khanat Djagatai).
Der Sturm war damit für die zentralasiatische Region nicht

vorüber. 1370 ließ sich Tamerlan (Timur Lenk), ein Eroberer von unglückseliger türkisch-mongolischer Mischung, zum Machthaber ausrufen. Samarkand wurde seine Hauptstadt. «Der Hinkende», fanatisch und ungebildet, wurde zu einem Sinnbild des Schreckens für Asien. Tod und Trümmer hinterlassend, suchte er sich mit seinen Horden den Weg. Im Gebiet, das uns interessiert, Südafghanistan und Südiran, gelang es ihm, durch Zerstörung der kunstvollen Bewässerungssysteme eine Wüste bis auf den heutigen Tag zu hinterlassen. Belutschistan und Seistan vermochten sich von diesem Schlag nie wieder zu erholen. Zu Beginn des 15. Jahrhunderts herrschte die blutrünstige Gestalt Tamerlans unangefochten zwischen Kleinasien und dem indischen Subkontinent. 1404 ereilte ihn der Tod – er war dabei, auch China zu attackieren.
Tamerlans Denkmal wurde nicht die mit dem Schweiß Tausender von Sklaven errichtete Residenz Samarkand. Eher sind es die Ruinenfelder und Wüstengebiete, die von ihm zeugen. Sein Name lebte in seinen Nachfolgern weiter, den Timuriden. Macht war ihnen, im Sinne Tamerlans, zwar weniger beschieden, doch kam es zu einer neuen kulturellen Blüte. Herat, als neue Hauptstadt der Timuriden, zeugte besonders unter der Herrschaft Hussein-i-Baiqaras davon. Unter diesen iranisierten Timuriden gelangte die Miniaturmalerei Persiens zu ihrem Höhepunkt, die Kunst der Schrift und der Fayence desgleichen. Unvergleichliche Moscheen und Medressen zeugen bis heute von der schöpferischen Kraft, die ihrer Herrschaft entsproß. Es war das letzte Mal, daß künstlerische Impulse dieses Ausmaßes von einer Dynastie auf afghanischem Boden ausgingen.
Als Staatslenker hatten die Timuriden weniger Glück. Ihre Reiche vergingen in Anarchie, das Ende des 15. Jahrhunderts war auch ihr Ende. Turkmenen und Usbeken schafften sich Raum, eroberten Herat und Kabul. Doch sie hielten sich nicht lange. Im Westen wurden sie vom Reich der iranischen Sassaniden in ihre Grenzen verwiesen; im Nordosten, in Transoxanien, dem Land hinter dem Oxus, vermochten sie eine Zeitlang einem Nachkommen von Dschingis Khan und Tamerlan das Leben schwerzumachen. Nachdem dieser – Babur, «der Tiger» – versucht hatte, sich in Samarkand zu halten, suchte er

sich schließlich neue Ziele. Es gelang ihm, das ohnehin mongolisch beherrschte Kabul zu erobern und im Verlaufe der folgenden zwanzig Jahre in weiten Gebieten Indiens und des heutigen Afghanistan seine Herrschaft zu festigen. Sie sollte als das Reich der Großmoguln für zwei Jahrhunderte Bestand haben. Schwerpunkt war – wieder einmal – Indien, mit Delhi und Agra, obwohl der Reichsgründer Babur das Land seiner Herkunft liebte und sich in Kabul bestatten ließ. Die Chance aber, ein rein «afghanisches» Reich zu begründen und zu erhalten, wurde nach dem Versuch der Ghoriden ein weiteres Mal vertan. Die Reichtümer Indiens waren zu verlockend.
Auch für Baburs mongolische Nachfolger – die Großmoguln Homayun, Akhbar, Jehangir, Jehan, Aurangzeb – stand das indische Großreich bis hin nach Bengalen im Vordergrund. Erst mit Bahadur ging die Epoche der aus dem fernen Hochland stammenden, in den Ebenen Indiens heimisch gewordenen Großmoguln 1712 zu Ende. Sie hinterließ – das gehört nur bedingt zum Kapitel Afghanistan – mit der indisch-islamischen Kunstform zugleich unzählige Reichtümer; das Grabmal Taj Mahal in Agra ist, nach unseren Begriffen, ihr populärster Ausdruck, es gibt im heutigen Indien und Pakistan unzählige andere.

Das ins Abseits geratene Afghanistan – jener Landstrich zwischen Bergen und Unfruchtbarkeit – verhielt sich unterdessen keineswegs ruhig. Zwar waren dort die Interessensphären zwischen Safawiden und Großmoguln geregelt – an der Oberfläche. Die Stämme an dieser imaginären Grenze hinderte es nicht, sich auf Kosten der Großen ein gewisses Maß an Unabhängigkeit zu erhalten. An dieser Unabhängigkeit, oft wild verteidigt, haben die Großmächte unserer Zeit noch zu beißen. Sie führte in einem folgerichtig erscheinenden Ablauf zum eigentlichen Staat Afghanistan, auch wenn das damals keineswegs abzusehen war und dieser erst zwei Jahrhunderte später Brief und Siegel seiner Unabhängigkeit erhielt.
Begonnen hatte, was für Afghanistans Staatswerdung zählt, mit Auflehnungen zweier Stämme gegen die Safawiden. Zu Beginn des 18. Jahrhunderts warfen die westpaschtunischen Abdali die Perser aus Herat heraus und versuchten, nach Me-

sched vorzustoßen; mehr Erfolg hatte ein östlicher Paschtunenstamm, die Gilzai, unter Mir Waiz. Sie stießen nach Südiran vor und eroberten Isfahan und den Pfauenthron. Eine afghanische Dynastie regierte in Persien – doch nicht lange. Einer der Feldherren des letzten Safawiden-Schahs Tahmasp, der türkischstämmige Iman Kuli Nadir, nützte die Aufstände in Iran und die Abwesenheit des Schahs, sich mit Hilfe der einflußreichen Khane und seines Heeres an die Macht zu schwingen. Als Nadir Schah, König aus eigener Kraft, hielt er mit eiserner Hand ein Reich zusammen, das sich nach zehn Jahren – 1737 hatte er mit seinen Feldzügen begonnen – auf ein Gebiet zwischen Kaukasus und Ganges erstreckte. Von der Macht hatte er die «Afghanen» verdrängt, als Krieger waren ihm diese Paschtunen bei seinen Indien-Feldzügen sehr recht. 1747 wurde Nadir Schah in Mesched umgebracht. Die «Afghanen» hatten eine weitere Gelegenheit, ihr eigenes Reich zu schaffen. Die Paschtunen als größte ethnische Gruppe des Gebietes zwischen Hindukusch und persischer Salzwüste wurden der entscheidende Faktor bei Staatsgründung und Staatszusammenhalt.

Die eigene Dynastie

Einer vom bereits erwähnten Abdali-Stamm, der Nadir Schah gedient hatte, nützte nach dem Tod des Königs die Chance. Achmed Khan Sadozai machte sich im selben Jahr 1747 zu Achmed Schah – König eines noch zu schaffenden Staates: mit 24 Jahren. Es gelang ihm in den Jahren darauf, die indischen Besitztümer Nadirs zu behaupten, wobei er als wichtigsten Sieg den von 1761 über die hinduistischen Maharattas zu verzeichnen hatte, die von einem vereinigten großindischen Reich träumten. Zugleich aber wurde durch diesen Erfolg auch der Weg für eine neue Macht frei, die in der Folge den Ablauf überschatten sollte, der zur afghanischen Unabhängigkeit führte: die Briten.

Dur-i-Durrani, «Perle der Perlen», wurde der Abdali-Sproß nach seinen Erfolgen genannt. Achmed Schah – mit ihm begann für die Stämme der nun so benannten westpaschtunischen Durrani eine neue Dynastie. Über zwei Jahrhunderte stellten die Durrani das afghanische Herrscherhaus, bis 1973, als Zahir Schah abdankte. Sie hatten während dieser Zeitspanne, das muß gesagt sein, alle Hände voll zu tun, den konkurrierenden großen Stammesverband der Gilzai-Paschtunen, von dem ebenfalls starke Anstöße zur Staatsgründung ausgegangen waren, von der Macht fernzuhalten.

Zahir Schah und sein Nachfolger, der Republikgründer Prinz Daud, waren Durrani, ihre Gegner aus dem dann folgenden sozialistischen Lager waren Gilzai. Erst der verstädterte Machthaber von heute, Karmal, verwischte die strengen Grenzen eines intern-paschtunischen Machtkampfes, bei dem Beweggründe mitspielen mögen, die über rationale Begriffe weit hinausgehen: Westafghanen gegen Ostafghanen, sogar die Zugehörigkeit zum «staatstragenden» Volk der Paschtunen – die Abdali und späteren Durrani kamen schließlich aus der Gegend von Herat.

Die Intrigen zwischen den unabhängigkeitsuchenden Afghanenvölkern konnten sich ganz neu auf der mittelasiatischen Szene erscheinende Mächte im 19. Jahrhundert zunutze machen. London und Sankt Petersburg hatten die Region im Blick, sowohl der Zar wie der britische Vizekönig in Indien versuchten Einfluß auszuüben auf ein Gebiet, das sie ihrem Interessenbereich zurechneten; beide versuchten sich am entstehenden Reich Afghanistan flächenmäßig zu bereichern; beide entsandten Missionen an den Hof des Emirs in Kabul. Die Neuzeit meldete sich.

Erste britische Bemühungen um den in Kabul regierenden Schah Schuja (Elphinstone-Mission) führten zum Vertrag von Kalkutta im Jahre 1809. In ihm sollte der Herrschaftsbereich Schujas anerkannt werden, dieser sich im Gegenzug verpflichten, einer von Napoleon angedrohten Armee gegen Britisch-Indien den Durchmarsch zu verweigern. Allerdings wurde Schuja schon im Jahr darauf durch seinen Neffen Mahmud gestürzt. Afghanistan sah sich internem Machtgerangel ebenso ausgesetzt wie Druck von außen: neben den Briten versuchten Russen und Perser sich auf Kosten Kabuls am Lande zu bereichern. Erst 1826 gelang es den Durrani, mit Dost Mohammed Barakzai, in Kabul wieder einen repräsentativen Herrscher zu

installieren, allerdings über ein recht zusammengeschrumpftes Reich.
Den Briten paßte der freiheitsliebende Dost bei ihrem Versuch, ihre unsichere Position an der Nordwestgrenze Britisch-Indiens zu verbessern, überhaupt nicht. Andererseits versuchten sie um jeden Preis zu verhindern, daß dieser sich mit Persern oder Russen arrangierte. Kontaktversuche mit Kabul in den Jahren 1830 und 1837 führten zu nichts. Als Dost sich statt dessen zu Verhandlungen mit einer russischen Gesandtschaft herbeiließ, war für die Briten das Maß voll. Ihr Missionschef Burnes verließ nach zweijährigem vergeblichem Antichambrieren Kabul, und die «afghanische Affäre» wurde anders angefaßt. Der seit seiner Vertreibung in Peschawar, auf der anderen Seite des Khyber-Passes, in der zweiten Hauptstadt der Paschtunen lebende Schah Schuja kam wieder ins Spiel. Laut «Verrat» rufend über die Versuche Kabuls, eigenständig zu agieren, dekretierte 1838 der britische Gouverneur Lord Auckland, Schah Schuja werde, «umgeben von seinen Truppen und beschützt von einer britischen Armee», in Afghanistan einziehen. 1839 eroberte Schuja Kabul zurück und verjagte Dost.
«Wie sich die Worte gleichen», ist man mit einem Blick auf die Situation vom Dezember 1979 versucht zu sagen, da sich der unbeliebte Babrak Karmal, beschützt von einer sowjetischen Armee, wieder in Kabul etablierte, wo er von Daud und Taraki zweimal von der Macht verdrängt worden war. Angesichts des 1839 und 1979 jeweils folgenden Aufstandes gegen den neuen alten Herrscher, die zweite Parallele, ist man weiter versucht zu fragen: Ziehen die Großmächte niemals Lehren? Großbritannien jedenfalls zog aus dem Folgenden keine. Für London begann eine sich wiederholende blutige Geschichte von Afghanenkriegen.
Der erste dieser Kriege begann im selben Jahr, in dem Schuja von den Briten ins Spiel gebracht worden war, 1838. Er zog sich über vier Jahre hin. Im November 1841 erreichte er mit einem Volksaufstand in Kabul seinen Höhepunkt. Die Niederlage der Briten zeichnete sich ab. Missionschef Burnes und zahlreiche Offiziere wurden ermordet. Das war nicht alles: Gleichzeitig schlugen die Afghanen im Norden eine russische Invasionstruppe zurück – für das Land nichts Ungewöhnliches: be-

reits 1605, 1717, 1739 und 1882 hatten Afghanen russische Einmarschversuche abgeschlagen. Dieser kostete das Zarenreich 3000 Menschenleben. Es war nichts im Vergleich zu der Katastrophe, die die britische Indus-Armee im Winter 1841/42 nach dem Volksaufstand beim Auszug aus Kabul ereilte: auf dem Weg zum Khyber-Paß metzelten die Afghanen die gesamte abziehende Streitmacht und ihren Troß nieder – rund 16 500 Mann. Der Sohn des exilierten Dost, Akhbar, leitete die Aktionen. Angeblich kam bei den Briten nur ein Mann davon.
Im Jahre darauf nahmen sie furchtbare Rache. Kabul wurde eingenommen und teilweise in Brand gesteckt, die Zitadelle zerstört. Schah Schuja aber war in der Zwischenzeit ermordet worden. In einem klugen Schachzug ließen die Briten es zu, daß der heimgekehrte Dost Mohammed seinen verlorenen Thron wieder einnahm. Er regierte zwanzig weitere Jahre, eroberte verlorengegangene Provinzen zurück und gab dem Lande weitgehend seine heutige Gestalt. Die Region Peschawar, die nachmalige Nordwest-Grenzprovinz, ging ihm zwar durch den Vertrag von 1855 mit den Briten verloren, doch gelang es ihm weitgehend, die Reihen der so oft uneinigen afghanischen Völkerschaften zu schließen.
Unter Dosts Nachfolger, seinem dritten Sohn Scher Ali, der von 1863 bis 1879 regierte, kam es zum zweiten britisch-afghanischen Krieg. Die Russen versuchten 1865 und später wiederum, sich zwischen das britische Vizekönigreich und Persien zu schieben. Scher Ali ermunterte in britischen Augen diese Versuche. Er hatte 1873 die Anerkennung der Grenze seines Herrschaftsgebietes am Amu-Darya durch die Russen erreicht und wollte dasselbe vom britischen Vizekönig. Zwar zeigte der sich nicht abgeneigt, doch wandte sich Premierminister Gladstone im fernen London dagegen. Späteres Einlenken von dessen Nachfolger Disraeli hatte keinen Erfolg mehr in Kabul. 1878 empfing Scher Ali in seiner Hauptstadt eine russische Gesandtschaft, die Briten aber wies er am Khyber-Paß ab. Das war für London ein Casus belli. Drei Armeekorps zogen aus, den Emir zu bestrafen, überrollten innert sechs Wochen das Gebiet zwischen Kandahar und Kabul. Scher Ali blieb nichts anderes übrig, als sich nach Rußland abzusetzen. Er starb im Jahr darauf. Die Macht in Kabul übernahm nur zu bereitwillig sein im Vol-

ke unbeliebter Sohn Jakub Khan. Seinem schwächlichen Charakter entsprechend zeigte dieser sich gegenüber den Briten schon bald zum Einlenken bereit. Er unterzeichnete im Mai 1879 den seither in Afghanistan in unrühmlicher Erinnerung stehenden Vertrag von Gandamak. In ihm sicherte er zu, seine Außenpolitik nach britischen Wünschen zu gestalten und zudem auf einen beträchtlichen Streifen Land in Belutschistan sowie den Khyber-Paß zu verzichten. Für die Afghanen bedeutete dieser Vertrag eine Kapitulation, und Jakub Khan galt hinfort als Verräter.

Die erneut in Kabul eingezogene britische Mission hatte gegenüber den feindselig gestimmten Afghanen keinen leichten Stand, wollte dies jedoch nicht wahrhaben. Sie täuschte in ihrem Hochmut sich selbst und ihre Herren in Britisch-Indien – bewußt oder unbewußt, das bleibt offen – über die wahre Situation. Im Sommer 1879 war sie in Kabul eingezogen – sechs Wochen später waren der Gesandte Cavagnari und die ihn begleitenden Soldaten nicht mehr am Leben. Die Großmacht hatte aus ihrer ersten Niederlage die Lehre nicht gezogen.

Obwohl die Briten sich wiederum blutig rächten und erneut Kabul besetzten, gilt der Schlag gegen die britische Mission als der zweite afghanische Sieg im zweiten britisch-afghanischen Aufeinandertreffen. Die Engländer nahmen den verrufenen Jakub Khan mit sich (er starb in Indien erst 1923) und setzten 1880 einen Enkel Dost Mohammeds auf den Thron: Abdurrahman. Die Entwicklung in Afghanistan überließen sie weitgehend sich selbst. Erst vierzig Jahre später, im Jahre 1922, nach einem weiteren Krieg und einem endgültigen Unabhängigkeitsvertrag, sollte es wieder einen britischen Gesandten in Kabul geben: Das souveräne Königreich Afghanistan und Großbritannien nahmen miteinander diplomatische Beziehungen auf.

Abdurrahman hingegen überließ sein Erbe Afghanistan keineswegs sich selbst. Fast abgeschlossen von der Außenwelt, die aus ihrer politisch motivierten Habgier keinen Hehl machte, forderte Abdurrahman das Land und seine Völker und Stämme nachdrücklich auf, sich auf sich selbst zu besinnen. Wo das

nichts nützte, half er mit Gewalt nach. Gebiete, die sich im Grunde nie hatten unterwerfen lassen, wurden in einem fünfzehn Jahre dauernden Kampf unter die Herrschaft der Zentralgewalt gezwungen, so das Hazarajat im Landesinnern, das jedoch schiitisch blieb. Bekehrt wurden hingegen die Bewohner Kafiristans, nordöstlich von Kabul. Aus dem Land der Ungläubigen wurde unter Abdurrahman Nuristan, das Land des Lichts – wenigstens dem Namen nach.
Kafiren – Heiden – leben nach ihrem eigenen Ritus heute noch «hinter den Bergen», im benachbarten Tal, westlich von Chitral im Norden Pakistans. Sie nennen sich selbst Kalasch und sollen teilweise Nachkommen von Alexanders Heerscharen sein. Hellhäutigkeit und manchmal ein paar blaue Augen bezeugen diese Theorie, nicht viel mehr. Es handelt sich nur um ein paar tausend Menschen. In Pakistan läßt man sie in Ruhe, wie unter den Engländern, und versucht nicht, sie zu bekehren.
Zur Überraschung der Briten hatte sich Abdurrahman als Staatsmann erwiesen. Afghanistan war keineswegs zerfallen, wie sie wohl gehofft haben mochten. Abdurrahman hatte nicht nur seine Herrschaft im Lande selbst gefestigt, sondern tat überdies das Seinige, um international anerkannte Grenzen für Afghanistan zu erreichen. Er «konnte es» sowohl mit den Russen wie mit den Briten. Seiner starken Zentralregierung ist die Wahrung der Grenze am Amu-Darya und die Schaffung einer Grenze im Westen und Süden zu verdanken: der Mortimer-Durand-Linie, die im Jahre 1893 festgelegt wurde – wenigstens auf dem Papier – und mit der sich außer London auch Sankt Petersburg einverstanden erklärte. Der «Pufferstaat Afghanistan», weitgehend nach den Vorstellungen der damaligen Großmächte geformt, hatte Gestalt angenommen. Nach afghanischen Begriffen herrschte außerdem Frieden im Land. Widerspenstige Stämme und Provinzen waren unterworfen, hielten still. Abdurrahman starb in diesem Frieden im Jahre 1901.

Eintritt ins 20. Jahrhundert

Der Sohn Abdurrahmans, Habibullah, folgte seinem erfolgreichen Vater ohne wesentliche Schwierigkeiten auf dem Thron

des Emirs von Afghanistan. Er erwies sich als gemäßigt reformfreudig, wie es der diffizilen innenpolitischen Konstellation in seinem Lande angemessen war. 1907 unterzeichneten Briten und Russen ein Abkommen, das Afghanistan eine Art «territoriale Unabhängigkeit unter britischer Kontrolle» zusicherte. Der eigentlichen Kolonialisierung war das Land, obwohl ausgesprochen schwach und unter Stammesintrigen leidend, entgangen – oder gerade deshalb. Außerdem war es als Rohstoffquelle so wenig verlockend wie als Absatzmarkt.
Die gesamte afghanische Unabhängigkeitsgeschichte ist in diesem Zusammenhang zu betrachten. Die einzelnen Stämme wären durchaus zu unterwerfen gewesen. Der Emir und auf der anderen Seite der Durand-Linie die Briten ließen klugerweise die Finger davon und begnügten sich mit einer lockeren Oberaufsicht, der jederzeit aber militärisch nachgeholfen werden konnte. Halbautonom sind die Stämme entlang dieser Grenze bis heute geblieben. In den pakistanischen «Tribal aereas» (Stammesgebieten) läßt sich bis heute die Zentralregierung höchst oberflächlich durch einen «Political agent» (Regierungsvertreter) repräsentieren. Solange die bisherigen Vorrechte und Traditionen der Stämme nicht eingeschränkt werden, halten sie auch still – jedenfalls meistens. So ist mit den vergehenden Jahrzehnten die Legende von den «unbesiegbaren Afghanen» (gemeint sind Paschtunen und Belutschen) und ihrer wilden, unstillbaren Sehnsucht nach vollständiger Unabhängigkeit entstanden. Sie durchzieht die Geschichte des Landes und verfälscht sie manchmal sogar, liebenswürdig oder ehrgeizig – «Siege» waren die Metzeleien der Afghanenstämme an den Briten nicht; ebensowenig waren die Briten ständig mit Niederlagen konfrontiert. Nationaler Überschwang spielte schon früh auf beiden Seiten mit.
Habibullah forcierte die Modernisierung Afghanistans, soweit es ihm die mittelalterlichen Verhältnisse gestatteten. Er sorgte für die ersten Schulen, Zeitungen, Straßen. Im Ersten Weltkrieg blieb das Land unter seiner Führung strikt neutral. Versuchungen waren dennoch gegeben. So unternahm es der deutschfreundliche türkische Militärführer Enver Pascha, eine islamische Gemeinschaftsaktion gegen Britisch-Indien zu organisieren. Er und andere interessierte Delegationen, darunter

eine deutsche, erhielten in Kabul höfliche, aber bestimmte Absagen.
Trotzdem kam der Emir auf dem Weg in die vollständige Souveränität seines Landes kaum voran. Im Gegenteil, er mußte erneut um den Bestand Afghanistans bangen: 1917 wurde es im Gefolge der sowjetischen Revolution an der Nordgrenze unruhig. Die Bolschewiken nahmen Turkestan ein und machten sich daran, die verbliebenen russischerseits bereits früher bedrohten Khanate und Emirate zu erobern. Auch Afghanistan schien gefährdet, mit ihm der bescheidene Reformer Habibullah. Da erfolgte ein unerwarteter Gegenschlag: im Februar 1919 wurde der Emir von moslemischen Fanatikern ermordet.

Neuer Herrscher Afghanistans wurde Habibullahs drittgeborener Sohn Amanullah. Er hatte nichts Eiligeres zu tun, als das Land als vollständig unabhängig von britischer Oberhoheit zu erklären: im Mai 1919 verkündete er kurzerhand den Krieg gegen Großbritannien. Es war eine vornehmlich diplomatische Maßnahme, zwar auch gegen die Rebellen unter den Stämmen gerichtet, doch in erster Linie zur Erzwingung von Verhandlungen mit den Briten. Es kam zu einem kurzen dritten britisch-afghanischen «Krieg»: Delhi schickte Truppen gegen Jallalabad, Kabul ließ General Nadir Khan auf das Fort Thal marschieren – aber das war auch schon alles. Diese «Kriegserklärung» kostete Amanullah zwar einiges Land und die Subsidien, die bisher jeder Emir aus Delhi bekommen hatte, aber nach Verhandlungen wurde im August 1919 in Rawalpindi jenes Abkommen geschlossen, das Afghanistan die endgültige außenpolitische Unabhängigkeit gewährte. Seit 1921 gab es auf der weltpolitischen Bühne die anerkannte souveräne Nation Afghanistan. Der solcherart gestärkte Amanullah ließ durch Missionen Kontakte in Europa und Amerika knüpfen. Freundschaftsverträge wurden mit der Türkei und den Nachbarn Persien und Sowjetunion geschlossen. Besonders letztere führt diesen Vertrag von 1921 heute gern wieder im Munde.
Die Wirklichkeit im revolutionären Norden sah etwas anders aus. Hielten im Osten die Briten endlich Ruhe, so meldeten sich an der kritischen Nordgrenze des jungen Staates die Bolschewiken. Sie richteten in den eroberten Emiraten nördlich

des Amu-Darya in revolutionärem Eifer wahre Blutbäder unter den Moslems an. Enver Pascha versuchte auch dort, zu halten, was zu halten war; dabei kam er selber ums Leben. In der Folge wagten sich die Bolschewiken 1925 auch an Afghanistan heran. Doch der Konflikt um eine Amu-Darya-Insel konnte beigelegt werden. Er mündete ein Jahr später, 1926, in einen Nichtangriffs- und Neutralitätspakt mit den Bolschewiken.
Dieser Vertrag darf als Ausgangspunkt für die langfristigen Pläne Moskaus gesehen werden, Afghanistan – konnte es schon nicht der Sowjetunion eingegliedert werden – möglichst eng an sich zu binden und dem westlichen Einflußbereich nach und nach zu entziehen. Zumindest seit 1926 betrachteten die Sowjets Afghanistan eher als zu ihrer denn zu einer anderen Interessensphäre gehörend. Auf Bemühungen anderer Seiten, waren es nun zuerst europäische Staaten oder, nach dem Zweiten Weltkrieg, Iran und die USA, reagierten sie prompt und, wie es schien, uneigennützig: mit dem unverfänglich erscheinenden Mittel vermehrter Hilfeleistungen.
Nachdrückliche Reformen für Afghanistan versuchte erstmalig Amanullah. Unter ihm wurden Verwaltung, Schulwesen und Armee modernisiert, der Einfluß des Klerus zurückgeschraubt. Schleier für Frauen und Mädchen schaffte er ab, weitere kulturelle und soziale Neuerungen folgten. Großes Vorbild Amanullahs war der türkische Reformer Kemal Atatürk. Der Emir übersah nur eines: sein Land war nicht die Türkei, hatte nie einen engen Kontakt mit der Außenwelt gehabt. Bei den Mullahs geriet Amanullah bald in Verruf, und ab 1924 begannen sich die Stämme, die ihre Traditionen bedroht sahen, zu erheben. Amanullah mußte die Armee vorgehen lassen.
Nachdem er innen- wie außenpolitisch die Probleme geregelt glaubte, nahm Amanullah 1926 offiziell den Titel eines Königs an. Als solcher begab er sich auf eine seinerzeit vielbeachtete Europareise. Angeregt von den ihm während eines halben Jahres vermittelten Eindrücken, fuhr er nach der Heimkehr mit Reformen nach westlichem Muster fort. Es sollte ihm schlecht bekommen. Dieses Mal wurde er der konterrevolutionären Zustände nicht Herr, Stammes- und Bandenkriege zwangen Amanullah im Januar 1929 zur Abdankung.

Einer der als «reaktionär» bezeichneten Bandenführer, ein Tadschike und Ex-Soldat namens Batscha-e-Saqao (Sohn des Wasserträgers), hatte die ihm ins Kodaman-Tal entgegengesandten Truppen überwältigen und Kabul stürmen können. Von der dortigen Bevölkerung, im Oktober 1928 gegen Amanullah aufgestanden, wurde er begrüßt. Unter dem angenommenen Namen Habibullah II. und mit dem Segen des Großmullahs Hazera führte der Tadschike während acht Monaten in der Hauptstadt sein «islamisches» Regiment. Es war der erste erfolgreiche Aufstand anderer afghanischer Völkerschaften – und augenscheinlich unterer Schichten – gegen die drückende und unverstandene Herrschaft des «staatstragenden Volkes» der Paschtunen. Batscha-e-Saqao war nicht der blutige Räuber, der in Kabul ein Schreckensregime errichtet hatte, wie es heute dargestellt wird. Vielmehr war er bei allem Raubrittertum in breiten Schichten ein beliebter Mann; ein Freund der armen Bevölkerung, der eroberte Reichtümer verteilte; vielleicht – ein wenig hoch gegriffen – ein afghanischer Robin Hood, der, selbst ein Sohn des Volkes, die religiösen und kulturellen Gebräuche nicht antastete.
Politik war seine Sache nicht; so ereilte ihn sein Schicksal. Das Königshaus der Durrani hatte längst beschlossen, zurückzuschlagen. Nachdem Amanullahs älterer Bruder nach dessen Abdankung versagt hatte, schwang sich der politisch und militärisch fähigste Mann – wie es das Land seit jeher gewohnt war – an die Spitze: der bereits während des dritten kurzen Krieges gegen die Briten bewährte General Mohammed Nadir Khan, Amanullahs Vetter. Ihm gelang es, die Unterstützung der einflußreichsten Stämme zu erhalten, so der Mohmand und der Waziri. Eines einte die Paschtunen alle: ihre Herrschaft über Afghanistan war in Gefahr. Sie mußten den Anspruch, allein staatstragend zu sein, behaupten. Auch deshalb mußte der Tadschike auf dem Königsthron auf dem schnellsten Wege beseitigt werden – die Völkerschaften des Landes hätten ja auf eigene Ideen kommen können. Aber auch die Briten schienen vom Umschlagen des «Abenteuers», auf das sie sich bei der Unabhängigkeitsgewährung für Afghanistan eingelassen hatten, gar nicht erbaut.
Mit Geld, Waffen und Stammesunterstützung reichlich verse-

hen, erreichte Nadir Khans Feldzug gegen Kabul Anfang Oktober 1929 sein Ziel: die Hauptstadt wurde zurückerobert, der Sohn des Wasserträgers geschlagen und gefangengenommen. Die Rache der «wahren» Afghanen – nämlich der Paschtunen – war fürchterlich: einen Monat später wurde der Tadschike hingerichtet; zuerst erschossen und dann zur Schau und zur Warnung öffentlich aufgehängt. Batscha-e-Saqao hatte, das konnte durch kein Bemühen der Durrani weggewischt werden, einen Fingerzeig auf kommende Ereignisse getan. Ereignisse, die vielleicht auf keine Weise hätten verhindert oder abgebogen werden können; daß die Durrani sie weder erkannten noch zu ihren Gunsten abzuwenden versuchten, müssen sie sich heute vorhalten lassen.

General Nadir Khan bestieg als Nadir Schah den Thron. Anerkennung und Unterstützung der Briten folgten auf dem Fuß. Unter Nadirs Herrschaft wurden Reformversuche wesentlich vorsichtiger gehandhabt oder unterlassen, der neue König hatte seine Verpflichtungen. Außerdem hatte Nadir Schah sich diverser Einmischungen von außen – Britisch-Indien und Sowjetunion –, aber auch von innen zu erwehren. Als er begann, stand er praktisch wieder vor dem Nichts. Trotzdem machte Nadir sich daran, Armee und Finanzen des Landes in Ordnung zu bringen. Außerdem führte er die konstitutionelle Monarchie ein (1932). Es waren Versuche, die immer wieder durch Stammesrebellionen und soziale Unruhen herausgefordert und mit Härte niedergeschlagen wurden. Namentlich die Anhänger des hingerichteten Tadschiken Batscha-e-Saqao und eines Getreuen des geflohenen Amanullah, des Generals Ghulam Nabi Khan, den Nadir 1932 exekutieren ließ, riefen nach Rache.

Nach afghanischen Bräuchen hieß das: Blutrache. Am Jahrestag der Hinrichtung General Ghulam Nabis, dem 3. November 1933, war es soweit. Ein Schüler der deutschen Schule in Kabul, der Sohn des Generals, feuerte nach einem Sportanlaß auf den König und traf ihn tödlich. Nadir Schahs Sohn Mohammed Zahir bestieg als Zahir Schah den Thron. Mullahs, Älteste und Stammesführer hatten ihn an einer Loya Jirga (Große Versammlung) bestimmt – und damit Reformpläne aller Art aufs

Eis gelegt. Neunzehnjährig, stand Zahir über ein Jahrzehnt unter Aufsicht seines Onkels Haschim Khan, eines Bruders von Nadir Schah, seit 1929 Premierminister.

In den folgenden dreißig Jahren regierte Zahir Schah nie selbst. Stets lag die Macht in den Händen seiner Onkel oder anderer Verwandter, die sich oft gegenseitig neutralisierten – jeder hatte eine Hausmacht unter den Stammesgruppen. Eher auf Konsolidierung der eigenen Macht denn auf Entwicklung des Landes lag die Betonung. Während des Zweiten Weltkrieges gelang es dem isolierten Afghanistan erneut, seine Neutralität zu wahren. Anschließend, 1946, trat es der UNO bei. Erst zu dieser Zeit trat der seit Zahirs Thronbesteigung diktatorisch regierende Haschim Khan seinen Ministerpräsidentenposten an seinen liberaleren Bruder Mahmud ab. Er hatte über sechzehn Jahre Land und Völker zusammengehalten – aber um welchen Preis: Afghanistan war ein Land, in dem die Zeit stehengeblieben schien. Doch den Geschehnissen in seiner unmittelbaren Umgebung konnte es sich nun nicht weiter entziehen.
Es traten Ereignisse ein, die selbst das scheinbar schlafende Kabul veranlaßten, aus der Reserve zu treten. Großbritannien gab sein indisches Vizekönigreich auf. Die mit Britisch-Indien seinerzeit vereinbarte Grenze im Osten und Süden, die Durand-Linie, wollte Afghanistan gegenüber dessen Rechtsnachfolger, dem neugegründeten Moslemstaat auf dem Subkontinent, Pakistan, nicht anerkennen. Afghanistan wollte die auf der anderen Seite der imaginären Grenzlinie unter britischer Herrschaft in gewisser Weise prosperierenden Paschtunen (Pathanen) und Belutschen «heimholen». Seither ist die Paschtunistan- und Belutschistan-Frage ein Begriff. Über fünfzig Jahre lang hatte Afghanistan, seiner politischen Schwäche eingedenk, stillgehalten. Jetzt drängte es auf Vereinigung aller Paschtunen und Belutschen unter seiner Herrschaft. Außerdem wollte der Binnenstaat einen Zugang zum Meer: über Belutschistan hoffte er ihn zu erreichen.
Afghanistan konnte, schwach wie es geblieben war, seine Wünsche nicht durchsetzen. Großbritannien nahm eine späte Rache. Das Binnenland am Hindukusch blieb in gesteigertem Maße in seiner Entwicklung vom Ausland abhängig. So kam es

in den ersten Nachkriegsjahrzehnten zum vielgelobten Wettstreit der Entwicklungsprojekte zwischen Amerikanern und Sowjets. Versuchten die einen, im ausgetrockneten Süden des Landes quasi bei Tamerlan und seinen Zerstörungen anzuknüpfen, indem sie sich großangelegten, kostspieligen Bewässerungsprojekten wie den Staudammanlagen im Hilmend-Bekken widmeten, konzentrierten sich die anderen auf Infrastrukturaufgaben im Norden. Zielgerichtet wurden die Verbindungslinien der Sowjetunion zum südlichen Nachbarn modernisiert. Moskau wußte zu dieser Zeit bereits, auf was es ausging.

1953 war der zu liberal agierende Onkel Zahir Schahs, Mahmud, nach Unruhen vom Amt des Regierungschefs abgelöst worden. Der seit 1950 als Verteidigungsminister amtierende Vetter des Königs, Mohammed Daud Khan, ein General, übernahm die Macht. Mit den Unruhen machte der Autokrat Daud rasch ein Ende. Er hatte seine eigenen Vorstellungen davon, wie Afghanistan vorwärtsgetrieben werden sollte. 1956 wurde ein erster Fünfjahresplan für das Land eingeführt. Das Novum kam mit sowjetischer Beratung zustande. Auch kamen in der Folge vermehrt sowjetische Techniker ins Land; es spürte die frühere Vernachlässigung und benötigte Fachleute aller Art. Die Armee wurde zudem in größerem Maße mit sowjetischem Material ausgerüstet.

Daud baute in den zehn Jahren seiner Regierungstätigkeit, 1953 bis 1963, die Kontakte wirtschaftlicher und militärischer Art zur Sowjetunion ungeniert aus. Ohne Auslandshilfe wäre in Afghanistan auch weiterhin nichts gegangen. Interessant war in diesem besonderen Fall, daß die beiden Großmächte Sowjetunion und Vereinigte Staaten zugleich dem Lande großzügig beisprangen. Vielleicht wurde damals der Grundstein dessen gelegt, was Moskau heute als «Bedrohung» an seiner südlichen Grenze hinstellt.

Daud spielte gleichzeitig den Afghanistan so am Herzen liegenden Paschtunistan-Konflikt in ungeahnter Weise hoch. Er schürte offen die Unzufriedenheit unter den pakistanischen Paschtunen- und Belutschenstämmen; Afghanistan führte er auf diese Weise bis an den Rand eines Krieges. Pakistan re-

agierte hart, nachdem die zu seinem Staatsgebiet gehörenden Paschtunen – dort Pathanen genannt – sich in einer fragwürdigen «Abstimmung» zum neuen Staatsgebilde bekannt hatten und Kabul dennoch nicht locker ließ: es schloß Grenzen und Transitrouten des Binnenlandes Afghanistan!
Retter wurde einmal mehr die Sowjetunion. Sie erklärte sich bereit, afghanische Exportgüter auf ihrem Territorium durchzuschleusen oder in großzügiger Weise selber abzunehmen. Ein Grund mehr, die Verkehrswege von und nach dem Norden zügig auszubauen. Dazu gehörte die Hauptverkehrsader von Kabul zum Amu-Darya, über den in 3300 Meter Höhe gelegenen Salang-Paß, der mittels eines 3500 Meter langen Tunnels und Lawinenverbauungen entschärft wurde. Bezahlt wurde das Werk von den Sowjets. Die Afghanen wären dazu gar nicht in der Lage gewesen. Seither verbindet eine «Rollbahn» aus Beton nicht nur Masar-i-Sharif und Kundus mit Kabul. Die Transporte kommen von weiter her, von dem anderen Ufer des Amu-Darya. Eine ähnliche Verbindung stellten die Sowjets zur gleichen Zeit von der Grenzstadt Kuschka in Richtung Herat, der zweitgrößten Stadt Afghanistans, her.
Andere notwendige Projekte und Importe bezahlte Afghanistan im wesentlichen langfristig mit seinen Rohstoffen. Waren es zunächst die Woll- und Baumwollernten, so kamen später die Erdgasfunde im Norden wie gerufen. Mittels eines Zwanzigjahresvertrages machte sich die Sowjetunion zum Hauptabnehmer. Sie baute spezielle Überführungsleitungen in die sowjetischen Moslemrepubliken, die dadurch heute fast unabhängig sind von Erdgaslieferungen aus der übrigen Sowjetunion. Afghanistan erhielt im Gegenzug noch großzügigere Anleihen und Waffenlieferungen und wurde wirtschaftlich äußerst eng an den großen Nachbarn gebunden. Es stand Ende der sechziger Jahre beim gesamten Ostblock mit schätzungsweise 300 Millionen Dollar in der Kreide, eine Summe, die rasch größer wurde. Die Amerikaner hingegen zogen sich langsam zurück. Sie hatten auf die pakistanische Karte gesetzt.

Trotz dieser allmählichen Entwicklung war Afghanistan im Innern seinen feudalen Strukturen weitgehend verhaftet geblieben. Doch es begann sich Opposition zu regen. In den größe-

ren Städten machte sich eine latente Unzufriedenheit bemerkbar, die sich jedoch nicht stark artikulierte. Der politisch längst mündig gewordene König Zahir hatte diese Entwicklung ebenfalls beobachtet. Ihm war klar, daß Demokratisierungsversuche unternommen werden mußten und dabei Aristokratie und Oligarchie zuallererst Federn lassen würden. 1963 schob Zahir Schah dem zu mächtig gewordenen Prinzen Daud einen Riegel und versuchte die schwierige Gratwanderung. Nicht nur sollten die Vorrechte von Stammesführern, Mullahs, Großgrundbesitzern vorsichtig beschnitten werden, vor allem sollte auch die zu groß gewordene Abhängigkeit gegenüber der Sowjetunion verringert werden. Zahirs Vorgänger waren bei derartigen Experimenten abgestürzt, trotzdem ließ der König sich nicht beirren. Ein weiteres Mal fiel in Afghanistan im doppelten Sinn der Schleier; die Königin ging zum einen voran, zum anderen war es der Schleier vor den verkrusteten gesellschaftlichen Entwicklungen, den der König seinem Land mit eigener Hand abnehmen wollte.
Mit seiner Erklärung, er habe «die Demission von Ministerpräsident Daud angenommen», hatte Zahir Schah sein Land und die Welt überrascht. Was es bedeutete, wurde als erstem dem Gestürzten klar: vehement forderte auch Daud plötzlich die Abschaffung jener feudalen Strukturen, auf denen ruhend er zehn Jahre seine Macht hatte ausüben können und die abzuschaffen er sich wohlweislich gehütet hatte. Der König ernannte – erstmals für Afghanistan und sein Königshaus – einen bürgerlichen Ministerpräsidenten, Mohammed Jussuf. Man begann mit der Ausarbeitung einer demokratischen Verfassung für das Land. Der unter Daud mit Pakistan vom Zaun gebrochene Grenzkonflikt um die Durand-Linie wurde 1965 friedlich beigelegt. Die Paschtunistan-Frage schlief – bis zum nächsten Mal.
Mit der zum 1. Oktober 1964 unterzeichneten Verfassung ließ Zahir Schah zumindest die Ansätze parlamentarischer Kontrolle zu. Ein Zweikammerparlament wurde eingeführt, das Königshaus von den Regierungsposten ausgeschlossen, die Erbfolge erstmals fest geregelt. Es waren alles Maßnahmen, die inskünftig den Ausbau einer Machtposition, wie es diejenige Dauds gewesen war, verhindern sollten. Sie begünstigten

aber auch, und das war keineswegs beabsichtigt, den raschen Sturz der Monarchie. Zahir sah vielmehr für sich in Zukunft eine Rolle als Vermittler zwischen den drei Gewalten, wie sie seinem zurückhaltenden Wesen entsprach.
Außenpolitisch blieb die formelle Neutralität Afghanistans weiter unangetastet. Aber auch die wirtschaftliche Anlehnung an die Sowjetunion blieb erhalten, ja es schien im Gegenteil, als habe unter den Nachfolgern Dauds die Sowjetunion ihren Einfluß bei dem kleinen Nachbarn im Süden kontinuierlich vergrößern können. Militärs und Studenten wurden in steigender Anzahl in Moskau ausgebildet; Zahir Schah besuchte insgesamt fünfmal die Sowjetunion; die Auslandsschulden Afghanistans gegenüber Moskau wuchsen augenfällig.
Im Land selbst gärte es weiter. Es war offensichtlich nicht damit getan, den exponierten Daud aus dem Verkehr zu ziehen. Mit Parlamentswahlen hatten, zumal die Parteienfrage offengeblieben war, die gegenläufigen Strömungen im Volke nicht kanalisiert werden können – im Gegenteil: bei seiner Gratwanderung hatte Zahir Schah sich nach mehreren Seiten gleichzeitig exponiert. Nicht nur verdammten rechtsgerichtete Großgrundbesitzer und Stammesführer sowie religiöse Fanatiker, wie zu erwarten gewesen war, alle Demokratisierungsversuche und versuchten sie zu unterlaufen, sie warfen vielmehr dem gesamten Königshaus vor, «den Kommunismus im eigenen Schoß gezüchtet zu haben» – wohlgemerkt meinten sie dabei sowohl den ohnehin als «roter Prinz» verschrieenen Daud als auch den zu «liberalen» König und seine Umgebung. Auf der anderen Seite verurteilten die in zunehmender Zahl vorhandenen städtischen Linksintellektuellen und mit ihnen die in Moskau ideologisch ausgerichteten Studenten und Offiziere alles als «Scheindemokratie», was immer Zahir Schah und seine Regierungschefs versuchten. Nach Studentendemonstrationen und blutigen Straßenkrawallen in Kabul dankte Ministerpräsident Jussuf im Oktober 1965 ab. Nicht jeder in Afghanistan war mit der harten Hand Dauds unzufrieden gewesen, schien es jetzt.
Nachfolger Jussufs wurde der Diplomat und Pressemann Mohammed Maiwandwal. Er sollte der «progressivste» Regierungschef werden, den das Land bis dahin gekannt hatte.

Afghanistans Wirtschaft zeigte Anzeichen von Prosperität in bescheidenem Ausmaß, das Parlament wurde, wenigstens von Zeit zu Zeit, aus seinem Zustand der Inaktivität geschreckt, besonders wenn an Privilegien gerüttelt wurde. Und es wurde gerüttelt – nicht nur im Parlament. Zusammenstöße auf den Straßen Kabuls, in der Universität, aber auch unter den Abgeordneten häuften sich. Tote und Verletzte waren zu verzeichnen. Maiwandwal blieb, ebenso wie Jussuf, nur zwei Jahre Regierungschef. Seine Gesundheit war schwer angeschlagen, als er 1967 zurücktrat und seinem Außenminister Nur Achmed Etemadi Platz machte.
Politisch änderte sich unter Etemadi weder im Innern noch nach außen viel, eher ließen sich gesellschaftspolitisch Rückschritte feststellen. Die Gegensätze zwischen rechts und links wurden, nachdem die Parlamentswahlen von 1969 den neuen Machtzuwachs rechtsgerichteter Kreise bestätigt hatten, mit noch größerer Schärfe im Parlament ausgetragen. Nachdem 1965 einigen Sozialisten und auch fünf Frauen unter der Bezeichnung «Unabhängige» der Einzug in das erste Abgeordnetenhaus geglückt war, gab es nun den Gegenschlag: in größerer Zahl als früher saßen auf den Abgeordnetenbänken die Stammes- und Interessenvertreter der Rechten. Regierung und Volksvertreter waren überdies in gegenseitiger Machtlosigkeit gefangen. Wie üblich gehörte keiner der Minister in Etemadis Kabinett dem Unterhaus an, niemand sah sich zu Rechenschaftsberichten veranlaßt, niemand auch, auf Proteste von Volksvertretern oder des Volkes selbst, die in den Straßen laut wurden, einzugehen. Am inaktivsten schien der Regierungschef. Parteien unterlagen immer noch der Genehmigungspflicht – und diese Genehmigung kam nie. Jeder der Abgeordneten, schien es, wurde höchstens dann aktiv, wenn es um ganz persönliche Interessen seiner selbst oder seines Klans ging. Die Schwächen der neuen Verfassung wurden schonungslos bloßgelegt. Etemadi trat 1971 infolge Kabinettsdifferenzen und einer Abstimmungsniederlage zurück.
Seine Bilanz sah nicht gut aus, die der königlichen Aktivitäten noch weniger: die soziale Unrast, die Afghanistan zuerst langsam erfaßt hatte, war rapide größer geworden. Die Wahlen von 1969 hatten die innenpolitischen Gegensätze scharf be-

leuchtet, und zu ihrem Abbau wurde wenig bis nichts unternommen. Afghanistan war – wieder einmal – in einen selbstverschuldeten Rückstand geraten, den es aus eigener Kraft bei den gegebenen Verhältnissen nicht aufholen konnte. Auf einen kurzen Nenner gebracht: draußen auf der Straße standen in immer größerer Zahl die mit den sozialen Zuständen Unzufriedenen aller Schattierungen, drinnen im Parlament saßen fast allein die Stammes- und Oligarchievertreter und versuchten unter oberflächlich «demokratischer» Kaschierung zu verteidigen, was noch zu verteidigen war. Auf diese Weise zeichnete sich eine Lösung nicht ab. Die Kluft wurde tiefer: Moslemstudenten prügelten sich mit linksgerichteten Kommilitonen nicht nur aus weltanschaulichen, sondern aus schlicht pekuniären Gründen. Es gab weder genügend Studienplätze noch zufriedenstellende Anstellungsverhältnisse im Anschluß an das Studium, es gab zuwenig Geld. Kabuls Universität und die Schulen wurden zeitweise geschlossen.

Zur gleichen Zeit wurde Afghanistan nach Dürreperioden von beträchtlichen Hungersnöten heimgesucht. In den Jahren 1971 und 1972 starben Tausende von Menschen in den betroffenen Provinzen, die Bauern schlachteten die letzten Schafe, ihren einzigen Reichtum. Um einen neuen Anfang zu machen, Saatgut und Vieh zu kaufen, verschuldeten sie sich in großem Ausmaß und hatten kaum mehr Aussicht, aus diesem starken Abhängigkeitsverhältnis gegenüber Landbesitzern und Händlern herauszufinden. Die Unzufriedenheit über die Inaktivität, die Regierung und Parlament in Kabul an den Tag legten, drang bis in die letzten Täler.

Überdies war die Abhängigkeit Afghanistans von der Sowjetunion auf wirtschaftlichem, technischem und militärischem Gebiet für weite Kreise offensichtlich geworden. Bereits die Hälfte des gesamten Außenhandels lief über die Sowjets, im Lande selbst lief in der Verwaltung und bei Entwicklungsprojekten ohne ausländische Berater fast nichts, und das waren meistenteils ebenfalls Russen oder Vertreter anderer Ostblockstaaten. Ein bezeichnendes Licht auf die Verhältnisse im militärischen Bereich warf das Bemühen der Sowjetunion, die von ihr ausgerüstete und ausgebildete afghanische Armee am kurzen Zügel zu führen: deren Benzinvorräte, die aus der Sowjet-

union kamen, reichten nie weiter als rund zehn Tage. Auf diese Weise kurzgehalten, hatte Afghanistan aus dem indisch-pakistanischen Krieg von 1971 keinen Vorteil zu ziehen vermocht.
Unter dem ab 1971 als Nachfolger Etemadis regierenden Abdul Zahir, einem früheren Botschafter, sowie unter dem nur kurz an die Macht gelangenden Mohammed Schafiq gelang es nur notdürftig, einen gewalttätigen Ausbruch aufgrund der sozialen Gegensätze in Afghanistan zu vermeiden. Unter der Oberfläche aber brodelte es verdächtig. Außenstehende merkten wenig von diesen Vorgängen im Land am Hindukusch, das zu jener Zeit höchstens einen Ruf als korrumpierte Hippie-Zwischenstation auf dem Wege nach Indien und Nepal hatte: Afghanistan als Durchzugsland, wieder einmal, aber von einer ganz anderen Art und Weise. In Wirklichkeit hatten Kräfte, die glaubten, die entstandene kritische Lage meistern zu können, sich längst formiert: Prinz Mohammed Daud – und ein Teil der Linken.

Rückblick

1973 gilt offiziell als das Jahr des Endes der Monarchie in Afghanistan. Sie hatte nur etwas über fünfzig Jahre einem als völlig unabhängig geltenden Land vorgestanden. Weder war es ihr gelungen, das Land unabhängig zu halten oder gar selbständig zu machen noch vermochte sie mit den bereits in den Anfangsjahren des jungen Staates sichtbar werdenden sozialen Belastungen fertigzuwerden. Was als «kennzeichnende Vielschichtigkeit Afghanistans» im positiven Sinne hervorgehoben wurde, zeigte mit den Jahren immer stärker seine negativen Seiten. Daran zerbrach nicht nur die Monarchie und der Versuch in Demokratie: daran ging Afghanistan als souveräner Staat zugrunde.
Schon für die Situation zu Beginn des neuen Jahrhunderts war nicht allein das Auftreten der «Reformkönige» Habibullah und Amanullah sowie die Erlangung der Unabhängigkeit kennzeichnend gewesen. Afghanistan sah sich zur selben Zeit dem Beginn einer zunehmend reaktionär-konservativen Strömung

von seiten der sunnitischen Geistlichkeit und der traditionsgebundenen Stämme gegenüber. Sie hat bis heute ihre Kraft behalten. Für diese Gegenspieler der Zentralgewalt galt und gilt der Versuch einer Öffnung des Landes, einer zeitgemäßen Antwort auf Gegebenheiten der Außenwelt nicht als notwenig oder gar erstrebenswert. Man hatte gekämpft, man hatte letzten Endes sogar «gewonnen», so sah man es in jenem Teil der afghanischen Bevölkerung. Afghanischer wollte man gar nicht werden, keine Rede davon, daß die ungeformte Nation noch zusammengeschweißt werden mußte. Man sah nicht ein, daß die frisch erlangte Unabhängigkeit Verpflichtungen auferlegte. Andererseits mußten Afghanistan und sein Herrscherhaus – nicht länger von Subsidien ausgehalten – lernen, für sich selber zu sorgen. Das bedingte die Aufschließung des Landes, wenn auch in gemäßigter Form. So kam es andauernd zu Friktionen. Bei dem Versuch, Anschluß an die Neuzeit zu finden, ist es in Afghanistan – die Ereignisse beweisen es – mehr oder weniger bis auf den heutigen Tag geblieben. Die Gegenreaktion auf Reformversuche konnte während dieser Zeit nicht zum Erlöschen gebracht werden.
Die Begehrlichkeit der Großmächte in bezug auf den «Pufferstaat» Afghanistan ist bis in die Gegenwart wach geblieben. Sie war nach dem dritten britisch-afghanischen Krieg, nach der Gewährung der Souveränität und dem Abschluß rückversichernder Abkommen mit den Mächten keineswegs erloschen. Doch waren es in den Jahrhunderten zuvor unkontrollierte Überfälle auf das Land am Hindukusch gewesen, Durchzüge und Eroberungen, die eigentlich verlockenderen Zielen galten, so konzentrierten sich im beginnenden 20. Jahrhundert die Bemühungen der Großen im mittelöstlichen Kräftespiel ganz gezielt auf Kabul selbst. Ebenso wie Britisch-Indien versuchte auch Rußland, später die Sowjetunion, durch großzügig gewährte Unterstützung in verschiedenen Bereichen – das Wort Entwicklunghilfe gab es noch nicht – das Land an sich zu binden; es war Generosität, hinter der immer die Drohung stand.
Afghanistan versuchte zwar zu balancieren, mit ebenso gezielten Kontakten zu Frankreich, Deutschland, der Türkei und Persien gegenzuhalten, nur nützte es angesichts der politischen Ereignisse nicht viel. Zwei Weltkriege zeigten Kabul, daß es

nicht darum herumkam, sich selbst militärisch vorzusehen, wollte es nicht mit seiner Stillhaltepolitik, die es so gern als Neutralität bezeichnete, in absehbarer Zeit zerrieben werden wie ein Korn zwischen zwei Mahlsteinen.
Nachdem die zwei großen Kriege ungeschoren überstanden worden waren, wurde mit dieser militärischen Stärkung begonnen. Man hatte seine Gründe: London machte Anstalten, sein Vizekönigreich Indien aufzugeben, in die mittelöstliche Szene kam Bewegung, und Afghanistan wollte davon profitieren. Es hatte verschiedene Rechnungen offen, die wollte es jetzt, gestärkt, präsentieren. Durch seine künstlich gezogenen Grenzen im Osten und Süden fand es sich in der wenig komfortablen Lage eines Binnenlandes in großer Armut. Jetzt stellte Afghanistan diese Grenzen in Frage – und erlitt einen neuen Rückschlag: Die Zeit war nicht spurlos an den Stämmen außerhalb seines Einflußgebietes vorübergegangen. Die Paschtunen (Pathanen) und Belutschen im neuen Staat Pakistan machten, nicht nur in Abstimmungen, klar, daß sie gar kein Interesse hatten, dem rückständigen Afghanistan zuzugehören. Wieder einmal war eine afghanische Rechnung nicht aufgegangen.
Ob das allein die Schuld Kabuls war oder die Macht der Umstände, muß offenbleiben. Afghanistans junge staatliche Einheit war ja im Innern von Anfang an stets konterkariert worden durch das im Grunde zutiefst undemokratische Stammes- und Religionsdenken, die stark divergierenden Interessen der äußerst unterschiedlichen Völkerschaften auf seinem Boden. Die Zentralregierung hatte, auf Souveränität nach außen wie nach innen immer bedacht, genug zu tun, eigenständigen Bewegungen gegenzusteuern und die Macht in paschtunischen Händen zu halten. Eine demokratisch gestaltete Politik war in der gesamten kurzen afghanischen Unabhängigkeitsgeschichte ein Ding der Unmöglichkeit. Es gab letzten Endes immer nur den Weg *à l'afghane:* Gewalt und Gegengewalt. Ohne Toleranz und Rechtsstaatlichkeit aber war keine Grundlage für die staatliche Idee.
Allen politisch relevanten Kreisen Afghanistans ging ein Demokratieverständnis und das entsprechende Verhalten ab; das Malaise wurde zum Dauerzustand. Hier sind bereits die Grundzüge einer kommenden großen Krise sichtbar. «Puffer-

staat» war Afghanistan kaum in irgendeinem Sinne. Es war stets ein nach innen wie nach außen unstabiles Gebilde, das sich zudem von innen und von außen regelmäßig unter Druck gesetzt sah. Einzig der Zeitpunkt des Ausbruchs dieser Krise war zu bestimmen. Bezeichnenderweise tat das nicht Kabul, sondern eine außenstehende Macht, in Verfolgung ihrer ureigenen Interessen. Sie bezogen sich längst nicht mehr allein auf Afghanistan.

Schuldige am Afghanistan-Malaise mag es viele geben; einen Unschuldigen gibt es nicht. Das Volk lehnte sich jedesmal auf, wenn es Zeit gewesen wäre für schrittweise Veränderungen. Als es aber begann, sich gegen den «großen Schritt» zu wehren, war es zu spät. Afghanistan saß zwischen allen Stühlen, und die gehörten den größeren Mächten.

Die Republik des «roten Prinzen»

«Wir müssen dich unterstützen, weißt du», flüsterte die Weiße Königin. «Vielen Dank», flüsterte Alice zurück, «aber ich schaffe es schon allein».

Lewis Carroll, «Alice im Spiegelreich»

Im Sommer 1973 hatten sich die Verhältnisse in Kabul derart zugespitzt, daß sich die seltsame Verschwörerkoalition, bestehend aus einem altbekannten Autokraten, Prinz Mohammed Daud, und weit weniger bekannten Teilen der Linken, der sogenannten Parcham-(Flagge-)Fraktion der marxistischen Demokratischen Volkspartei, zum Handeln entschloß. König Zahir weilte zu seiner jährlichen Sommerkur in Italien. Er war ein kranker Mann, der zuletzt nur noch zugeschaut hatte, welche Entwicklungen sich aus seinen im Grunde gutgemeinten Demokratieversuchen ableiteten. In Rom erreichte ihn Mitte Juli 1973 die Nachricht, sein zehn Jahre lang von der afghanischen Tagespolitik ferngehaltener Vetter und Schwager, der General und Ex-Ministerpräsident Prinz Mohammed Daud, habe in einem fast unblutigen Putsch in Kabul die Macht übernommen und die Republik ausgerufen – und sich selbst gleich zu deren erstem Präsidenten.

Nach einmonatigen Querelen zwischen Kabul und Rom erreichte Zahir Schah, daß ein Teil seiner Familie aus Afghanistan ausreisen durfte. Andere, darunter besonders königstreue Generale wie Abdul Wali, des Königs Schwiegersohn, hielt Daud im Gefängnis in Kabul jahrelang unter Verschluß, ehe er sie unter dem Druck der Umstände doch freilassen mußte. Mitte August willigte Zahir Schah, mit einer Pension wohlversehen, in seine Abdankung ein. Als «einfacher Bürger» halte er sich jedoch dem Lande weiter zur Verfügung, ließ er erklären. Seither leben er und sein Anhang, darunter General Abdul Wali, in Italien in Abwartestellung. Der König hielt sich strikt aus den Ereignissen in Kabul heraus und wartete auf seine Chance. Sie sollte nie kommen. In Afghanistan hatte nicht nur der König gewechselt.

In der afghanischen Hauptstadt zeigte sich sehr schnell, daß sich hinter dem Coup nicht allein monarchie-interne Intrigen verbargen. Daud hatte seinen Schlag in erster Linie durch die Mitbeteiligung von rund fünfzig Offizieren gesichert, die sich linksnationalistisch gaben. An ihrer Spitze – schon damals – ein Panzerhauptmann namens Abdul Qader. Daß diese Offiziere enge Verbindungen zur Parcham hielten, bei der sich Daud politisch abgesichert hatte, mochte der alte Fuchs im Präsidentenpalast gewußt haben. Jedenfalls duldete er die folgende Zusammenarbeit.

Daud und seine Mitverschwörer beeilten sich, zuerst einmal ihre Vorgänger und die Demokratisierungsansätze unter dem König abzuqualifizieren. Es sei ein durch und durch korruptes, unfähiges System gewesen, das Afghanistan eher ruiniert denn entwickelt habe, hieß es plötzlich. Klasseninteressen der Feudalherren hätten während der vergangenen Jahre ebenso das Leben im Lande bestimmt wie zuvor, aus der neuen Verfassung Zahir Schahs habe sich einzig ein despotisches Regime entwickelt. Die Handschrift der Linken war hier ebenso herauszulesen wie die früheren Töne Dauds, als er vom König vom Amt des Ministerpräsidenten entfernt worden war. Dauds Bemühen, eine Kontinuität zu seiner ersten zehnjährigen Regierungszeit herzustellen, war unverkennbar. An diese Periode von 1953 bis 1963 sollte diese zweite ab 1973 als Präsident der Republik Afghanistan anschließen. Was dazwischen geschehen war, würde man am besten rasch vergessen. Auch den Verdacht, er – Prinz Daud – sei einfach «der neue König namens Republik», konnte der General zerstreuen, indem er sich als Militär unter Militärs darstellte, als Reformfreudiger unter anderen Linken. Er zog zu Beginn ein strenges Regiment auf, dem sich zwar die Massen beugten, das ihm aber andere nicht lange abnahmen. Zu sehr war es auf persönliche Machtbefugnisse des Präsidenten zugeschnitten.

So wurde der Sturz König Zahirs nur eine Zeitlang als das einschneidende Ereignis in der neueren afghanischen Geschichte gewertet. In Wirklichkeit änderte sich nämlich trotz Ausrufung der Republik nicht viel, die bisherigen Strukturen blieben größtenteils erhalten. Die Monarchie war – das zeigte sich später – auf dem Umweg über die proklamierte Abschaffung weitere fünf Jahre an der Macht geblieben. Von den großen Versprechungen zu Beginn der Regentschaft des «roten Prinzen» Daud sollten die wenigsten verwirklicht werden.
Da er auf innenpolitischem Gebiet die Zügel straff anzog, sahen sich die linken Militärs bald nur noch ausgenutzt. Viele alte Politiker wurden abgeschoben, andere, wie Ex-Premierminister Maiwandwal, starben unter ungeklärten Umständen im Gefängnis. Viele zogen es vor, namentlich die Sozialisten, ihre Gesinnung erneut zu verheimlichen oder in den Untergrund zu gehen. Daud griff mit der Zeit in einem Maße zu Personenkult und scharfer Zensur, wie man es in Afghanistan kaum gekannt hatte.
Dabei versprach er am Anfang eine echte und neutrale Demokratie; Militärbündnisse wolle er nicht eingehen. Was er nicht sagte: die Möglichkeit einer anderweitigen militärischen Ausrichtung Afghanistans als diejenige auf die Sowjetunion bestand zu jener Zeit kaum noch. Instruktoren von der anderen Seite des Amu-Darya saßen seit längerem schon auf verantwortlichen Posten der afghanischen Militärführung, Waffenlieferungen aller Art überwogen im sowjetisch-afghanischen Handel. Daud wußte aber offenbar, auf was er sich eingelassen hatte: außer dem Amt des Staatschefs behielt er auch das des Ministerpräsidenten, des Außen- und des Verteidigungsministers in eigener Hand. Sein späterer Versuch mit einer besonderen Form afghanischer Blockfreiheit erntete Mißtrauen im Lande selbst wie außerhalb. Das einzig Besondere an ihr: es durfte nicht zu laut davon gesprochen werden. Doch da war es zu spät. Daud hatte damit an seinem eigenen Grab geschaufelt.
Nicht viel mehr als ein Versprechen blieb unter Daud die ebenfalls zugesagte durchgreifende Landreform; in dieser Hinsicht geschah fast gar nichts. Ob Daud in Sachen Grundbesitz und Korruption nichts ändern wollte oder nicht konnte, muß dahingestellt bleiben. Grundeigentümer und die Mitglieder der

Aristokratie weigerten sich schlichtweg während Jahren, ihre Privilegien und Landgüter antasten zu lassen. Es blieb bei einem zu spät kommenden Erlaß im Jahre 1976, in welchem die künftige Größe von Grundbesitztümern umschrieben wurde. Zwar gab der «rote» Daud ein Beispiel, indem er einen Teil des ihm gehörenden Bodens abtrat, doch wer sollte dieses fruchtbare, weil bewässerte und dadurch sehr teure Land erwerben? Es wanderte schließlich in die Hände anderer Aristokraten. «Man» blieb weiter unter sich und sorgte durch Einflußnahme auf die nicht sehr effektive Verwaltung dafür, daß die Landreform in ihren Ansätzen steckenblieb. Eine Kreditpolitik, die notwendig gewesen wäre, um vom althergebrachten Schulden- und Abhängigkeitssystem wegzukommen, wurde nicht geschaffen. (Auch die Sozialisten sollten durch dieses Versäumnis die größten Schwierigkeiten bei ihrer Landreform bekommen.)
Ansonsten gab es zu Beginn von Dauds Regime eine Anzahl Äußerlichkeiten, mit denen gegenüber dem Volk der Unterschied zum vorhergehenden herausgestrichen werden sollte: neue Geldscheine, eine neue Fahne. In einem Säuberungsanfall versuchte Daud die Straßenhändler aus Kabul zu verbannen – ein im Orient unmögliches Unterfangen. Und die Kabulis durften, auf eigene Kosten, die staubige Hauptstadt verschönern helfen: ihnen wurde eine Abgabe für die Straßenpflasterung aufgezwungen.
Für neue Schulen hingegen waren weder Geld noch Lehrer, noch Schulmaterial in ausreichendem Maße vorhanden. Sanitätsposten, die im Lande herum eingerichtet wurden, da es keine Ärzte in ausreichender Zahl gab, blieben großenteils geschlossen; es gab keine medizinisch ausgebildeten Verwalter, oder diese weigerten sich, aufs Land zu ziehen. In seiner persönlichen Grundhaltung war Daud väterlich-autoritär geblieben: Mit einem energischen Gespräch unter vier Augen glaubte er gegenüber den jeweils Beteiligten seine Auffassung von Landespolitik besser durchsetzen zu können als mit Lavieren und Intrigieren – das lag eher seinen linksgerichteten Mitregenten.

Die aber sahen sich bald einer heiklen Situation gegenüber: ihre progressiven Experimente waren in den Provinzen gar nicht

beifällig aufgenommen worden, sondern auf starken Widerstand gestoßen. Die traditionsbewußte Bevölkerung wollte von überstürztem Kampf gegen das Analphabetentum und Landreformversuchen sowie Eingriffen in ihr Familienleben nichts wissen. Daud hingegen war fein heraus: er hatte immer betont, eine islamische Republik zu wollen. Da er den mächtigen Landlords freie Hand ließ, sahen sich die Genossen von der Parcham wachsender, wie es schien organisierter Widerspenstigkeit gegenüber. Zuviel Idealismus und zuwenig Realitätssinn für die Verhältnisse außerhalb Kabuls mochten aber die Hauptschuld daran tragen, daß sie ihre in städtischen Verhältnissen ausgebrüteten revolutionären Vorstellungen nicht verwirklichen konnten. Die Beys (Grundbesitzer) und Mullahs sahen nicht allein ihren Besitz bedroht, sie begannen auch, die Parchamis als «gottlos» zu verketzern. Simple Aufklärungskampagnen wurden so zu Glaubens- und Gewissensfragen, von Fortschritten in politischer oder kultureller Hinsicht konnte nicht die Rede sein. Der geringste Schritt in Richtung auf soziale Errungenschaften – Landwirtschaft, Schulen, ärztliche Versorgung – wurde bald nur noch als Angriff auf Religion und Tradition interpretiert.
Das Erwachen für die Parchamis war grausam, manchmal sogar tödlich: sie bezogen in den meisten Fällen Prügel; manche aber fand man auch mit durchgeschnittener Kehle am Dorfausgang. Der größte Teil von ihnen setzte sich raschmöglichst wieder nach Kabul ab, in die gewohnte städtische Umgebung, in der sich so gut theoretisieren ließ.

Doch in Kabul hatten sich die Verhältnisse geändert. Der Fuchs Daud hatte begonnen, unter den moskautreuen Offizieren aufzuräumen. Aufstände von Schiiten, Erhebungen im Militär endeten mit Hinrichtungen. Das Ganze lief unter dem Schlagwort: «Daud ist hart, aber gerecht.» Der alte Autokrat war zum Vorschein gekommen. Die Spötter schienen recht zu behalten, die seinerzeit schon behauptet hatten, daß Daud per Abschaffung der Monarchie auf Jahre hinaus das Weiterbestehen der Privilegien dieser Kaste gesichert hatte.
Mit dem Versuch, Mißtrauen gegen Ausländer zu säen, hatte Daud hingegen wenig Erfolg. Die traditionell gastfreundlichen

Afghanen registrierten dies, ebenso wie sein außen- und innenpolitisches Gehabe des starken Mannes, mit Unzufriedenheit. Durch das Anheizen des Paschtunistan-Problems gegenüber Pakistan hatte sich Daud die ungeteilte Aufmerksamkeit der Stammesführer des «staatstragenden» Paschtunenvolkes gesichert. Auf sie und auf die Oligarchie gestützt gedachte Daud mit seiner wachsenden Gegnerschaft fertigzuwerden: moslemischen Extremisten, autonomistischen Tadschiken, enttäuschten Linken.
Von Jahr zu Jahr war namentlich in den städtischen Mittelschichten, die eine gewisse Bildung und Ausbildung genossen hatten, die Enttäuschung offensichtlicher geworden: die Inflation hatte zugenommen, die Korruption war greifbar für alle. Unruheherd war, wie früher schon, vor allem die Universität Kabul; andere Schulen schlossen sich an. Politische Protestäußerungen ließ Daud jedoch hart unterdrücken. Die Geheimpolizei hatte ein besonderes Auge auf die Jugend, die Intellektuellen, die früheren Parlamentarier.
Lange Zeit hatte der Staatspräsident eine neue Verfassung, die Organisation von Parteien und ein neues Parlament verheißen. Das mündete schließlich darin, wenigstens das längst bekannte Stände- und Stammesparlament – die Loya Jirga – wieder zuzulassen. Stammesversammlungen aber, die dem ganzen einen demokratischen Anstrich gegeben hätten, fanden nicht statt. Ebensowenig gab es politische Regelungen unter den städtischen Notabeln. Die Gründung der Einheitspartei (das war es, was Daud unter «Organisation von Parteien» verstand) wurde von Jahr zu Jahr hinausgeschoben. Ausreden gab es genügend: Staatsstreichversuche, blutige Studentenunruhen, Krawalle mit Arbeitslosen und fanatischen Moslems.

Das gab es: der reaktionäre Daud war den stockkonservativen Moslems immer noch zu modern. Fundamentalisten und Moslembrüder (Akhwanis) sahen sich hartnäckigen Verfolgungen ausgesetzt. Sie hatten trotzdem, ebenso wie die verschiedenen Gruppierungen der Linken, starken Zulauf aus den Reihen der Studenten. Daud gelang es zwar, einen Teil ihrer Führerschaft zu vernichten, doch ein Rest flüchtete nach Pakistan und organisierte von dort aus mit Hilfe dortiger Religionsfanatiker den

Widerstand von rechts gegen den Prinzen. Gleichzeitig hatten sich Linksradikale, die sich von der Demokratischen Volkspartei abgesetzt hatten, um den «wahren Sozialismus» zu vertreten, in der Settem-i-Melli (Gegen nationale Unterdrückung) gesammelt, einer Gruppierung, die zudem separatistische bzw. autonomistische Tendenzen vertrat. Sie rüstete ebenfalls zum Kampf gegen die Daud-Herrschaft.
Es kam seit dem Sommer 1975 zu regelrechten Schlachten der Armee und Polizei gegen diese links- und rechtsextremen Gruppierungen; bekanntgeworden sind die Zusammenstöße im Pandjir- und im Bamiyan-Tal, die viele hundert Todesopfer forderten. Nur mit Mühe konnten die Regierungskräfte die bewaffneten Rebellen niederhalten. Die Schlacht im Pandjir-Tal gilt seither unter islamischen Widerstandskämpfern als Beginn ihrer Erhebung gegen Kabul, der August 1975 ist ihr historisches Datum. Politisch wurden sie sowohl von Bhuttos Pakistanischer Volkspartei wie von Wali Khans pathanischer Nationalpartei ausgenutzt, da hatte Daud schon recht. Es war die pakistanische Retourkutsche für seine halsstarrige Paschtunistan-Politik. (Noch heute genießen die Moslemführer von damals pakistanische Unterstützung. Sie firmieren als Hezbi Islami und Jamiat Islami Afghanistan von Peschawar aus als Exilorganisationen gegen das kommunistische Regime in Kabul und werden von der Jamiat Islami Pakistan, die Pakistans Machthaber General Zia-ul-Haq nahesteht, unterstützt.)

Die afghanische Linke, deren Unterstützung er zuerst ausgenützt hatte, brachte Daud durch zahlreiche Maßnahmen bald gegen sich auf. War schon die Wiedereinsetzung der Loya Jirga für sie unannehmbar, so wurde die von diesem Stammes- und Ständeparlament verabschiedete neue Verfassung von ihr als Schlag ins Gesicht empfunden. Daud wurde für weitere sechs Jahre zum Präsidenten gewählt, die Linken aber sahen ihre mühsam errungenen Positionen im Kabuler Machtapparat entschwinden. Die Einsetzung eines ausgesprochen rechtskonservativen Kabinetts, in dem sich keine Portefeuilles mehr für die Parchamis fanden, bestätigte die in ihren Augen bedrohliche Entwicklung ebenso wie die vorsichtige Hinwendung Dauds zu unterstützungsbereiten anderen Nationen als der

Sowjetunion, wie beispielsweise Iran. Da westliche Länder und auch Dauds islamische Glaubensbrüder in den ölreichen Golfstaaten sich langsam zurückgezogen hatten, als sie Afghanistans beginnende sozialistische Experimente gewahr wurden, war es einzig der Schah von Persien, der mit einer großzügigen Finanzspritze versuchte, das Land von einer linkslastigen Blockfreiheit abzuhalten. Er kam zu spät, und überdies hatte für Mohammed Reza Pahlevi und seine überhasteten, unausgegorenen Reformversuche und Industrialisierungsbemühungen selbst die Stunde geschlagen.
Daud hatte vielleicht die Gefahr für ihn und sein Land kommen sehen und deshalb versucht, im letzten Augenblick von den übermächtig gewordenen «Freunden» im Norden abzurücken und anderweitig Hilfe zu suchen. Es zeichnete sich das Ende eines mehrere Jahre hingezogenen doppelten Spiels beider Seiten ab. Nach außen herrschte weiter bestes Einvernehmen zwischen Kabul und Moskau: ein neuer, auf dreißig Jahre angelegter Handelsvertrag wurde abgeschlossen, Besuche und Gegenbesuche hoher Politiker und Delegationen folgten sich. Doch in Afghanistan hielt Daud die Linke kurz. Komplotte progressistischer junger Offiziere wurden mehrfach aufgedeckt, Prozesse gegen Linksgerichtete und Rechtsextreme, die sich in Aufständen und Putschversuchen ergingen, folgten einander rasch. Es reagierte offenbar nur einer: Daud – und er reagierte hart. Deshalb wirkte seine zögernde Haltung in persönlicher und politischer Hinsicht, die er in den letzten Tagen seiner Herrschaft an den Tag legte, für Beobachter der afghanischen Szene um so rätselvoller. Trotzdem hatte Daud sich längst zum Entschluß «Kämpfen oder untergehen» durchgerungen. Daß ein Kampf bevorstand, zeigten ihm nicht nur die ständig größer werdende politische Unruhe in der Hauptstadt, sondern auch die Bewegungen hinter den Kulissen der gespaltenen Linken. Parcham und Khalq waren der Aufforderung Moskaus gefolgt und hatten ihre Differenzen im Interesse der Sache beigelegt.

Die Linke formiert sich

Schon vor der unberechenbaren Daud-Herrschaft hatte sich die junge afghanische Linke, getreu historischen sozialistischen Vorbildern, in mehrere Gruppen und Grüpplein gespalten. So gab es seit langem, mit unabhängigen Vertretern in den beiden gewählten Parlamenten unter Zahir Schah, eine Sozialdemokratische Partei. Sie fand jedoch nie übermäßig viele Anhänger und ist hier auch eigentlich nicht gemeint. Im Untergrund existierte eine viel umfangreichere sozialistisch-marxistische Gruppe, die von Anfang an mit Spaltungstendenzen und partei-internen Zwistigkeiten zu kämpfen hatte. Heute wird das Gründungsdatum der moskauhörigen Demokratischen Volkspartei Afghanistans (DVP) mit dem 1. Januar 1965 angegeben. In Wirklichkeit bestand und zersplitterte die Partei schon etwa zehn Jahre früher.

Bis 1969 spalteten sich die «wahren, unabhängigen» Sozialisten ab, von denen schon die Rede war; ihnen war die Partei zu sehr moskauhörig. Sie bildeten die Settem-i-Melli. Es folgten die ganz links außen angesiedelten Maoisten, die eine Anlehnung an die Volksrepublik China suchten. Politisch erreichten sie dies zwar kaum, sie erhielten aber als Widerstandsorganisation Schola-e-Javed (Ewige Flamme) in ihrem Kampf gegen Daud und die ihm folgenden kommunistischen Regimes Unterstützung durch Peking, mit stillschweigender Duldung durch Pakistan. Heute tragen sie, stark dezimiert wie zuvor die Settem-i-Melli, die Hauptlast des Widerstandes in den afghanischen Nordostprovinzen Badakhschan und Takhar, der durch tadschikische Autonomietendenzen gekennzeichnet ist.

Bekannter geworden sind die beiden Hauptflügel der Demokratischen Volkspartei. Sie traten unter den Namen ihrer Parteipublikationen auf: «Khalq» (Volk) und «Parcham» (Flagge). In ihren politischen Tendenzen lassen sie sich am ehesten als sozialistisch-nationalistisch einerseits sowie als moskaufolgsam und anpassungsfähiger andererseits umreißen. Sie vermieden es beide, offen als marxistisch, leninistisch oder kommunistisch zu firmieren, und profitierten in der Folge von dem 1965 erlassenen relativ liberalen Pressegesetz und von der Pauschalansicht der herrschenden Klasse, alle antimonarchistischen

politischen Gruppierungen und Publikationen gehörten ohnehin als «kommunistisch» in einen Topf und seien nicht weiter ernstzunehmen.
Trotz zeitweiser Gefängnisaufenthalte dieser Zeitungsgründer, trotz Zensur und Publikationsverboten, trotz Intrigen und Parteispaltungen vergrößerte sich aufgrund der politisch unbefriedigenden Verhältnisse die Zahl der Sympathisanten, Mitläufer und Mitglieder der Partei. Über ihre Mitgliederzahl ist weder damals noch heute offiziell etwas in Erfahrung zu bringen gewesen, ein Grund zu der Annahme, daß Präsident Daud von ihrer Stärke und ihrem weitreichenden Einfluß überrascht wurde und das Negieren der politischen Bestrebungen dieser Formation schließlich büßen mußte. Kaum jemand im offiziellen Kabul mitsamt seiner Ausländerkolonie, aber eine Menge Leute in den progressiv beeinflußten Schichten der Hauptstadt – und dies war in erster Linie eine Bewegung in der Hauptstadt – wußte, wer sich hinter den Bezeichnungen Khalq und Parcham verbarg.
Je mehr Hoffnungen diese Schichten in die künftige politische Rolle namentlich der Khalq setzten, desto mehr Streitigkeiten löste dies innerhalb der Volkspartei aus. Aus eher persönlichen denn politischen Gründen hatten sich 1967 von den Khalq-Begründern Nur Mohammed Taraki und Bareq Schafieh die Mit-Parteigründer Babrak Karmal, Suleiman Laèq, ein Dichter, und Mir Akhbar Khyber, der Partei-Ideologe, getrennt. Der Generalssohn und Parlamentarier Karmal und der Schriftsteller Laèq gründeten eine eigene Zeitschrift: «Parcham». Nach diesem Namen wurde ihre als prosowjetisch geltende politische Richtung bezeichnet. Später gab Khyber, ein Universitätsdozent und Gewerkschaftler, das Blatt heraus.
Gegen die Kennzeichnung, als «moskautreu» und «regierungsfromm» zu gelten, hatte die Parcham-Fraktion der DVP in der Folge ständig, aber vergeblich anzukämpfen. Ihre Leute galten als inkonsequente «Anpasser» um der politischen Macht und Betätigung willen. Unter Kabuls Bürgern bezeichnete man die Parcham-Gruppe gelegentlich als die «Königlich-kommunistische Partei». Sie bestätigte diese Einschätzung später durch ihre Teilnahme am Putsch Dauds gegen Zahir Schah und wurde prompt um die Früchte dieses Engagements geprellt.

Vorerst einmal mußten Taraki bzw. Karmal mitansehen, daß Sozialisten und Maoisten, die andere Vorstellungen von Afghanistans politischer Zukunft hatten, die DVP verließen und mit Settem-i-Melli und Schola-e-Javed eigene linke Gruppierungen bildeten. All diese politischen Bewegungen und Gegenbewegungen waren möglich unter der relativ gemäßigten Herrschaft König Zahirs. Unter Daud wurde 1973 alles anders. Er benutzte die gespaltene Linke zum Ausbau der eigenen Position; überdies gelang es ihm, ihr Programm zu diskreditieren.
Dazu brauchte Daud keine zwei Jahre. 1975 hatte er erreicht, was unausgesprochen zu seinen Zielen beim Machtantritt gehört hatte: die gesamte Linke war entscheidend geschwächt: die offizielle, an der Regierung beteiligt gewesene Parcham durch das Desaster ihrer Aufklärungsversuche auf dem Lande, die halboffizielle Khalq durch Einkerkerung und Verfolgung sowie Verbannung in den politischen Untergrund. Viele der revolutionär Gesinnten beider Parteiflügel hatten ihren Ausflug in die politische Praxis mit dem Leben bezahlt, waren in Dauds Gefängnissen oder unter ungeklärten Umständen in den Provinzen verschwunden. Verzweifelt hatten die nach Kabul Zurückgekehrten eine Zeitlang versucht, ihre Positionen im Machtapparat zu halten. Das Kabinettsrevirement von 1975 beendete ihre letzten Hoffnungen: in Dauds neuem «Küchenkabinett» hatte Parcham-Innenminister Faiz Mohammed keinen Platz mehr, er wurde ins Grenzministerium und später auf den Posten eines Militärattachés abgeschoben. Die Parchamis mußten die Hoffnung begraben, weiter mit Daud zusammen zu regieren. Die Ambitionen nach politischer Macht gaben sie nicht auf.
Desillusioniert und zerstritten suchten die Reste der DVP, nachdem Daud keine Anstalten machte, es erneut mit der Linken zu versuchen, nach einem neuen Anfang. Es dauerte bis zum Sommer 1977, ehe Khalq und Parcham einsahen, daß sie den Kampf gegen Daud führen mußten und es nur gemeinsam tun konnten. Im August wurde die Wiedervereinigung der Demokratischen Volkspartei beschlossen. Die internen Schwierigkeiten waren damit zwar übertüncht, doch nicht beseitigt. Vorsichtshalber wurde eine ausgewogene Repräsentierung beider

Parteiflügel vereinbart, als Maßstab galt die angebliche Mitgliederzahl beider Fraktionen. Ein «demokratisches Erdrükken» des Partners sollte vermieden werden. Die Khalq errang so eine zahlenmäßig geringe, aber folgenschwere Übermacht in den obersten Parteigremien.

Daud war das Geschehen im politischen Untergrund nicht verborgen geblieben, aber er machte den Fehler, es zu unterschätzen, wie es die gesamte Oberschicht tat. Offenbar waren er und seine Mitläufer, die ihm noch geblieben waren, sich über die fortgeschrittenen Beziehungen der DVP zu Kreisen der Unter- und Mittelschicht, ja des wohlhabenden Bürgertums, der Verwaltung und des Militärs trotz des weitreichenden Arms der Geheimpolizei nicht völlig im klaren. Die Anhängerschaft der Marxisten und Sozialisten war kaum überblickbar und demnach auch nicht genau zu kontrollieren oder zu bekämpfen.

Der politische Fuchs Daud war alt geworden. Er hatte sich mit teilweise unfähigen Günstlingen umgeben, anstatt im Anschluß an die Loya Jirga vom Frühjahr 1977 eine schlagkräftige Regierung zu bilden. Dieses «Küchenkabinett» regierte anhand der neu angenommenen reaktionären Verfassung gemeinsam mit der Geheimpolizei. Die Armee war eher ein Unsicherheitsfaktor für Dauds Regime geworden, und Kabul war ein Hippie-Paradies. Doch große Teile der Stadtbewohner mochten die Einschränkungen ihrer Entfaltungsmöglichkeiten durch Dauds diktatorisches Gehabe nicht länger hinnehmen. Ab 1977 mehrten sich die Demonstrationen, und nicht allein in Kabul. Daud regierte mit Dekreten, improvisierte und brach überdies selbstherrlich eine Verfassungskrise vom Zaun, als er erkennen ließ, daß selbst Wahlen für seine Partei der nationalen Einheit nicht erlaubt werden würden: den obersten Parteirat ernannte er selbst.

Daud verfiel auf einen alten Ausweg: Um von den Schwierigkeiten im Innern abzulenken, schürte er erneut ein außenpolitisches Problem – Kabul spielte die seit langem schwelende Paschtunistan- und Belutschistan-Frage wieder hoch. Daud hatte während Jahren den Traum eines Groß-Paschtunistan geträumt und wollte dem Binnenstaat Afghanistan dazu einen Weg ans Meer schaffen, durch Belutschistan – beides auf Ko-

sten Pakistans. Die Beziehungen zwischen den beiden sunnitischen Nachbarstaaten sanken über der heiklen Grenzfrage erneut auf einen Tiefpunkt.
Daud empfing ausgesprochen provokativ den exilierten Paschtunenführer Ajmal Khattack in Kabul, hieß belutschistanische Flüchtlinge, die den Verfolgungen und der Vernichtungspolitik des pakistanischen Machthabers Zulfikar Ali Bhutto entgehen wollten, auf afghanischem Boden willkommen. Dann, nach der Entmachtung Bhuttos durch die Armee, folgte sein zweiter Schritt: er forderte die geflüchteten Belutschen und Paschtunen auf, nach Pakistan zurückzukehren, wohl mit dem Hintergedanken, sie würden dort proafghanische Unruhen stiften. Dauds Plan ging nicht auf: der Großteil der Geflohenen blieb in Afghanistan. Sie glaubten den Versprechungen der neuen militärischen Machthaber in Pakistan nicht. Daud erholte sich von diesem Rückschlag nicht.

Ende mit Schrecken

Es war schwierig für den isolierten afghanischen Staatschef, neue Unterstützung von außen zu finden. Zu viele Fäden waren bereits abgerissen. Der Westen reagierte, nach den vorangegangenen politischen Enttäuschungen, gegenüber Afghanistans Annäherungsversuchen langsam und vorsichtig. Wieweit diese Versuche Dauds gediehen, hat sich nur schwer feststellen lassen. Die afghanische Linke wurde nicht müde, zur Rechtfertigung ihrer eigenen Aktivitäten zu behaupten, Daud habe amerikanische Unterstützung gesucht und als Gegenleistung dafür ein konservatives, nicht länger ausschließlich nach Moskau tendierendes Regime zugesagt. Eines stand fest: der Prinz Daud war nicht länger rot.
Dies zog sich bis zum Frühjahr 1978 hin. Nur an der Oberfläche erschien Kabul ruhig, untergründig brodelte es. Zeitgenössische Beobachter drückten es so aus: «Wir wußten, daß etwas im Gange war, daß etwas geschehen würde – aber Afghanistan hat viele Gesichter: von welcher Seite etwas auf uns zukommen würde, das wußten wir nicht.» Man rechnete noch zu diesem Zeitpunkt eher mit einem Schlag von rechts, mit moslemi-

schen, separatistischen oder monarchistischen Aufstandsversuchen, denn es gab in Kabul und in den Provinzen ja nicht allein die Linke, die auf ihre Chance hinarbeitete. Es gab auch die andere Seite: Konservative bis Rechtsextreme, fundamentalistische Moslems, ehrgeizige Monarchisten. Daud war nicht umsonst jahrelang paradoxerweise gleichzeitig als prosowjetisch von den Mullahs und als prowestlich von den Linken der diversen Schattierungen verschrieen worden.

Von diesen hatten neben den Maoisten der reinen Lehre (Schola-e-Javed) die linkssozialistische, auf Minderheiten ausgerichtete Settem-i-Melli seit langem den Aufstand gepredigt. Sie hatte sich unter Tahir Badakhschi die regionale Unzufriedenheit im Norden und Nordosten Afghanistans zunutze gemacht, ihre Mitglieder rekrutierten sich großenteils aus Tadschiken und Usbeken, nicht aus Paschtunen; vielmehr wurden diese in ihrem unausgesetzten Anspruch, das «Staatsvolk» zu sein, bekämpft. Konsequent brandmarkte Settem-i-Melli nach der Abspaltung deshalb die DVP: auch sie wolle die paschtunische Vorherrschaft sichern und – dieser Vorwurf traf die Mutterpartei weit tiefer –: es gebe in Afghanistan in erster Linie Gegensätze unter den Nationalitäten (den Volksstämmen), erst dann Klassengegensätze. Damit hatte sich Settem-i-Melli für Kabul disqualifiziert, die Gruppe wurde fast gänzlich zerschlagen; nichtsdestoweniger riefen ihre Reste weiter nach dem Aufstand. Den versuchten auch die dreifach in sich gespaltenen Maoisten. Schola-e-Javed wollte mit direkten Terroraktionen an die Macht gelangen: ihre Leute versuchten Daud und seine Minister zu ermorden. Es gelang ihnen nur beim Planungsminister Ali Khorram. Die meisten von ihnen verschwanden, so sie nicht in den Verliesen Dauds landeten, wieder in den Bergen des Hindukusch und zettelten von dort aus weitere Unruhen an. Einige Anführer ihres Putschversuchs kamen vor Gericht und wurden im Februar 1978 verurteilt. Ein Massenprozeß gegen moslemische Aufrührer sollte folgen.

Die Situation in Kabul war in jenem Frühjahr explosiv geworden. Es kam zu mehreren politisch motivierten Gewalttaten, die unaufgeklärt blieben. Dauds Geheimpolizei reagierte nicht zimperlich.

Als Daud im April 1978 von einer seiner Auslandsreisen zu den reichen islamischen Brüdern am Golf zurückkam, wo er neue Hilfsquellen für das mausarme Afghanistan auftun wollte, mußte er feststellen, daß in Kabul der Teufel los war. Es gab Demonstrationen und Streiks. So wurde beim Ausstand in der nationalen Fluglinie Ariana einer der Piloten getötet. Höhepunkt der Gewaltakte aber war ein Attentat auf den DVP-Ideologen Mir Akhbar Khyber, einen der Parcham-Führer. Er wurde in Kabul von Unbekannten ermordet.

Der Mord an Khyber geriet in der Folge zum Schlüsselerlebnis für die unzufriedenen Massen der afghanischen Hauptstadt. Er gilt als Auslöser für das nachfolgende Geschehen. Mir Akhbar Khyber war, das stellte sich zwei Tage später bei seiner Beisetzung heraus, als Gewerkschaftsführer und Universitätslehrer gleichermaßen beliebt gewesen. Er war weithin bekannt, und sein Anhang ging nun, ohne daß die DVP ihn mobilisieren mußte, auf die Straße. «Halb Kabul trauerte», heißt es heute. Wie dem auch sei, die überraschte, überrannte Regierung hatte angesichts der nie zuvor gesehenen Massen im Trauerzug, der sich zu einer eigentlichen Demonstration gegen das Daud-Regime auswuchs, kein Gegenmittel.

Am Tage darauf jedoch schlug Daud zu: der Reihe nach wurden die Führer von Khalq und Parcham verhaftet; Karmal, Taraki und ihre Genossen fanden sich im Gefängnis wieder, unter der Drohung, rasch hingerichtet zu werden. Einen Tag später erwischte es auch das Politbüromitglied Hafizullah Amin, einen damals noch wenig profilierten Khalq-Führer. Über diesen einen Tag Unterschied ist in der Folge oft gerätselt worden. Das andere große Rätsel blieben Motiv und Täterschaft des Khyber-Mordes.

Die Bluttat ist bis heute nicht aufgeklärt worden. Verschiedene Interessengruppen mochten Grund zur Tat gehabt haben. Khybers linke Gefolgschaft beschuldigte Dauds Geheimpolizei. Die Regierung schob die Tat einem moslemischen Fanatiker namens Alemayar zu, der den Moslembrüdern zugerechnet wurde. Heute zeichnet sich ab, daß die Linken selbst ebenfalls in Frage kommen: einmal mit Khyber rivalisierende Genossen in der DVP, darunter der ehrgeizige Amin; und zum anderen ebenfalls Amin, aber angeblich in ganz anderem Auftrag. Er soll, schenkt man Kabul heute Glauben, auf diese abenteuerliche Art und Weise versucht haben, seine eigene Position in der Partei auszubauen und einen machtvollen Konkurrenten zu beseitigen, und zwar im Auftrag der USA. Parcham-Geschichtsklitterung, wie es die Stunde gebietet, oder mehr? Der auch in den USA ausgebildete Amin war immer als Einzelgänger, als harter, ja brutaler Paschtune mit nationalistischen Zielen und ominösen Querverbindungen zu Geheimdienst und Armee bekannt gewesen. In der Volkspartei war er rasch aufgestiegen, angeblich ohne darüber, wie Mißgünstige heute anführen, jemals vor Parteigremien erschöpfend Auskunft gegeben zu haben. Man mißtraute ihm – und man traute ihm auch alles zu.

Gesichert ist heute, daß Hafizullah Amin seine verzögerte Verhaftung zu nützen verstand und seine Beziehungen zu den linken Militärs spielen ließ. Es gab ja inzwischen eine große Anzahl von hohen und mittleren Offizieren und von Unteroffizieren, die in der Sowjetunion oder in Afghanistan selbst von sowjetischen Instrukteuren ausgebildet worden waren. Mit den Jahren war eine intensive ideologische Schulung dazugekommen und hatte Früchte getragen. Im Grunde waren viele Offiziere Parteigenossen ohne Mitgliedsbuch – und die Regierung wußte davon.

Für die Sowjetunion stand zu jener Zeit im Afghanistan Dauds nicht allein der Verlust aller Entwicklungsinvestitionen und Guthaben oder ein Hinauswurf wie in Ägypten vor der Tür. Ihr gesamtes Prestige bei den asiatischen Völkern im Falle des Verlusts ihrer Dominanz stand auf dem Spiel, obwohl gegen die stetig größer werdende Einflußnahme Moskaus in diesem Gebiet keine Einwände laut geworden waren. Dies alles drohte verlorenzugehen, als Daud den Nationalisten herauskehrte und damit begann, führende Kommunisten ins Gefängnis zu werfen. Moskau drohte der große Gesichtsverlust.

Irgendeine Seite würde, das ließ sich absehen, versuchen, die andere mit Gewalt zu beseitigen. Das war afghanischer politischer Stil. Von Vernunft war in den letzten Tagen der Daud-Herrschaft wenig mehr die Rede. Daud hatte wahllos zugeschlagen, als er die kommunistischen Parteiführer verhaften ließ. Die Kontrolle über die linken Parteigruppierungen und deren Kader unter den Militärs war ihm längst entglitten. Die DVP-Führer müssen gewußt haben, was ihnen bevorstand; sie waren ebenfalls bereit zu kämpfen. Und wie sich herausstellte, hatten sie die stärkeren Bataillone.

Der eine Tag zusätzlich, den Hafizullah Amin in Freiheit verbrachte, entschied über den kommenden Putsch. Es wurde mit den linken Militärs, an ihrer Spitze Panzerkommandant Abdul Qader, ein Aufstand koordiniert, der die Regierung Daud hinwegfegen sollte.

Der 27. April 1978 wurde zum Tag der Entscheidung. Daud und sein Kabinett berieten über das Schicksal der inhaftierten DVP-Führer. Ihre Hinrichtung schien ausgemachte Sache. Das war das Signal zu einem Aufstand, blutiger als ihn Kabul seit langem gesehen hatte. Durchgeführt wurde er als reiner Militärputsch, in erster Linie von linken Einheiten der Luftwaffe und der Panzertruppen, nicht aber von der Volkspartei mit ihrer beschränkten Mitgliederzahl.

Daud war in seinem Palast eingeschlossen worden. Er hielt mit Hilfe seiner Leibwache und von Heeresverbänden während Stunden der Belagerung und Beschießung stand. Erst als die Luftwaffe den Präsidentenpalast bombardierte, war sein Schicksal besiegelt. Daud weigerte sich noch, als die Panzer vordrangen, sich offiziell zu ergeben. Vor seinen Augen wurden rund dreißig Mitglieder seiner engsten Familie erschossen. Dann starb auch er. Der letzte Monarch Afghanistans war kämpfend untergegangen.

Insgesamt gab es in Kabul am 27. und 28. April 1978 während der 24 Stunden dauernden Kampfhandlungen über tausend Todesopfer. Genaue Zahlen wurden nie bekannt. Die Gefängnistore hatten sich geöffnet. Die Armeeführer übergaben das Zepter; bisher im politischen Halbschatten agierende Führer einer wenig bekannten Demokratischen Volkspartei fanden sich an der Macht. Die Sowjetunion anerkannte als erste die neue Regierung unter Partei-Generalsekretär Nur Mohammed Taraki.

Irgend jemand hatte mit der Ermordung Mir Akhbar Khybers den ersten Schritt getan. Und irgend jemand hatte Hafizullah Amin zu spät verhaften lassen.

Radikalkur für Afghanistan

Revolution statt Evolution

> *Die Revolution ist die Maske des Todes*
> *Der Tod ist die Maske der Revolution*
>
> *Heiner Müller; aus «Der Auftrag – Erinnerung an eine Revolution»*

Die ersten Verlautbarungen der neuen Machthaber in Kabul von Ende April 1978 ließen erkennen, daß sie aus den vergangenen schlechten Erfahrungen der Parcham-Genossen nicht viel gelernt hatten. Sie vermieden einzig von Beginn an, sich ausdrücklich als marxistisch-leninistisch oder als kommunistisch zu bezeichnen. Dem Vorgänger Daud wurde angelastet, daß im Lande draußen aus den hochfliegenden Reformprojekten nach progressiven Rezepten in den Jahren zuvor nichts geworden war: plötzlich war allein der «rote Prinz» schon immer der Hemmschuh gewesen, der alle Versuche, die den Fortschritt hätten bringen sollen, von vornherein sabotiert hatte. Die eigenen Fehler der Genossen aus der Vergangenheit, ob in der Theorie oder in der Praxis, würden – das war rasch erkennbar – wiederholt werden.
Außenstehenden, obwohl vom Militärputsch der linken Offiziere überrascht, wurde nach kurzer Zeit deutlich, daß die begrenzte Anhängerschaft der Revolutionäre, der harte Kern der Mitglieder der Demokratischen Volkspartei Afghanistans, sich auf Kabul und wenige, nicht einmal alle Städte beschränkte. Sie suchte jedoch erneut ihre Chance zuerst auf dem Land, in den unterentwickelten Dörfern, bei der Bevölkerung fast ohne Schulbildung. Es wurde der erste Fehlschlag. Dort mußte völ-

lig neu begonnen werden. Dazu in einem bereits verdorbenen Klima. Die Parteifunktionäre und ihre Helfer sahen sich keineswegs willkommen geheißen. Die Parchamis hatten bei ihrem kurzen, fruchtlosen Bemühen in den Provinzen ihr wahres Gesicht gezeigt und es mit der auf ihre Traditionen und ihren Glauben ausgerichteten Landbevölkerung gründlich verdorben. Den neuen Abgesandten aus Kabul wurde schlichtweg nichts von den Versprechungen und Vorstellungen abgenommen, die sie mitbrachten. Nur eines durchlief das Land sehr rasch: daß auch sie wie die Vorgänger «kein Buch» hatten, daß sie «gottlos» waren.
Es stand für Kabul rasch außer Frage, daß die Demokratische Volkspartei eine «Revolution von oben» versuchen mußte. Gegen die ungebildete, breite Masse des Volkes, in der die Partei keine Basis hatte. Die DVP war entschlossen, entgegen den revolutionären Lehrbüchern, mit ihrer Macht und mit Gewalt die Erleuchtung in die Provinz zu bringen. «Der besondere Weg» wurde proklamiert; aus der Saur-Revolution vom April sollte eine «Modellrevolution» werden, die möglicherweise später auch andere Völker beglücken könnte. Idealisten mit harten Köpfen und Illusionen, die selbst Moskau so nicht ins Konzept passen konnten, machten sich ans Werk und stießen sich die Köpfe an der härteren afghanischen Wirklichkeit.

Den angesichts der übereilten, teilweise brutalen Methoden der Kabuler Funktionäre rasch wachsenden Widerstand der Landbevölkerung unter der Fahne des Islams zu sammeln, war nicht besonders schwer. Zumal sich die ihrer Vorrechte beraubten früheren Grundherren und deren Vasallen der islamischen Bewegung anschlossen. Sie fanden, unter dem Vorzeichen des gemeinsamen Glaubens bestünde am ehesten Aussicht, die revolutionären Verhältnisse wieder zu ihren Gunsten zu ändern. Vorarbeit in dieser Hinsicht war in den früheren Jahren von moslemischen Rebellen in gewisser Weise bereits geleistet worden. Jedenfalls waren weite Kreise im Land für ihre fundamentalistischen, teilweise fanatischen Ansichten empfänglicher als für das Heil, das aus Kabul kommen sollte.

Doch nicht alle Moslemrebellengruppen waren bereit, sich deshalb einer umfassenden Organisation anzuschließen und den

Widerstand zu koordinieren. So die einflußreiche, der Moslem-Jugendbewegung und den Moslembrüdern entstammende Hezbi Islami Afghanistan (Islamische Partei) des Ingenieurs Gulbuddin Hekmatyar. All die plötzlich so streng islamisch firmierenden neuen Gruppierungen waren der seit Jahren gegen König und Daud im Kampf stehenden Hezbi Islami suspekt. Man sah, daß da Feudalherren der Vergangenheit gemeinsam mit ihnen verbündeten Schriftgelehrten den Widerstand zu ihren Gunsten schüren wollten. Eben diese feudale Schicht, inklusive Königshaus, war aber seinerzeit schon beschuldigt worden, nicht genug dem wahren Glauben nachgelebt zu haben, sondern durch ihre «laue und liberale» Haltung das Großwerden der Sozialisten ermöglicht zu haben. Diese grundsätzliche Spaltung unter den gegenwärtigen Exilorganisationen der Afghanen, zwischen Fanatikern und Pragmatikern, wenn man so will, hält bis heute an. Es besteht trotz Einigungsbemühungen wenig Aussicht, daß sie überbrückt werden kann. Der Kampf um Afghanistan unter dem Banner des Islam wird um zu vieler gegensätzlicher Interessen willen ausgetragen.

Die afghanischen Köpfe auf der anderen Seite – in Kabul – waren aus demselben harten Holz. Gegensätze, die man behoben glaubte, machten sich in den Fraktionen der Demokratischen Volkspartei wieder bemerkbar. Nachdem die angeblich Schuldigen am Desaster der Reformversuche der letzten Jahre gleich zu Anfang «demaskiert» worden waren – Monarchisten, Moslemfanatiker –, ging es für die DVP innerparteilich darum, die um der Machtergreifung willen unter einen Hut gebrachten revolutionären Tendenzen auf der gleichen Linie zu halten oder aber Abweichler rasch auszumerzen, getreu den historischen Beispielen marxistischen Machtringens seit der Oktoberrevolution. Die hundertprozentigen Revolutionäre sahen sich dabei bald von radikalen Hundertfünfzigprozentigen übertroffen.

So blieb es während des Frühsommers 1978 vorerst bei fortschrittlich tönenden Absichtserklärungen des neuen «großen Führers» Nur Mohammed Taraki, der so plötzlich die Macht in die Hände bekommen hatte. Diese Macht für seinen Khalq-Flügel der DVP zu konsolidieren, darum ging es in den ersten

Wochen und Monaten seiner Herrschaft. Die Stoßrichtung ging gegen die innerparteiliche Konkurrenz aus alten Untergrundtagen, die Parcham-Fraktion unter Babrak Karmal, dem ehemaligen Parlamentsabgeordneten und Generalssohn. Ebenfalls begrenzt werden mußte die Machtfülle jener linksgerichteten Militärs, mit deren Hilfe sich die Demokratische Volkspartei an die Macht geschossen hatte und die in Parteiaugen bedenkliche nationalistische Tendenzen an den Tag legten. Die Offiziere hatten zwar schon am ersten Tag der Machtergreifung die politischen Führer der Partei auf den Schild gehoben, stellten jedoch für die DVP eine latente Gefahr dar: die Truppenverbände hörten einzig auf diese Vorgesetzten, das Primat der Partei war in der Armee schwer durchzusetzen. Taraki und Amin machten sich daran, diese eigenständige Kraft auszuschalten und konstruierten Subversions- und Putschversuche: die Khalqis wollten die Macht für sich allein.

Gegen Prinz Daud hatten sich am 27. April 1978 genau jene Offiziere und Truppenteile gewandt, mit deren Hilfe dieser selbst seinerzeit König Zahir abgesetzt hatte. War jener Putsch 1973 verhältnismäßig unblutig verlaufen, so kam es fünf Jahre später zu einem Blutbad: Daudtreue Truppenteile standen gegen Truppen unter dem Befehl linker Offiziere, wobei einzelne Verbände in den ersten Stunden überhaupt nicht wußten, wofür oder gegen wen sie eingesetzt wurden. Die linksgerichteten Luftwaffen- und Panzerkräfte schossen sich schließlich auf den Widerstand leistenden Daud ein. An ihrer Spitze standen die Obersten Abdul Qader, Aslam Watanyar und Mohammed Rafieh; sie machten auch jetzt, als es zu innerparteilichen Auseinandersetzungen in der DVP kam, von sich reden.

In Kabul wurde noch von Tausenden von Toten gesprochen, die der Militärputsch gefordert hatte, da versicherte der neue Herrscher Taraki entgegen allen Augenzeugenberichten, es habe «nur rund hundert Todesopfer» gegeben, Armee und Partei hätten die Lage in der Hand, in Kabul und im Lande herrschten Ruhe. Logen die neuen Herren? Eine «fast unblutige» Revolution der Nelken, von begeisterten Massen ausschließlich begrüßt, wie es heute von interessierter Seite gern verbreitet wird, war das absolut nicht gewesen; es war vielmehr ein ganz ordinärer Militärputsch von besonderer afghanischer Grausamkeit.

Während sich die afghanische Hauptstadt vom ersten Schock erholte und das Land zu realisieren begann, was sich ereignet hatte, konstituierte sich das neue Machtkartell. Sofort nachdem Dauds Tod bekanntgemacht worden war, hatte die Sowjetunion die neuen Machtverhältnisse in Kabul anerkannt. Moskau und dessen afghanische Anhänger sprachen in der Folge einerseits von einer «historischen Wende» für Afghanistan, die Machtergreifung der DVP sei «mehr als nur ein Putsch» gewesen; andererseits wurden sie nicht müde zu betonen, Moskau habe nicht hinter den Ereignissen gestanden. In der Tat waren die DVP-Revolutionäre eigentlich viel zu früh und ungeplant unter dem Druck der sich überraschend nach Khybers Ermordung zuspitzenden Situation in Kabul an die Spitze gelangt. Das Land war, wie sich erweisen sollte, für sie und ihr Reformprogramm keineswegs bereit.
Nachdem der kurz nach dem Umsturz gebildete militärische Revolutionsrat die unter Daud inhaftierten DVP-Führer aus dem Gefängnis befreit und ihnen die politische Macht übertragen hatte, wurde die unter Daud eingeführte reaktionäre Verfassung annulliert, einen Tag später wurde die «Demokratische Republik Afghanistan» ausgerufen. Der militärische Revolutionsrat ging in einem 35 Mitglieder starken vergrößerten Revolutionsrat auf, in welchem Parteimitglieder die Hauptrolle zu spielen begannen.
Vorsitzender dieses Rates und damit Staats- und Ministerpräsident wurde der 61jährige Nur Mohammed Taraki, Generalsekretär der Demokratischen Volkspartei Afghanistans, die durch diese ersten Beschlüsse einer breiteren Öffentlichkeit im In- und Ausland zum Begriff wurde. Im ersten Kabinett Taraki präsentierten sich Babrak Karmal von der Parcham als Vizepräsident, Hafizullah Amin von der Khalq als Außenminister, Oberst Aslam Watanyar als Verkehrsminister; alle drei wurden zudem Stellvertretende Ministerpräsidenten. Weitere prominente Namen, die sich in den folgenden zwanzig Monaten in den verschiedenen Kabinetten immer wieder fanden: Oberst

(später General) Abdul Qader als Verteidigungsminister, Oberstleutnant (später General) Mohammed Rafieh als Energieminister, Nur Mohammed Nur als Innenminister, Frau Anahita Ratebzad als Sozialministerin sowie die Minister Pandjschiri, Keschtmand, Ghorbandi, Danesch, Schah Wali, Haschemi, Ghulabzoi.

Eine Woche nach dem Umsturz wurden sämtliche Provinzgouverneure durch Kommandanten der Militärregionen ersetzt. Unter dem Kriegsrecht rollte eine umfassende Verhaftungswelle an. Ein Militärgerichtshof wurde eingesetzt, die Ausarbeitung einer neuen Verfassung angekündigt. Gleichzeitig wurden «Bündnisfreiheit und Neutralität» betont. Taraki versicherte wiederholt, man werde zwar mit der befreundeten Sowjetunion eng zusammenarbeiten, er und seine Genossen seien allerdings «keine Kommunisten». Dies wurde in der Folge noch oft unterstrichen, das Reizwort sollte offensichtlich gar nicht erst in Gebrauch genommen werden. Statt dessen betonte die neue Regierung gleich zu Anfang, den Islam hochhalten zu wollen, zumal «Millionen Menschen in Afghanistan, ja 99 Prozent der Bevölkerung» hinter ihr stünden.

In einer programmatischen Rede zwei Wochen nach der Machtergreifung umriß Taraki, auf welche Weise seine Partei «die Wünsche des Volkes erfüllen» wolle: neben völliger Abschaffung des feudalistischen Systems waren vor allem eine Agrarreform und der Ausbau der öffentlichen Wirtschaft vorgesehen (gemeint war vermutlich in erster Linie eine verstärkte Industrialisierung); die Verwaltung sollte energisch gesäubert werden; die Streitkräfte würden verstärkt und sollten – erstmals für Afghanistan – am politischen Leben teilhaben (die obgenannten Offiziere und die anderen linksgerichteten Militärs hatten unter der alten Verfassung nicht Parteimitglieder werden können); in der neuen Verfassung sollten die demokratischen Freiheiten für alle zugestanden werden, das hieß im Klartext: besonders den Frauen würden endlich gleiche Rechte wie den Männern gegeben werden.

Wie diese letzteren gab es noch andere heikle Programmpunkte, bei denen für die DVP Schwierigkeiten bei der Verwirklichung vorausgesehen werden konnten: Abschaffung des Analphabetentums bei allen Afghanen innert kürzestmöglicher

Zeit; Kampf gegen Korruption, Schmuggel, ungerechte Besteuerung und Bürokratie; Ausbau der Grundschul-Infrastruktur, Schulbildung für ausnahmslos alle Kinder, erleichterte Zulassung zu höheren Lehranstalten und mehr Studienplätze.
Das Schulprogramm war ein Punkt, gegen den die konservativen Moslems früher schon auf die Straße gegangen waren; nach ihnen sollte es weiterhin möglichst nur Koranschulen geben, wenigstens in den Dörfern. Für den letzten Punkt hingegen waren die progressiven Studenten eingetreten und hatten sich oft genug blutige Köpfe geholt; sie sahen sich jetzt siegreich. Allen Schichten im Lande konnte und wollte die neue Regierung nicht gerecht werden.

Bereits im Laufe des Monats Mai wurde die Regierung Taraki nicht allein von den Ostblockstaaten, sondern auch von den USA, Großbritannien, Frankreich und Indien diplomatisch anerkannt. Kurz darauf folgten die ersten Abschlüsse von Zusammenarbeitsverträgen.
Andererseits machte sich bei Afghanistans Nachbarn Pakistan und Iran, China und den westlichen Ländern erstmals Beunruhigung bemerkbar: Hatte sich Moskau nicht doch, real gesehen, weiter in Richtung Indischer Ozean und Persischer Golf vorgeschoben? Die Eroberungszüge, die in vergangenen Jahrhunderten Afghanistan durchquert hatten, wurden der Vergessenheit entrissen; wieder war die geostrategische Lage des Landes Gesprächsstoff. Umsonst hatten die Sowjets die für Panzer geeignete Straße vom Norden nach Kabul, über den Salang-Paß samt Tunnel, gewiß nicht angelegt, hieß es plötzlich. Was aber beabsichtigten sie? Antworten auf die vielen Fragen gab es angesichts der noch weithin unbekannten neuen Regierung in Kabul nur wenige.
Noch glaubten renommierte Beobachter und Kenner der afghanischen Szene nicht daran, daß das Land zu einem Satellitendasein unter sowjetischer Oberhoheit verurteilt werden würde. Sie führten aus der Vergangenheit und dem afghanischen Charakter herrührende Gründe dagegen an. Wirtschaftliche und militärische Zahlenangaben sprachen jedoch eine deutlich andere Sprache. Und die Anlehnung an die Sowjetunion wurde in den folgenden Monaten durch den Abschluß

zahlreicher neuer Verträge, durch Hereinholen weiterer sowjetischer Berater und Instruktoren immer größer. Reden und Taten klafften bei den neuen Machthabern weit auseinander.
Dasselbe Bild ergab sich bei den revolutionären Vorstellungen und deren Verwirklichung beim Volk. Die Bauern ließen sich weder begeistern noch organisieren. Sie leisteten von Anfang an hinhaltenden, dann direkten Widerstand; Arbeiter gab es in dem neuen Paradies der Werktätigen fast keine. Die «Revolution» würde mit Gewalt von der Parteispitze her durchgesetzt werden müssen. Es wurde ein Teufelskreis für die Zauberlehrlinge.
Von Wahlen oder der Zulassung anderer Parteien nach demokratischem Muster war während dieser ersten Zeit kaum die Rede. «Wir werden sehen», antwortete Außenminister Amin bei einem Besuch in New York, wo er früher studiert hatte, «wenn die Zeit dafür gekommen ist.» Dabei blieb es bis heute. Doch die Afghanen im ganzen Land begannen, unabhängig voneinander, ihre eigene Antwort darauf zu geben. Es geschah auf eine derart nachdrückliche und ausdauernde Weise, daß die DVP mit ihren Reformvorhaben kaum vorankam. Schließlich wurde, nach monatelangen blutigen Zwischenfällen, ihre gesamte Parteistruktur derart geschwächt, daß sich die Sowjetunion zum direkten, unverblümten Eingreifen veranlaßt sah. Doch bis dahin war es noch ein weiter Weg.

Von den parteinternen Querelen erfuhr die Öffentlichkeit im Verlauf der ersten Monate der DVP-Herrschaft nur sporadisch und, vor allem, erst hinterher. Die an Mitgliedern leicht überlegene Khalq-Fraktion, die als besonders moskautreu angesehene Parcham-Gruppe und die linksnationalistischen Militärs waren sich in die Haare geraten. Namentlich dem nationalstolzen Abdul Qader paßte nicht, daß sowjetische Berater und Spezialisten Kommandoposten in der afghanischen Armee eingenommen hatten. Dafür hatte er weder gegen den König noch gegen Daud geputscht.
Die Rechnung für ihn und seine Offizierskollegen kam bald: sie sahen sich wegen «Subversion und Putschversuch» im Gefängnis wieder. Kurz darauf ließen die enragierten Khalq-Führer Taraki und Amin die führenden Parchamis in Regierung

und Verwaltung ins Ausland auf Botschafterposten abschieben, darunter Babrak Karmal, seine Lebensgefährtin Anahita Ratebzad, Nur Mohammed Nur und andere; die kleineren Parchami-Geister landeten im Gefängnis. «Putschversuch in Kabul vereitelt», hieß es im August in den Schlagzeilen. Damit sollte das interne Kräftemessen in der Demokratischen Volkspartei unter den Tisch gewischt werden. Die Gefängnisse begannen sich nun mit Genossen zu füllen, nachdem man sich der Feudalschicht entledigt hatte. Die Khalqis wollten von Abweichlern ungestört ihr Reformprogramm in Angriff nehmen. Wieder einmal hatte eine Revolution begonnen, ihre Kinder zu fressen.

Diplomaten in der afghanischen Hauptstadt wiesen in jenem Sommer schon darauf hin, daß sich die Regierungspartei durch die internen Säuberungen unter Umständen entscheidend geschwächt habe, da sie ohnehin viel weniger stark im Volk verwurzelt gewesen sei, als ursprünglich angenommen – von ihr selbst und vom Ausland. Nur ungefähr ein Drittel des Offizierskorps stünde noch hinter ihr. Ein Großteil der Bevölkerung verhalte sich abwartend bis feindselig. Der Schwung der ersten Tage und Wochen sei verflogen.

Auf die Armee, wenn schon nicht auf die Bevölkerung, mußte sich Taraki jedoch stützen können. Außer dem Amt des Staats- und Ministerpräsidenten übernahm er auch das des Verteidigungsministers. Zudem hatte er ein scharfes Auge auf die weitere Säuberung der Verwaltung. Hier kamen jetzt, nach den konservativen Elementen, die zuerst hatten gehen müssen, die «Unzuverlässigen» aus dem eigenen Lager daran. Bereits aber machte sich «Personalmangel» bemerkbar: die gelichteten Reihen mußten mit schlecht ausgebildeten, unqualifizierten jungen Parteigängern aufgefüllt werden. Gleichwohl machten sich die Khalqis im Herbst 1978 an ihre Hauptvorhaben Landreform und Schulprogramme. Dazu wurde ihr erster Fünfjahresplan, ausgearbeitet unter sowjetischer Oberaufsicht, gestartet.

Etwa zum selben Zeitpunkt – genau ist ein solcher nur schwer festzulegen – erreichten die Außenwelt neue Meldungen über Vorgänge im Inneren Afghanistans: eine Welle von Gewaltakten gegen die neue Regierung schien durchs Land zu gehen.

Parteifunktionäre und Sowjets waren ohne Schutz ihres Lebens kaum irgendwo sicher. Intensivierte Guerillaaktionen wurden vor allem aus den Provinzen Kunar und Paktia, nahe der pakistanischen Grenze, gemeldet. Der Hauptwiderstand hatte sich, soweit überschaubar, in den dortigen Paschtunengebieten entwickelt. Gleichzeitig begann ein Strom von Flüchtlingen nach Pakistan einzusetzen, in den Anfängen schwach, bald jedoch in die Zehntausende gehend und das wirtschaftlich nicht auf Rosen gebettete Nachbarland vor schier unlösbare Probleme stellend.

Die Geflohenen stellten rasch nicht nur ein humanitäres, sondern auch ein politisches Problem dar. Es wurde bis heute nicht gelöst, sondern entwickelte sich statt dessen zu einem unter Umständen kriegsauslösenden Faktor: nicht nur fühlen sich heute Pakistan und Iran von den in Afghanistan stehenden Sowjets bedroht, sondern diese nahmen ihrerseits die Flüchtlingsfrage zum Anlaß, einen Fall von «Bedrohung von außen» gegen Afghanistan und sich selbst zu konstruieren. Die meisten der geflüchteten Afghanen benützten nämlich die Gelegenheit, in Pakistan ihre Familien unterzubringen, sich selbst auszurüsten und sodann, versehen mit handgemachten vorsintflutlichen Lee-Enfield-Gewehren, wieder die unbewachte Grenze zu ihrem Heimatland zu überschreiten, um als Mujahidin (moslemische Kämpfer) gegen die neuen Herren in Kabul anzutreten.

Die bisherige Moslemguerilla hatte Zulauf nicht nur in Kreisen der traditionsbewußten, gläubigen Bevölkerung gefunden, sondern wurde auch durch Deserteure aus der Armee und die ehemaligen Feudalherren gestärkt. Trotzdem blieb sie, was sie war: zersplittert und unkoordiniert, miserabel ausgerüstet und finanziert. Moskau und Kabul nahmen diese Gruppen denn auch keineswegs allzu ernst. Auch heute, wesentlich stärker an Kämpfern, doch nicht an Material, stellen sie keine militärische Gefahr im eigentlichen Sinne dar; sie sind nur schwer zu pakken. Und die Gelegenheit, mit ihren Aktivitäten die zahlenmäßig übertriebene Anwesenheit sowjetischer Truppen auf afghanischem Boden zu rechtfertigen, wird gerne benützt.

Die offensichtlichen inneren Schwierigkeiten zwangen Taraki einen vorsichtigen Kurs gegenüber seinen Nachbarn auf. So-

wohl Pakistan wie Iran versicherte er seines guten Willens. Allerdings machte er klar, daß auch er selber nicht gestört werden wolle. Was bedeutete, daß er weder moslemische Kämpfer aus Pakistan noch heimgeschickte Gastarbeiter aus Iran im Lande zu sehen wünschte. Im Falle Iran hatte das dortige Regime Bazargan, um die Arbeitslosigkeit der eigenen Bevölkerung abzubauen, schätzungsweise 300 000 afghanische Arbeiter, versehen mit Abfindungssummen, in ihre Heimat zurückgeschickt. Diese dachten keineswegs daran, sich mit der dortigen unbeliebten Regierung zu solidarisieren: Die mitgebrachten Gelder, Gewehre und Fahrzeuge dienten vielmehr bald den verschiedenen Widerstandsgruppen.
Meldungen über vermehrten Widerstand in zahlreichen afghanischen Provinzen mehrten sich bis zum Winter 1978/79. Die Regierung Taraki war gezwungen, die Luftwaffe gegen die Rebellen einzusetzen. Flugblätter warnten die Bevölkerung vor der Unterstützung der Mujahidin. Noch schien Kabul die Lage im Land zu beherrschen, wenn auch unter Anwendung harter militärischer Repression und sowjetischer Mithilfe. Die Drohung mit der Verhaftung hing über allen. Die Hilfsorganisation Amnesty International sprach nach einem wenig erfolgreichen Besuch in Kabul von «mehreren tausend politischen Häftlingen und überfüllten Gefängnissen».

Es war kein Wunder, daß es bei den geschilderten Zuständen mit der Bodenreform nicht vorwärtsging. Bis zum Eintritt des Winters wurde es nichts mit der Änderung der Produktionsverhältnisse. Einzig die Abhängigkeit der kleinen Bauern und Pächter von den Grundbesitzern, von Händlern und Wucherern, bei denen schätzungsweise 800 000 von ihnen Schulden hatten, war durch eine in Kabul dekretierte Nichtigkeitserklärung der Schulden vorerst aufgehoben. Eine geplante «Hilfskasse» sollte die «Ausbeuter» als Kreditgeber ausschalten. Sie sollte nie recht funktionieren. Das hatte einschneidende Folgen, die zuerst die Bauern, später jedoch auch die Regierung in Kabul deutlich zu spüren bekamen. Als es darum ging, im Frühjahr 1979 die Felder zu bestellen, fehlten Saatgut und landwirtschaftliche Maschinen, die früher von Grundbesitzern und Geldverleihern besorgt worden waren; als es im Herbst

daranging, die Agrarproduktion zusammenzurechnen, fehlten bedeutende Ernteerträge. Mit viel Theorie – so mit einer Charta für die Gründung von Produktionsgenossenschaften – war dem Malaise nicht abzuhelfen.
Die Landreform hatte nicht zuletzt deshalb einen schlechten Start, weil die Aussicht, als Neubauer in absehbarer Zeit in eine Genossenschaft übergeführt zu werden, kaum einen Afghanen wirklich reizte. Böse Zungen wiesen bereits auf die Diskrepanz hin: wieso wurden aus den enteigneten großen Gütern nicht gleich Kooperativen gemacht, die doch von der großen Sowjetunion ohnehin als Allheilmittel vorgeführt wurden? Man mußte nur über den Amu-Darya blicken: ein einziges kollektiviertes Kasakstan. Aber eben: Für Kabul ging es vorerst darum, Freunde zu gewinnen, «eine Basis zu schaffen», wie es in der Partei hieß.
Die vorgesehenen neuen Bodenbesitzer zögerten aber auch, weil sie nicht den Unmut der Mitbewohner auf sich ziehen wollten, mit denen sie leben mußten, von denen sie abhängig waren. Es zeigte sich derselbe Effekt wie bei den Funktionären, die aus Kabul gesandt worden waren: in den Dörfern waren sie auf sich allein gestellt, niemand erwartete oder wollte sie, keine Parteiorganisation half ihnen. Man mußte sich arrangieren oder drohte unterzugehen. Die Annahme von Land kam für jeden Kleinbauer oder Pächter einem politischen Entscheid gleich: für oder gegen die Regierung. Auf dem Lande hieß das: für oder gegen den Islam. Niemand schenkte den oberflächlichen proislamischen Deklamationen, die ab und zu aus Kabul kamen, im geringsten Glauben. So siegte bei der Landneuverteilung meist derjenige, der die stärkeren Bataillone zur Verfügung hatte. Rückte die Regierung mit einem Großaufgebot an Funktionären und Militär an, wurde unter gewaltiger Propaganda Land an «glückliche neue Besitzer» abgegeben; war der moslemische Widerstand zu stark spürbar, fand keine Landverteilung statt – oder sie erwies sich später als Fehlschlag. Das Land lag brach, Bauern und Landarbeiter schlossen sich lieber den Mujahidin an.

Anfang Dezember 1978 machte Afghanistans Staatschef Nur Mohammed Taraki einen groß herausgestellten Staatsbesuch

in Moskau. In dessen Verlauf schloß er einen Vertrag über «Freundschaft, gute Nachbarschaft und Zusammenarbeit» (auch militärische) mit der Sowjetunion ab, die bisherige enge Anlehnung an den Kreml hatte ihre umfassende schriftliche Form gefunden; die weitere wirtschaftliche und militärische Kooperation war endgültig festgeschrieben. Zuvor hatte die Sowjetunion gleichartige Verträge auch mit Vietnam und Äthiopien unterzeichnet. So wurden die realen Auswirkungen im Falle Afghanistan nicht sofort deutlich.
Unklar blieb zumindest noch für ein Jahr, aus welchem Grund sich Moskau auf die afghanische Art von Revolution eingelassen hatte, in der versucht wurde, die Macht direkt von einer feudalistischen Spitze auf eine wenig aufnahmebereite breite Masse zu übertragen. Nie wurden jene Gründe angeführt, mit denen heute die Anwesenheit der sowjetischen Truppen gerechtfertigt wird: Bedrohung des Regimes in Kabul von außen; Bedrohung der sowjetischen Südgrenze durch die islamische Welle der Erneuerung; Vertragsbrüchigkeit, verstärkte Aufrüstung, Dominierungsversuche des Westens; Nichtanerkennung der Weltmacht Sowjetunion. Die Verteidigung der Sowjetunion gegen Nato-Nachrüstungsbeschlüsse durch Einmarsch in Afghanistan stand noch nicht auf dem Programm.
«Unsere Art der Revolution ist eine ganz besondere, sie wird Geschichte machen als die Große Saur-Revolution», wurden Taraki und Amin nicht müde zu verkünden. Begründen und praktisch untermauern konnten sie ihre Hoffnung, die Lehrbücher der Revolution umschreiben zu können, nie. Sie machten es auf dem afghanischen Weg der Gewalt. Die Aggressivität der Führungsspitze und die ihrer zumeist jungen Anhänger, ihre progressiven Ideen auf die Masse der Bevölkerung zu übertragen, brachte sie statt dessen in endgültigen Verruf. «Auf welche Massen übertragen?» stellte in jenem Winter ein Diplomat in Kabul die Gegenfrage. «Hier hat bloß die Spitze gewechselt. Ansonsten werden die Menschen kommandiert und machen schließlich doch, was sie wollen, wie gehabt. Die haben die Massen ja gar nicht.»

Der Widerstand gegen das Khalqi-Regime weitete sich selbst während des harten Winters weiter aus. Inzwischen wurden

Zusammenstöße mit angeblich mehreren hundert Toten gemeldet: Soldaten, Zivilisten, Mujahidin. In der Grenzprovinz Kunar gelangen den Guerillas respektable Eroberungen. So wurde der große Ort Kamdesch seit Eintritt des Winters gehalten, die Provinzhauptstadt Chiga Sarai den ganzen Januar belagert. Die Regierung kannte nur ein Gegenmittel: sie schlug hart zurück. Die Luftwaffe zerstörte wahllos ganze Dörfer; die Verfolgung religiöser Führer nahm zu; es kam zu zahlreichen Exekutionen. Verhandelt wurde, soweit bekannt, während dieser gesamten Entwicklung nie.

Der Kampfgeist der afghanischen Armee war zu dieser Zeit schon rapide gesunken. Sie bestand zum überwiegenden Teil aus Wehrpflichtigen, ungebildeten Bauernsöhnen, denen der Dienst für das Vaterland jedoch heiliger Ernst war. Jetzt aber sollten die frommen Moslems auf ihre Glaubensbrüder auf der anderen Seite schießen – da liefen sie lieber zu ihnen über und nahmen Waffen und Munition gleich mit. Sowjetisches Kriegsmaterial wurde mit der Zeit die Hauptwaffe der Rebellen. Durch gezielte Überfälle wurde für weiteren Nachschub gesorgt.

Im Frühjahr 1979 war aus den vereinzelten Widerstandsaktionen so etwas wie ein allgemeiner Bürgerkrieg in praktisch allen afghanischen Provinzen geworden. Nur die Städte hielten, zur Erleichterung der Regierung, weiter still, und die zählten für sie in erster Linie. Gegen die «Gottlosen» der Regierung in Kabul war zum Jihad aufgerufen worden. Dieser Aufruf zum Heiligen Krieg, wie ihn der Koran kennt, wurde in der Folge immer mehr frommen Moslems zur Pflicht. Kabul mußte erkennen, daß es diese Kriegserklärung ernst zu nehmen hatte.

Tarakis ständige Versicherungen, im ganzen Lande herrschten Ruhe und Ordnung, wirkten dagegen wie Hohn. Reisen interessierter Ausländer durchs Land ließ sein Regime unter verschiedenen Vorwänden nicht mehr zu. Afghanistans Straßen waren nicht mehr sicher; Funktionäre und Offiziere bewegten sich vorsichtshalber möglichst nur noch per Flugzeug, zu viele hatten den Weg über Land schon mit dem Leben büßen müssen: es war bekannt, daß die Mujahidin keine Gefangenen machten.

In Kabul nahm unterdessen der Personenkult um Taraki teilweise groteske Formen an. «Der unübertreffliche, große Vater des Volkes und anerkannte Genie-Schriftsteller und Dichter», wie er sich feiern ließ, saß aber auf einem wackligen Thron. Praktisch jedermann wußte, daß Munitionsdepots vorsichtshalber versiegelt worden waren; daß ein Teil der Luftwaffe Flugverbot hatte, weil Taraki befürchtete, sie könne sich gegen ihn kehren; daß die gesamte Kommandostruktur der Armee absichtlich kompliziert worden war, ebenfalls auf Befehl Tarakis, um die Koordination eines Militärputsches zu erschweren.

In Kabul war zu jener Zeit für Ausländer nur schwer Kontakt zu Bekannten und Freunden zu halten. Für alles und jedes bestand Meldepflicht. Die Abschaffung der grünen islamischen zugunsten einer revolutionär-roten Fahne und eine neue proletarische Nationalhymne trugen nicht eben zur Beliebtheit des Regimes bei. Dazu veranstaltete es zu jedem revolutionären Erinnerungsdatum, bei jeder Schaffung von Arbeits- und Schulplätzen, bei jeder Zuteilung von Lehrern und Lehrbüchern einen unwahrscheinlichen Parteirummel. Es hungerte nach Selbstbestätigung und Rechtfertigung. Jedem, der zu jener Zeit die afghanische Hauptstadt besuchte, sind die kümmerlichen Versuche, Demonstrationszüge auf die Beine zu stellen, in bester Erinnerung. Parteiamazonen, die ihre Schulklassen geschlossen abkommandierten, prägten das Bild. Hilflose junge Parteimilizen, denen ihr Auftrag gegenüber der gleichgültigen Bevölkerung nicht recht geheuer war, zogen mit mageren Häuflein von Staatsangestellten durch die Straßen.
Derselbe Rummel wurde, wie erwähnt, bei den ersten Versuchen der Bodenreform gemacht. Sie fanden wohlweislich im warmen Süden des Landes statt. Dort wurden rund 10 000 Bauern mit beträchtlichem Propagandaaufwand erstmals zu Landbesitzern erklärt, während im verschneiten, kargen Nord- und Zentral-Afghanistan gekämpft wurde. Jedem der Neubauern wurden, je nach Bodenqualität, bis zu fünf Hektar zugeteilt.
Beobachter konnten zu dieser Zeit schon einen Zusammenhang zwischen Reformprogrammen und wachsendem Widerstand in Afghanistan feststellen. Sobald die DVP daranging, einen ihrer revolutionären Programmpunkte mit bedingungslo-

ser Schärfe durchzusetzen, erfolgten ungezielte Gegenschläge religiöser Fanatiker sowie recht gut gezielte der islamischen Kämpfer. «Da wird ein Konflikt hochgeschaukelt, der gefährlich werden könnte», kommentierten die Beobachter der afghanischen Ereignisse die Situation. Ein Jahr später sahen sie sich bestätigt.

Zu einem nachhaltigen politischen Schlag, der zwischen Moskau und Washington bis heute nicht bereinigt ist, holten Mitglieder einer schiitischen Widerstandsgruppe am 14. Februar 1979 in Kabul aus: Der amerikanische Botschafter Adolph Dubs wurde aus seinem Wagen heraus entführt und in das «Hotel Kabul» verschleppt. Dort verbarrikadierten sich die Kidnapper und machten ihre politischen Forderungen klar: sie stellten dem Taraki-Regime das Ultimatum, drei schiitische Mullahs, darunter den bekannten und einflußreichen Mohammed Waiz, sowie weitere politische Gefangene freizulassen, ansonsten würde der Botschafter erschossen. Hier manifestierte sich erstmals, daß es auch eine schiitische, und zwar städtische Guerilla gab. Wie sich später herausstellte, steckten und stekken bis heute Mitglieder der zu allem entschlossenen Schola-e-Javed-Bewegung hinter den Aufstandsversuchen in den Städten. Sie nützen ethnische und religiöse Unterschiede für ihre Sache: den Sieg des «wahren» Sozialismus gegen die paschtunische Bevormundung, unter welchem Deckmantel auch immer. Wer immer die Freilassung des amerikanischen Botschafters erreichen wollte, sah sich tief in innerafghanische Angelegenheiten verstrickt, die der Berücksichtigung harrten und der äußerlichen politischen Bedingungen entrieten.
Daran scheiterten die amerikanischen Bemühungen, kurzfristig eine friedliche Regelung mit den Entführern anzustreben und mit der Regierungsseite in konstruktivem Kontakt zu bleiben. Nach kurzem Zögern gingen die afghanischen Sicherheitskräfte nach der Brachialmethode vor, wie sie schon von den Sowjets bekannt war: niemals mit Entführern und Erpressern verhandeln, selbst um möglicher Verluste willen. Das «Hotel Kabul» wurde unter der Führung des Kommandanten der Geheimpolizei, Tarun (der später noch unrühmlichere Bekanntheit erlangen sollte), gestürmt. Nach amerikanischen Angaben

waren sowjetische Spezialisten zumindest beratend beteiligt, Mitglieder der sowjetischen Botschaft waren abrufbereit in der Nähe und griffen nicht zugunsten einer Mäßigung, zur Rettung des Botschafters ein. Adolph Dubs und die Entführer kamen uns Leben.

Die genaue Version des Vorfalls wurde nie bekannt. Immer wieder wurden sich widersprechende Darstellungen in Umlauf gebracht. Aber der Terrorakt war ein Fanal: die Entführer hatten erreicht, daß auch die Gutgläubigsten im westlichen Lager den wahren Charakter des Regimes in Kabul nicht länger beschönigen konnten.

Aber noch wurde differenziert; Staatspräsident Taraki selber wurde geschont, einen Bösewicht statt seiner hatte man schon gefunden: seinen Stellvertreter, Außenminister und Politbüromitglied Hafizullah Amin. Er hatte sich, mit den Kontakten zwischen Partei, Armee und Geheimpolizei betraut, durch sein rücksichtsloses Vorgehen und frühere brutale Aktionen derart unbeliebt gemacht, daß er jetzt den Kopf hinhalten sollte.

Sein schlechter Ruf gereichte Amin allerdings in Teilen der Partei vorerst nicht zum Schaden. Er war angesichts der im März verstärkt um sich greifenden Moslemaufstände unentbehrlich und etablierte sich auf diese Weise als eigentlicher «starker Mann» des Regimes. Eine neue Spaltung, diesmal innerhalb des regierenden Khalq-Flügels der Demokratischen Volkspartei, zeichnete sich ab. Mit den von ihm ausgehenden Befehlen zu Exekutionen hatte sich Amin nicht nur den Beinamen «Scheitani» (der Teuflische) geschaffen, er schaffte auch grundlegende Differenzen über die Führung der Partei und des Landes gegenüber Generalsekretär Taraki. Ruhe im Lande, und sei es Friedhofsruhe, schaffte auch Hafizullah Amin nicht. Im Gegenteil.

Der bei weitem schwerste Ausbruch moslemischer Unzufriedenheit mit dem sozialistischen Regime ereignete sich in der Woche vom 16. zum 23. März 1979 in der zweitgrößten afghanischen Stadt, Herat, im Westen des Landes (150 000 Einwohner). Langaufgestaute Haßgefühle der Stadtbewohner gegenüber den impertinenten Regierungsfunktionären und ihren sowjetischen Beratern führten aus einem im Grunde nicht beson-

ders bemerkenswerten Anlaß schließlich zu einem unkontrollierten Blutbad; während einer Woche regierte Terror von unbeschreiblicher Grausamkeit Herat.
Funktionäre und Lehrer hatten, nach langem vergeblichem Verhandeln, mit Gewalt versucht, Frauen und Mädchen in Herat und Umgebung zur Teilnahme an Schreib- und Lesekursen zu zwingen. Es war der berühmte Tropfen, der das Faß zum Überlaufen brachte. Moslemische Fanatiker, angeführt von Mullahs und unterstützt angeblich von sozialistischen Regierungskonkurrenten der im Untergrund tätigen Schola-e-Javed, brachten Herat unter ihre Kontrolle.
Sie vergingen sich in einem unwahrscheinlichen Blutrausch an allen Funktionären und Sowjets, deren sie habhaft werden konnten, und sie verschonten auch deren Familienangehörige nicht. Schätzungsweise 50 Sowjetbürger und eine unbekannte Zahl Afghanen wurden auf kaum vorstellbare Weise umgebracht: sie wurden lebendig gehäutet und verbrannt.
Am zweiten Tag des Aufstandes liefen Soldaten und Polizisten zu den wütenden Mengen in Herat über. Es war das erste Mal, daß sich der Unwillen der Bevölkerung über die Regierung in derartigem Ausmaß in einer Großstadt zeigte. Keine der bis dahin hervorgetretenen Guerillagruppen kontrollierte diesen Aufstand. Auch die Beteiligung von Schola-e-Javed-Aktivisten blieb bis heute umstritten. Nicht umstritten ist hingegen die Führungsrolle fanatischer Mullahs.
Es gelang den aufgebrachten Massen in Herat indessen nicht, sich auch des Flugplatzes der Stadt und des benachbarten Stützpunktes Schindand, im Süden von Herat, zu bemächtigen. Die Regierung ließ in aller Eile loyale Truppen heranführen, darunter Fallschirmjäger. Überdies wurde Herat bombardiert. Doch erst nach hartnäckigen Kämpfen, an denen auch aus der nahen Sowjetunion kommende Maschinen beteiligt waren, wurde die Stadt zurückerobert. Tausende sind dabei in Herat ums Leben gekommen. Die genaue Zahl der Toten auf allen Seiten wurde nie bekannt. Für Moskau wie für Kabul war das unvorstellbare Geschehnis ein eigentlicher Schock.
Es zeichnete sich seit dem Frühjahr 1979 ab, daß Afghanistans Revolution ernsthaft in der Krise steckte und nach den Fällen Dubs und Herat nicht mehr aus den internationalen Schlagzei-

len verschwinden würde. Es waren die Regierungen in Moskau und Kabul selbst, die dem Gärungsprozeß im Lande internationale Aufmerksamkeit verschafften. Sie beschuldigten plötzlich in fast gleichlautenden Erklärungen sowohl Iran als auch Pakistan, die Kampfhandlungen im Osten und Westen Afghanistans zu unterstützen, so unter anderem mit «verkleideten Soldaten». Daß sich heimkehrende afghanische Gastarbeiter und paschtunische Stammesangehörige ohne Zögern gegen die «Gottlosen» in Kabul zur Wehr setzten, konnte unmöglich zugegeben werden. Es war nicht weit bis zu dem bald offen ausgesprochenen Verdacht, «ausländische Kräfte» steckten hinter den Aufstandsbewegungen.

Zum ersten Mal befaßte sich die «Prawda», das sowjetische Parteiorgan, kritisch mit der in Iran entstandenen «Islamischen Republik» und der Entwicklung der islamischen Aufbruchbewegung insgesamt, die auch Pakistan erfaßt hatte und in Afghanistan Fuß zu fassen schien; es zeigte sich, daß in Moskau die Vorgänge an der gesamten sowjetischen Südgrenze als komplexes Ganzes gesehen wurden. Aber das «fortschrittliche Afghanistan» von den erwachten Kräften des Islam in seine Grenzen verwiesen – das konnte nicht akzeptiert werden.
Falls Moskau je geplant hatte, via Kabul die Ausstrahlungen dieser «Fortschritte» den islamischen Nachbarländern Afghanistans zuteil werden zu lassen, so sah es sich jetzt eher in der umgekehrten Situation: ausgehend von den Nachbarstaaten griff die Welle islamischer Erneuerung nach Afghanistan und würde, unter Umständen, auf die sowjetischen Moslemrepubliken an dessen Grenzen im Norden übergreifen. Klerikale Kreise Irans, Pakistans und Saudiarabiens machten aus ihren Absichten, den bedrohten, verfolgten afghanischen Glaubensgenossen beistehen zu wollen, zumindest verbal keinen Hehl. Wie diese Hilfe allerdings aussehen sollte, blieb unklar. Gewiß lag sie nicht auf militärischem Gebiet, wie Moskau und Kabul nicht müde wurden zu behaupten.
Die Vereinigten Staaten sahen sich, durch Erwähnung in der Moskauer Erklärung – ebenso wie China; es war ein richtiggehender Rundumschlag des Kremls –, zu einer scharfen Stellungnahme veranlaßt. Sie hatten schon zuvor, ausgelöst

durch den Mord an Botschafter Dubs und dessen Folgen, die sowjetischen Aktivitäten in Afghanistan gebrandmarkt. Jetzt wurden die «Einmischungen» der Sowjets von Präsident Carter als «Beitrag zur Erhöhung der Spannungen und zur Destabilisierung in der gesamten Region» bezeichnet. Die von der «Prawda» behauptete «internationale Verschwörung gegen Afghanistan» wurde von den USA ebenso wie von Pakistan und Iran sofort vehement dementiert. Zu durchsichtig war die Absicht, die hinter den neuen Behauptungen des Kremls steckte. «Falsch von Grund auf», hieß es dazu in Teheran.
Pakistan wies darauf hin, daß sich Afghanistan seinerseits sehr schwere, kaum unbeabsichtigte Übergriffe auf pakistanisches Territorium habe zuschulden kommen lassen: das Land sei mehrfach überflogen, ein Flüchtlingslager nahe der Grenze mit Artillerie beschossen worden. Nicht zu reden davon, daß an den Abzughähnen der Geschütze unter Umständen sowjetische Soldaten gesessen hatten.

In Afghanistan hatten die fortgesetzten Unruhen eine Regierungsumbildung zur Folge. Außenminister Hafizullah Amin als «starker Mann» übernahm das Amt des Regierungschefs. Taraki blieb zwar Staatspräsident und anfangs Verteidigungsminister, doch galt er von da an mehr denn je als Gallionsfigur des Kabuler Regimes. Gegenüber der Ernennung Amins zum Ministerpräsidenten «mit weitreichenden Vollmachten» wirkte die spätere Berufung Tarakis an die Spitze eines neugebildeten Obersten Verteidigungsrates ausgesprochen nominell, selbst was seine Stellung als Oberbefehlshaber der Streitkräfte betraf. Einwände der Sowjetunion gegen die neue Entwicklung wurden offiziell nicht laut. Amin schien auch Moskaus Mann.
Interessant an der neuen Regierung war jedoch, daß die Militärs, zweifellos infolge ihrer Haltung gegenüber den blutigen Unruhen in Herat, ihre Stellung stärken konnten. Insofern blieb Hafizullah Amin nicht unbeaufsichtigt. Oberst Watanyar avancierte zum Verteidigungsminister unter Oberbefehlshaber Taraki, nachdem er vorher selbst Oberbefehlshaber gewesen war. Die Sowjetunion sicherte Kabul eine weitere Erhöhung ihrer Militärhilfe zu. Rund 5000 zivile und 2500 militärische Berater weilten zu dem Zeitpunkt schon in Afghanistan.

Schlußfolgerung aus den afghanischen Ereignissen insgesamt, für Moskau wie für die übrige Welt: Vor dem Jahrestag der Machtübernahme in Kabul war das sozialistisch-marxistische Revolutionsregime Taraki in ernsthafte Schwierigkeiten geraten.

Man muß es sich vor Augen halten: zwei komplett verschiedene Welten lebten in Kabul nebeneinander her: die der progressiven Regierung, gestützt auf Bajonette, versteckt hinter den Mauern der Ministerien, und diejenige des Basars, der orientalischen Traditionen; bewaffnete Leibwächter der Mächtigen neben den verschleierten Frauen der Ohnmächtigen; aus der Sowjetunion importierte Taxis neben handgemachten Gaddis, den altvertrauten Pferdekutschen; die Wächter des Belagerungszustandes und fromme Moslems, die kurz vor dessen Ausgangssperre noch in die Moscheen drängten. Es schien oft, als wäre nie etwas geschehen. Ich selbst fiel darauf herein. Die Partei war im Basar weit weg, selbst noch ein Jahr nachdem sie an die Macht gelangt war; ihre Paraden und Zurschaustellungen zogen kaum jemanden an.

Die Russen zogen es vor, in ihrem «Mikrorayon» zu bleiben, einem Neubauviertel im Norden der Hauptstadt, nachdem es im Basar einige «bedauerliche Zwischenfälle mit Todesfolge» gegeben hatte. Womöglich war es gerade dies, was die Machthaber so nervös machte und jedesmal mit unverhältnismäßigen Repressionsmitteln zuschlagen ließ: die vorgebliche Ruhe in den Basargassen; jene Oberfläche orientalischen Gleichmuts, unter der die Haßausbrüche lauerten; das Irrationale der «Gläubigen» in ihrem Verhalten gegenüber den «Gottlosen». Ähnlich mögen sich die Briten hundert Jahre vorher ebenfalls gefühlt haben, bevor sie in irgendein Messer liefen.

Hatten die «Gottlosen» kein «Buch», wie die Moslems bemängelten, so hatten diese selbst zumindest kein festes Programm, um aus ihren sporadischen Attacken allenorts mehr werden zu lassen als Nadelstiche im Fell eines Bären. Sie hatten keinen Zusammenhalt, und sie haben ihn heute noch nicht. Das war ein schwerer Nachteil, denn dies rettete offensichtlich die Regierung. Es war aber gerade dies auch die Stärke der Guerillabewegung. Niemand vermochte sie zu fassen und völlig zu zerschlagen, schon gar nicht mit Hilfe einer nur nach entsprechen-

den Gegebenheiten einsetzbaren hochtechnisierten Militärapparatur.
In dem einen Jahr ihrer sozialistischen Herrschaft nach dem Sturz Dauds hatten Taraki, Amin und ihre Khalqis dem zurückgebliebenen Afghanistan zuviel zugemutet. Politisch wie wirtschaftlich war in diesem Lande zuwenig vorhanden gewesen, zuwenig Substanz generell, um einen Systemwechsel überhaupt vornehmen zu können. Meinungen wurden in Afghanistan nie schnell gemacht und noch weniger schnell geändert. Man blieb angesichts der herausfordernden Sendboten aus Kabul bei den überkommenen Verhaltensmustern, man änderte sich einfach nicht – das war alles. Auch davon legten die Aufstände in allen Landesteilen Zeugnis ab. Vielleicht hätte Taraki zur Entschuldigung anführen können, er habe in der von Daud übernommenen, heruntergekommenen Republik unverhältnismäßig vieles und Dringendes gleichzeitig an die Hand nehmen müssen. Nicht zu entschuldigen ist die Art und Weise, wie er, Amin und Genossen ans Werk gegangen sind.

Durch die «Revolution» gegen Daud und die unter ihm weiterbestehende einflußreiche Oberschicht war ihnen Gelegenheit geboten gewesen, die teilweise mittelalterlichen afghanischen Lebensformen aufzubrechen, die zugleich Herrschaftsformen waren. Es war eine einmalige Chance – westliche Staaten warteten ab, östliche gaben Rückendeckung –: sie wurde in unverantwortlicher Weise vertan. Die Revolutionäre aus dem Untergrund glaubten an die eigenen Sprüche. Die in Parteilokalen geborenen und in der Praxis nie bewiesenen Theorien wurden rasch von der afghanischen Wirklichkeit eingeholt. Weshalb ihnen Moskau nicht auf die Finger schlug, mag zweckgerichtete Taktik gewesen sein. Der Kreml wußte, daß er angesichts der islamischen Unruhe im Mittleren Osten über kurz oder lang die Zügel ohnehin selbst würde in die Hände nehmen müssen.

Es war eine Sache, mit revolutionärem Pathos eine Landreform anzugehen, bei der andere die harte Arbeit machen sollten, eine andere aber, dabei auch nur den Stand der Agrarproduktion Afghanistans im herkömmlichen Stil (85 Prozent der

Beschäftigten arbeiteten in der Landwirtschaft und erbrachten 57 Prozent des Bruttosozialprodukts) beizubehalten. Das Land war am Ende der Daud-Ära Getreideselbstversorger gewesen, es hatte dank der konservativ-schwerfälligen Wirtschaftsführung sogar einen Handelsbilanzüberschuß und dazu eine für die Region relativ starke Währung gehabt: nach dem ersten Revolutionsjahr hatte Afghanistan das alles nicht mehr. Und die angekündigten Errungenschaften, die das Volk glücklicher machen sollten, ließen auf sich warten. Daß das Volk selbst sie im Grunde verhinderte, spielt in diesem Zusammenhang keine große Rolle. Es reagierte schließlich auf falsche Programme, die von der Parteiführung in Kabul ausgingen. Die aber sah keinen Anlaß, in sich zu gehen.

Afghanistan hatte ja einen «großen Freund». Die illusionsbefangenen fortschrittlichen Genossen in Kabul meinten jedenfalls, endlos Moskaus Geberqualitäten und Geduld strapazieren zu können. Schon bezeichneten Beobachter Afghanistan warnend als ein «Faß ohne Boden» und glaubten, daß Moskau es sich nicht mehr länger würde leisten können. Aber der Kreml reagierte anders als erwartet – er ließ das Faß nicht fallen. Schließlich gab es die Breschnew-Doktrin. Er übernahm das Faß und versuchte, es endgültig zu reparieren. «Pragmatik ist eine Stärke der sowjetischen Politik», dieser Satz eines amerikanischen Generals, zu anderer Zeit und an anderem Ort ausgesprochen, muß in Jimmy Carters Ohren geklungen haben.

Die fortgesetzte Entstabilisierung des fortschrittsgläubigen Regimes in Kabul hatte diesen von den moslemischen Guerillas nicht eingerechneten Effekt: die Sowjetunion schloß den Verbündeten noch mehr in die Arme denn zuvor. Einen progressiven Verbündeten fallenzulassen konnte Moskau sich nicht leisten, das verbot die Breschnew-Doktrin, und schon gar nicht einen vor der eigenen Haustür. Die moslemisch-feudalistische Interessengemeinschaft außerhalb der afghanischen Grenzen sah ein, daß sie sich ebenfalls getäuscht hatte. Die Dinge nahmen nicht jenen vertraut-gewalttätigen Verlauf wie gewohnt. Afghanistan hatte seine Unschuld verloren. Es war durch seine linken und rechten Kräfte ins Spiel der Großmächte eingebracht worden und wurde nicht mehr freigegeben.

Hier liegt ein Ansatzpunkt zu den nachfolgenden Ereignissen, die den nationalen Rahmen sprengten. Alle Seiten im innerafghanischen Kräftespiel verließen sich ausschließlich noch auf Hilfe von außen.

In Afghanistan selbst begann eine Zeit grotesker Zahlenspiele und Gaukeleien. Taraki und Amin behaupteten allen Ernstes, mindestens 95 Prozent der Bevölkerung immer noch hinter sich zu haben; die Zahl der Parteimitglieder wurde mit «zwischen 50 000 und 100 000» angegeben. Die Exilafghanen ihrerseits versicherten ebenfalls, die Bevölkerung stehe überwiegend auf ihrer Seite. Zudem seien 80 Prozent der ländlichen Gebiete Afghanistans «befreit». Die Regierung habe während eines Jahres bei der Bekämpfung des alten Systems und der neuen Aufstände rund 100 000 Menschen getötet.
All diese Angaben muß man beim afghanischen Hang zu Übertreibungen und der teilweisen Unkenntnis gegenüber Zahlen nüchtern ansehen. Kaum ein Kenner der Verhältnisse, der mir nicht riet, bei den Tausendern jeweils eine Null zu streichen – das würde den tatsächlichen Verhältnissen näherkommen. Auch die sogenannte «Befreiung» hat ihre Kehrseite: Es gibt in Afghanistan zu viele «ländliche Gebiete», für die sich überhaupt niemand interessiert, Wüsten, Steppen, Gebirge, sie bieten niemandem Widerstand, der sie «befreien» will. In dem Land am Hindukusch herrscht derjenige, der die Hauptstadt Kabul, die anderen großen Städte sowie die Hauptverbindungslinien in Besitz hat, zusammen mit den wenigen entwikkelten Agrargebieten. Um die übrigen ländlichen Gebiete kümmert sich meist nur diejenige Seite, die ein bestimmtes Interesse dazu treibt.
Im vorliegenden Fall waren es die Mujahidin, die relativ unbehelligt weite Flächen des Landes unter ihre Kontrolle brachten und so ihre Bilanz aufpolierten. Mit Gegenschlägen mußten sie kaum rechnen. Und wenn solche kamen, trafen sie die jeweiligen Bevölkerungszentren: Dörfer, Weiler, Garnisonsstädtchen. Hier wendete die Armee oft die Taktik der verbrannten Erde an. Luftwaffe und Panzer zerstörten gründlich: man versuchte die Lebensgrundlage der Guerillas zu vernichten; tatsächlich trieb man sie nur in die Berge, wo sie kaum zu

schlagen waren. Hingegen war die Zivilbevölkerung gezwungen zu fliehen. Der unabsehbare Strom von Flüchtlingen nach Pakistan und Iran wurde gefördert, er hatte die Hunderttausendergrenze längst überschritten.

Langsam, aber sicher begann Iran und Pakistan dieser Flüchtlingsstrom unheimlich zu werden. Zu seinen Implikationen gehörte, daß viele der geflüchteten Männer bewaffnet nach Afghanistan zurückkehrten. Die Schraube wurde dadurch immer weiter angezogen. Es wurde absehbar, daß sie zu einem bestimmten Zeitpunkt überdreht sein würde. In Kabul und Moskau wurde in schrilleren Tönen gegen diese Entwicklung protestiert.

Was an Vorwürfen bezüglich «ausländischer Einmischung» 1980 alltäglich erscheint, begann in jenem Frühjahr 1979. Es nahm rasch gezielte Formen an und verunsicherte Pakistan und Iran. Die dortigen wenig stabilen Regimes fühlten sich unter Druck gesetzt. China und die USA sahen sich veranlaßt, deshalb mehrere Male auf die «Bedrohung der Region» durch das unverhüllte sowjetische Agieren in Kabul hinzuweisen. Peinlich genau wurde in Washington jeder neue Schub sowjetischer Berater und Militärs, jede Waffenlieferung, jeder neu abgeschlossene Vertrag Kabuls mit Moskau und den Ostblockstaaten gezählt und gemeldet. Viel mehr wurde jedoch im Grunde nicht getan. Die moslemischen Kämpfer warteten vergeblich auf Unterstützung. Auch die islamischen Staaten leisteten nur kostenlose Propagandahilfe, finanziell und militärisch hielten sie sich zurück. Kämpfen mußten Afghanistans Freiheitsrebellen allein, schlecht ausgerüstet und deshalb mit wechselnden Erfolgen.

Unterstützt wurden sie, so läßt sich im nachhinein resümieren, vor allem durch grobe Fehler Kabuls bei der rabiaten Durchsetzung der Schulprogramme, der Landumverteilung, der Frauengleichberechtigung, der ideologischen Beeinflussung der Wehrpflichtigen. Letzteres trug zu den Auflösungserscheinungen in den Streitkräften bei. Desertionen unter Mitnahme von Waffen und Munition häuften sich. Letzten Endes hielten Moskau und Kabul auf diese Weise den Aufstand militärisch am Leben.

Taraki feierte nichtsdestoweniger den Jahrestag seiner «Saur-Revolution» als gewaltigen Erfolg. 300 000 Hektar Land seien verteilt worden, jubelte er, weitere 300 000 sollten folgen. 150 000 Familien seien damit sowie mit je 800 genossenschaftlichen Betrieben und Schulen, mit Ärzten und Apotheken beglückt worden. Nachprüfen ließen sich diese Zahlen nicht. Die Landreform war, soviel ist sicher, im ersten Anlauf derart behindert worden, daß sie als «im ersten Teil abgeschlossen» erst einmal einschlief.

Es war klar, daß Taraki im Grunde wenig Anlaß zum Jubeln hatte: sein blutig an die Macht gelangtes Regime hatte sich im Verlauf eines Jahres nicht nur nicht konsolidieren können, sondern zeigte ausgesprochene Schwächeanfälle. Kriegsrecht, Ausgehverbot, nächtliche Verhaftungen, überfüllte Gefängnisse, Exekutionen ohne Prozesse – die allgemeine Rechtlosigkeit hatte die Unruhe auch in den Städten vergrößert, nachdem das «fortschrittliche» Regime sich in den ländlichen Gebieten mehr als unbeliebt gemacht hatte. Eigentlich stützte nur die Armee die Machthaber, und auch hier überzogen die Khalqis aufgrund ihres fehlenden Realitätssinnes mit der Zeit ihren Kredit.

Kredit, ein Zauberwort für die Beziehungen Afghanistans zur Sowjetunion. Bereits nach dem ersten Jahr Machtausübung ließ sich absehen, daß die Regierung in Kabul sich vollständig in die Hände der Sowjets begeben hatte. Vielleicht erklärt dies teilweise ihr Handeln, ihr Nichtzurkenntnisnehmen der Realitäten im Lande. Eine Wirtschaftskatastrophe kündigte sich an: Felder waren nicht bestellt worden, die Bauern waren davongelaufen, die Touristen weggeblieben, die letzten Devisenzuflüsse versiegten. «Wir sind absolut sicher, daß die große Sowjetunion alle, aber auch alle unsere Hilfegesuche positiv beantworten wird», antwortete Ministerpräsident Amin großspurig, als ihm entsprechende Vorhaltungen gemacht wurden.

Seine Regierung ließ sich im Sommer 1979 wenigstens herbei, Auseinandersetzungen mit Aufständischen zuzugeben. Sie waren zuvor strikt abgestritten worden. Die sowjetische Unterstützung bei der Bekämpfung der Rebellen wurde weiterhin geleugnet, obwohl der sowjetische General und oberste Polit-

kommissar der Roten Armee, Jepischew, bekannt durch seine «führende Rolle» bei der Besetzung der Tschechoslowakei 1968, in Kabul mit Amin und Taraki derartige Aktionen abgesprochen und massive neue Waffenlieferungen zugesagt hatte. Darunter befanden sich eine größere Anzahl der von den Aufständischen gefürchteten MI-24-Kampfhelikopter, gepanzerte Ungetüme, die Raketen auf Rebellennester in den Bergen abfeuern und Truppen dort absetzen konnten. Die Mujahidin waren mit ihren Waffen gegen sie weitgehend machtlos. Indirekt waren die Verteidigungsverstärkungen Eingeständnisse dessen, daß sich die Regierung der Demokratischen Volkspartei ohne solche Unterstützung höchstens einige Tage an der Macht gehalten hätte.
Moskaus Konsequenz aus den erkennbar werdenden Entwicklungen in Afghanistan war im Spätsommer die energische Forderung nach Verbreiterung der politischen Basis des Khalq-Regimes. Wie dies angesichts der Halsstarrigkeit derer in Kabul und der rund um Afghanistan höher schwappenden Welle islamischer «Revolution» bewerkstelligt werden sollte – das Rezept war schwer zu erstellen, und die Medizin war für die Khalqis noch schwerer zu schlucken. Denn die dem Regime fernstehenden Kräfte hatten sich auf keinerlei Weise zu diesem Zweck einspannen lassen, und mit Genossen von der ausgebooteten Parcham-Fraktion mochten sich Taraki und Amin nicht erneut zusammentun. Sie versuchten, allein durchzukommen; dabei gerieten sie endgültig auf Kollisionskurs – auch gegeneinander.
Irgendwann zu dieser Zeit muß in Moskau der Entscheid gefällt worden sein, das unübersichtlich werdende Geschehen im fernen Kabul in eigene Hände zu nehmen. Von dorther war man schon einmal «überrascht» worden. Das sollte nicht mehr vorkommen. Die willigen afghanischen Genossen sollten künftig nur noch als «Mäntelchen» der eigenen Absichten dienen. Die finanzielle, militärische und politische Investition in diesem geostrategisch bedeutsamen Gebiet an der kritischen südöstlichen Grenze der Sowjetunion mußte um jeden Preis gehalten werden; die Position eines Keils inmitten islamischer Länder, in Richtung Indischer Ozean und Golf, mußte gewahrt bleiben; dem bedrohlich mächtig gewordenen China,

das sich mit den USA ausgesöhnt hatte und dessen antisowjetische Ausfälle ernstgenommen wurden, mußte zuvorgekommen werden. Sah Moskau womöglich schon dazumal «Einkreisungstendenzen», fühlte es sich in die Defensive gedrängt, wie später behauptet wurde? Wie dem auch sei, das Gegenmittel hieß «Vorwärtsverteidigung».
Den Widerspruch, in Afghanistan einerseits dringend notwendige Reformen in Angriff nehmen zu wollen, die sich aber andererseits anhand der herkömmlichen politischen Lehrbücher dort gar nicht durchführen lassen würden, hat auch Moskau nicht lösen können. Hauptgegner waren nun starke Moslemgruppen geworden, fast das gesamte Volk, nicht mehr die längst zerschlagene Oligarchie. Der Kreml riskierte, mit seinem Engagement – bewußt oder unbewußt – den Widerstand der gesamten islamischen Welt auf sich zu ziehen. Wohl wissend, daß er den Kampf im Ausland und nicht in den eigenen Moslemrepubliken würde austragen können, nahm er das Risiko in Kauf: Besetzung Afghanistans als Vorbeugungsmaßnahme.

Der Sommer 1979 hatte eine weitere Verschärfung der Tonart der afghanischen Führer gebracht. Taraki und Amin teilten gegenüber Pakistan und Iran kräftig aus. Im Gegenzug aber beschuldigte Irans Revolutionsführer Ayatollah Khomeyni die kommunistischen Führer in Kabul und Moskau des verabscheuungswürdigen Kampfes gegen den Islam. Leonid Breschnew sah sich schließlich veranlaßt, den Machthabern in Kabul selbst verbal den Rücken zu decken. Moskau begann nun auch den politischen Preis für sein Engagement offen zu entrichten. Den militärischen hatten die Glaubenskämpfer Afghanistans bereits in eine unerwartete Höhe geschraubt, und Moskau hatte ihn gezahlt. Trotzdem begannen die afghanischen Führer und ihre sowjetischen Berater, möglichst unauffällig ihre Familienangehörigen in der Sowjetunion in Sicherheit zu bringen.
Ungeachtet der durch den ausgedehnten Widerstand entstandenen gespannten Situation schickte sich die Regierung Amin im Sommer an, eine erste gründliche Volkszählung in Afghanistan durchzuführen. Sie sollte die verläßlichen Grundlagen für eine detaillierte Planung der künftigen Entwicklungsprogram-

me aller Sektoren liefern. Bis dahin war nicht genau bekannt gewesen, wie viele Menschen eigentlich in Afghanistan lebten, von einer exakten Aufschlüsselung nach Alter und Geschlecht, Volkszugehörigkeit, Stammesgruppierung, Religion, Sprach- und Dialektgrenzen nicht zu reden. Dieses riskante Unternehmen vergrößerte die bereits bestehenden Spannungen im Lande. Khalqi-Funktionäre gerieten wiederum in Schwierigkeiten; häufig kamen sie knapp mit dem Leben davon. Zuverlässige Unterlagen erbrachte der Zensus nicht. Fachleute sprachen den Verdacht aus, ein Großteil der Formulare sei von den Zählern schließlich falsch ausgefüllt worden, um das verlangte Soll zu erfüllen und Auseinandersetzungen zu vermeiden. Diplomaten in Kabul hielten fest, als einzig sicheres Resultat habe die Volkszählung den Beweis erbracht, daß es den Führern der «Modellrevolution» gelungen sei, sich innerhalb eines Jahres fast die gesamte Bevölkerung Afghanistans zu Feinden zu machen.

Es waren meist Schreckensmeldungen, die Afghanistan im Sommer 1979 immer wieder in die Schlagzeilen der Weltpresse brachten: Soldatenmeuterei in Jallalabad, Hinrichtung von fast 50 Studenten in Herat vor den Augen ihrer Eltern, wiederholt Todesopfer unter sowjetischen Soldaten in den Basaren von Kabul und anderen Städten, Strafaktionen der Regierungstruppen mit T-62-Tanks, Mig-21-Bombern und MI-24-Kampfhelikoptern, Gefangenenaufstand im großen Staatsgefängnis von Pol-e-Charki, Massenexekutionen, Anschwellen des Flüchtlingsstroms nach Pakistan.

Für Moskau wurde eine Entschärfung der Afghanistan-Affäre dringend. Der Machtzerfall des DVP-Regimes in Kabul war offensichtlich, die afghanische Armee nur noch ein Unsicherheitsfaktor, die eigenen Leute waren nicht mehr sicher. Offen wurde über die Einsetzung einer neuen Regierung geredet. Es handelte sich schon nicht mehr um die Suche nach der kaum auffindbaren Basis, es war nur noch eine Suche nach Kandidaten, hinter denen man sich selbst verstecken konnte.

Drei Ereignisse im August 1979, die grell die tatsächliche Lage erkennbar machten, brachten Moskau schließlich zum Handeln: der Armeeaufstand im Kabuler Fort von Bala Hissar, das Überlaufen dreier kompletter Garnisonen in Kunar, Paktia

und Zabul und einer modern ausgerüsteten Panzerbrigade, die Massakrierung von 30 sowjetischen Zivilisten und 15 afghanischen Begleitoffizieren in Kandahar im Anschluß an den Besuch eines moslemischen Heiligenschreins.
Sowohl die blutigen Ereignisse in Kabul wie in Kandahar, der drittgrößten Stadt Afghanistans, mündeten in Volksaufständen, deren Niederschlagung Hunderte von Todesopfern forderte. Ob die Armeemeuterei Auftakt zu einem Putsch war, muß dahingestellt bleiben. Sichtbar war seither auch nach außen, daß die Armee nicht mehr konsolidiert dastand. Säuberungen des Offizierskorps und Ersetzung der Hinausgefeuerten durch unerfahrene, junge Politkommissare hatten ebenso dazu beigetragen wie die zahlreichen sowjetischen Berater, deren arrogantes Auftreten die nationalstolzen Afghanen gar nicht verwinden konnten.
Gegen die rebellierenden Einheiten in Bala Hissar, etwa 1500 Mann, wurden Kampfhelikopter, Panzer und Düsenmaschinen eingesetzt. Als sich die Schießereien auf verschiedene Punkte der afghanischen Hauptstadt ausweiteten, wurden die Kampfflugzeuge auch dort aktiv. Insgesamt soll der Aufstandsversuch der Militärs 300 Tote gekostet haben. An seiner Niederschlagung sollen sowjetische Piloten beteiligt gewesen sein. Die afghanische 2. Panzerbrigade war eine Woche zuvor mit neuen T-64- und T-72-Panzern sowie raketenbestückten Kampfhelikoptern ausgerüstet worden und damit modernste Einheit der Armee, als sie Einsatzbefehl gegen die Mujahidin erhielt. Sie hatte die Aufgabe, unter Führung sowjetischer Generalstäbler den Aufständischen an der offenen Grenze um den Khyber-Paß die Verbindungswege abzuschneiden, sie zu umzingeln und möglichst zu zerschlagen. Was statt dessen genau geschah, ist nicht sicher, aber die ganze Brigade ging geschlossen, mit sämtlichem Material, Helikopter und Tanks eingeschlossen, zu den Mujahidin über. Nur soviel ist sicher: Als Afghanen hatten sich die Gegner jeweils nicht nur bekämpft und beschossen, man hatte einander auch beschimpft und zu überreden versucht. Mehr als ein «militärischer Erfolg» der Mujahidin war auf Überredungskünste zurückzuführen, meist in Verbindung mit einer Aushungerungs- und Zermürbungstaktik.

In Kandahar hatten aufgebrachte Pilger, die den Besuch des Kherqa-Mubarraq-Schreins durch eine Gruppe sowjetischer Zivilisten als Profanierung des Heiligtums betrachteten, sämtliche Russen und ihre afghanischen Begleiter grausam umgebracht und nach dieser Lynchjustiz in der Stadt einen Volksaufstand herbeigeführt. Der Terrorakt wurde mit gleicher Brutalität von herbeieilenden sowjetischen und afghanischen Truppen beantwortet.

Für die sowjetische Führung muß dieser Verlust eigener Leute ebenso wie derjenige beim Massaker von Herat gleichbedeutend mit einer Aufforderung zum Handeln gewesen sein. Es war nicht länger möglich, die eigenen Truppen in Militärlagern, die zivilen Berater im abgeschirmten «Mikrorayon» von Kabul versteckt zu halten und die Marionetten Taraki und Amin von ferne zu dirigieren.
Ungefähr zu diesem Zeitpunkt verschwand der bisher im Prager Exil lebende Parcham-Führer Babrak Karmal, bereits zuvor durch lebhafte Reisetätigkeit in Europa aufgefallen, von der Bildfläche. Im September wurde er in Ostberlin, Leningrad und Moskau gesehen, wo er anscheinend auch mit Taraki zusammentraf. Im März 1980, drei Monate nach seinem Auftauchen in Kabul im Gefolge der sowjetischen Invasoren, behauptete Karmal, bereits im Oktober 1979 insgeheim nach Afghanistan gekommen zu sein und gegen Hafizullah Amin konspiriert zu haben. Nachweisen läßt sich das nicht. Die führenden Parteimitglieder, die dort angeblich über Amin zu Gericht saßen, haben sich bis heute nicht zum Wort gemeldet.
Nachdem den Sowjets klargeworden war, daß eine ihrer afghanischen Optionen, die dortige Armee, trotz aller Anstrengungen nicht aufrechterhalten werden konnte, blieben ihnen noch die zwei Möglichkeiten, zwecks «Verbreiterung der Basis» die ins Exil geschickten Parchamis zurückzuholen oder sich noch intensiver um eine in der aktuellen Afghanistan-Affäre nicht kompromittierte Persönlichkeit zu bemühen. Letzteres wurde tatsächlich versucht, blieb jedoch wie zuvor erfolglos. Es blieb der als ausgesprochen moskautreu geltende Karmal. Von ihm konnte man annehmen, er würde die «Öffnung» schaffen, zumal im Verein mit Taraki.

Ausgeschaltet werden sollte der «Scheitani», Premierminister Hafizullah Amin, quasi als Opfer für das aufgebrachte Volk. Er war in den vergangenen Wochen sowohl Taraki als auch den Sowjets suspekt geworden, nicht nur durch seine brutalen Repressionstaktiken, sondern weil er offenbar – weit schlimmer – eine andere «Verbreiterung der Basis» im Sinn hatte als die in Moskau geplante. Amin versuchte anscheinend, darin Daud gleichend, auf der in Afghanistan jederzeit gern gehörten nationalistischen Welle zu reiten, und hatte ungefragt entsprechende Fühler ausgestreckt. Er wußte um seine Unbeliebtheit in und außerhalb der Partei, ging auf Distanz und suchte für sich und das Land einen neuen Anknüpfungspunkt. Daß seine Tage gezählt waren, muß ihm spätestens dann klargeworden sein, als in der DVP seine Linientreue angezweifelt und exakte Auskunft über seine Laufbahn gefordert wurde.

Die Absetzung Amins wurde im September 1979 in Moskau zwischen dem von der Blockfreien-Konferenz in Havanna zurückkehrenden Taraki, Breschnew und Karmal besprochen. Mit Amin sollte das Symbol für die Unterdrückung des Volkes beseitigt und gleichzeitig mit seinem Verschwinden eine gemäßigte neue Epoche für Afghanistan angezeigt werden. Von Babrak Karmal war offiziell noch keine Rede. Mit der Beseitigung Amins wurden die in seinem Kabinett sitzenden Militärführer beauftragt. Es war gegenüber dem allzeit mißtrauischen, schwer bewachten Regierungschef keine leichte Aufgabe. Offenbar wurde schließlich beschlossen, Amin vor der Rückkehr Tarakis aus Moskau am Flugplatz zu erschießen. Der Plan schlug fehl. Als Taraki aus dem Flugzeug stieg, begrüßte ihn mit Bruderkuß Hafizullah Amin, umgeben von seinen schwerbewaffneten Getreuen. Das Komplott gegen ihn war verraten, die Intriganten waren von einem größeren Meister übertroffen worden. Es war dieser Meister, der, getreu seinem Wesen, das Heft in die Hand nahm: Amin putschte – nicht Taraki.

Wie sich herausstellte, war Amin durch eigene Verbindungsleute in Partei und Militär gewarnt worden vor dem, was ihm bevorstand. Als Drahtzieher erkannte er – mit Recht – die drei

Militärs in seinem Kabinett, die bereits an den früheren Putschen beteiligt gewesen waren: Aslam Watanyar, Innen- und früher Verteidigungsminister; Sheryan Masduryar, Minister für die Grenzgebiete; Sayed Mohammed Gulabzoi, Informationsminister. Am 14. September wurden sie von Amin ohne vorherige Absprache mit der Partei gefeuert. Allerdings konnte er ihrer da schon nicht mehr habhaft werden; so mächtig war selbst Amin nicht.

Statt dessen wurde der eigenmächtige Regierungschef vom aufgebrachten Taraki in den Präsidentenpalast zitiert, um über seinen Kabinettsaufwasch Rechenschaft zu geben. Es schreckte Amin nicht. Er war seiner selbst sicher: in diesen Nachmittagsstunden würde sich nicht sein, sondern Tarakis Schicksal entscheiden. Er war immer vorwärts marschiert, er tat es auch jetzt: entgegen der Versicherung des sowjetischen Botschafters Alexander Pusanow, der sich bei Taraki im Präsidentenpalast befand und Amin freies Geleit zugesagt hatte, marschierte der Regierungschef umgeben von einer schwerbewaffneten Leibwache in den Palast, an der Spitze sein Sicherheitsberater Tarun, unrühmlich bekannt geworden durch sein brutales Vorgehen im Fall der Entführung des amerikanischen Botschafters Dubs.

Amin war vor einer Falle gewarnt worden. Er wußte, daß die Gefolgsleute Tarakis bewaffnet sein würden, und hatte entsprechend gehandelt. Die Aussprache zwischen den beiden führenden Politikern Afghanistans nahm den üblichen afghanischen Verlauf: es gab eine wüste Schießerei. Dabei kamen die meisten Mitglieder von Amins Leibwache ums Leben, unter ihnen Tarun, aber ihr Chef selbst entkam fast unverletzt. Amin ließ nicht locker: wenige Stunden später erschien er erneut, mit einer neuen Bewachertruppe. Taraki, Pusanow, Watanyar und die anderen Getreuen im Palast müssen gewußt haben, daß sie verspielt hatten. Der Sowjetbotschafter war bei Amins Erscheinen verschwunden; die drei Militärführer hatte er gleich mitgenommen. Den afghanischen Weg ging – allein gelassen – Taraki.

Es ist nie genau geklärt worden, wie Nur Mohammed Taraki, der erste sozialistische Staatschef der Demokratischen Republik Afghanistan, starb. Offiziell wurde sein Tod erst drei Wochen später, am 9. Oktober 1979, bekanntgegeben, angeblich «nach schwerer Krankheit».

In den folgenden Tagen und Wochen wurden Taraki, der frühere «geliebte Vater des Volkes», und seine Gefolgsleute rasch zu Unpersonen. Tarakis Bilder und seine Bücher verschwanden, sein Name durfte nicht mehr genannt werden. Amin griff auf seine Art durch: Armee und Geheimpolizei erfuhren eine radikale Säuberung. Andererseits versuchte der neue Herrscher Afghanistans sich gegenüber der Bevölkerung in ein besseres Licht zu stellen: er ließ politische Gefangene frei und ließ sich in nationalistischen Tönen vernehmen. Vor allem wollte Amin den Ruf des «Henkers Afghanistans» loswerden. Er wollte nicht erkennen, daß er kaum eine Chance hatte.
Daß ihm nur wenig Zeit blieb, seine neue Macht zu festigen, wußte Amin hingegen. Die Sowjets hatten ihn nach kurzer Verblüffung nach außen hin akzeptiert. Doch Amin war sich klar darüber, daß er die Moskauer Pläne durchkreuzt hatte. Er paßte nicht ins Schema des willigen Ausführungsorgans und verleugnete es auch nicht. So forderte er zuallererst offen die Abberufung des angeblich in das Komplott gegen ihn verwikkelten sowjetischen Botschafters Pusanow. Und er hatte Erfolg für den Moment: Pusanow, Mitglied des Zentralkomitees der KPdSU, jahrelanger Fädenspinner in Kabul, mußte gehen. Amin hatte damit zugleich an seinem Grab geschaufelt. Pusanow wurde durch einen besonders linientreuen Mann ersetzt: den tatarischen Parteistrategen und Moslem Fikriyat Tabejew. Er machte sich alsbald daran, gemeinsam mit dem seit längerem in Kabul anwesenden KGB-Residenten Wassili Safrontschuk den ungeliebten Amin zu erledigen. Einen Mann der nationalistischen Töne und eigenen Ideen, einen Tito, konnte Moskau in Afghanistan nicht gebrauchen.
Wer angenommen hatte, die Sowjetunion würde infolge der überraschenden Ereignisse gegenüber dem unwillkommenen Usurpator ihre Unterstützung einstellen, um ihn so in Schwierigkeiten zu bringen, sah sich getäuscht: der Nachschub an Beratern und Rüstungsgütern nahm zu. Eine Großzügigkeit, die zu loben Amin nicht müde wurde. Als er erkannte, daß sie zur tödlichen Umarmung werden sollte, war es zu spät.

Nachdem Amin den Sowjetbotschafter erfolgreich abgeschossen hatte, versuchte er, der «unter sowjetischem Schutz stehenden» abgehalfterten Militärführer Watanyar, Masduryar und Gulabzoi habhaft zu werden. Er stieß gegen eine Mauer des Schweigens. Bis heute ist nicht offiziell bekannt, wo die drei überlebt haben: in der Sowjetbotschaft in Kabul oder – wie auch behauptet wird – im ausschließlich von den Sowjets benutzten und bewachten Luftwaffenstützpunkt Begram nördlich der Hauptstadt. Jedenfalls überstanden sie das Amin-Regime unbeschadet.
Der neue Staatschef wollte offensichtlich allen Ernstes an der Macht bleiben. Er sah sich intensiv nach Verbündeten um und war dabei nicht wählerisch. Vieles, was ihm heute vorgeworfen wird, ist jedoch Zweckpropaganda. Mit so vielen Kandidaten, wie ihm nachgesagt wird, kann er gar nicht verhandelt haben: China, die USA, exilierte Moslemführer. Mit verschiedenen Paschtunenstämmen allerdings verhandelte er tatsächlich. Vielmehr war es ein Drohen und Versuchen, die Stämme zu überreden, zu kaufen – die alte afghanische Art – oder mit Krieg zu überziehen. Andere Mittel gab es für den Gilzai-Paschtunen Amin nicht. Er versuchte es einen Monat lang – und scheiterte.

Und dann führte er Krieg. So bedrängt er auch sein mochte, so schmal seine Machtbasis auch war: die Stämme und die mit ihnen zusammenarbeitenden Mujahidin in der Provinz Paktia und im Pandjir-Tal bekamen Ende Oktober Amins harte Hand zu spüren. Bei zwei Offensiven mit schwerer Panzer- und Bomberunterstützung wurden in diesen beiden Regionen südlich bzw. nördlich von Kabul zahlreiche Dörfer dem Erdboden gleichgemacht und Hunderte von Menschen getötet. Es gelang Amin, um diesen Preis zwei belagerte Garnisonen zu entsetzen; die Sowjets von seiner Fähigkeit zu überzeugen, das Land zu führen, gelang ihm nicht. Wieder einmal waren es nicht die Mujahidin, sondern die Zivilbevölkerung, die den Bürgerkrieg der Afghanen blutig bezahlt hatte. Die Zahl der Flüchtlinge stieg wieder. Amin hatte im Kampf um seine Machtposition einerseits und um die Gunst des Volkes andererseits nie einen Hehl daraus gemacht, was ihm näher lag: die Macht.

Genau einen Monat nach der Palastrevolution Amins gegen Taraki erhob sich ein Teil der Armee gegen den neuen Herrscher. Am 14. und 15. Oktober meuterte die im Süden Kabuls stationierte 7. Infanteriedivision, ein deutliches Zeichen, wie wenig sicher Amin seiner einzigen Stütze, der Armee insgesamt, sein konnte. Nur mit Mühe gelang es ihm, die Erhebung mit massiver Beschießung der Kasernen von Rischkur und der Heranführung regierungstreuer Truppen zu unterdrücken. Die Kämpfe währten über 24 Stunden und forderten mehrere hundert Tote. Ein großer Teil der Soldaten vermochte sich den Mujahidin in den umliegenden Bergen anzuschließen.
Behauptungen, diese hätten gemeinsam mit den Truppen der 7. Division versucht, einen Aufstand gegen Amin anzuzetteln, lassen sich nicht bestätigen. Ebensowenig ist Amins Version glaubhaft, die rechtsgerichtete und längst für politisch tot gehaltene Gruppierung Afghan Millet habe aus dem Untergrund heraus versucht, ihn von der Macht zu verdrängen. Amin konnte im Grunde kein Interesse daran haben, eine Spaltung in der Armee oder eine anderweitige Bedrohung seiner Macht bekannt werden zu lassen. Zumindest die «reaktionäre Verschwörung von rechts» nahm ihm denn auch niemand ab. Eher zutreffen könnten jene Vermutungen, wonach Taraki treugebliebene Truppen unter Leitung der nach Amins Putsch entkommenen Minister und Militärs den Aufstandsversuch unternahmen. Von Watanyar war bekannt, daß er gute Verbindungen zu den Einheiten in Rischkur und zum Panzerhauptquartier hatte. Niemand vom Hauptquartier war Amin denn auch zu Hilfe gekommen. Watanyar seinerseits hatte aber wenig Anlaß, sich etwa mit den Moslemkämpfern oder der Afghan Millet einzulassen.
Amin reagierte wie gewohnt mit äußerster Härte auf die Rebellion. Bei den Streitkräften kam es zu Säuberungen wie zu Exekutionen. Die trafen auch rechtsgerichtete Politiker, die ihr Leben seit über einem Jahr im Gefängnis gefristet hatten. Gegen die Rebellen wurden die erwähnten Offensiven von regierungstreuen Truppen organisiert. Zudem ging der mißtrauische Amin gegen vermutete Taraki-Sympathisanten in der Armee und an der Universität Kabul rigoros vor.
Wie viele Menschen bei diesen Säuberungsmaßnahmen ums

Leben kamen, läßt sich nur schwer sagen. In den ersten sechs Wochen seines Terror-Regimes soll Amin aber die Hinrichtung von über 300 Personen angeordnet haben. Weitere waren geplant. Ein bezeichnendes Bild der damaligen Zustände lieferte Mitte November die Veröffentlichung einer Liste von 12 000 Namen durch das Innenministerium in Kabul: alle Aufgeführten waren während der 18 Monate dauernden Regierungszeit der DVP in den Gefängnissen von Kabul ums Leben gekommen. Zum größten Teil waren es politische Gefangene. Es war ein Auszug aus der gebildeten Schicht des Landes, es befanden sich Linke wie Rechte darunter: Lehrer, Studenten, Beamte, Professoren, Priester, Geschäftsleute. Kabul trauerte und erwartete mit Bangen die Veröffentlichung weiterer Listen für die übrigen Gefängnisse des Landes. Hatte Amin die Absicht verfolgt, mit dieser Aktion seinen Vorgänger Taraki zu belasten und sich selbst davon abzusetzen, so schlug sie alsbald ins Gegenteil um. Die Veröffentlichung der Totenlisten erwies sich als kontraproduktiv. Und wiederum suchte Amin nach Verantwortlichen dafür.

Während all dieser Zeit blieben die Sowjets nicht untätig. Weitere Militärtransporte kamen nach Afghanistan. Zu den bestehenden Stützpunkten und Luftwaffenbasen kamen neue: nicht mehr Kabul allein sollte geschützt werden. Sie entstanden an ganz anderen Orten, beispielsweise nahe der iranischen Grenze im Westen des Landes oder südlich des Amu-Darya im Norden von Afghanistan. Eine neue Entwicklung in der sowjetischen Militäraktion in und um den kleinen Satellitenstaat im Süden begann sich anhand dieser Maßnahmen abzuzeichnen: es ging nicht mehr allein um die Rettung eines abgewirtschafteten sozialistischen Regimes. Die Ereignisse im benachbarten Iran, verschärft infolge der Geiselnahme in der amerikanischen Botschaft in Teheran und Präsident Carters Gegenmaßnahmen, überlappten sich mit den Erschütterungen in Kabul.
Ab Mitte November kamen in tagelangen Luftbrücken mehrere tausend Sowjetsoldaten und große Mengen Kriegsmaterial ins Land. 15 000 Soldaten der Roten Armee wurden um diese Zeit in Afghanistan vermutet. Sie hatten den Staat unauffällig im Griff. Die Beziehungen zum Regierungschef in Kabul blie-

ben kühl und distanziert. Man ging auf seine Hilferufe ein, nicht zu seinen, sondern zu eigenen Gunsten. Es muß bezweifelt werden, daß Amin zu diesem Zeitpunkt noch wußte, was alles in seinem Lande vorging. Er war im Kabuler Präsidentenpalast zunehmend isoliert.

Der Erfolge gegen die Moslemkämpfer hatte sich Amin nur kurze Zeit erfreuen können. Sobald die Panzerkolonnen, welche die zwei Garnisonen in Paktia herausgehauen hatten, zurückgezogen wurden, übernahmen die Mujahidin in der bergigen, unübersichtlichen Provinz wieder das Kommando. Der typisch afghanische Krieg aus dem Hinterhalt um den Besitz der Verbindungswege nahm seinen Fortgang; er eskalierte sogar. Transporte nach Kabul wurden in Richtung Pakistan umgeleitet. Die Hauptstadt, in der noch fast ausschließlich mit Holz geheizt wird, sah sich vor Einbruch des Winters 1979/80 vom Holznachschub aus der waldreichen Provinz Paktia abgeschnitten.

In diesem Frühwinter fühlten sich einige Gruppierungen des moslemischen Widerstandes aufgrund ihrer Erfolge in den Provinzen stark genug, vom Plan einer eigenen Offensive gegen die Regierung in Kabul zu sprechen. Es sprachen nach ihrer euphorischen Ansicht viele Gründe für einen möglichen Erfolg: große Teile der Armee und der Bevölkerung waren auf ihrer Seite. Unrealistisch und oberflächlich, wie seinerzeit die Revolutionäre der Demokratischen Volkspartei, die auch gedacht hatten, das Land für sich beanspruchen zu können, ließen die Widerstandsgruppen einen Hauptfaktor aus dem Auge.

Hatten zu Beginn ihrer Herrschaft die Fortschrittsgläubigen in Kabul die moslemischen Integristen in ihrer zunehmenden Kraft unterschätzt, so erlebten an der Jahreswende 1979/80 die Mujahidin in Afghanistan und ihre Organisationen in Pakistan, daß ihre Rechnung eine Fehlrechnung war. Sie hatten in erster Linie Amins Schwäche in personeller Hinsicht im Auge: die ihm ergebenen Khalqi-Kader wurden im Dezember auf gerade noch 1500 Mann geschätzt. Dazu kamen kleine Teile von Armee und Geheimdienst. In der Tat zuwenig, um ein Land unter Kontrolle zu halten oder gar zu regieren.

Mehrmals wandte sich Hafizullah Amin an die Sowjetunion

um Hilfe. Dabei ging es ausdrücklich nicht nur um Rüstungsgüter, sondern auch um Truppen, ganz offiziell und unter Berufung auf den im Jahre zuvor abgeschlossenen Freundschafts- und Zusammenarbeitspakt. Noch am 5. Dezember, dem Jahrestag des Vertragsabschlusses, sicherte Moskau zu, seinen Teil auf jeden Fall einhalten zu wollen, inklusive Militärhilfe. Im gesamten Dezember folgten nun, kaum noch verschleiert, massive Verlegungen sowjetischer Militäreinheiten, die zuvor nördlich des Amu-Darya in der Stärke mehrerer Divisionen zusammengezogen worden waren, jeweils im Abstand von mehreren Tagen. Zum ersten Mal wurden die Bewegungen am 3./4. Dezember beobachtet. In Washington war man leicht nervös geworden, beließ es aber beim schon gewohnten Protest. Als die Luftbrücken nicht mehr nur nach Begram bei Kabul und Schindand bei Herat durchgeführt und dort Truppen unter Verschluß gehalten, sondern ganz offen auf dem Zivilflughafen von Kabul abgesetzt wurden, protestierten die Vereinigten Staaten schärfer. Nördlich des Amu-Darya formierten sich sowjetische Panzerkolonnen.
«Amin und Taraki haben uns mindestens vierzehn Mal um Hilfe gebeten», hieß es zu alldem später in Moskau. Sie taten es wohl wirklich. Ihr mangelnder Realitässinn, getrübt von Fortschrittsgläubigkeit, ließ sie die Moskauer Uneigennützigkeit sehen, die Machtpolitik aber übersehen. Erstaunlich einzig, daß Amin dem ebenfalls anheimfiel – falls er zu jener Zeit noch regierte. Offiziell wurden jedenfalls die Beziehungen Moskau–Kabul weitergeführt, als gebe es keinerlei Spannungen. Ein Vertrag über den Bau von sechs Flugplätzen in Nordafghanistan kam zustande, bei dem man sich heute fragen kann, ob dabei Amin überhaupt mitwirkte. Sowjetische Kampfflugzeuge flogen vom Territorium der UdSSR aus unbeanstandet Einsätze gegen Mujahidin in der afghanischen Nordprovinz Badakhschan. Afghanische Einheiten, an der Spitze die Offiziere, hatten sich geweigert, dorthin «in den sicheren Tod» zu gehen.
Die Truppe hatte sich nach den blutigen Ereignissen von Rischkur noch mehr von Amin abgewandt. Sie sah sich mittlerweile offen mit sowjetischen Kampftruppen konfrontiert, Eliteeinheiten, die bereit waren, die zahlreichen sowjetischen Be-

rater notfalls bei einem Aufstand herauszuhauen. Amin hatte hierdurch den Kern endgültiger Unzufriedenheit in der Armee gelegt. Im übrigen war er dazu übergegangen, seinen eigenen Geheimdienst – ohne die Sowjets – aufzuziehen und zuverlässige Freunde und Familienangehörige auf einflußreiche Posten in Regierung und Verwaltung zu setzen, was Moskau keine besondere Freude bereiten konnte.

Anfang Dezember entging er knapp einem von mehreren Anschlägen auf sein Leben. Mehrfach hatte es Schießereien im Präsidentenpalast gegeben, die er erst dementierte, später aber zugab. Amin griff nach jedem Strohhalm, um sich zu retten. Dabei scheinen auch Offerten nach Peking und Washington ergangen zu sein. «Er spürt Breschnews heißen Atem im Nakken», faßte ein Diplomat im benachbarten Islamabad die Situation vor den Festtagen zusammen. Der Westen schickte sich an, Weihnachten zu feiern.

Er sollte überrascht werden wie knapp ein Jahr zuvor. Auf Amin, den Pol Pot, folgte Karmal, der Heng Samrin.

Afghanistan war an der Reihe.

Die tödliche Umarmung

Mit Gewalt kann man Paläste vernichten, aber nicht einmal einen Saustall aufbauen.

Herman Greulich,
Schweizer Gewerkschaftsführer

Der Sturz Hafizullah Amins, des Usurpators der afghanischen Machtspitze und ungeliebten Sohnes der sowjetischen Führung, durch das massive Eingreifen der Roten Armee in Afghanistan Ende Dezember 1979 hat diejenigen im Westen, die es wissen mußten, viel weniger überraschen können, als es später vor der Weltöffentlichkeit hingestellt wurde. Das Konzept war längst auf «Krise» angelegt.
Ein umfangreicher Zusammenzug von Panzerdivisionen und Luftwaffeneinheiten der sowjetischen Streitkräfte hinter der afghanischen Nordgrenze, dem Amu-Darya, zeichnete sich während des ganzen Monats Dezember ab. Truppenverlegungen größeren Umfanges nach Afghanistan selbst erfolgten, als «erbetene Hilfe» deklariert, mittels kleinerer Luftbrücken schon seit Ende November. Die Welt wurde dem Höhepunkt einer Krise entgegengeführt. Washington war mit dem Iran beschäftigt. Die nebenan aufmarschierenden sowjetischen Divisionen wurden zwar sorgfältig gezählt und vermeldet. Um frühere Versäumnisse in der Region wettzumachen, war es aber zu spät. Der Tag des Ausbruches der Krise war absehbar.
Mitte Dezember protestierte das amerikanische Außenministerium schließlich beim sowjetischen Botschafter Dobrynin in Washington gegen den «begrenzten Einmarsch» sowjetischer Truppenverbände in Afghanistan. Erstmals war von «Kampfeinheiten» die Rede. Die Carter-Regierung sah plötzlich «eine

extensive Auslegung der Breschnew-Doktrin», mit der die Verpflichtung zur Sicherung der Existenz aller Regimes sozialistischer Couleur eingegangen wird.
Eine Woche später erfolgte, nachdem inzwischen eine offene, ununterbrochene sowjetische Truppen- und Material-Luftbrücke nach Kabul eingerichtet worden war, ein zweiter amerikanischer Protest. Die ersten Spekulationen über einen Wechsel der Rolle Moskaus in Afghanistan, vom Berater zum mitregierenden, mitkämpfenden Helfer, wurden laut. Militärstützpunkte wie die Flughäfen Begram bei Kabul und Schindand bei Herat – ohnehin ausschließlich von der sowjetischen Luftwaffe benützt – wurden vollständig der Militärpolizei der Roten Armee unterstellt.
Am 19. Dezember 1979 gab es eine Schießerei im Präsidentenpalast in Kabul; Staatschef Amin entging dem Anschlag. Es war schon der zweite Versuch gegen ihn in diesem Monat und zeigte ihm zweifellos, daß die Stimmung umschlug, vielleicht auch, daß etwas gegen ihn im Gange war. Amin reagierte auf die für ihn typische Weise: lachend, sich gelöst gebend, wenigstens nach außen hin. Sein Satz, er werde «niemals die hilfreichen sowjetischen Soldaten bitten, auch noch ihr Blut für ihre afghanischen Brüder zu vergießen», ging um die Welt. Es wurde von Moskau prompt gegen ihn ausgelegt: Amin habe damit zugegeben, daß er, wie man ihm seit längerem unterschob, auf Distanz zu seinen sowjetischen Freunden gehen wollte. Zugunsten einer Annäherung an Amerikaner und Chinesen, wie es später zusätzlich hieß.
Der sowjetische Truppentransport nach Afghanistan setzte sich vor den Weihnachtstagen beschleunigt fort. Westlichen Militärattachés wurde ein Besuch der zentralasiatischen Sowjetrepubliken rundweg abgeschlagen. Während Pessimisten bereits Vergleiche zur Invasion der Tschechoslowakei zogen, galten die Tausende von sowjetischen Soldaten offiziell weiter als «Hilfe für Afghanistan», als Schutz für Amin, seine Regierung und die sowjetischen Berater und deren Familien. Der Besuch des Ersten Stellvertretenden Innenministers der Sowjetunion, Generalleutnant Viktor Semjonowitsch Paputin, in Kabul wurde als Unterstützung für Amin gewertet. Eine Grußbotschaft von Breschnew und Kossygin zum Jahrestag der Unterzeich-

nung des Freundschafts- und Zusammenarbeitsvertrags zwischen Afghanistan und der Sowjetunion wurde als endgültiges Akzeptieren des anfänglich unwillkommenen Amin-Regimes interpretiert.
In Wirklichkeit hatte Moskau die Steuerung der Ereignisse in eigene Regie übernommen. Seine «brüderliche Hilfe» begann Hafizullah Amin langsam, aber sicher zu erdrücken. Sie hörte nie mehr auf, wurde von Tag zu Tag umfangreicher, belastender. Die wahren Aufgaben von Paputin konnten Amin kaum verborgen geblieben sein; zu vieles lief entgegen seinen eigenen Intentionen und konnte nur eines bedeuten: seine Entmachtung. Was Amin dagegen zu unternehmen gedachte, ist unklar geblieben. Jedenfalls machte er sich bereit, sich zu wehren, zu kämpfen. Er soll auch versucht haben, Hilfe von anderer Seite, innerhalb oder außerhalb des Landes, zu erhalten. Es war zu spät. Das Netz zog sich vorher zu. Der «Teuflische» wurde in einen kleinen Palast außerhalb Kabuls gelockt und dort isoliert gehalten; dort kam Amin irgendwann in den Putschtagen um Weihnachten ums Leben.
Wahrscheinlich hat Amin sich nicht ergeben. Sowjetische Truppen schossen nach längerer Belagerung den Darulaman-Palast zusammen. Amin wurde mitsamt seiner Familie und seinen letzten Getreuen ausgelöscht; es war einmal mehr der afghanische Weg der Gewalt. Doch etwas war nicht nach Programm gegangen: Tage darauf wurde von Moskau der «plötzliche Tod» Generalleutnant Paputins gemeldet. Hatte der «Teuflische» ihn doch noch erwischt, bevor er selber starb? Später hieß es, Paputin habe erst bei seiner Rückkehr im Moskauer Flughafen Selbstmord begangen. Eine Bestätigung dafür ließ sich nicht erhalten. Paputins Aufgabe soll unter anderem darin bestanden haben, den «amerikanischen Agenten» Amin lebend gefangenzunehmen und für einen Schauprozeß festzuhalten. Die schießwütigen internen Gegner Amins und die Gegenwehr des Staatschefs und seiner Leibgarde verhinderten das. Paputin konnte nur noch die Konsequenzen ziehen.

Die sowjetische Umarmung war für das ganze Land tödlich geworden. In den Nächten zum 25. und 26. Dezember lief die Invasion unverhüllt an. Ein unaufhörlicher Strom schwerbewaff-

neter sowjetischer Truppen ergoß sich nach Afghanistan. Auf dem Flughafen Kabul landeten während zwölf Stunden Antonow-Transporter und Kampfflugzeuge in dichter Folge. «Wir dachten, es hört nie mehr auf. Sie machten kein Geheimnis aus ihrem Tun», berichteten die Bewohner der Hauptstadt. Sie begann zu realisieren, was sich um sie zusammenzog.
Die sowjetischen Truppen kamen nicht nur nach Kabul und nicht allein auf dem Luftweg. Panzerkolonnen setzten sich über den Amu-Darya in Marsch, von Termez nach Kundus, von Heiratan nach Masar-i-Scharif. Sie stießen nach Süden vor, über den Salang-Paß nach Kabul. Sie rollten von Kuschka nach Herat. Moskau war angetreten. Gegen die aufständischen Stämme und Dörfer? Gegen Afghanistan. Wem aber war es zu Hilfe gekommen?
Nach außen zeichneten sich diese Bewegungen während der Weihnachtstage in ersten unvollständigen Meldungen und dürren Erklärungen ab. Einen amerikanischen Protest vom 20. Dezember tat die «Prawda» noch entrüstet als «reine Lügen und Erfindungen» ab. Da standen an der Nordgrenze Afghanistans längst fünf Divisionen mit dem Bestand von 50 000 Mann. Kurz darauf setzten sie sich in Bewegung.
Alarm geschlagen wurde zuerst in Teheran, wo man selbst mit Besorgnis die sowjetischen Truppenmassierungen beobachtete und wo man Radio Kabul am deutlichsten verstand. Am 27. Dezember meldete dieses «Radio Kabul» den Staatsstreich in Afghanistan als feststehende Tatsache, als sei bereits alles vorüber. Neuer Machthaber, hieß es in der Meldung, sei Babrak Karmal. Dieser Mann, erinnerte man sich, war früher, unter Taraki, einige Monate Stellvertretender Ministerpräsident gewesen und im Sommer 1978 ins Ausland abgeschoben worden.
Amerikanische Stellen gaben bekannt, in Kabul würden offenbar Straßenkämpfe stattfinden. Über das Schicksal Hafizullah Amins erfuhr man nichts. Es wurde auf das Programmatische in der ersten, schwer zu empfangenden Ansprache Karmals, die kurz nach der Putschmeldung folgte, hingewiesen: danach war «ein begrenztes Kontingent sowjetischer Truppen zur militärischen Zusammenarbeit» nach Afghanistan gerufen worden. Karmal versicherte, «alle Pakte und Abkommen» einhalten zu

wollen, weiterhin «blockfrei und ein Waffenbruder der moslemischen Nationen» bleiben zu wollen und den Islam hochzuhalten; dazu wolle er «Mißverständnisse abbauen und Freundschaft mit den Nachbarländern pflegen», Verbrechen der Amin-Zeit ahnden und «die Partei einigen». Bald wußte man: es war nicht Radio Kabul, das da sprach. Auf der Frequenz des halbzusammengeschossenen Kabuler Senders spielte eine sowjetische Station – Termez oder Taschkent – ein vorbereitetes Tonband ab, besprochen von Babrak Karmal, und versuchte den Eindruck hervorzurufen, in Kabul sei alles gelaufen. In den folgenden Tagen geschah dasselbe noch mehrmals. Karmal selbst zeigte sich vorerst nicht. Die Kämpfe in der afghanischen Hauptstadt flauten rasch ab; die Rote Armee beherrschte dort die Situation. Westliche Proteste machten auf die Besetzer keinerlei Eindruck. Der dritte prokommunistische Staatsstreich innerhalb von zwei Jahren in Afghanistan war «gelungen».
In Kabul forderte der politische Kannibalismus ein weiteres prominentes Opfer: am 28. Dezember wurde über «Radio Kabul» die «Hinrichtung des Verbrechers Hafizullah Amin» bekanntgegeben. Er sei von einem hohen Parteigremium in Kabul wegen «Verbrechen gegen das afghanische Volk» zum Tode verurteilt worden, hieß es. Gleichzeitig wurde die Ernennung Babrak Karmals zum Generalsekretär des Zentralkomitees der regierenden Demokratischen Volkspartei (DVP) und zum Vorsitzenden des Revolutionsrates gemeldet. Seine Regierung habe «die Sowjetunion um dringende politische, moralische und wirtschaftliche Hilfe samt militärischer Unterstützung» gebeten; dem habe die Sowjetunion entsprochen. Für Moskau und Kabul hatte alles seine Richtigkeit – die «Hilfe» hatte ihr Mäntelchen.
Karmal, bereits als orthodoxer Marxist bekannt, genoß offensichtlich die Unterstützung des Kremls. Die Sowjetunion glaubte, mit ihm ihre beste Trumpfkarte gezogen zu haben. Daß es ihre letzte war und daß sie nicht stach, wie sich bald zeigte, war angesichts der Moskauer Entschlossenheit, das Afghanistan-Engagement selbst zu dirigieren, kaum von Belang. Vorerst einmal wurde der «blutige Amin» als «Agent des amerikanischen Imperialismus» aufgebaut, derselbe Mann, der drei Monate lang als Präsident und zuvor während anderthalb

Jahren als Regierungschef und Außenminister Afghanistans die Unterstützung Moskaus genossen hatte!

Es zeichnete sich ein Raster ab, nach welchem Moskau und Kabul die Angelegenheit rasch und ohne viel Aufhebens zu behandeln gedachten: man wollte an die Revolution vom April 1978, die «Große Saur-Revolution», anknüpfen, eine Kontinuität von der Herrschaft Tarakis zu derjenigen des neuen Machthabers Karmal hergestellt sehen. Von den früheren scharfen Differenzen zwischen den DVP-Fraktionen Khalq und Parcham und deren Führern Taraki, Amin und Karmal, die seinerzeit die Partei hatten auseinanderbrechen lassen, war nicht die Rede. «Einheit und Geschlossenheit» derselben Partei wurden verkündet, dieses Mal unter dem Parcham-Führer Karmal.
Zu erläutern, wie dieser das aus seinem Exil heraus bewerkstelligt hatte, erschien zweitrangig. Wichtiger war, daß die langangestrebte «Verbreiterung der Basis» vorerst auf Parteiebene demonstriert wurde. Später wurde eine weitere Notwendigkeit für das Einigungsbestreben sichtbar: die DVP war auf jeden halbwegs linksgerichteten Genossen angewiesen; Karmal verfügte über zu wenig Leute. Wenigstens teilweise sollte jedoch in Kabul der Anschein aufrechterhalten werden, es sei eine afghanische Regierung an der Macht.
Dies erwies sich vom ersten Tag der sowjetischen Machtübernahme an als schwierig. Denn über Karmal und seine Aktivitäten berichteten in erster Linie Radio Moskau und die Nachrichtenagentur Tass. Schon weniger häufig meldete sich das angebliche Radio Kabul. Gesehen wurde der neue Mann Moskaus während Tagen überhaupt nicht – oder dann am sowjetischen Fernsehen. Zu sehen waren in Kabul hingegen das zerschossene Fernmeldeamt, der Sender und die überall aktiven sowjetischen Soldaten, nur teilweise getarnt durch afghanische Militärs. Die Kabuli hatten bald heraus, wer da geputscht hatte.
Die Einsetzung Karmals in Kabul vollzog sich plump und voller Mißgriffe. Die großzügige sowjetische Propagandahilfe schlug ins Gegenteil um: «Unendlichen Dank den hilfreichen Sowjettruppen», jubelte die umgetaufte «New Kabul Times».

In Kabul und den übrigen afghanischen Städten machte sich niemand Illusionen. Die wütenden Angriffe der Mujahidin unterstrichen nur deren Ohnmacht gegenüber dem offen zutage getretenen Übergewicht der Großmacht Sowjetunion. Sie lieferten Moskau außerdem zusätzliche Begründungen für die geleistete und noch zu leistende «Hilfe».
Tagelang mochte sich Moskau in der Überzeugung wiegen, mehrere Fliegen mit einer Klappe geschlagen zu haben: man hatte sich des unwillkommenen Amin entledigt und einen eigenen Mann in Afghanistan an die Spitze gebracht; man würde mit den eigenen Truppen effektiver gegen die Moslemkämpfer vorgehen können; man hatte die Südgrenze und obendrein die Milliardeninvestitionen von Jahrzehnten gesichert.
Die sowjetische Bevölkerung erfuhr von dem militärisch-politischen Übergriff auf das Nachbarland Afghanistan zunächst gar nichts. Er wurde ihr erst später vorsichtig und brockenweise mundgerecht gemacht, denn der Kreml konnte ihn nicht als einen Krieg auf sowjetischem Territorium darstellen. Dies war kein Großer Vaterländischer Krieg, das zeichnete sich für die nervös werdende sowjetische Bevölkerung in den folgenden Tagen ab; auch die Kreml-Führung mußte erkennen, daß sie an Afghanistan noch lange und schwer zu kauen haben würde.

Die weltweite Protestwelle gegen die sowjetische Invasion in Afghanistan setzte um die Jahreswende voll ein. Washington beschuldigte die Sowjetunion des «direkten Überrennens eines souveränen Staates außerhalb ihres Einflußbereiches» (obwohl weder das eine noch das andere angesichts der seit Jahren zutage getretenen afghanischen Abhängigkeit gegenüber Moskau noch gänzlich zutraf). Präsident Carter verlangte über das rote Telefon von Breschnew den «sofortigen Rückzug» der sowjetischen Streitkräfte mit der (zutreffenden) Begründung, sie hätten sich an dem Staatsstreich in Kabul massiv beteiligt.
Den amerikanischen Protesten schlossen sich entsetzte Aufschreie islamischer und blockfreier Länder an. In den ersten Tagen des neuen Jahres ging die jahrelang von Moskau hochgepäppelte Version uneigennütziger Hilfe für eine blockfreie Dritte Welt in Brüche. Im Kreml zerstob die Illusion, die Afghanistan-Affäre nach wenigen Tagen zu den Akten legen

zu können. Die von Moskau geschaffenen Tatsachen konnte und wollte die übrige Welt nicht einfach zur Kenntnis nehmen, um dann zur Tagesordnung überzugehen. «Afghanistan» wurde zum Begriff für eine weitere Krise internationalen Ausmaßes im Vorderen Orient – neben der iranischen –, bei der die Sowjetunion letzten Endes froh sein mußte, daß sie in der Region nicht zu ernsthaften kriegerischen Verwicklungen führte. Viele fühlten sich von dem sowjetischen Übergriff militärisch bedroht oder politisch getroffen; sie alle behielten die Ruhe. Der amerikanische Präsident, bei aller verbalen Schärfe, verlor auch gegenüber der Doppelkrise nicht die Geduld. Moskau allein stand kompromittiert da.
Die Ereignisse in Afghanistan selbst verblaßten fast gegenüber den internationalen Aktivitäten um Afghanistan. Karmal stellte in Kabul eine unvollständige Regierung vor. Ihre Zusammensetzung bestätigte, daß seine Parcham-(Flagge-)Fraktion sich an die Macht gedrängt hatte. Zudem hatten linke Offiziere – wie Abdul Quader oder Mohammed Rafieh, die in Gefängnissen überlebt hatten, oder wie die nach dem Amin-Putsch vom September 1979 untergetauchten Watanyar, Masduryar und Gulabzoi, die unter sowjetischer Anleitung die «Machtübernahme» Karmals präpariert hatten – Regierungsposten übernommen. Gleichzeitig gingen die Kampfhandlungen in und um Kabul sporadisch weiter: nicht nur gegen den moslemischen Widerstand. Auch Teile der afghanischen Armee widersetzten sich den neuen sowjetischen Herren. Sie mußten entwaffnet werden. Rasch zeigte sich, daß die einst 100 000 Mann umfassende Armee Afghanistans nur noch ein Torso war.
In Moskau versuchten Partei und Medien den Karmal-Putsch und die «Hilfe der brüderlichen Sowjetunion» zu rechtfertigen. Der Kreml reagierte auf die internationale Protestwelle kalt wie eine Hundeschnauze. Er zeigte kaum eine Reaktion; für ihn war das Eingreifen in Afghanistan kein Überfall. Wie auf Verabredung wurde in Kabul und Moskau begonnen, die Invasionsgeschichte zu fälschen. Es blieb nicht bei diesem Versuch, doch wie der erste waren alle späteren plump und durchschaubar. Wenn man es wirklich darauf angelegt hatte, die Welt zu täuschen, so verwendete man jedenfalls wenig Mühe darauf, glaubhaft zu erscheinen.

Plötzlich sollte das sowjetische Engagement zugunsten Kabuls erst am 28. Dezember 1979 begonnen haben; was sich vorher abspielte, wurde verschwiegen. Der Zweck war bald offenbar: Karmal konnte erst um Hilfe nachgesucht haben, nachdem er an die Macht gekommen war. Die Machtergreifung hatte er «allein» gegen Amin durchgesetzt. Erst später bequemte sich Moskau zu der Version, insgesamt innert kürzester Frist vierzehn afghanische Hilfegesuche, darunter auch vom Amin-Regime, erhalten zu haben.
Karmal verlegte sein Eintreffen in Kabul und seinen «Untergrundkampf» gegen Amin immer weiter zurück, je unglaubwürdiger er wurde und je zweckmäßiger es Moskau erschien: erst Tage, dann Wochen, bis auf Mitte Oktober. Alle seine Aktivitäten hatten sich angeblich unbemerkt von dem mißtrauischen Amin abgespielt. Den Makel, daß ihn in Wirklichkeit die Sowjets ins Land und an die Macht geschleust hatten, wurde er vor dem afghanischen Volk und vor der Weltöffentlichkeit nie los.
Verschiedene Seiten versuchten in den folgenden Tagen die Protestaktionen in aller Welt zusammenzufassen, um ihnen größeren Nachdruck zu verleihen. Präsident Carter sprach von einer «Bedrohung für den Weltfrieden» von seiten der Sowjetunion und kündigte «ernste Konsequenzen» an. Von der Nato sollten Boykottmaßnahmen beraten werden. Nachdem der amerikanische Präsident durch die Geiselnahme in der US-Botschaft in Teheran mit seiner Außenpolitik schon tief in die Region Mittelost verstrickt war, schien ihm der sowjetische Übergriff auf Afghanistan die geopolitische Situation und die dort drohenden Gefahren besonders deutlich gemacht zu haben: die Vereinigten Staaten sahen den Persisch-Arabischen Golf, die anliegenden Emirate und die für die westlichen Länder lebenswichtigen Erdölvorräte und den Öltransportweg bedroht.
Carter griff erneut zum roten Telefon. Er beschuldigte Breschnew, den sowjetischen Staats- und Parteichef, ihm «nicht die Wahrheit» über das sowjetische Engagement in Afghanistan gesagt zu haben; das Wort «Lügner» stand unausgesprochen im Raum. Dies aber, so betonte Carter, bedeute eine «grundlegende Änderung in den sowjetisch-amerikani-

schen Beziehungen». Der Präsident sprach von der «schärfsten Warnung» seiner Regierungszeit: die Carter-Doktrin zeichnete sich ab.
Wochen später fand Moskau eine «plausible» Erklärung für das, was es seither als «erschreckende Überreaktion» Carters bezeichnet. Nach jahrelangem Stillhalten der USA im Falle Afghanistan benützte der amerikanische Präsident in den Augen Moskaus nun den Fall Afghanistan ebenso wie die Teheraner Geiseln für seinen Wahlkampf. Es hatte den Finger auf eine Wunde gelegt: die afghanische Tragödie spiegelte sich tatsächlich auf typisch amerikanisch-medienabhängige Art in den Vereinigten Staaten wider. Und das Wahlkampffieber dort nahm zu. Carter betrieb seine Wiederwahl vom Weißen Haus aus, angeblich zu beschäftigt mit Iran und Afghanistan, um sich im Wahlkampf seinen Konkurrenten zu stellen.
Scharfe Afghanistan-Reaktionen kamen, ohne jede amerikanische Veranlassung, gleichzeitig aus fast allen islamischen Staaten: aus dem entfernten Ägypten und Saudiarabien ebenso wie aus dem nun direkt den Sowjets konfrontierten Pakistan und Iran und dem bisher als moskautreu geltenden Irak. Unter den Araberstaaten schienen einzig die bedrohlich schwachen Regimes von Südjemen und Syrien – dieses erst nach energischer Aufforderung durch Sowjetaußenminister Gromyko – den Einmarsch in Afghanistan zu billigen. Blockfreie moskaufreundliche Staaten wie Algerien und Libyen und sogar Kuba blieben auffallend still. Schon eine Woche nach der Invasion zeichnete sich auf Initiative vieler der ihrer Illusionen beraubten Drittwelt-Länder die Einberufung von Weltsicherheitsrat und UNO-Vollversammlung ab.

In Afghanistan zeigte sich Babrak Karmal eine Woche nach dem Putsch endlich vor der Öffentlichkeit. Seine ersten Offerten an die Nachbarstaaten stießen auf eisige Ablehnung. Er verurteilte, wie zum Hohn, «ausländische Einmischungen und Interventionen der Imperialisten», rechtfertigte hingegen die «Hilfeleistung» der Sowjetunion unter Berufung auf Punkt 52 der UNO-Charta und den sowjetisch-afghanischen Freundschaftsvertrag. Schwere Beschuldigungen erhob Karmal gegen die USA und China, ebenso gegen den «Verräter» Ägypten. Er

war offensichtlich um das Vertrauen der übrigen islamischen Länder bemüht.
Die Kämpfe der moslemischen Gläubigen gegen seine Regierung wurden von Karmal ausdrücklich als «ausländisch gesteuert» bezeichnet. «Söldner» waren es, die diesen Kampf führten, wobei bald klar wurde, daß in der großzügigen Moskauer und Kabuler Interpretation jeder aufrechte Paschtune, der die seit undenklichen Zeiten offene Grenze zwischen Pakistan und Afghanistan überquerte und sich gegen die Bedrohung seiner Lebensumstände und seines Glaubens wehrte, ebenso ein «Söldner» war wie jeder afghanische Gastarbeiter, der von Iran oder den Golfstaaten heimkehrte und es vorzog, mit den Mujahidin statt mit den «gottlosen» Regierungsfunktionären zusammenzuarbeiten.
Washington und Peking dementierten nachdrücklich die Beschuldigungen aus Kabul und Moskau. Doch es begann eine Zeit, in der Ost und West offensichtlich aneinander vorbeizureden beabsichtigten. Der Kreml erkannte nach wenigen Tagen die neue Gefahr, die durch die politische, wenn auch nicht militärische Eskalation des Afghanistan-Konflikts zu entstehen drohte, und ging an praktisch allen erreichbaren Fronten zu einer Gegenoffensive über. Er versuchte namentlich über diplomatische Kanäle seine Version der Ereignisse zu verbreiten.
Das vollständige Ausmaß des politischen Fehltritts der Sowjetunion wurde dabei besonders deutlich: Moskau, das jahrelang in der Dritten Welt offene Ohren für seine Selbstdarstellung als Friedensmacht gefunden hatte, fand plötzlich kaum noch jemanden, der ihm ernsthaft zuhören wollte. Im Kreml reagierte man gereizt und begann, sich deshalb verstärkt auf die USA einzuschießen, die man hinter der «Schwerhörigkeit» der halben Welt gegenüber sowjetischen Interpretationsversuchen vermutete. Carter wurde «Kriegstreiberei und Bösartigkeit» vorgeworfen; Washington solle sich «nicht länger aufregen»: Amin sei schließlich ein «Agent der CIA» gewesen. Dem seit jeher antisowjetisch eingestellten China wurde die Unterstützung des Widerstands in der nördlichen afghanischen Grenzprovinz Badakhschan und gar offene Aggression vorgeworfen. Der alte Hut vom «Ring der Destabilisierung» rings um die Sowjetunion und die Theorie von der «Einkreisung» wurden

hervorgeholt. Die Taktik hinter dieser Nebelwand wurde trotzdem deutlich: Moskau wollte glauben machen, es habe die eigene Südgrenze schützen müssen; die Invasion sei quasi «völkerrechtlich in Ordnung», die Hilfe an Afghanistan, vertraglich abgesichert, sei «defensiv» zu verstehen – offensiv hingegen seien die «Imperialisten und ihre Söldner». Viel Ehre für die naiv-gläubigen, schlechtbewaffneten Mujahidin in ihrem Jihad.

Nach einer Woche: Scherbenhaufen für Moskau

Nach einer Woche Afghanistan-Krise stand fest, daß sich die Sowjetunion einen unerwarteten Scherbenhaufen geleistet hatte. Die angebliche Trumpfkarte Karmal stach nicht. Er war vom ersten Tag an als Marionette Moskaus erkannt und isoliert worden. Seine «Regierung» stieß innerhalb wie außerhalb Afghanistans auf aktive oder passive Ablehnung. Die Moslemkämpfer im Lande fühlten sich ebenso in ihrem Widerstand bestärkt wie die afghanischen Exilgruppen im Ausland. Sie hofften sogar eine Zeitlang, ihre Gegenwehr gegen das atheistische Regime in Kabul würde honoriert werden. Allerdings wurde ihnen bald klar, daß ihnen in der Anwesenheit sowjetischer Truppen im allmählich sichtbarer werdenden Ausmaß ein weitaus bedrohlicherer Gegner erwachsen war, als ihn die Karmal-Regierung darstellte. Mit Allah allein war dem kaum beizukommen.
Außenpolitisch hatte Moskau zweifellos die harte amerikanische Reaktion überrascht. Der Kreml erkannte, daß es mehr war als nur Wahlkampf, was auf ihn zukam. Als erster Schlag hatte Moskau am 5. Januar die Verschiebung der Salt-2-Ratifizierung im amerikanischen Senat getroffen. Man hatte vielleicht ohnehin nicht sehr mit dem Inkrafttreten dieses zweiten Abkommens über die Begrenzung strategischer Waffen gerechnet, doch dies war eine ausdrückliche Bestätigung, daß Carter sich nicht hatte täuschen lassen und es ernst meinte mit den angedrohten Konsequenzen.
Großbritannien schloß sich unter Premierministerin Thatcher bedingungslos der harten Haltung der USA an. Die anderen

westlichen Länder bezeugten zumindest mit ihrer Ablehnung der sowjetischen Invasion die offensichtlich geschlossene Front. Nicht allein das Verhältnis Moskaus zur Dritten Welt, auch die Entspannungspolitik gegenüber der westlichen Staatengruppe schien in Scherben zu liegen. Während der Neujahrstage war es zu ersten Konferenzrunden im Westen gekommen: in Brüssel beriet die Nato, in London koordinierte der amerikanische Vizeaußenminister Christopher die westlichen Antwortmöglichkeiten auf die sowjetische Aggression.
Es kristallisierte sich heraus, daß der Westen dem Paukenschlag vom Jahresende nicht tatenlos zusehen wollte. Strategische Positionen waren bedroht, nicht allein die Ölversorgung. Moskau sollte generell zurückgebunden werden. Gleichzeitig schien es, als würde die Gelegenheit ergriffen und die «islamische Karte» gespielt. Hier sollte es beim Versuch bleiben. Die Araberstaaten winkten einer nach dem anderen ab, als es um die Einräumung von Stützpunkten ging; Iran blieb bei seiner amerikafeindlichen Haltung; Pakistan verspielte mit seiner Unverschämtheit ein umfängliches Waffen- und Wirtschaftsangebot.

Verhältnismäßig rasch, am Tag nach Carters Salt-Absage, erfolgte die Einberufung des Weltsicherheitsrates. Im Namen von 51 Staaten wurde eine Dringlichkeitssitzung angesetzt: Thema war das sowjetische Vorgehen in Afghanistan. UNO-Generalsekretär Waldheim blies eine Vermittlungskommission zugunsten der amerikanischen Geiseln in Teheran ab, um die Sitzung selbst an die Hand zu nehmen. Karmals «Afghanistan» protestierte gegen eine Debatte, sandte aber trotzdem den neuen Außenminister Schah Mohammed Dost. Kabul erhoffte durch dessen Auftritt letzten Endes wenigstens eine bescheidene Aufwertung seines Regimes.
Die Sicherheitsdebatte bezeugte den gewaltigen Stimmungsumschwung unter den Entwicklungsländern gegenüber Moskau; scharfe Resolutionsentwürfe kamen insbesondere von islamischen Staaten. Es war von vornherein klar, daß die Sowjetunion alle derartigen Resolutionstexte abblocken würde. Ihr stand als einem der fünf Ständigen Mitglieder des Rates das Vetorecht zu. Ebenso sicher war damit, daß die Diskussion im

großen internationalen Rahmen weitergezogen würde: es wurde eine Sondersitzung der UNO-Vollversammlung beschlossen.
Die Versuche der Sowjetunion im Rat, trotz des entstandenen Prestigeverlustes die Vereinigten Staaten und die Volksrepublik China, aber auch Pakistan und Iran, Israel und Ägypten der «Einmischung in interne afghanische Angelegenheiten» zu bezichtigen, während man selbst nur «zu Hilfe gekommen» sei, gerieten äußerst lahm. Heftige Angriffe auf die amerikanischen Gegenaktionen – Verschiebung der Salt-Ratifizierung, Rüstungsbeschlüsse – zeigten, wie sehr Moskau sich, eine Woche nach seinem ausgeklügelten Coup, von der fast einhelligen Ablehnung getroffen fühlte. Unterstützung fand der sowjetische Standpunkt allein bei Ostblockmitgliedern des Sicherheitsrates. Der Wetterumsturz zu Moskaus Ungunsten ließ sich nicht länger verschleiern. Die Forderung nach dem sofortigen Rückzug seiner Truppen konterte es, die UNO-Sondersitzung vor Augen, mit seinem 113. Veto. In der Vollversammlung würde es kein Veto geben.
Die schlechten Nachrichten waren damit für Moskau nicht zu Ende. Aus vielen Teilen Afghanistans wurden heftige Kämpfe gemeldet; sowjetische Truppen zeigten sich überrascht und erbost über den Widerstand im afghanischen Winter, für den sie unzureichend ausgerüstet waren. «Die schießen ja auf uns», entrüsteten sich Sowjetsoldaten, die im unklaren über ihren Einsatz gelassen worden waren und an ihre «Hilfeleistung» tatsächlich geglaubt hatten, von afghanischen Snipers (Heckenschützen) aber bald eines Besseren belehrt wurden. Die Rote Armee erlitt Blutverluste, die sie nicht einkalkuliert hatte.
Ein weiterer Schlag ereilte Moskau noch während der Sicherheitsratsdebatte. Obwohl Washington nach dem Abklingen der ersten Erregung über die «Irreführung» durch Breschnew und Gromyko von militärischem Eingreifen abrückte, ließ es nicht locker. Moskau sollte «bestraft» werden; das Mittel hieß «Wirtschaftskrieg». Carter wollte der Sowjetunion nachdrücklich klarmachen, daß ihre Aggression tatsächlich Folgen haben werde, Resolutionen und Truppenabzug hin oder her. Gleichzeitig mit der Ratssitzung wurde ein amerikanisches Maßnahmenbündel auf dem Wirtschaftssektor verkündet, begleitet von

politischen Sanktionen. In einer als «äußerst hart» eingeschätzten Rede bekannte der amerikanische Präsident, er sei in seiner Meinung über Moskaus Ziele durch dessen Verhalten in Afghanistan «mehr geprägt worden als sonst in seiner Amtszeit».

An erster Stelle der Maßnahmen Carters stand eine rigorose Senkung der amerikanischen Getreideexporte nach der Sowjetunion. Da es sich in erster Linie um Futterweizen und Mais handelte, rechnete man damit, langfristig den Fleischkonsum der Russen treffen zu können. Um Farmerprotesten im eigenen Land zuvorzukommen, versprach Carter die Verarbeitung überzähligen Getreides zu Treibstoff. An zweiter Stelle «bestrafte» Carter die Sowjets mit einem Stopp des Technologieexports. Fischereirechte in amerikanischen Gewässern wurden ihnen ebenfalls entzogen. Der US-Botschafter wurde aus Moskau zurückgerufen; geplante Konferenzen und die Einrichtung von Konsulaten wurden abgesagt.

Schließlich drohte der Präsident mit einem Boykott, der Moskau besonders schmerzhaft treffen sollte: er gab bekannt, er erwäge, die Olympischen Sommerspiele in der sowjetischen Hauptstadt «nicht zum Besuch zu empfehlen».

Für plötzlich strategisch aufgewertete Staaten wie Pakistan und die Türkei kündigte Carter verstärkte Hilfsmaßnahmen an. Die vorherigen Differenzen mit Pakistan schienen vergessen: das Land sollte sowohl Waffen- als auch Wirtschaftshilfe im Wert von 400 Millionen erhalten; der innenpolitisch zerrissenen Türkei wurden rund 450 Millionen Dollar offeriert; Israel und Ägypten wurden ebenfalls Avancen gemacht. Im selben Rahmen sah Washington den plötzlich eminent wichtig gewordenen Besuch von Verteidigungsminister Brown in China, der lange zuvor geplant worden war. Carter machte deutlich, daß er zudem die amerikanischen Positionen im Indischen Ozean und im Mittleren Osten angesichts der Doppelkrise von Iran und Afghanistan rasch zu verstärken gedenke.

Pekings Schützenhilfe auf die amerikanischen Maßnahmen ließ nicht auf sich warten. Es attackierte den Erzfeind Moskau ebenso heftig wie es zuvor Carter getan hatte. Es sei Moskaus alter Trick, «Haltet den Dieb» zu rufen, wenn es selber der

Dieb sei, erklärte die amtliche Nachrichtenagentur Xinhua. Sie bezog sich auf die sowjetischen Versuche, andere Länder der «Einmischung» zu bezichtigen, wo es sich selbst eingemischt hatte. Unterschwellig schwang bei den Chinesen auch die Befürchtung mit, daß Pakistan unter sowjetischem Druck fallen könnte. «Immer schon war es so: Wenn die Sowjets vor anderen warnen, sind sie selbst schon am Werk», kam es giftig aus Peking. Moskaus Versicherungen, seine Truppen aus Afghanistan abziehen zu wollen, sobald sie nicht mehr benötigt würden, konterte China – nicht zu Unrecht, wie sich zeigen sollte – mit dem Bemerken, das sei 1968 in Prag dasselbe gewesen, die sowjetischen Truppen stünden aber immer noch in der Tschechoslowakei.
Die Entscheidungen des amerikanischen Präsidenten fanden anfangs nahezu einmütige Zustimmung in der westlichen und islamischen Welt. Später wurden, namentlich unter den Europäern, differenzierende Stimmen laut: Carter habe sie nicht konsultiert; die Entspannungspolitik dürfe nicht begraben werden; die Entspannung sei «teilbar». Die Bundesrepublik Deutschland, sehr schnell zur Verurteilung der sowjetischen Aggression bereit gewesen, fand ebenso rasch auf den deutschdeutschen Teppich zurück. «Berlin ist näher als Kabul», hieß in jenen Tagen eine Schlagzeile. Willy Brandt wiegelte ab; Herbert Wehners Wort von der «defensiven sowjetischen Politik» machte erstmals, weitgehend unbemerkt, die Runde. Frankreich sah eine neue Gelegenheit, sich politisch zu profilieren; Japan wiederum dachte zuerst an seine wirtschaftliche Position.

Moskau reagierte auf Washingtons Maßnahmen zuerst mit dem Vorwurf, Carter sie einem «Rückfall in den kalten Krieg» erlegen. Außenminister Gromyko verstieg sich später zur Bemerkung von dem «kranken Hirn», das mit Boykott- und Embargodrohungen die Sowjetunion zu irgend etwas zwingen wolle. Die Sowjetunion sei in ihrer Politik «von Carter beleidigt» worden, die USA betrieben selbst «kriegerischen Hegemonismus», indem sie «abhängige Staaten im Mittleren Osten und Asien» bedrängten. Vorwürfe, die bedenklich auf die Urheber zurückfielen. Der Scherbenhaufen wurde dadurch nicht

beseitigt. Eine Taktik, um die Proteste und Reaktionen abzufangen, wurde in Moskau nur langsam sichtbar. Sie mußte aufgrund der schmerzlichen politischen Niederlagen erst geboren werden.
Aus geringfügigen Anfängen heraus, wie z. B. den westlichen Meinungsdifferenzierungen in bezug auf das amerikanische Vorgehen, begann der Kreml eine «Auffangstellung» aufzubauen, um die Krisenauswirkungen in die Hand zu bekommen, denn die Beunruhigung hatte sich keineswegs gelegt. Deshalb bekamen Meldungen wie der Wahlsieg der als prosowjetisch eingeschätzten indischen Ministerpräsidentin Gandhi oder die Befürwortung der sowjetischen Handlungsweise in Afghanistan durch die französische Kommunistische Partei für Moskau einen ganz neuen Stellenwert. Und nannte Carter das sowjetische Veto im Sicherheitsrat gegen den Abzug «aller fremden Truppen» (die sowjetischen Truppen wurden in der Resolution der Blockfreien nicht wörtlich erwähnt) auch eine «zynische Aktion» – solange er von Senator Kennedy in der eigenen Partei wegen seiner Iran- und Afghanistan-Politik angefeindet wurde, war in den Augen der sowjetischen Politiker noch manches zu erreichen.

In Afghanistan selbst fanden die Sowjets sich in einer zusehends unbequemer werdenden Situation. Ihre Soldaten waren außerhalb von Kasernen und Stützpunkten vor Heckenschützen nicht sicher. In den Provinzen nahmen die Aufstände nach der Invasion eher zu. An einen Abzug der Truppen war nicht zu denken. Im Gegenteil: Die Zahl der sowjetischen Soldaten, die in Afghanistan «Hilfe leisten» sollten, war nach knapp zwei Wochen auf etwa 75 000 angewachsen, etwa sechs Divisionen.

Trotz schwerer eigener Verluste griffen Moslemkrieger und die aufgebrachte Bevölkerung die fremden Soldaten immer wieder an. Deren Panzertruppen bewegten sich nur in Konvois und waren gezwungen, alle Transportkolonnen zu überwachen. Die afghanische Armee hingegen zerfiel zusehends. Ganze Einheiten desertierten zu den Mujahidin, andere mußten entwaffnet und in Kasernen festgehalten werden. Westliche Journalisten stellten fest: «Die Sowjettruppen graben sich rund um Kabul für den Winter ein. Von Rückzug ist keine Rede.»

Die Regierung Karmal war in den zwei Wochen ihrer Präsenz auf keinen grünen Zweig gekommen. Sie wurde, nach den ersten pflichtschuldigen Glückwunschbotschaften aus Ostblockländern, von keiner Seite begrüßt, akzeptiert oder gar anerkannt. Interne Spannungen im Apparat von Partei und Regierung wurden bekannt und bezeugten, daß die alten Rivalitäten weiterbestanden. Es war von neuen Säuberungen und von Exekutionen die Rede, obwohl sich die äußerst schmale Führungsschicht diese im Grunde nicht leisten konnte. Mit der Ankündigung der Entlassung von «Tausenden von politischen Häftlingen» versuchte Karmal dem Wind, der ihm ins Gesicht blies, entgegenzutreten.

An seiner ersten Pressekonferenz, mehrfach verschoben, dann sorgfältig manipuliert von «befreundeten» Journalisten, kam es trotzdem zum Eklat. Nachdem Karmal nichts anderes einzufallen schien, als altbekannte Vorwürfe gegen die Nachbarstaaten Pakistan, Iran und China zu wiederholen, geriet er mit westlichen Journalisten, die ihm zusetzten, aneinander und wurde ausfällig. Die «Pressekonferenz» wurde schleunigst aufgehoben. Karmals Propagandasprüche wurden in der Folge durch den ständig weiter anschwellenden Strom von Flüchtlingen entlarvt. Sie traten mitten im Winter den riskanten Weg über verschneite Bergpässe nach Pakistan an. Afghanistan schien nun erst recht mit den Füßen abzustimmen.

Am 11. Januar platzte die Luftblase von der «Entlassung politischer Gefangener zu Tausenden». Das berüchtigte Gefängnis von Pol-e-Charki sollte seine Tore öffnen. Karmal hätte sich vielleicht einen ersten Verdienst erwerben können. Tausende von Menschen schwebten zwischen Angst und Hoffnung über das Schicksal ihrer verschwundenen Angehörigen und Freunde. So begab sich am Tag der Entlassung, der als Propagandaaktion für Journalisten gedacht war, neben den Presseleuten eine riesige Menschenmenge nach Pol-e-Charki hinaus. Erneut wurde eine große Schau für Karmal zur großen Pleite. Nachdem nur 126 Personen entlassen worden waren und klar wurde, daß es dabei bleiben würde, stürmte die Menge unter den Augen der westlichen Beobachter wütend und enttäuscht das Gefängnis. Für sie gab es nur eins: ihre Angehörigen waren entweder tot oder sollten weiter festgehalten werden. Die überraschten afghanischen Wächter feuerten in die heranstürmende Menschenmasse; Tote und Verletzte blieben zurück; die Eingedrungenen wurden festgenommen; sowjetische Soldaten schauten tatenlos zu.

Ein ähnliches Bild bot sich in jenen Tagen auch andernorts in Afghanistan: einheimische Truppen wurden vorgeschickt, wenn es um heikle Ordnungsaufgaben bei Tageslicht ging, die Sowjetsoldaten versuchten niedriges Profil zu halten – erst bei Nacht wurden sie geschäftig. Sie kontrollierten die Städte, strategisch wichtige Straßenverbindungen, Brücken, Flugplätze, ließen aber zuerst afghanische Soldaten gegen Widerstandskämpfer vorgehen.

Zu jener Zeit wurde der Tod von Generalleutnant Paputin und eines weiteren Generals, Gennadij Rischkin, bekanntgegeben. Von den vielen getöteten, ja massakrierten Sowjetsoldaten sprach Moskau nicht. Und wie Hohn klangen die Worte Karmals, der gleichzeitig versicherte: «Kein einziger Sowjetsoldat hat in Afghanistan sein Blut vergossen.»

Die administrativen Maßnahmen von Karmals Parcham-Leuten waren den Afghanen nicht mehr als der Registrierung wert: sie hatten erkannt, wie wenig das Kulissenschieben wert war. Die Großmacht aus dem Norden vermochte sich dahinter kaum zu verbergen. Bei der Bekanntgabe der Neukonstituierung von Demokratischer Volkspartei und Revolutionsrat war das Interessanteste, daß die Regierungsmannschaft weiterhin nicht komplett war. Es fehlten Vertreter der «verbreiterten Basis». Niemand außerhalb des kommunistischen Zirkels hatte sich zum Karmal-Gehilfen machen lassen. «Der Austausch der Gefangenen in den Gefängnissen ist noch nicht abgeschlossen», spotteten Diplomaten in Kabul, die die Verhältnisse inzwischen kannten. «Er wird in Pol-e-Charki sicher noch ein paar Leute finden.»

Diplomatische Abfuhren für Moskau häufen sich

Nicht nur in Afghanistan, auch vor der Weltöffentlichkeit mußte Moskau weiter seinen breiten Rücken hinhalten. An der Sondersitzung der UNO-Vollversammlung, zwei Wochen nach der Intervention, erhielt eine von 17 blockfreien Staaten eingebrachte Resolution, in welcher «der unverzügliche, bedingungslose und vollständige Rückzug der ausländischen Truppen aus Afghanistan» gefordert wurde, 104 Ja-Stimmen, bei 18 Enthaltungen und 18 Gegenstimmen. Moskau, fast sprachlos geworden, reagierte auf diesen Schock auf dem diplomatischen Parkett zuerst gar nicht. Dann, nach zwölfstündiger Verspätung, mit einer dürren Erklärung über seine Medien: «Einmischung in die Angelegenheiten eines souveränen UNO-Mitgliedes».

In der UNO-Resolution war an alle Staaten appelliert worden, «Souveränität, Unverletzlichkeit des Staatsgebietes und politische Unabhängigkeit Afghanistans sowie dessen Eigenschaft als blockfreier Staat zu respektieren und sich jedweder Einmischung in die inneren Angelegenheiten zu enthalten». Starker Tabak für Moskau, wenn ein solches Dokument von 104 Staaten befürwortet wurde; wenn gleichzeitig eine internationale Weizenkonferenz über die Durchsetzung des amerikanischen Weizenembargos beriet; wenn die Einberufung einer Sondersitzung der Islamischen Konferenz gefordert wurde; wenn sich China und die USA über gemeinsame Aktionen zur Unterstützung Pakistans einig wurden und die Gleichbehandlung Moskaus und Pekings auf dem Handelssektor von Washington zugunsten der Chinesen aufgehoben wurde; wenn Nato und Europäische Gemeinschaft in Brüssel über eine Koordinierung ihrer eigenen Maßnahmen mit den amerikanischen berieten.

Da die Maßnahmen auf dem Technologiesektor und bezüglich der Olympischen Spiele weitaus schmerzhafter für die Sowjetunion zu werden versprachen als das Getreideembargo, sollten die Schrauben dort enger gezogen werden. Beim Getreide versuchten Weizenexportländer wie Argentinien die Situation bei beiden Großmächten zu ihren Gunsten auszunützen: Argentinien wollte amerikanische Konzessionen in der Frage der Menschenrechte einhandeln, falls es sich am Boykott beteiligen sollte. Das wurde von Carter abgelehnt. Also bot Argentinien den Sowjets eigene Weizenlieferungen – im Austausch gegen Nukleartechnologie übrigens, wie sich später herausstellte. Moskau versetzte auf diesem Umweg der angestrebten Kontrolle über die Verbreitung atomarer Waffen, vor allem von den USA befürwortet, einen Schlag.

Massiv meldete sich, gleichlaufend zur UNO-Sondersitzung, erneut Präsident Carter zum Wort. In einer äußerst energischen Ansprache kündigte er eine völlige Neuorientierung der amerikanischen Außenpolitik an: der Präsident befand sich auf dem Wege zur Carter-Doktrin. Mit Nachdruck betonte er die «Wahrung der amerikanischen Interessen in Iran und Afghanistan». Es werde überdies auf lange Zeit hinaus keine Handelsnormalität mit der Sowjetunion geben. Die amerikanische Teilnahme an den Olympischen Sommerspielen in Moskau schloß Carter praktisch aus. Statt dessen schlug er Gegenspiele oder eine Verlegung an einen anderen Ort vor.

Die Retorsionsmaßnahmen gegen Moskau häuften sich. Der Sicherheitsberater des amerikanischen Präsidenten, Brzezinski, schlug für den Mittleren Osten ein regionales Verteidigungsabkommen vor; für das finanziell und wirtschaftlich am Boden liegende Pakistan sollte ein Staatenkonsortium Unterstützungsmaßnahmen ausarbeiten; China sollte Pakistan militärisch unter die Arme greifen. Amerikanische Bemühungen, die eigene Flotte im Indischen Ozean zu verstärken, riefen die Rote Eskadra auf den Plan. Im Europäischen Parlament verurteilten an einer Sondersitzung alle Fraktionen, außer den französischen Kommunisten, die Afghanistan-Invasion; zu einer gemeinsamen Resolution reichte es nicht. Die Außenminister der Staaten des Europarates verurteilten ebenfalls die sowjetische Aggression.

Carters Emissär Warren Christopher konferierte erneut in London und Brüssel. Die Nato-Staaten und die Europäische Gemeinschaft forderten beunruhigt den sowjetischen Truppenrückzug aus Afghanistan. Spezielle Nato-Maßnahmen erläuterte der britische Außenminister Lord Carrington anläßlich einer Rundreise nach den Golfstaaten, Pakistan und Indien. Er versprach Islamabad zusätzlich zur amerikanischen auch britische Militär- und Wirtschaftshilfe.

Der neugewählten Frau Gandhi fiel dazu nichts anderes ein als die alte Warnung früherer Jahre: «Keine Aufrüstung Pakistans zum Nachteil Indiens». Für Moskau warf sich in einem Akt, der an Verzweiflung grenzte, der französische Kommunistenführer Georges Marchais in die Bresche. In Moskau darauf hochgelobt, fiel er bei der Rückkehr in Frankreich Kritik und Verachtung anheim. Das Internationale Olympische Komitee, endlich aus dem Busch geklopft, beharrte in einer ersten Stellungnahme auf der strikten Trennung von Sport und Politik sowie auf der Austragung der Sommerspiele in Moskau und an keinem anderen Ort.

Für einen neuen Eklat sorgte Moskau mit seiner hemdsärmeligen Reaktion auf die Kritik des Atomwissenschaftlers und Nobelpreisträgers Andrej Sacharow an der Afghanistan-Affäre: Professor Sacharow wurde aus Moskau verbannt. An seinem Zwangsaufenthalt in der Stadt Gorkij wurde er an der wissenschaftlichen Arbeit gehindert. Weltweite Proteste konnten den Kreml nicht erschüttern.
Der französische Parlamentspräsident und Ex-Regierungschef Chaban-Delmas geriet gar mit Generalsekretär Breschnew selbst aneinander und brach nach der fruchtlosen Unterredung über Sacharows Verbannung und Afghanistan seinen Besuch in der Sowjetunion ab. Er war gegenüber Breschnew von seinem Standpunkt, die sowjetische Truppenpräsenz in Afghanistan sei «inakzeptabel», nicht abgegangen.
Babrak Karmal versuchte in Kabul eifrig gegenzusteuern. Im ganzen Lande sei es ruhig, versicherte er mehrfach. Für Kämpfe im Flughafen Kabul, die fast gleichzeitig ausbrachen, wußte er hingegen keine Erklärung. Er rechtfertigte erneut die Sowjetintervention, begann aber mit der Ausweisung westlicher Jounalisten, die ihm mit ihrer Berichterstattung offensichtlich lästig fielen. Von Exekutionen von Khalq-Konkurrenten sowie religiösen Führern ließ er sich nicht abhalten.
Die winterlichen Verhältnisse erlaubten westlichen Beobachtern ebensowenig ein Vordringen in Gebiete im Innern des Landes oder an der Nordgrenze wie die überall anzutreffenden Kontrollen durch sowjetische Soldaten. In Badakhschan fanden zu dieser Zeit angeblich die härtesten Kämpfe statt, wie

Flüchtlinge berichteten. Die dortigen Guerillas sollten chinesische Unterstützung genießen. Schwere Gefechte wurden auch aus Kandahar und Jallalabad gemeldet. Für Berichte über die Aufstandsbewegungen in den Provinzen zeichneten mehr und mehr die Exilorganisationen im pakistanischen Peschawar verantwortlich, bei denen Wahrheit und Phantasie nicht immer auseinandergehalten wurden.

Der chinesische Außenminister Huang Hua sicherte in der dritten Woche nach dem sowjetischen Einmarsch Pakistan bei einem Besuch wirtschaftliche und militärische Hilfe Chinas zu. Angeblich wurden chinesische Truppen an der Westgrenze in Sinkiang und im Himalaya zusammengezogen; Beweise dafür fanden sich nie. Hua versicherte, es sei weder eine Achse Peking–Islamabad–Washington noch eine direkte Militärallianz Chinas mit den USA geplant. Auch er forderte die Verlegung der Olympischen Spiele.
Pakistan rückte in der Region immer stärker in den Mittelpunkt diplomatischer Aufmerksamkeit; Iran blieb, trotz Sowjetinvasion im Nachbarland Afghanistan, viel zu sehr mit sich selbst beschäftigt. Pakistan aber fühlte sich, nicht zuletzt wegen der Anwesenheit Hunderttausender von Flüchtlingen, als mögliches «nächstes Ziel» sowjetischer Bestrebungen. UNO-Generalsekretär Waldheim tauchte vor Beginn der Sonderkonferenz der islamischen Außenminister in Islamabad auf und warb für eine mittelöstliche Globallösung im Rahmen der Vereinten Nationen. Moskau und Kabul ihrerseits ergingen sich gegenüber Pakistan in zweideutiger Politik: zum einen überhäuften sie es mit Warnungen, zum anderen blieben sie darauf bedacht, die Beziehungen zu Islamabad zu verbessern. Indien streckte seine Fühler sowohl nach Pakistan wie nach China aus.
Zu einer massiven Verurteilung der sowjetischen Intervention kam es in Islamabad anläßlich der Sonderkonferenz der Außenminister der islamischen Staaten am 27. Januar 1980, genau einen Monat nach der Aggression gegen das islamische Afghanistan. Es fand sich kein Teilnehmerstaat, der bereit gewesen wäre, die Invasion zu verteidigen. Syrien und Südjemen waren nicht erschienen. Die Palästinensische Befreiungsorganisation

(PLO), besorgt um ihre Dominanz unter den Befreiungsbewegungen, kümmerte sich mehr um eine «Auch-Resolution» gegen Israel und Ägypten, anstatt sich mit dem Hauptthema Afghanistan zu befassen. Auch antiamerikanische Strömungen waren an der Konferenz unverkennbar: angesichts des erstarkenden Islam wollte man in der gesamten Region überhaupt keine Großmacht mehr aktiv sehen.
Die eindeutige Annahme der Afghanistan-Resolution wurde als Erfolg und Beweis der Einigkeit unter den Moslemstaaten gewertet. Die Außenminister der 36 teilnehmenden Länder verurteilten einstimmig die «militärische Aggression» der Sowjetunion und beschlossen den Ausschluß Afghanistans aus der Islamischen Konferenzorganisation. Ein saudiarabischer Entwurf hatte zudem den Einsatz der Ölwaffe gegen Moskau und Kabul vorgesehen. (Während Moskau vor allem vom Erdgas Irans abhing, bezog Afghanistan sein gesamtes Erdöl aus den Golfstaaten.) Die Minister empfahlen den Boykott der Olympischen Spiele ebenso wie die Einstellung jeglicher Form von Hilfe an die Regierung Karmal, der in keinem Fall Anerkennung zuteil werden sollte. Statt dessen wurde den afghanischen Flüchtlingen in Pakistan, deren Zahl Ende Januar 1980 auf eine halbe Million geschätzt wurde, von den Moslemstaaten intensivere Unterstützung zugesagt, wobei offenblieb, ob es sich dabei künftig weiterhin nur um humanitäre Hilfe handeln sollte.
An dieser Islamischen Sonderkonferenz traten die bekanntesten afghanischen Exilorganisationen in Pakistan gemeinsam unter der Bezeichnung «Islamische Allianz zur Befreiung Afghanistans» in Erscheinung. Sie erhielten bei der Anhörung vor dem Ministergremium erstmals internationale Aufmerksamkeit als politische Organisation. Nach ihren Angaben standen zur Zeit der Konferenz mindestens 100 000 organisierte Mujahidin in Afghanistan unter Waffen, um gegen die «Gottlosen» in Kabul und für die Befreiung ihrer Heimat zu kämpfen. Um finanzielle Unterstützung zu erhalten, verpflichteten sich die Gruppen der Allianz, sich bis zum März endgültig zu konstituieren, einen Präsidenten zu wählen, eine Charta und ein Programm auszuarbeiten und einen gemeinsamen Politischen Rat zu bilden. Provisorischer Vorsitzender wurde Pro-

fessor Burhanuddin Rabbani, der Chef der Jamiat Islami Afghanistan.

In den Vereinigten Staaten wandte sich Präsident Carter in einer stark beachteten «Rede zum Stand der Union» in derselben letzten Januarwoche nicht allein an seine Landsleute. Er schlug energische Töne an und versicherte, die USA würden notfalls ihre militärische Macht einsetzen, um jeden Versuch eines außenstehenden Landes zu verhindern, das Gebiet des Persisch-Arabischen Golfes unter seine Kontrolle zu bringen. Gefragt worden waren die Golfländer zu dieser Passage voller Kernsätze nicht: «Wir wollen unsere Haltung absolut klarmachen: Ein Versuch irgendeiner außenstehenden Macht, die Kontrolle des Golfes zu gewinnen, wird als Angriff auf die lebenswichtigen Interessen der Vereinigten Staaten betrachtet. Er wird mit allen nötigen Mitteln, einschließlich militärischer Gewalt, zurückgeschlagen.» Die Carter-Doktrin war geboren. Die sowjetische Invasion Afghanistans nannte Carter vor beiden Häusern des Kongresses einen «radikalen und aggressiven Schritt» gegen eine fast wehrlose Nation. Gleichzeitig erklärte er die Einführung der Registrierung jugendlicher Wehrpflichtiger. Und nachdem sich der Außenpolitische Ausschuß zuvor für den Boykott der Olympischen Spiele ausgesprochen hatte, verkündete Carter die Nichtteilnahme in Moskau «im Namen des amerikanischen Volkes». Man könne gegenüber der Sowjetunion nicht «zur Tagesordnung übergehen», betonte er.
Fünf Maßnahmen militärischer Natur verkündete Carter in der «State of the Union»-Botschaft:
die See- und Luftstreitkräfte im Bereich des Indischen Ozeans und des Golfs würden verstärkt;
die Verteidigungsausgaben würden real um 5 Prozent erhöht;
die USA würden über die Nutzung von Militärbasen im Golf und am Horn von Afrika verhandeln;
Pakistan würde bei der Verteidigung gegen jede Aggression geholfen, Wirtschaftshilfe und militärische Unterstützung seien zugesagt;
mit den übrigen Ländern der Region, die in Frage kämen, würden die USA eine «Zusammenarbeit in Sicherheitsfragen» anstreben.

Was ungesagt blieb: Carter machte sich zusätzlich an eine Reaktivierung der seit langem beschnittenen Rechte des Auslandsgeheimdienstes CIA.
Damit hatte der amerikanische Präsident seinen außenpolitischen Kurswechsel ausdrücklich festgeschrieben. Er hatte aber nicht nur eine neue Doktrin verkündet, meinten besonders europäische Kritiker, er hatte sich womöglich selber unter Druck gesetzt. Anhand der Iran-Politik hatte man entsprechendes Handeln Carters bereits erlebt. Gefragt wurde in der Folge vor allem, ob die USA die technischen Voraussetzungen schaffen könnten, eine geplante Eingreiftruppe im Mittleren Osten oder etwa die Raketen-Nachrüstung in Westeuropa rechtzeitig genug auf die Beine zu stellen, um effektiv abschreckend wirken oder Vergeltung üben zu können. Die Welt glaubte diesem Präsidenten nicht unbesehen alles.
«Diese Rede, vor Afghanistan gehalten und von einem anderen Präsidenten, hätte Krieg bedeutet», kommentierte trocken ein Senator nach der «State of the Union» Carters Rede. So bedeutete sie die nächste Runde in einem neuen kalten Krieg. «Carter macht Wahlkampf, er muß Terrain gutmachen», sagte ein anderer Senator. Damit wollte er aber sicher Moskaus Meinung über den Präsidenten nicht unterstützen.
Es war für Insider wie Außenstehende schon bemerkenswert, ja absurd, wie sehr der geduldige, fromme, die Menschenrechte hochhaltende Präsident sich gewandelt hatte – innerhalb eines Zeitraums von nur vier Wochen. Wahlkampf? Unvernunft? Welche Unvernunft aber hatte dann den Kreml dazu getrieben, das im Grunde wertlose Afghanistan zu vereinnahmen? Erst ein halbes Jahr war es her, seit das lange Ringen um den Abschluß von Salt-2 vermittels Bruderküssen zwischen Carter und Breschnew gefeiert worden war. Warum fühlte sich Breschnew bemüßigt, in der «Prawda» ein ausführliches Interview vom Stapel zu lassen, ohne eigentlich gefragt worden zu sein? Um mit dieser Friedenspredigt das Sowjetvolk nervös zu machen?
Andererseits: Nicht Kuba, nicht Iran, sondern Afghanistan als amerikanische Toleranzgrenze? Washington gab bekannt, es habe die Sowjetunion 1979 mehrfach vor einem Übergriff auf Afghanistan gewarnt, nicht erst im Dezember, als die Inva-

sionsabsichten Moskaus erkennbar waren. Weshalb die Diskretion? Es wurde nie klar, was an den sowjetischen Behauptungen stimmte, Karmals Vorgänger Amin sei mehr gewesen als ein marxistischer Nationalist afghanischer Mentalität, dem das unwillkommene Näherrücken der Roten Armee den Versuch einer Annäherung an Washington und Peking wert war. Wo war sein Bruder Abdullah Amin geblieben, dem man nachsagte, er sei im Nordosten Afghanistan aufgetaucht? Kämpfte er dort mit den Schola-e-Javed-Gruppen gegen Amin oder mit diesen Gruppen für Amin gegen die Sowjets?

Nach einem Monat: Fehlrechnungen ohne Ende

Ende Januar zog Babrak Karmal in Kabul öffentlich eine positive Bilanz seiner Vierwochenherrschaft, obwohl die Unstimmigkeiten augenfällig waren: im Kabinett, in der Armee, im Revolutionsrat und in der Partei. Sein Regime kämpfte gegen Lebensmittelknappheit und Preiswucher, «pakistanische Insurgenten» und die eigene Unglaubwürdigkeit. Gerüchte über eine bevorstehende Ablösung des Regierungschefs wollten nicht verstummen, Nachfolgekandidaten wurden herumgeboten. Parcham, Khalq und Armee konnten, wie es schien, nicht zueinander finden; eine «Nationale Front» lag in weiter Ferne.

Mangelnde Koordination unter den Aufständischen in allen Landesteilen Afghanistans und die wieder aufbrechenden Streitigkeiten unter den Exilorganisationen in Peschawar hoben diese Nachteile jedoch auf. Zudem machte Karmal politische Zugeständnisse auf der ganzen Linie. Sozialistische Slogans und unliebsame Porträts verschwanden, eine Änderung der zu «proletarischen» Landeshymne und -flagge wurde zugesagt, die umfassende Achtung der islamischen Bräuche versprochen – es machte das sowjetisch gestützte Regime nicht beliebter.

Gleichzeitige, offensichtlich unkoordinierte Ankündigungen von verschiedenen Ministerien und Verwaltungsstellen über die «Fortsetzung» von Landreform, Industrialisierung und Schulprogramme machten die Bemühungen Karmals zunichte.

Das Regime konnte nicht über seinen Schatten springen; die Mujahidin jedoch ebenfalls nicht. Die Sowjets hatten es nicht schwer, ihre angemaßte Weisungsbefugnis durchzudrücken.
Karmals Regime war von keiner Seite anerkannt worden. Es erschien vielmehr vollständig abhängig von den Besetzern. Frische Sowjettruppen in unaufhörlicher Folge machten es Karmals Regierung nicht leichter, auch nur zu versuchen, in der Bevölkerung Fuß zu fassen. Der Kampf der Mujahidin in Afghanistan, das ließ sich als bemerkenswertestes Faktum nach einem Monat festhalten, ging nicht mehr allein gegen die eigenen «Gottlosen», er ging gegen die Schurawi (Russen). Und es gab keinen Pardon. Ausländer waren in Kabul wie im übrigen Afghanistan ihres Lebens nicht mehr sicher; ausländische Soldaten schon gar nicht. Die Schattenseiten der afghanischen Seele wurden offenbar. Das Unabhängigkeitsbewußtsein richtete sich unter Umständen gegen alle Ausländer.
Der einem freien Afghanistan «freundlich» gesinnte Autor sah sich mit anderen Pressekollegen drei Tage lang den Erwägungen wildgewordener Mujahidin ausgesetzt, zwecks Durchsetzung von Lösegeldforderungen samt dem Presserummel im internationalen Rahmen festgehalten oder aber gleich erschossen und als «Schurawi» präsentiert zu werden. Leben war in Afghanistan 1980 Glückssache. Der sinnlose Tod des österreichischen Lastwagenfahrers Georg Schörghuber bestätigte nur, daß Banditentum und die pure Existenzangst von Stammesgruppen und Familienklans durchzuschlagen begannen.
Eine Generalamnestie für rückkehrwillige Flüchtlinge und Mujahidin brachte Karmal ebenfalls nichts ein, obwohl er diesen Leuten ihr Eigentum zurückzugeben versprach. Während all dieser Zeit der laut propagierten «Annäherung», der Suche nach einer Nationalen Front, der Basis nicht nur in der Partei, sondern auch im afghanischen Volk, wurden keinerlei Versuche bekannt, die auf die reale Anknüpfung eines Kontaktes zwischen den beiden Seiten, die es anging, hätten schließen lassen. Daß Afghanistan auf den Stand eines Satelliten oder einer Kolonie herabsank – vollständig, nach innen wie nach außen, von den neuen Herren verwaltet –, ist nicht zuletzt in diesem Lichte zu sehen: gegenüber Afghanen genügen keine Roßtäuschertricks.

Karmals Hauptanliegen schien es, in Verkennung aller übrigen Tatsachen, sich von seinem Vorgänger Amin abzusetzen. Praktisch alles, was in dessen und Tarakis Regierungszeit an Repression, Grausamkeiten und Fehlern begangen worden war, wurde von ihm bei jeder Gelegenheit dem «CIA-Agenten und Knecht des Imperialismus» Amin in die Schuhe geschoben. Es störte ihn wenig, daß seiner Regierung von der Islamischen Konferenz die Rechtmäßigkeit abgesprochen worden war, konnte sie sich doch weitestgehend auf militärische und politische Protektion Moskaus stützen. Es schien, als sei sie in diesen Tagen verläßlicher gewesen denn die Unterstützung und Mitarbeit der eigenen afghanischen Kader, von denen immer wieder Intrigen bekannt wurden.

Nichts ließ während der letzten Januartage auf sowjetischer Seite darauf schließen, daß Moskau seine exponierte Stellung in Kabul und vor der Weltöffentlichkeit aufgeben würde. «Der Gesichtsverlust allerorten ist so groß, daß er durch einen Rückzug allein noch übertroffen werden könnte», stellte ein indischer Diplomat in diesem Zusammenhang kopfschüttelnd fest. Indien war in diesen Tagen, nach dem Ausfall Marschall Titos, der diplomatisch aktivste der blockfreien Staaten und – am ehesten Verständnis für die sowjetische Darstellung der Afghanistan-Affäre zeigend – um eine ernsthafte Vermittlung bemüht.

Moskau, unter ununterbrochenem Dauerfeuer, mußte Beklommenheit und Unruhe selbst im Ostblock registrieren. Die dauernde Wiederholung der sowjetischen Darstellung von der «Rechtmäßigkeit des Eingreifens aufgrund bestehender Verträge» wurde dort kaum akzeptiert. Die Schatten der jüngeren Vergangenheit wirkten nach. Die eigene Bevölkerung wurde von Moskau weitgehend im unklaren darüber gelassen, was in und um Afghanistan vorging. Gleichwohl wuchs die Beunruhigung in gewissen Kreisen der Sowjetunion: zu viele Gefallene waren bisher auf jenem fremden Boden zu registrieren, wo man doch nur «Hilfe leisten» wollte.

Nach einem erfolglosen Besuch Gromykos in Rumänien, das die sowjetische Aktion gegen Afghanistan stark kritisiert hatte, gerieten Rumänien und das benachbarte Jugoslawien – mit der

Tito-Nachfolge beschäftigt – erstmals unter heftige sowjetische Kritik. Washington hielt unentwegt dagegen: Auf diplomatischem Parkett und an Konferenzen werde die Sowjetunion weiterhin gebrandmarkt, hieß es. Die erste Konfrontation fand an der Unido-Konferenz in Neu-Delhi statt, wo der afghanische Industrieminister Danesch bloß einen Lacherfolg erzielte. Die zweite folgte in Genf an den Tagungen der Abrüstungskonferenz und der UNO-Menschenrechtskommission. Durch solche und ähnliche Aktionen wurden Bemühungen wie die indischen, wenigstens ein annehmbares Gesprächsklima zu schaffen, erschwert. Präsident Carter erhöhte neben dem Verteidigungsbudget das für die afghanischen Flüchtlinge in Pakistan, deren Status von Moskau und Kabul so sehr in Frage gestellt wurde, und er tat es gar nicht leise. Sein Sondergesandter Clifford Clark versuchte gleichzeitig in Neu-Delhi, die amerikanische Ansicht zur Afghanistan-Krise zu erläutern: seine Bemerkung, jeder Vorstoß von Afghanistan her in Richtung Golf werde «Krieg bedeuten», stieß allerdings auf ebenso große Zurückhaltung, um nicht mehr zu sagen, wie im benachbarten Pakistan das unverhüllte amerikanische Drängen, eine gemeinsame Verteidigungsfront aufzubauen.
Andere gegenseitige Ungeschicklichkeiten verhärteten das Verhandlungsklima: Pakistans Staatschef General Zia-ul-Haq bezeichnete die angebotene amerikanische Hilfe in Höhe von 400 Millionen Dollar als Peanuts (Erdnüßchen) – es war mehr als eine Ablehnung, es war ein persönlicher Affront gegen den Erdnußfarmer Jimmy Carter. Zia wollte mehr. Neben mehreren Milliarden Dollar an Militär- und Wirtschaftshilfe verlangte er ein festes, dauerhaftes Bündnis auf der Grundlage der vorhergehenden, inzwischen eingefrorenen Verträge mit den USA. Gleichzeitig aber wollte er auch sein «friedliches Atomentwicklungsprogramm» weiterführen. Indien protestierte nachdrücklich dagegen – es sah seinen Vorsprung auf diesem Gebiet gefährdet – und erhielt gegen alle amerikanischen Prinzipien neue Uranlieferungen. Pakistan mit seinen unmäßigen Ansprüchen erhielt fast nichts.
Insgesamt gingen die Dinge nicht den notwendigen, wünschbaren Gang in Richtung Verhandlungen; es erfolgte keine Entschärfung der mittelöstlichen Krisensituation. Brzezinski, der

amerikanische Sicherheitsberater, bekannt als Falke im inneren Zirkel des Weißen Hauses, konnte es nicht lassen, sich an der pakistanisch-afghanischen Grenze in kriegslüsterner Pose mit einem Maschinengewehr fotografieren zu lassen. Das Foto ging als Sinnbild diplomatischer Fehleinschätzungen seitens der Amerikaner um die Welt.

Greuelmeldungen kamen aus Afghanistan:
Exekutionen von Anhängern Amins und linksnationalen Offizieren;
die angebliche Auslöschung der gesamten männlichen Bevölkerung des Dorfes Karala auf Befehl sowjetischer Offiziere im April 1979 wurde bekannt;
es sollte der Einsatz von Napalm- und Giftgasbomben vorgekommen sein;
Bombardierungen von Dörfern erfolgten durch direkt aus der Sowjetunion kommende Flugzeuge;
die afghanische Sozialdemokratische Partei gab bekannt, sie vermisse über 200 führende Mitglieder, die als «wahrscheinlich tot» gelten müßten;
aus der Sowjetunion meldeten sich dorthin verschleppte Afghanen und erklärten, sie arbeiteten in einem Straflager bei Tula, unter ihnen befinde sich der schiitische Mullah Waiz. (Dessen Freilassung hatten ein Jahr zuvor die Entführer des amerikanischen Botschafters Dubs gefordert. Damals erklärte die Regierung Amin/Taraki, der Priester befinde sich «nicht in Afghanistan».)
Waren dies alles «Falschmeldungen», waren es «Werke der CIA», wie die sowjetische Führung in ihren fast täglichen Dementis behauptete? Amerikaner und Exilafghanen müßten unwahrscheinlich intensiv auf Tausende von Flüchtlingen eingeredet haben, um diese Leute, die Tag für Tag, oft unter Lebensgefahr, über die Grenze nach Pakistan kamen, zu solchen Schilderungen zu bringen. Selbst wenn man die Flüchtlingsberichte nicht zum Nennwert nahm und den afghanischen Hang zu Übertreibungen und die Unkenntnis größerer Zahlen einbezog, ließ sich allgemein die Verstärkung und Intensivierung der sowjetischen Kampfführung in Afghanistan feststellen.
Der Strom von sowjetischem Material und Truppen hatte

nicht nachgelassen. Nach Meldungen zuverlässiger Beobachter waren die Sowjets dazu übergegangen, ihre Truppen auszutauschen: Reservisten aus den Afghanistan benachbarten sowjetischen Moslemrepubliken wurden gegen erfahrenere «weiße» Soldaten ausgewechselt. Waffen und Material schienen vornehmlich für die wieder aufzubauende afghanische Armee bestimmt.
Vermehrt machte die sowjetische Presse nun auf «Banditen» aufmerksam, die es in Afghanistan zu bekämpfen gelte. In Pakistan, China und Iran ausgebildete «Söldner und Verräter» seien am Werk. Vom passiven und aktiven Widerstand der afghanischen Bevölkerung in zahlreichen Städten und Dörfern kein Wort.

Dauerfeuer gegen die Besetzung

Wenn der Kreml geglaubt hatte, die Aufregung über Afghanistan sei spätestens bis zum Februar abgeklungen, sah er sich ein weiteres Mal getäuscht. Erstmals kam selbst aus Kuba Kritik. Dort sah Fidel Castro sich um die Profilierung als Führer der Blockfreien betrogen. Am massivsten war die Abfuhr, die der iranische Schiitenführer Ayatollah Khomeyni dem Kreml – allerdings ebenso den Amerikanern – erteilte: beide seien für die Völker der mittelöstlichen Region gleich negativ zu bewerten. Das Spiel der Großmächte solle niemand unterstützen.
Trotzdem ging die Sowjetunion keine Handbreite weit von ihrem kaltschnäuzig vertretenen Standpunkt ab. Sie rechtfertigte vielmehr in beträchtlicher Lautstärke ihre Position, verbunden mit Warnungen, jetzt nicht nur an die USA und die Nachbarn Afghanistans, sondern auch an die Europäer. Der Kreml hatte die Sprache wiedergefunden. Er setzte jedoch kein Zeichen: er drohte! Keine Rede davon, das von Carter gesetzte Datum für einen Beginn des Truppenabzugs aus Afghanistan, den 20. Februar, auch nur in Erwägung zu ziehen.
Der Kreml warnte vielmehr vor der deutsch-französischen Gipfelkonferenz in einem Kommentar in der Parteizeitung «Prawda» zur hart bedrängten Entspannungspolitik die Bundesrepublik Deutschland vor einem Kurswechsel: Bonn solle

sich nicht zum «Komplizen amerikanischer Hegemonialpolitik» machen. Die Entspannung bleibe – trotz amerikanischer Versuche, sie zunichte zu machen – «der wichtigste Faktor der Weltpolitik». Völlige Nichtachtung des amerikanischen Präsidenten war in jenen Februartagen neben der Selbstgerechtigkeit das hervorstechendste Zeichen der Moskauer Politik.
Die offensichtliche Verkennung der Situation im westlichen Lager durch den Kreml mündete am Tage darauf in einer gemeinsamen Erklärung Präsident Giscard d'Estaings und Bundeskanzler Schmidts, in deren Mittelpunkt die nachdrückliche Bekräftigung der Treue Frankreichs und Deutschlands zum atlantischen Bündnis stand. Die sowjetische Militärintervention in Afghanistan wurde ausdrücklich als «unannehmbar» verurteilt. Westeuropa werde «in der gegenwärtigen Lage besondere Verantwortungen übernehmen müssen», hieß es warnend: «Die Entspannung wird einem neuen Schlag dieser Art nicht standhalten.» Es war die beispielloseste Warnung der beiden westeuropäischen Verbündeten, seit Mitte der sechziger Jahre die Entspannungspolitik konkrete Formen anzunehmen begann.
Die «Gegenmaßnahmen», von denen in Paris die Rede gewesen war, ließen allerdings auf sich warten. Washington wurde deshalb deutlich. Es forderte verstärkte Verteidigungsanstrengungen, nicht allein eigene, sondern auch westeuropäische. An der praktischen Solidarität schieden sich in der Folge die Geister: Bonn lag das deutsch-deutsche Schicksal, inklusive Westberlin, weit näher als ein risikobeladenes Eintreten für einen Gebirgs- und Wüstenstaat an der sowjetischen Südgrenze. Paris verließ sich auf seine bisherige eigenständige Politik gegenüber Moskau.
In der Bündnistreue nicht zu übertreffen war allein die britische Regierung. Premierministerin Thatcher hielt kompromißlos Carters Kurs: mit einem ganzen Maßnahmenbündel fror die «eiserne Lady» die Beziehungen zu Moskau ein; überdies scharte sie die Commonwealth-Freunde aus Australien und Neuseeland hinter sich. In London hatte Washington den bei weitem größten Erfolg mit seiner Parole, die Sowjetunion müsse für ihr Afghanistan-Abenteuer «einen hohen Preis bezahlen».

Trotzdem schien die Sowjetunion mit ihrem Versuch, auf Fortsetzung der Entspannung zu setzen, nicht ganz falsch zu liegen. Die Regierungszeitung «Iswestija» befand selbst das französisch-deutsche Treffen als recht «gemäßigt». Der Entspannung redeten auch die Teilnehmer der Konferenz der Sozialistischen Internationale das Wort, so deren Führer Willy Brandt und Bruno Kreisky. «Sterben für Kabul» war für die Sozialisten in Wien und auch später nie ein Hauptthema. Die sowjetische Intervention wurde zwar verurteilt, doch an ein Ende der Entspannungspolitik und an den Beginn eines neuen kalten Krieges mochte niemand von ihnen glauben. «Es gibt noch andere Probleme, dort unten und anderswo», meinte Kreisky, «beispielsweise den Nahost-Konflikt.»
Diesem ersten deutlichen Anzeichen, daß über Afghanistan die übrige Weltpolitik nicht stillstand, sollten weitere folgen, ohne daß deshalb die Lage in dem Land am Hindukusch aus den Schlagzeilen der Weltpresse und von den Schreibtischen der Politiker verschwand. Das sowjetische Beharren auf der eigenen Position – gegenüber dem wiederholten amerikanischen Vorprellen in Stellungen, die nicht zu halten waren, wie während der gesamten Iran-Krise – schien sich auszuzahlen. In Moskau saßen in dieser Doppelkrise die Männer mit den besseren Nerven, vielleicht auch mit der größeren Dickfelligkeit.

Die Fortsetzung der Entspannungsbemühungen schien auf den Versuch hinauszulaufen, zumindest einen Keil zwischen die USA und ihre westeuropäischen Verbündeten zu treiben. Früchte für Moskau trug, wenn auch verspätet, in diesem Zusammenhang sogar die Konferenz für Sicherheit und Zusammenarbeit in Europa (KSZE). Ursprünglich eine Idee Breschnews, war die Konferenz nach Helsinki gegen den Urheber zurückgeschlagen (Ausweitung der Dissidentenfrage). Nun wurde jeder westliche Befürworter der für den Herbst 1980 vorgesehenen Folgekonferenz in Madrid begrüßt. So forderten Frankreich, Österreich und die Schweiz «die Wiederherstellung des Vertrauens», damit die KSZE-2 stattfinden könne. Was genau geschehen sollte und wie, das beließen sie, durch

weitgehendes Beibehalten der eigenen Standpunkte, im Grunde Moskau.
«Weder Illusion der Starken noch Alibi der Schwachen», hatte sich beispielsweise Frankreichs Außenminister François-Poncet vernehmen lassen, solle die Entspannung sein. Darauf ließ sich beidseits gut ruhen. Paris und Moskau glaubten, Spielraum geschaffen zu haben. Eine kurzfristig geplante Außenministerkonferenz der Nato-Staaten ließ Frankreich platzen. Carter und sein Außenminister Vance schienen desavouiert, das atlantische Treuebekenntnis von Giscard und Schmidt nach einigen Tagen nur noch Papier.
Moskau antwortete in Afghanistan auf seine Weise: ohne Pause flossen Material und Truppen ins Land. China benützte sein erstes Auftreten, als fünfte Atommacht, an der Abrüstungskonferenz in Genf zu einem geharnischten Protest gegen das sowjetische Vorgehen in Afghanistan. Es forderte «echte Abrüstungsfortschritte», nicht nur Worte. Die Haltung der übrigen Teilnehmer ließ sich mit der Umschreibung «Verhandeln statt Handeln» skizzieren. Darauf zu bestehen sei auch nach Afghanistan kein Zynismus, hieß es. Oder wie es ein Teilnehmer ausdrückte: «Es ist keineswegs richtig, einem Freund aus Freundschaft in den Tod zu folgen, man sollte ihn vielmehr davor zu bewahren suchen.» An der gleichzeitigen Sitzung der Menschenrechtskommission in der Rhonestadt warteten die USA mit einem 800-Seiten-Wälzer über Verletzungen der Menschenrechte in der Sowjetunion, Afghanistan und Iran auf – er wurde bestenfalls noch zur Kenntnis genommen. Die Tagesordnung hatte über das Hauptthema gesiegt.
Nato-Experten kamen Anfang Februar zur Auffassung, die Sowjetunion habe aufgrund der vom Westen beschlossenen Sanktionen bereits «einen hohen Preis für Afghanistan bezahlt». Ihr Prestigeverlust sei weit schlimmer als die wirtschaftlichen Strafmaßnahmen. Dazu kämen politische und militärische Beschlüsse, die Moskau zu seiner afghanischen Fehlrechnung hinzuzählen müsse: am schmerzhaftesten sei die «chinesische Karte», die von den USA gespielt werde. Auch die Erhöhung der westlichen Verteidigungshaushalte, die Bildung einer militärischen Eingreifreserve der USA und von Nato-Interventionskapazitäten sowie die Modernisierung der britischen

Atom-U-Bootflotte würden sich spürbar auswirken. Mit einer Neubesinnung der bisher vorsichtig lavierenden kleineren Nato-Staaten auf das Bündnis habe die Sowjetunion ebensowenig gerechnet wie mit der baldigen Schaffung eines Nato-Gegengewichts zu den sowjetischen SS-20-Raketen, hieß es in Brüssel. Moskau sehe sich plötzlich nicht nur politisch, sondern auch militärisch in möglicher Reichweite – Afghanistan machte es möglich.

Moskau hält die Stellung Kabul

Während der ersten zehn Tage des Februars 1980 wurden weitere Verstärkungen der sowjetischen Truppenpositionen in Afghanistan beobachtet. Der Kreml ließ nicht den geringsten Zweifel daran aufkommen, daß das Regime Karmal etwa nicht mehr seine volle Unterstützung genieße. Hatte es in den ersten Tagen noch geheißen: «Friedliche Zusammenarbeit, neue Handels- und Erdgasabkommen», so zerstob die potemkinsche Fassade nach wirkungsvollen Anschlägen der Mujahidin bald. In Kabul und Kandahar, aber auch an anderen Orten kam es zu Ausschreitungen.

In der Hauptstadt fiel das Fernmeldeamt einem Brandanschlag zum Opfer, große Teile des Basars wurden danach ein Raub der Flammen. In Kandahar, der drittgrößten Stadt Afghanistans, erhoben sich die Einwohner gegen die Besetzer mit dem Ruf «Allah-o-Akhbar» (Gott ist groß). Nächtelang schallten ihre Rufe von den flachen Hausdächern. Die Stadtbewohner umgingen so die Ausgangssperre und machten trotzdem ihrer Ohnmacht Luft. Hier kündigte sich an, was Karmal und seine Hintermänner vor allem verhindern wollten: das Übergreifen der Aufstände von den Provinzen auf städtische Bezirke. Einen Streik der, wie überall im Orient, mächtigen Basarhändler, der in einen Generalstreik der gesamten Stadtbevölkerung münden könnte, hatte Karmal mehr zu fürchten als Unruhestiftung durch Moslemkämpfer. In Kandahar hatte es schon begonnen: Läden blieben geschlossen, Dächer wurden besetzt, das Ausgehverbot umgangen. Aber gerade diese Stadt, die ihre Feindseligkeit gegenüber den Besetzern und ihren Marionetten in der Vergangenheit bereits gebührend gezeigt hatte, wurde das Ziel harter Repression aus Kabul und erlebte außergewöhnliche sowjetische Militärverstärkungen, die von der Grenze im Nordwesten, über Herat, in unabsehbaren Kolonnen nach Süden rollten. Auch Kabul wurde mit weiteren Truppentransporten, vor allem während der Nachtstunden, beglückt. Eine sehr frühe Offensive gegen die Aufständischen zeichnete sich ab. Als Befehlshaber der Sowjettruppen stellte sich der Erste Stellvertretende Verteidigungsminister Sergej Sokolow heraus.

International hatte die versteifte sowjetische Haltung überraschende Auswirkungen: Indien distanzierte sich vorsichtig von Moskau; eine Annäherung der pakistanisch-indischen Standpunkte zeichnete sich ab. Pakistans regierender General Zia-ul-Haq propagierte die Schaffung einer internationalen Friedenstruppe für Afghanistan, welche die sowjetischen Soldaten ersetzen sollte; dabei dachte er eher an moslemische denn an UNO-Soldaten. Kriegslüsterne Pathanenhäuptlinge speiste er diplomatisch mit dem Rat ab, es sei «der richtige Zeitpunkt» abzuwarten. Ungehindert überquerten weiterhin afghanische Moslemkrieger die offenen Grenzen von Iran und Pakistan nach ihrem Heimatland.

Der sowjetische Außenminister Gromyko stieß in Neu-Delhi auf genausowenig Gegenliebe für Moskaus Konzept wie zuvor in Damaskus und Bukarest. Niemand vermochte die rollenden Kolonnen und die Antonows auf den afghanischen Hauptachsen bzw. Flugplätzen zu übersehen. Trotzdem beharrte Gromyko auf der Moskauer Version der Ereignisse. Kopfschüttelnd fragte anläßlich seines Besuches ein indischer Diplomat, der die Bewegungen in Afghanistan verfolgt hatte: «Um ein paar schlechtausgerüstete Rebellen zu bekämpfen?»

Allgemein erhob sich Mitte Februar 1980 in Beobachterkreisen in Kabul und in den westlichen Hauptstädten die Frage: Was hat die Sowjetunion wirklich vor? Noch war nicht allen klar geworden, daß sie selbst jetzt die Regierungsgeschäfte in Afghanistan übernommen hatte, daß Karmal und seine wenigen Helfer nur vorgeschoben wurden.

Anstatt Proben des Regierens zu geben, erging sich Karmal

weiter in Erklärungen über seine bzw. die sowjetische Machtübernahme vom Dezember. Diese internen Querelen und Kämpfe um die Glaubwürdigkeit einer von Anfang bis Ende unglaubwürdigen Aktion, die einander widersprechenden Rechtfertigungsversuche bildeten bei weitem die herausragendste Aktivität dieses afghanischen «letzten Aufgebots» an marxistischen Funktionären. Allerorten machte sich für Kabuls «Führungsschicht» Personalmangel bemerkbar. Eine Jugendmiliz mußte herhalten, um die nominellen Machthaber überhaupt gegen außen in Erscheinung treten zu lassen.

Neueste Geschichtsklitterung Karmals: In der zweiten Dezemberwoche 1979 habe «die Mehrheit der Partei Amin gezwungen», sowjetische Militärhilfe anzufordern, nachdem dieser «versucht hat, sich mit Hilfe von amerikanischen, chinesischen und pakistanischen Truppen im Sattel zu halten». Darauf hätten «am 17. Dezember sowjetische Truppen afghanischen Boden betreten». Es war nicht die erste abgewandelte Darstellung der Dezember-Ereignisse, aber, wie jedesmal, eine genau passende Antwort auf Vorhaltungen, nachdem die Widersprüche in den sowjetisch-afghanischen Begründungen der Invasion allzu offensichtlich geworden waren – eine Darstellung «wie es gewesen sein könnte». So behauptete Karmal bald darauf auch, bereits im September 1979, nach Amins Palastrevolte gegen Taraki und Pusanow, zurückgekehrt zu sein und den Widerstand gegen den unwillkommenen Usurpator aufgenommen zu haben, was angesichts der damaligen exzellenten Geheimdienst-, Partei- und Armeeverbindungen Amins ein ausgesprochen selbstmörderisches Unterfangen gewesen wäre.

Auch die Verurteilung Amins und die Wahl Karmals zum neuen Parteichef sollen laut dieser Darstellung lange vor dem bisher genannten Interventionstermin stattgefunden haben. Rätselhaft muß erscheinen, wie sich Amin bis zum letztmöglichen Tag offiziell hat an der Macht halten können. Bis zum Nachmittag des 27. Dezembers 1979, an dem er den sowjetischen Kommunikationsminister zu einem Höflichkeitsbesuch empfangen hatte, war nicht die Spur einer Entmachtung des Staatschefs festzustellen gewesen. Außer daß nach den unausgesetzten Hilfsgesuchen die sowjetische Hilfe plötzlich kein Ende mehr nahm – Amin hatte sich selbst mattgesetzt. Er starb, wie

Daud, wie Taraki, ohne sich ergeben zu haben: in den Trümmern seiner Politik.
Karmal hatte offensichtlich nicht vor, sich demselben Schicksal zu stellen. Wiederholt machte er in jenen Februartagen klar, daß die sowjetischen Truppen bleiben würden, bis das «Komplott» beendet sei, in dem sich die USA, China, Pakistan, Israel und Ägypten gefunden hätten, «um das friedliebende Afghanistan zu zerstückeln». Dieser Standpunkt wurde in der Folge von Moskau unermüdlich wiederholt, um keinen Zweifel daran aufkommen zu lassen, daß auf alle Fälle ein sozialistisches Regime in Kabul an der Macht gehalten werden sollte. Die dauernde Anwesenheit sowjetischer Truppen wurde absehbar. Über die «Rechtmäßigkeit», mit der die Marxismusschüler in Kabul an die Macht gelangt waren, wurde während dieser ganzen Zeit nie auch nur mit einem Wort diskutiert. Das afghanische Volk war nicht im geringsten einer Erwähnung wert; von Wahlen war nie die Rede. Nachdem dieses Volk sich als zur Unterstützung der Sozialisten nicht benutzbar erwiesen hatte, war es für Kabul und Moskau wieder das, was es im Grunde immer gewesen war: ungebildet, schwer belehrbar, schon gar nicht erziehbar, unberechenbar und wild. Daß man ausgezogen war, diesem Volk und seinem Land zu «helfen», es zu «bilden», ja zu «retten», war zwei Monate nach dem Einmarsch vergessen. Olof Palme, früherer schwedischer Ministerpräsident, brachte es auf die sarkastische Formel: «Ein sowjetischer Panzer bedeutet im Wert ungefähr soviel wie 30 000 Klassenzimmer nach afghanischem Standard.»
Die sowjetischen Ziele waren, die kommenden Wochen zeigten es deutlich, wesentlich anders geartet. Mit einer menschenverachtenden Kriegsmaschinerie machte sich die Rote Armee daran, in den an Pakistan angrenzenden Provinzen Kunar, Nangahar und Paktia die durchlässige Grenze auf ihre Art abzuriegeln. Panzereinsätze und Bombardierungen folgten einander in den Tälern, teilweise kam es zu Giftgas- und Napalmeinsätzen. Dörfer wurden dem Erdboden gleichgemacht, Tausende von Menschen starben; wer nicht umkam, flüchtete in die Berge und nach Pakistan.
Besiegt waren die Afghanen deswegen noch lange nicht. Als bewaffnete Mujahidin kehrten die geflohenen Paschtunen zu-

rück. Kurzsichtigkeit auf beiden Seiten verunmöglichte nicht nur eine Beilegung der Kampfhandlungen, sondern weitete sie eher noch aus: der Bürgerkrieg der Afghanen untereinander wurde zum gemeinsamen Volkskrieg gegen die Besetzer. Die Kriegsschraube war zwar um eine Drehung weitergedreht worden, ein «Stellvertreterkrieg» waren die Ereignisse in Afghanistan aber nicht geworden – eine bescheidene Hoffnung.

Die Vereinigten Staaten steuerten auf dem internationalen Parkett unnachgiebig ihren Boykottkurs. Nachdrücklich bestanden sie auf dem von Carter vorschnell genannten Termin des 20. Februar 1980 für einen Rückzug der sowjetischen Truppen. Ansonsten werde es keine amerikanische Olympiateilnahme in Moskau geben. Eine Woche vor dem Termin verschärfte Sicherheitsberater Brzezinski die Haltung noch: man werde sich mit einem symbolischen Teilrückzug nicht zufriedengeben, erklärte er. Konfrontation schien eher sein Ziel als Verhandlungen. 1800 Mann US-Marinetruppen wurden in die Golfregion entsandt. Carter beharrte darauf, richtig reagiert zu haben, sein Ultimatum bleibe bestehen. Von der Bedingung des sowjetischen Truppenabzugs werde er nicht abgehen, alle Embargo- und Boykottbeschlüsse würden in Kraft bleiben, vor allem der Olympiaboykott werde durchgesetzt.
Wenig beachtet wurde Carters Bemerkung, seiner Ansicht nach solle Afghanistan «blockfrei und neutral» sein. Eine Woche später erfolgte der EG-Vorschlag zur Neutralisierung des Landes. Carters Anmerkung wurde überdeckt von sich häufenden olympischen Deklamationen: verbale Zusammenstöße zwischen politischen und Sportfunktionären häuften sich. Anläßlich der Eröffnung der Olympischen Winterspiele appellierte Außenminister Vance in Lake Placid auf dramatische Weise an die Vertreter der Olympischen Komitees, die Sommerspiele in Moskau nicht stattfinden zu lassen oder zu verschieben. Die IOK-Funktionäre wehrten sich vehement gegen jede Einschränkung ihrer Handlungsfreiheit.
Wie eine Bombe schlug die Meldung der «Washington Post» in den olympischen Winterfrieden ein, die USA hätten begonnen, die afghanischen Widerstandskämpfer mit leichten Waffen, auch zur Panzerabwehr, zu unterstützen. Kam es doch

zum Stellvertreterkrieg? In der amerikanischen Hauptstadt herrschte anfangs Schweigen, dann kam ein «Ja, aber...» Schließlich wurde zugegeben, es sei erbeutetes russisches Kriegsmaterial aus dem Jom-Kippur-Krieg an die Guerillas weitergegeben worden. Das erleichtere es, die Herkunft der Waffen zu verschleiern, da sich die Mujahidin ebenfalls auf sowjetisches Gerät stützten. Zudem würden von Washington auf dem Weltmarkt erhältliche sowjetische Rüstungsgüter angekauft und weitergeschleust. Was nicht gesagt wurde: via CIA und Pakistan. Unbekümmert um Verschleierungsversuche gab der ägyptische Verteidigungsminister Hassan Ali gleichzeitig zu verstehen, in seinem Lande würden afghanische Freiheitskämpfer nicht nur ausgebildet, sondern erhielten auch notwendige Waffen zum Kampf.
Bei den Widerstandsaktionen von einigem Erfolg in Afghanistan handelte es sich inzwischen nicht mehr nur um vereinzelte Zeichen der Gegnerschaft zum Regime: der Kampf ging um Garnisonen und Flugplätze. Um Jallalabad und seinen Flugplatz herrschte praktisch jede Nacht Guerillatätigkeit. Bei der Eroberung des Flughafens von Faisabad, der Hauptstadt des umkämpften Badakhschan, kamen angeblich 85 sowjetische Soldaten ums Leben. Eine Meuterei afghanischer Truppen in den Kasernen von Kargha bei Kabul konnte nur mittels massivem Panzer- und Napalmeinsatz niedergeschlagen werden.

Der passive Widerstand der Bevölkerung in den Städten Herat, Kandahar, Masar-i-Scharif nahm an Umfang zu. Man fragte sich, ob dies noch unkoordinierte Aktionen waren. Spontaner Ausdruck der Mißbilligung gegenüber den Besetzern schlug in Gewalttätigkeit um – es braute sich etwas zusammen.

Kabul erhebt sich

Welche komplexe Situation sich in und um Afghanistan inzwischen darbot, zeigte die Woche vom 20. bis 25. Februar 1980 mit besonderer Deutlichkeit. Kaum hatte der amerikanische Außenminister Vance nach der geplatzten Nato-Außenministerkonferenz seine bilateralen Gespräche mehr oder weniger erfolgreich hinter sich gebracht, legten die EG-Außenminister in Rom den Kompromißvorschlag für Afghanistan und dessen Neutralisierung auf den Tisch. Mit ihm sollte die Kluft zwischen den beiden Großmächten USA und Sowjetunion überbrückt werden. Der Plan, ursprünglich vom britischen Außenminister Lord Carrington entworfen, versuchte Moskaus Interesse am Erhalt einer Regierung nichtwestlichen Zuschnitts zu berücksichtigen.

Präsident Carters Olympiaboykott-Ultimatum verstrich am 20. Februar angesichts des europäischen Neutralisierungsvorschlags unbeachtet. Carter, der die Möglichkeit eines blockfreien, neutralen Afghanistans hinter seinen ultimativen Bedingungen hatte verschwinden lassen, blieb wenig mehr, als den Vorstellungen Carringtons und der EG-Außenminister Zustimmung zu bezeugen: alle interessierten Länder, womöglich die UNO, sollten Territorium, Unabhängigkeit, Souveränität und Blockfreiheit Afghanistans garantieren, hieß es im europäischen Vorschlag.

Alle interessierten Länder – von vornherein ein schwieriges Unterfangen. Eine Garantie für eine Art «neutrales» Karmal-Regime konnte das nicht bedeuten. Die islamischen Nachbarstaaten und die Aufständischen Afghanistans – wer würde sich daran halten? Es war kaum verwunderlich, daß bereits am Tage darauf eine ablehnende Antwort Moskaus auf diese «konstruktiven Pläne» vorlag. «Ungerechtfertigt» nannte die Nachrichtenagentur Tass in wenigen dürren Sätzen die EG-Gedanken. Moskau dachte nicht daran, das Erreichte neutralisieren zu lassen.

Das bestätigte KP-Generalsekretär Breschnew in einer Ansprache am 22. Februar. Sie war, eine Wahlrede zur Bestimmung des Obersten Sowjet, im Grunde ganz anderen Themen als Afghanistan gewidmet. Eine kurze Passage allerdings, in der Breschnew anscheinend vom Manuskript abwich, genügte, um Hoffnungen zu begründen: Würde es wenigstens – samt Karmal und sowjetischen Beratern – zur Wiederherstellung des Zustands vor der sowjetischen Invasion vom 27. Dezember kommen? Fest stand, daß Breschnew von zur selben Zeit in Kabul ausgebrochenen Unruhen wußte. Seine Worte ähnelten einer verklausulierten Antwort auf den Neutralisierungsplan

der EG-Außenminister. Breschnew forderte allerdings zusätzlich die USA direkt auf, gemeinsam mit Afghanistans Nachbarländern zu garantieren, daß jegliche Form von «Einmischung in dessen innere Angelegenheiten» aufhöre. In einem solchen Falle werde die sowjetische Militärhilfe nicht mehr nötig sein.
Die Hoffnung keimte, nach diesen Worten lasse sich eine erste Phase auf dem Weg zu einer politischen Lösung der Afghanistan-Krise erkennen. Hatte die Sowjetunion die Vergeblichkeit des Versuchs erkannt, die gläubigen und unabhängigkeitsbewußten Afghanen einem ihnen total fremden und unangemessenen Regime und dessen Gesellschaftsordnungsvorstellungen unterwerfen zu wollen? War das Ganze ein Schachzug, oder war es der Beginn eines politischen Absetzmanövers? Nach Helmut Schmidt war es «der Beginn des Nachdenkens» in Moskau. Es hätte eine Menge kurzfristiger Ziele gegeben, die durch ein politisches Manöver zu erreichen für Moskau lohnenswert gewesen wären: nicht zuletzt ein Durchbrechen des Olympiaboykotts durch möglichst viele blockfreie Länder.

In all diese Erwägungen platzte der blutige Aufstand der Bevölkerung von Kabul. Die Afghanen selbst machten einen Strich durch die politischen Rechnungen der anderen. Am Freitag, dem 22. Februar, dem islamischen Sonntag, sah sich die Regierung Karmal gezwungen, nach einem Generalstreik im Basar und nachfolgenden Ausschreitungen das Kriegsrecht über die Hauptstadt zu verhängen. Die Verbindungen von Kabul nach dem Ausland brachen ab.
Zehntausende waren in Kabul in gewaltigen Protestmärschen auf die Straßen gegangen, um ihrem Unwillen gegenüber der aufgezwungenen Regierung und der Besatzungsmacht Ausdruck zu geben. Kabul begnügte sich nicht mit «Allah-o-Akhbar»-Rufen von den Dächern der Häuser. Zwar hatte die Hauptstadt als letzte in den Protest der großen afghanischen Städte eingestimmt, der seit Wochen das Land durchzog. Doch was Generalstreik in Kabul bedeutete, wenn dort erst einmal der Basar schloß, war nur zu gut bekannt: die Regierung war in Gefahr.
Am selben Tag erreichten die Außenwelt sporadisch Meldun-

gen über zahlreiche Todesopfer, Plünderungen, den Aufmarsch starker Militärkräfte, die Festnahme «ausländischer Agenten». Armee, Polizei und sowjetische Truppen vermochten mit Mühe eine prekäre Ruhe wiederherzustellen. Moskaus Nachrichtenagentur meldete entrüstet, eine «von langer Hand vorbereitete Verschwörung» – unter anderem des Geheimdienstes CIA – habe die Kabuler Bevölkerung «in den Aufstand getrieben». Die Unruhen in der afghanischen Kapitale hielten fast während der ganzen folgenden Woche an. Mehrere hundert Menschen kamen dabei ums Leben. Beweise für ausländische Einmischungen irgendwelcher Art blieben Moskau und Kabul schuldig.

Tagelang senkte sich darauf ein Vorhang des Schweigens über Kabul. Das Ausmaß der Unruhen ließ sich erst nach Ablauf einer Woche ungefähr erkennen. Außer einem panikartigen Aufschrei der Karmal-Regierung um «Hilfeleistung befreundeter Staaten» gegen eine «imperialistische Bedrohung» war wenig zu erfahren. Aus der Kabuler offiziellen Tonart ließ sich allerdings die Hysterie erahnen, in der sich das Regime angesichts des Volksaufstandes befand.

Breschnews Beschuldigungen, die Vereinigten Staaten hätten in Afghanistan interveniert, wurden von Washington knapp abgewiesen: niemand außer der Sowjetunion habe in Afghanistan eingegriffen, der Widerstand komme aus dem Lande selbst. «Es gibt keinen nichterklärten Krieg in Afghanistan.»

Fast eine Woche lang wehte in Kabul die grüne Flagge des Islam. Der Ruf «Gott ist groß» wurde vom Schrei «Tod den Russen» abgelöst. Die rigorose Ausgangssperre beachteten die wenigsten Stadtbewohner. Truppenteile, zur Verteidigung wichtiger Stellungen innerhalb des Stadtgebiets abgeordnet, gaben sich Plünderungen hin – Afghanen wie Russen. «Wir wollen noch was mitnehmen, bevor wir hier weg müssen», erklärte ein junger Sowjetsoldat einem Basari, bevor er grinsend mit einem Dutzend Jeans über der Schulter verschwand. Später wurden diese Übergriffe offiziell als «Bestrafung» jener Ladenbesitzer bezeichnet, die sich dem Generalstreik angeschlossen hatten.

Der Streik der Basaris in Kabul und in anderen afghanischen

Städten war jedesmal der Auftakt zu regierungsfeindlichen gewalttätigen Ausschreitungen. Beides bestätigte, wie es um die Meinung im Volke bezüglich der Regierung und ihrer Hintermänner stand. Daß Karmal nach kürzester Zeit bereits das Kriegsrecht verhängte und Zuflucht zu militärischen Mitteln nahm, bezeugte mehr als alles andere seine grundlegende Schwäche. Ohne die rückhaltlose sowjetische Unterstützung wäre es nach dem 22. Februar mit seiner sozialistischen Regierung zu Ende gewesen.
So aber erhielt sie die Gelegenheit, mit Säuberungsmaßnahmen der brutalsten Art in bestimmten Stadtvierteln vorzugehen und die Basaris mit Gewalt zum Öffnen ihrer Läden zu zwingen. Unter Drohungen wurde die Rückkehr der Angestellten der Verwaltungsbehörden an ihre Arbeitsplätze erzwungen. Razzien auf «Waffen, Verschwörer und Agenten» mit einem unverhältnismäßigen Aufwand der Mittel lösten einander ab.
Bei Gefechten an den der ersten Erhebung folgenden Tagen sollen insgesamt bis zu tausend Menschen getötet oder verletzt worden sein. Straßenschlachten, Brandstiftungen, Plünderungen folgten einander. An den Ausschreitungen sollen in der Folge auch Aufständische und politische Gruppen von außerhalb Kabuls beteiligt gewesen sein. Die Initianten aber waren die Kabulis selber. Kampfhelikopter schossen schließlich ihre Widerstandsnester zusammen.
Karmal ließ sich zu den Vorfällen während dreier Tage nicht vernehmen. Alle Notstandsmaßnahmen wurden von den verschiedenen Ministerien über das Radio verbreitet. Als der «Regierungschef» die Stimme wiederfand, ließ er nicht erkennen, daß ihn das Blutvergießen zur Einsicht gebracht hätte. Daß ein Umdenken fällig war, hatten aber zweifellos seine sowjetischen «Helfer» eingesehen. Dieses Afghanistan war für sie mit den jetzigen Mitteln nicht oder nicht mehr lange zu halten. Allerdings reagierten sie anders als erwartet: auf eine Fehlkalkulation setzten sie anderthalbe – aus der Vorwärtsverteidigung wurde die Flucht nach vorn.
Die Sowjets nahmen von diesem Zeitpunkt an endgültig die gesamte Verwaltung in Kabul selbst in die Hand. Ihre Truppen waren für die Niederschlagung der letzten, immer wieder aufflackernden Aufstände in der Hauptstadt besorgt. Ihre Trup-

pen waren es auch, die rings um die Hauptstadt allein gegen die Moslemkrieger vorgingen, zumal im Osten, Richtung pakistanische Grenze. Über den Knotenpunkt Jallalabad wurde eine scharfe Kontrolle ausgeübt – Anzeichen für einen frühen Vorstoß nach Kunar und Paktia. Weitere Truppenverstärkungen kamen von Norden.

Nach Moskauer Ansicht waren die einwöchigen Unruhen in Kabul ein «von außen gesteuertes Werk», kein Protest der Stadtbewohner. Beweise dafür blieben jedoch aus. Im Fernsehen wurden Wochen später ein paar verschüchterte «Pakistani» vorgeführt, die man mit Folterungen zum Eingeständnis «imperialistischer Einmischung» der USA, Chinas und Pakistans gebracht hatte: Paschtunen, die wie gewohnt über die offene Grenze und mit ihrem Gewehr nach Kabul gekommen waren, dort aufgegriffen wurden und offensichtlich nicht wußten, was die aufgebrachte Obrigkeit von ihnen wollte. Trotz tagelanger Versicherungen in Kabul und Moskau, die Situation «normalisiere» sich in der afghanischen Hauptstadt, flakkerte der Aufstand immer wieder auf. Selbst der Einsatz von Panzern und Helikoptern vermochte kaum den Widerstand zu brechen. Die Versorgungslage in Kabul spitzte sich zu.

Der Kabuler Widerstand erstarb erst nach mehr als einer Woche. Gezielte Festnahmen hatten die wahllose Massenverhaftung von Jugendlichen ersetzt. «Gesäubert» wurde vor allem in der schiitischen Gemeinschaft der afghanischen Hauptstadt. Unter den Hazaras, der Unterschicht und Minderheit, wurden Rädelsführer vermutet. Eine Anzahl schiitischer Mullahs verschwand im Gefängnis; Hinrichtungen folgten.

Entmachtungsgerüchten um Karmal und die von ihm angeführte Regierung wurde demonstrativ entgegengetreten, indem der Regierungschef vermehrt in der Öffentlichkeit erschien und zitiert wurde. Der afghanische Schrei nach Freiheit wurde von ihm und von Moskau mit einem schrillen «Die Revolution ist in Gefahr» beantwortet. «Ein von Sinnen gebrachter Teil der Bevölkerung» sei «von Söldnern zu abenteuerlichen Handlungen verleitet» worden, unterstützte die «Prawda» das Schaustück von Kabul. Nach den Ereignissen jener Tage war es unwahrscheinlicher denn je, daß sich die Rote Armee zurückziehen werde. Sie konnte es jetzt nicht mehr.

Es kam Ende Februar trotzdem zu diplomatischen und anderen Signalen, über Dritte, zwischen Washington und Moskau. Breschnews verschwommene Andeutung sollte nicht ohne Antwort bleiben. Aber die Bemühungen in Moskau um eine «Erläuterung» der Passage über den Truppenabzug in Breschnews Rede waren, so hieß es später in Washington, «nicht ermutigend». Präsident Carter antwortete auf seine Weise: in einer demonstrativ veröffentlichten Botschaft an den todkranken jugoslawischen Staatschef Marschall Tito. Die USA seien ebenso wie andere Länder bereit, hieß es darin, eine Neutralisierung Afghanistans zu garantieren, sobald die sowjetischen Truppen von dort abgezogen würden; man habe sich in Afghanistan nicht eingemischt und werde dies auch nicht tun. Im übrigen sei man bereit, «die jugoslawische Unabhängigkeit zu garantieren».

Im Klartext: Carter und Breschnew kamen sich nicht einen einzigen Schritt entgegen. Der eine wollte den Truppenabzug, was Regierungssturz in Kabul bedeutet hätte, der andere wollte diese Regierung stützen, also konnte er seine Truppen nicht abziehen. Eine «Einmischung» konnte und wollte keiner von beiden zugeben. Bei diesen Vorbedingungen gab es keine Aussicht, je substantielle Verhandlungen über Afghanistan, die dortige verfahrene Situation und einen Ausweg aus der Dauerkrise zu erreichen.

Es wurden eifrig alte Positionen untermauert: Breschnews Vertrauter Samjatin betonte, die USA hätten nicht nur die «fast genehmigten Salt-Verträge sabotiert», sondern «eine Krise nach der anderen» schon vorher vom Zaun gebrochen, von Kuba über Iran bis Afghanistan; sie seien allein an der neuen Krise schuld. Carter beharrte auf den amerikanischen Standpunkten in Außenpolitik und Wirtschaft: kalten Krieg und Konfrontation sollte es zwar nicht geben, aber zur Verteidigung sei man bereit und bestehe, falls kein sowjetischer Truppenrückzug erfolge, auf den gefaßten Embargo- und Boykottbeschlüssen. Obendrein verbot Carter die weitere Phosphatausfuhr nach der Sowjetunion.

Lord Carrington kontaktierte unverdrossen Bonn zwecks Unterstützung für den EG-Neutralisierungsplan – Willy Brandt schloß eine deutsche Vermittlung deutlich aus. Giscard

d'Estaing hatte sein eigenes Rezept zur Lösung der Krise: Rückzug der ausländischen Truppen, Selbstbestimmungsrecht der Afghanenvölker, Bedrohung weder durch Nachbarstaaten noch durch Großmächte. Irans neugewählter Staatspräsident Bani-Sadr unterstützte indische Verhandlungsintentionen und kündigte iranische Initiativen an: «Die Sowjetunion hat einen großen Fehler gemacht, ihr Rückzug ist unabdingbar; ein Eingreifen der islamischen Länder ist sonst möglich.»
Die Politiker suchten die Fehler der anderen und wußten im Grunde doch, daß das Gespräch gesucht, daß Möglichkeiten für Verhandlungen gefunden werden mußten. Man war bereits auf dem Wege, wenn auch die Rosinen aus dem Kuchen von Stellungnahmen schwer herauszuholen waren:
Bani-Sadr hatte mit seiner Unterstützung Indiens gegen die ersten vorsichtigen Kontakte zwischen den beiden Supermächten polemisiert, er wollte die Dritte Welt im Spiel halten;
Carter hatte bei seiner Verfügung eines Phosphatexportstopps um den Besuch des amerikanischen Milliardärs und Osthändlers Armand Hammer, Präsident der Erdölgesellschaft Occidental Petroleum, bei Generalsekretär Breschnew gewußt und dessen Tauschgeschäfte sabotieren wollen;
Brandt hatte bei seinem Abwinken gar nicht Carrington treffen wollen, sondern war formlos sowohl von Sowjetbotschafter Semjonow in Bonn als auch von Carter in Washington angefragt worden, ob er inoffiziell seine außergewöhnlichen Kontakte als Begründer der «Ostpolitik» spielen lassen wolle. Plötzlich stand da der genehme Friedensnobelpreisträger Brandt gegen den verbannten Preisträger Sacharow.
Afghanistan, so schien es Ende Februar 1980, war auf dem Wege, am Verhandlungstisch einer Lösung nähergebracht zu werden, während die Unruhen in Kabul weitergingen und Karmal sich genötigt sah, erstmals «soziale, kulturelle, wirtschaftliche und landwirtschaftliche Schwierigkeiten» zuzugeben. Doch die Illusionen währten nur kurze Zeit, die Schwierigkeiten türmten sich: In den Vereinigten Staaten und in der Bundesrepublik Deutschland nahte der Wahlkampf, forderte die Innenpolitik ihr Recht. Die vorgebliche «Brandt-Mission» löste in Bonn einen Sturm im Wasserglas aus. Der Friedensnobelpreisträger und Vorsitzende der Sozialdemokraten krebste

nach offenbar gewordenen Differenzen mit seinem «ewigen Konkurrenten», Bundeskanzler Schmidt, zurück. Schmidt, vor einer USA-Reise stehend, «stellte die Relationen her» und forderte in einer Regierungserklärung, die Sowjetunion solle «nach dem Bruch des Völkerrechts» ihre Bereitschaft zur Behebung der Krise («Konfliktbeherrschung») deutlich erklären.

In Bonn hoffte man, die Entspannung retten zu können; gleichzeitig hatte man – um Deutschlands, nicht Afghanistans willen – an der Seite der Atlantischen Allianz und damit der Amerikaner zu bleiben. Die USA und die Bundesrepublik Deutschland erhöhten ihre Verteidigungsbudgets. Moskau reagierte volltönend: «Bonn liefert sich an Washington aus.»
Armand Hammers Botschaft nach seinen Gesprächen mit Breschnew verhallte darüber: «Bei einer umfassenden, auch amerikanischen Garantie für Kabul ist die Krise lösbar.» Das hätte ein Eingeständnis amerikanischer Einmischung bedeutet; so zugespitzt waren die Vorbedingungen. Die «Phosphat-Initiative» wurde nicht zum Düngemittel für den harten afghanischen Boden.
Der Neutralisierungsvorschlag der EG-Staaten für Afghanistan, ausgegangen von Lord Carrington, hatte seit seiner Konzipierung einen schweren Stand: «Wir sind nicht an einem Propaganda-Abzug interessiert», hieß es in Washington. Der Plan sah zwar keinen Gesamtabzug der sowjetischen Truppen vor («kein sowjetischer Gesichtsverlust»), aber auch keine Verhandlungen mit dem Regime in Kabul. Er war an Moskau direkt gerichtet. «Der Vorschlag geht von kolonialistischen Voraussetzungen aus», hieß es deshalb von dort.
Offen mochte Moskau nicht zur Rolle des Besetzers stehen. Unter der Hand wurde sie weitergespielt: eine Luftbrücke mußte neben Truppen und Boden-Luft-Raketen jetzt auch Versorgungsgüter nach Kabul bringen. Die Agentur Tass signalisierte zudem eine sowjetische Gegenoffensive im internationalen Bereich und unterstrich die «Wichtigkeit des freien Zugangs und des Rohöltransports von den Golf-Häfen für alle, auch für die Sowjetunion». Moskau forderte «eine Garantie». Eine neue Dimension der iranisch-afghanischen Doppelkrise wurde sichtbar.

Aus Afghanistan wurde die erwartete Offensive der Sowjettruppen in den an Pakistan angrenzenden Provinzen Kunar und Paktia bekannt. Die Taktik der verbrannten Erde forderte unzählige Opfer; die Zahl der Flüchtlinge in Pakistan nahm stark zu. Mehrere Grenzverletzungen durch sowjetische Flugzeuge wurden von Pakistan mit Protesten direkt in Moskau beantwortet. All dies überdeckte die lebhafte diplomatische Tätigkeit um den Neutralisierungs- und Blockfreiheitsvorschlag für Afghanistan. Neben den islamischen Staaten wollte auch Großbritannien die Unterstützung der Blockfreien erringen. Giscard d'Estaing doppelte auf seiner Nahostreise nach: «Neben palästinensischer auch afghanische Selbstbestimmung.»
In einer politischen Programmrede in Chicago vor dem Rat für ausländische Beziehungen stellte der amerikanische Außenminister Vance fünf Grundsätze für die Haltung der Amerikaner zur Afghanistan-Krise heraus:
die Vereinigten Staaten würden der Sowjetunion einen hohen Preis auferlegen;
sie wären bereit, eine echte Neutralisierung und Nichteinmischung zu garantieren;
sie würden versuchen, ungeachtet der Sanktionen, die Ost-West-Beziehungen aufrechtzuerhalten und Rüstungskontrollbemühungen fortzusetzen;
sie wären bereit, mit asiatischen Nationen zusammenzuarbeiten, um die Region zu stärken;
sie stellten die Notwendigkeiten der Verteidigung und der Erhöhung der militärischen Mobilität in den Mittelpunkt.

Beim Besuch Bundeskanzler Schmidts in der ersten Märzwoche 1980 warnten Carter und Vance vor einem Scheitern der westlichen Maßnahmen bezüglich Afghanistans. Schmidt konterte sofort: «Keine Strafmaßnahmen aus moralischer Empörung, sondern möglichst substantiell nachprüfbare Übereinstimmung.» Volle Angleichung der Ansichten des amerikanischen und des westdeutschen Regierungschefs wurde nicht erzielt. Beide lagen in der Bewertung der Afghanistan-Krise «ganz nahe beieinander», hieß es im Abschlußcommuniqué. Differenzen blieben; es lag in der Natur der Sache.

Es wurde absehbar, daß der Neutralisierungsplan nicht der Ausweg war, für den ihn die EG-Staaten gehalten hatten und den sie Moskau wie Washington schmackhaft zu machen versuchten. Beide Großmächte blieben bei den Vorbedingungen, durch die sie sich selbst Fesseln anlegten. Und nachdem Moskau erkannt hatte, daß sich durch eventuelles Eingehen auf die Vorschläge keine Aufweichung der westlichen Forderung nach einem Truppenrückzug aus Afghanistan erzielen ließ, wurde der Nebelvorhang gänzlich herabgelassen.
Mit einem Mal waren die Neutralisierungspläne «Teil einer westlichen Verschwörung». Erneut wurde auf die Stationierung neuer amerikanischer Mittelstreckenraketen in Westeuropa verwiesen, auf ein «Diktat Washingtons gegenüber westeuropäischen Staaten». «Niemand hat das Recht, einem Land vorzuschreiben, welche Politik es verfolge und welchen Status es haben will», hieß es in der sowjetischen Presse zum «lärmigen Gerede über eine afghanische Neutralität». Die amerikanische Haltung wurde als «Gegenoffensive zum Frieden» gekennzeichnet.
Der Kreml hatte, so sah es aus, nie ein neutrales Afghanistan erwogen und ließ es nicht zu, daß man ihm deshalb auf den Leib rückte. Kritik am eigenen Verhalten im Hindukusch-Staat wurde hartnäckig abgewehrt. Man verschanzte sich bei praktisch allen Gelegenheiten hinter den Breschnew-Äußerungen, stellte damit die eigene mangelnde Meinungs- und Entscheidungsfreiheit zur Schau und fuhr im eigentlichen Okkupationsgebiet fort, die Stellungen auszubauen. Dort aber sah es ebensowenig wie im außenpolitischen Bereich nach einem Ende des Grabenkrieges aus. Und weder hier wie dort wurde der afghanische «Regierungschef» gefragt.

Karmal kündigte, von den Vorgängen im eigenen Land entweder unberührt oder nicht unterrichtet, eine provisorische neue Verfassung an, die islamische Belange stärker berücksichtigen sollte. Haarspalterei betrieb er bei der Zusage einer neuen Nationalflagge: diese erlebte keine neue Metamorphose; es gab nun zwei Fahnen, eine Landes- und eine Parteifahne, die eine weniger, die andere mehr proletarisch gefärbt und provozierend.

Pakistan wurde von Karmal neuerdings beschuldigt, selbst Grenzverletzungen zu verursachen; auch Iran bekam seinen Anteil an Schlägen. Kaum war das absolviert, machte derselbe Regierungschef beiden Ländern erneut das Angebot freundschaftlicher Beziehungen. Außerdem forderte Karmal eine «Souveränitätsgarantie» – damit erstmals auf die Bemühungen um Beilegung der Krise in seinem eigenen Lande Stellung nehmend –, das hieß: eine Garantie für das Weiterbestehen seines Regimes.
Der durch die Versteifung der Positionen beunruhigte pakistanische Staatschef Zia-ul-Haq bestand weiter auf der Idee einer internationalen Friedenstruppe, «um Afghanistan zu schützen». Sein Land unterstütze keine «Freiheitskämpfer», internationale Kommissionen könnten sich davon überzeugen, erklärte er. Er sei bereit, die Grenze abzuriegeln. Zia ging damit auf Äußerungen Karmals ein, der eine Grenzüberwachung und eine «internationale Konferenz» gefordert hatte, später jedoch von Moskau brüsk «berichtigt» wurde. Den EG-Vorschlag zur Neutralisierung Afghanistans nannte Zia «nicht praktikabel» – wohl abgestimmt mit Peking.
In Islamabad ging man noch einen Schritt weiter: das amerikanische Hilfsangebot wurde endgültig abgelehnt. Pakistan wolle «als blockfreier Staat seine Position nicht schwächen», indem es sich «einseitig an eine Großmacht anlehnt», hieß es, als hätte es in Pakistan noch irgend etwas zu schwächen gegeben. Islamabad war offensichtlich auf Abwiegelungskurs gegangen. Es vertraute nur noch China und den islamischen Staaten; diese sollten ihm in der neuen, prekären Pufferstaat-Situation beispringen. Das kriegerische Geschehen näherte sich den Grenzen Pakistans.

Im seit langem umkämpften Kunar-Tal kämpften sowjetische Truppen mit über 200 Panzern, mit Kampfhelikoptern, Luftlande-Einheiten und Mig-23-Kampfbombern. Flüchtlinge, denen der Grenzübertritt gelang, bevor die Pässe abgeriegelt wurden, berichteten von chemischen und biologischen Kampfmitteln, die eingesetzt wurden; von Giftgasbomben, die betäubten und töteten; von napalmzerstörten Dörfern und Hunderten von Toten unter der Zivilbevölkerung. Kugel- und

Splitterbomben verrichteten unter den entsetzten Paschtu- und Nuristani-Stämmen ihr grausiges Werk.
Tatsächlich hatten in Kunar die erstmals massiert antretenden Mujahidin dagegen keine Chance. Sie kehrten von da an zu ihrer bewährten «Hit-and-run»-Taktik zurück, bei der sich die sowjetischen Soldaten kaum aus ihren Panzerfahrzeugen heraustrauten. Militärische Strafaktionen wurden auch aus Süd- und Nordafghanistan bekannt. Die gesamte Straßenverbindung zwischen Ghazni und Kandahar wurde auf sowjetische Weise «befriedet»; jedes Dorf hatte am Ende Opfer und Schäden zu beklagen. Auch den zweiten Unruheherd, die Provinz Paktia südlich des Khyber-Passes, versuchte die Rote Armee auf ähnliche Weise auszuschalten. Die Kontrolle über die Provinz Nangahar, zwischen Kunar und Paktia gelegen und den Zugang zum Khyber-Paß kontrollierend, konnten die Besatzungstruppen erst unter großen Mühen erringen. Jallalabad, die Hauptstadt, und der Flugplatz blieben Hauptangriffsziele der Rebellen. Durch die Rückschläge aufgrund ihrer zeitweiligen Taktik, massiert anzugreifen, bei der sie Hunderte von Opfern zu beklagen hatten, ließen sich die Mujahidin offensichtlich nicht aus dem Konzept bringen. Sporadisch, aber beständig wurde der Widerstand selbst in den umstrittenen Provinzen fortgesetzt.
Es zeichnete sich ab, daß die afghanische Armee kaum noch existierte. Ihre Überreste wurden von den Sowjets mit äußerstem Mißtrauen beobachtet. Die Hauptlast des bewaffneten Kampfes trugen die Russen selbst. Zeugen berichteten, daß die afghanischen Soldaten bei Kampfhandlungen gegen Aufständische meist – vorgeschoben von den Sowjettruppen – die «Schmutzarbeit» verrichten sollten und sich oft weigerten: «Afghanen schießen nicht auf Afghanen.» Anschließend wurden ihnen Waffen und Munition abgenommen, teilweise wurden Einheiten über Nacht in den Unterkünften eingeschlossen. Weitere Desertionen unter Mitnahme von Waffen sollten verhindert werden, ebenso die immer wieder vorkommenden Schüsse in den Rücken von Besatzungssoldaten.

Doch unter den sowjetischen Truppen hatte es schon zu viele Opfer gegeben, als daß man es vor der schlecht informierten eigenen Öffentlichkeit in der Sowjetunion noch lange hätte geheimhalten können. Langsam und zögernd gingen die sowjetischen Medien dazu über, in ihren Berichten der «Banditentätigkeit in Afghanistan» mehr Gewicht beizumessen: Straßen seien nicht mehr sicher, Lastwagen würden überfallen. Das Schwergewicht lag dabei immer auf der Betonung der «kriminellen Handlungen»; von «Konterrevolutionären» war später vermehrt die Rede. Vom umfassenden Volksaufstand in Kabul und dem eigentlichen Volkskrieg in ganz Afghanistan, der Karmal und Kreml gleichermaßen desavouiert hätte, wurde weiterhin kaum gesprochen.

Die eigenen Truppenverstärkungen für Afghanistan fanden ebenfalls nur geringfügige Erwähnung, und dann in gestellten Reportagen und Bildern: «Vertrauen der afghanischen Bevölkerung» hießen die Überschriften. Die Boden-Luft-Raketen rund um Kabul, die Scud- und Frog-Raketen zum Abschuß von chemischen und atomaren Sprengköpfen, die napalmzerstörten Dörfer, die Flüchtlingstrecks über die verschneiten Pässe waren nicht zu sehen – im benachbarten, befreundeten Afghanistan gab es nur lachende Gesichter.

Die Moskauer Eminenzen mit dem Brett vor dem Kopf machten allerdings mit Ausdauer den groben, von allen seinen Medien nachgeplapperten Fehler, am laufenden Band «Greuelberichte westlicher Geheimdienste und Korrespondenten» zu dementieren. Auf diese Weise – zwischen den Zeilen lesend, wie gewohnt – holte sich die sowjetische Bevölkerung ihre Informationen. Ein weiteres Zeichen für die zunehmende Beunruhigung unter der sowjetischen Bevölkerung: niemals seit Jahren wurde derart offen und ausdauernd ausländischen Radiosendern gelauscht.

Der Standardwitz vom leicht wodkagetränkten, vor allem aber schlecht unterrichteten Iwan machte die Runde: «Man hat den Ayatollah Khomeyni nach Afghanistan entführt und dann nach Gorkij verbannt, dort hat man ihm ein Bein amputiert, und deshalb kann er nicht zu den Olympischen Spielen kommen...» Moskau mußte einen Tiefpunkt in seinen Beziehungen zum Ausland registrieren, wie es ihn kaum je zuvor erlebt hatte.

Die Afghanistan-Krise verschwand nicht aus den Schlagzeilen. Zu viele Länder fühlten sich direkt betroffen vom sowjetischen Vorgehen, das sich nun als offene Annektion entpuppte. Neben den blockfrei sich gebärdenden, potentiell moskaufreundlichen Staaten waren das vor allem islamische und eher neutral eingestellte Entwicklungsländer. Ihre Konferenzbemühungen waren allerdings nicht sehr erfolgreich, angesichts der wenig ermutigenden Aussicht, daß die zu erwartenden Deklarationen die Rote Armee nicht aus Afghanistan hinaus bringen würden.
Die Staaten der Europäischen Gemeinschaft und des Verbandes südostasiatischer Länder (Asean) brachten es gleichwohl zu einer gemeinsamen Außenministerkonferenz mit dem Hauptthema Afghanistan. Mit ihrer Forderung nach einer Neutralisierung Afghanistans und Kambodschas sowie einem sowjetischen bzw. vietnamesischen Truppenabzug traten sie Moskau gleich doppelt auf die Füße. Auf ein blockfrei und neutral werdendes Afghanistan konnten sie nicht hoffen; die ebenso zur Gruppe der islamischen und blockfreien Mitgliedstaaten der Asean gehörenden Länder Indonesien und Malaysia wurden mit einer Vermittlerfunktion betraut. Wie jedoch die Krise «konstruktiv überwunden» und Afghanistan «außerhalb der Großmächte-Rivalitäten» gehalten werden sollte, ließ man ungeklärt. Die Berufung auf die UNO-Resolution von Anfang Januar tönte hohl.
Den österreichischen Bundeskanzler Kreisky hielt das nicht davon ab, seine Hoffnungen in die Blockfreien zu setzen. Diese sollten sich seiner Ansicht nach des «blockfreien Afghanistan» annehmen. Wie sie das machen sollten, ließ er offen. Afghanistan sei zu einer Streitfrage unter Großmächten geworden, im Versuch, die Dimensionen zurechtzurücken. Das Land habe immer in Moskaus Einflußbereich gelegen; der Einmarsch der Roten Armee sei eine «isolierte Aktion». Überdies sei der Neutralisierungsvorschlag «von der falschen Seite gekommen» – die verkappten Verbündeten Moskaus unter den schockierten Blockfreien (sinngemäß: Kuba) hätten vielleicht bei der Sowjetunion etwas erreichen können, nicht aber der Westen. Seinen Entspannungswillen könnte dieser am ehesten bei den Wiener MBFR-Gesprächen sowie an der KSZE-Nachfolgekonferenz in Madrid demonstrieren.

Der Kreml hingegen dachte nicht im geringsten daran, Entspannungswillen zu demonstrieren. In der «Literaturnaja Gaseta» ließ er Mitte März betonen, das «künstlich geschaffene Problem Afghanistan» werde noch «absichtlich geschürt». Der Neutralisierungsvorschlag der Europäischen Gemeinschaft stak dem Kreml offenbar wie ein Knochen quer in der Kehle. Moskau fürchtete – nicht zu Unrecht – «die Beseitigung der Regierung und der infolge der April-Revolution geschaffenen Staatsordnung» in Afghanistan. Man könne die «große Wut» im Westen über die Stationierung eines «begrenzten Kontingents sowjetischer Truppen im befreundeten Nachbarland» sogar verstehen, erklärte die «Literaturnaja Gaseta». Der einzige Weg aber zu einer Normalisierung der Lage sei klar vorgezeichnet: «Die USA müssen zusammen mit denen, die mit ihnen zusammenwirken, die vollständige Einstellung der Einmischungen und Äußerungen zu Angelegenheiten Afghanistans gewährleisten und mit dessen Nachbarstaaten effektive Garantien dafür geben.» Die Bedingungen waren die gleichen geblieben.
Dasselbe mußte Bundeskanzler Schmidt konstatieren: die Antwort Breschnews vom 11. März 1980 auf einen Brief des deutschen Regierungschefs von Ende Januar blieb ohne jeglichen Hinweis auf eine Verbesserung der internationalen Lage. Als tröstlich betrachtete er schon, daß die Antwort nichts enthielt, was «auf eine Verschlechterung des deutsch-sowjetischen Verhältnisses» deutete. Es sei ein «warnender Unterton, aber keine Drohung» darin enthalten, vielmehr ein «Werben für die sowjetische Haltung, insbesondere an die USA gerichtet» – Afghanistan war weitgehend verdrängt.

Kabuls Führung doppelte gleich nach: die sowjetischen Truppen würden das Land vorerst nicht verlassen, hieß es im Außenministerium, bis «die Umtriebe der reaktionären Kräfte in der Region» sowie «des Imperialismus und dessen Verbündeten» völlig gebannt seien. Meldungen der «Prawda», wonach Karmals Regierung «Kundgebungen, um die Unterstützung der Bevölkerung zu gewinnen», veranstaltete, Jugendliche zur Parteimiliz heranzog, kaum waren sie dem Schulalter entwachsen, und daß «die Lage in Afghanistan von Tag zu Tag normaler» werde, unterstrichen nur, daß die Lage dort alles andere als normal war. Die Regierung in Kabul fand es sogar für gut, die Bevölkerung über «Militärmanöver in der Hauptstadt» zu orientieren: man solle sich «ob des Lärms nicht beunruhigen».

Kabul glich Mitte März 1980 einem Pulverfaß – ein Funke hätte genügt, es explodieren zu lassen. Nicht nur westliche Vertretungen, auch die Sowjets bauten «überflüssige Familienangehörige» sukzessive ab. In der Bevölkerung und in der Regierung schien niemand mehr dem anderen zu trauen. Wie früher schon, wurden Schußwechsel in verschiedenen Ministerien gemeldet. Bei einem solchen, zwischen Verteidigungsminister Abdul Qader und Sicherheitsdienstchef Sururi, wurde letzterer schwer verletzt. Wiederholt wurden Desertionen afghanischer Soldaten zu den Mujahidin bekannt. An einem einzigen Wochenende liefen 280 Mann der Garnison Samarkhel über. Das Klima innerhalb der afghanischen Armee war ausgesprochen schlecht. Das hieß: man war nicht immer und überall auf seiten der Mujahidin, aber man war gesamthaft gegen die sowjetischen Befehlshaber.
Die Verluste der Sowjetarmee hatten seit dem Kabuler Februaraufstand einen neuen Höchststand erreicht. Es waren die schlimmsten seit dem Dezember-Putsch gegen Amin. Einzeln traten sowjetische Soldaten vorsichtshalber nicht mehr auf, doch auch in Gruppen waren sie nicht immer sicher: in den Läden und Hinterhöfen des Basars von Kabul erlebten manche von ihnen, oft mehrere zusammen, ihr persönliches Drama. In Masar-i-Scharif wurde während eines Buskaschi-Spiels eine ganze 40 Mann starke Gruppe von den Zuschauern niedergemacht.
Das Halten der größeren Städte, die Bewachung von Straßenknotenpunkten, Stützpunkten und strategischen Bereichen war zur Hauptaufgabe der Roten Armee in Afghanistan geworden. Kleinkram wie die Ausräucherung von Rebellennestern blieb afghanischer Armee und Polizei, soweit vorhanden, überlassen. Sowjetische Soldaten erschienen nicht mehr kompanieweise, sie erschienen in Bataillons- oder Regimentsstärke, wenn sie eine Aufgabe zu übernehmen hatten. «Es ist immer gleich eine kleine Offensive», monierte ein in Kabul verbliebener

westlicher Diplomat. In gewisser Weise ähnelte ihr Auftreten dem überdimensionierten Einmarsch vom Dezember. Sieben ihrer Divisionen standen inzwischen in Afghanistan, drei weitere an dessen Nordgrenze, in der Sowjetunion – voll ausgerüstet bis hin zu Entseuchungs-Lastwagen, Flugabwehr-Raketen und Raketen-Artillerie, zusammen über 100 000 Mann.
Eine einzige «Hilfeleistung» dieser gewaltigen Armee wurde in der Zwischenzeit tatsächlich erkennbar: der von den Umständen erzwungene Wiederaufbau der afghanischen Armee. Der zerfallene Haufen wurde planmäßig erneuert, verstärkt und ausgerüstet. «Verstärkung der afghanischen Streitkräfte» nannten es euphemistisch Karmal und Verteidigungsminister Rafieh an einer Tagung der hohen Militärführer. Zugleich komplettierte der Regierungschef, zehn Wochen nach seiner Einsetzung, Regierung und Verwaltung mit ihm hörigen Leuten: drei Minister, die er aus dem Gefängnis holte, und etwa 150 Funktionäre, die alle mehr oder weniger denselben Weg hinter sich hatten, vervollständigten seine Mannschaft. Niemand blieb in Afghanistan gern länger im Gefängnis als unbedingt notwendig.

Nachdem Pakistans General Zia einmal mehr dazu gebracht worden war, klein beizugeben, beschäftigten sich Moskau und Kabul in «freundschaftlich-nachbarschaftlicher Weise» mit dem anderen Kandidaten ihrer Ambitionen: Iran. Zuerst wurden massive Beschuldigungen gegen angeblich eingedrungene ehemalige Savak-Agenten vorgebracht, die sich in Afghanistan mit «verbrecherischen Projekten» im Auftrag der USA und Chinas beschäftigten. Dann kam, nach bekannter Taktik, das Zuckerbrot: Angebote im Namen der «islamischen Solidarität», indem man den gleichen Feind bekämpfe, den amerikanischen Imperialismus (nachdem man Iran vorher den Schiiten-Widerstand in Afghanistan hatte anhängen wollen). Fünf erschrockene Perser, deren angebliche Vergehen nie bekanntgegeben wurden, entließ man als Zeichen guten Willens aus dem Gefängnis und verwies sie des Landes.
Beim iranischen Staatschef Bani-Sadr kam Kabul damit ebenso schlecht an wie zuvor bei Ayatollah Khomeyni. In Teheran schien es den regierenden Kräften zu dämmern, daß die So-

wjetunion ihr Spiel auch in Iran versuchen würde, wenn man nicht achtgab. Kabul wurde kaum einer Antwort gewürdigt. Dafür wurde die «gefährliche Aggression» der Sowjetunion gegeißelt. Bani-Sadr erklärte, er sei sich bewußt, daß Moskau jederzeit «unter dem Vorwand der Gefahr» ein anderes Land angreifen könne. Die Sowjetunion habe «keine auch nur halbwegs vertretbaren Gründe» vorweisen können für ihre Aggression. Sie sei dem Islam ebenso feindlich gesinnt wie die Regierung in Kabul.

Einen international weit beachteten Rückschlag beim Bemühen um Anerkennung und Bestätigung erlitt das Karmal-Regime Mitte März durch den Absprung des UNO-Diplomaten Ghafurzai. In seinen aufmerksam registrierten Äußerungen nach dem Frontwechsel vertrat er die Auffassung, die Sowjetunion habe sich in Afghanistan in jedem Falle auf ein aussichtsloses Unternehmen eingelassen, «das noch hundert Jahre dauern kann». Gegenüber dem Nachrichtenmagazin «Newsweek» fügte er hinzu: «Je mehr Truppen sie ins Land holen, desto größere Schwierigkeiten bekommen sie.» Die sowjetischen Truppen hätten den von Moskau durchaus nicht erwünschten Effekt gehabt, die Afghanen im ganzen Lande, unabhängig von persönlichen Präferenzen, zu einigen. Die anläßlich der Islamischen Konferenz gebildete Allianz afghanischer Exilgruppen sei der wirkliche Vertreter aller Bewohner des Landes. Afghanistan betreffende Vorschläge müßten mit der Allianz inskünftig besprochen werden, wenn sie der Bevölkerung nicht direkt vorgelegt werden könnten. Das gelte auch für den Neutralisierungsplan der Europäischen Gemeinschaft.
Für die Sowjets sei es an der Zeit, so meinte Ghafurzai weiter, abzuwägen zwischen dem Einsatz in Afghanistan, dem Schaden, den ihnen dieser verursacht habe, und dem Weg zurück. Ghafurzai bestätigte, wie zuvor der französische Diplomat und Ethnologe Victor, daß afghanische Ministerien in Wirklichkeit von sowjetischen Experten geleitet würden, unter dem Vorwand, den Afghanen «bei der Verteidigung ihrer Souveränität helfen» zu wollen. Ärger und Zorn über diese Einmischung von fremder und zudem verhaßter Seite sei das Hauptmerkmal in Kabul.

In Pakistan wurden unterdessen der Politische Rat und der Präsident der «Islamischen Allianz zur Befreiung Afghanistans» vorgestellt: komplett war dieser Rat schon nicht mehr; es fehlte die Hezbi Islami (Islamische Partei) von Gulbuddin Hekmatyar, die sich nicht ihrer Kampfkraft gemäß berücksichtigt fühlte. Die 35 verbliebenen Mitglieder des Rates (je sieben der fünf übrigen Organisationen) wählten den Theologieprofessor Abdul Rasul Sayef, erst unter Karmal aus dem Gefängnis entlassen, zu ihrem Vorsitzenden.
Die Zahl der Flüchtlinge in Pakistan war zu jener Zeit auf über 600 000 angewachsen. Der Strom schwoll an, sobald der militärische Druck an der Grenze nachließ. Und er ließ nach: die sowjetischen Panzer und Trupppen mußten nach ihren «erfolgreichen» Offensiven in Kunar und Paktia genauso den Rückzug in die Garnisonen antreten wie früher schon die afghanischen Panzerkolonnen unter dem Amin- oder Taraki-Regime. Mitte März meldeten die Aufständischen, sie hätten «Tausende von Quadratkilometern» des unübersichtlichen Berggebietes in den Grenzprovinzen wieder «unter Kontrolle».

Es stellte sich schnell heraus, daß die sowjetischen Truppen einzig entlang der Hauptstraßen und -täler angegriffen hatten, zum Teil nur aus der Luft, eine Spur von Tod und Verwüstung hinterlassend; in die Berge hatten sie sich nicht vorgewagt. Das britische System der Verunmöglichung jeglicher Rebellentätigkeit, die Besetzung der letzten Bergspitze (Picketing the heights), lag ihnen für den Moment noch fern.
«Sie haben weder das Material noch die Leute dazu», versicherte ein Rebellenführer nach erfolgreichen Operationen gegen die schwerfällig agierenden Sowjetsoldaten, «sie werden sich immer tiefer hineinverstricken, ohne je gewinnen zu können.» Der Anführer rührte an einen wunden Punkt: die Rote Armee hatte die falschen Leute zum falschen Zeitpunkt an den falschen Einsatzort gebracht – dafür mußte sie bluten. An den Kämpfen waren, seinen Worten nach, fast keine afghanischen Truppen beteiligt gewesen, und die hätten versucht, zu desertieren. Der Widerstand werde unvermindert fortgesetzt, man habe keinerlei Anlaß, darin nachzulassen, und man hoffe auf die zugesagte Hilfe, von der bisher nichts zu bemerken sei.

Auf Hilfe hoffend kam auch eine Abordnung von Hazara-Rebellen, Nachfahren von Mongolen, aus dem afghanischen Landesinnern Mitte März nach Peschawar. Die Gruppe war nach vierzehntägigem Fußmarsch durch die verschneiten Berge nach Pakistan gelangt. Sie gab ein anschauliches Bild der bis dahin fast unbekannten Zustände im weitgehend abgeschnittenen Inneren Afghanistans. «Wir sind im Hazarajat eingekesselt», erklärte ihr Anführer, Scheich Ali Ussuqul, «wir rechnen damit, daß die 40 000 im Umkreis stationierten sowjetischen Soldaten eine Offensive auslösen werden, sobald das Wetter ändert – wir werden kaum überleben.»
Die aufständische Hazara-Bevölkerung, nicht nur wegen ihrer mongolischen Abstammung, sondern auch ihres Glaubens wegen – es sind ausnahmslos Schiiten – diskriminiert, litt den Angaben ihrer Repräsentanten nach nicht nur unter Verfolgung, sondern seit langem auch unter Hunger. Scheich Ussuqul berichtete von «Ausrottungsversuchen unter dem Amin-Regime», denen Tausende von Menschen im abgeschiedenen Hazarajat zum Opfer gefallen waren. «Wir haben noch 20 000 Mann unter Waffen, wir werden kämpfen und, wenn es sein muß, für unseren Glauben sterben. Die Regierung hält im Hazarajat nur die Hauptorte Bamiyan und Chagcharan.»
Der Aufstand der schiitischen Hazaras währte zu jener Zeit schon weit über ein Jahr. Bekannt geworden war er, nachdem sich der oberste Scheich und Anführer des Widerstandes im Sommer 1979 direkt an die Vereinten Nationen wandte und den Völkermord im Hazarajat brandmarkte. Das innerafghanische Gebiet (Azad Hazarajat) ist seither vom dortigen Islamischen Revolutionsrat weitgehend autonom verwaltet worden; erobert wurde es von den Regierungstruppen nie.

Politische Hintertreppe

Gegenüber tatsächlichen Problemen wie denjenigen der Hazaras in Afghanistan stachen sowohl offizielle Verlautbarungen aus Moskau und Kabul als auch gleichzeitig bekannt werdende westliche Ketzereien «in Sachen Afghanistan» schmerzlich ab. Der amerikanische Sicherheitsberater Brzezinski, als «Falke» verschrieen, war mit der vorsichtig abwägenden Haltung von Bonn und Paris gegenüber den amerikanischen Vorstellungen und «Bestrafungsmaßnahmen» nicht zufrieden. Er forderte energisch «handfestere Beweise» angesichts der sowjetischen Aggression, «nicht nur Rhetorik», die Afghanistan-Krise sei «keine reine US-Angelegenheit». Er wies zu Recht darauf hin, daß keine überzeugenden Hinweise für einen Rückzug sowjetischer Truppen aus Afghanistan vorlägen, sondern daß immer mehr Soldaten dorthin entsandt würden, die sich auf eine lange Besetzung einrichteten. Vereinbarungen mit dem Kreml könnten nicht auf «Bergen von Leichen» und auf der Grundlage «massiver Unterdrückung des Freiheitswillens eines kleinen Volkes» ausgehandelt werden – ein Hieb gegen die EG-Bemühungen.

Es schien fast, als seien die Vereinigten Staaten auf sich allein gestellt, wenn man die boshafte Replik des französischen Präsidentenberaters und früheren Innenministers Poniatowski – auch er «his Masters voice» – auf Brzezinskis Vorhaltungen liest: «Das amerikanische Gezeter um die afghanischen Ereignisse» halte er für unverständlich. Afghanistan sei schließlich schon seit über hundert Jahren von Norden her bedroht und beeinflußt gewesen, es stehe jetzt schon seit zwei Jahren unter direkter Kontrolle Moskaus. «Und die Amerikaner sind mit schuld daran», meinte Poniatowski nicht zu Unrecht. Er verwies auf Eisenhowers und Nixons «Verzichterklärungen» und auf das «politische Baptistentum» Präsident Carters: dieser habe «überall» nachgegeben und sich «wie ein Narr» benommen, jetzt wolle er plötzlich mittels Afghanistan und Iran seinen Wahlkampf anfachen. Poniatowski verbat sich insbesondere das Drängen der Amerikaner bei den Wirtschaftsmaßnahmen: «Sie selbst treiben weiter Handel. Ihre Boykottmaßnahmen bestehen darin, daß sie uns dazu drängen», erklärte der Ex-Minister und fragte schließlich rhetorisch: «Sollen wir uns für jemand anderen umbringen?»

Ein Zitat Willy Brandts vom selben Tage: «Ob nukleare Mächte noch auf einem halbwegs kalkulierbaren Wege sind, wenn der eine glaubt, den anderen überrumpeln zu können, während der andere meint, er könne den einen bestrafen, bezweifle ich.» Er betonte erneut das Bekenntnis zum atlantischen Bündnis,

fügte aber hinzu: «Unter diesem Dach und in diesem Rahmen haben wir auch unsere eigenen Interessen zu achten.»
Moskau unternahm unverdrossen weitere Versuche, die sichtbar gewordene Lücke zwischen Westeuropa und den Vereinigten Staaten zu vergrößern. Über den Neutralisierungsvorschlag für Afghanistan war zwar mit dem Kreml nicht zu reden, dieser sah aber trotzdem «eine besondere Rolle» der Staaten Westeuropas im Rahmen der Entspannungspolitik. Unverhohlen wurde die Aufforderung geäußert, man solle sich dem «amerikanischen Diktat» nicht beugen. Schließlich sei «die internationale Spannung längst vor den afghanischen Ereignissen von den USA geschaffen worden», hieß es in Moskau. Breschnew habe dies ebenso deutlich gemacht wie jene «Zwänge, unter denen man in Anbetracht der sowjetischen Sicherheit an der eigenen Südgrenze» gestanden habe.
Der Ausweg, den der Plan der Europäischen Gemeinschaft gewiesen hatte, wurde nicht benutzt. Moskau erhoffte bereits mehr: weitere Verhandlungsvorschläge, vor allem aber Zeitgewinn und Garantien für seine Marionetten in Kabul. Die angesprochenen Europäer konnten die Garantien kaum liefern. Gemeint waren – trotz allem – die Amerikaner. Und natürlich die Volksrepublik China, die sich, nach der Moskauer Version, anschickte, den Sowjets die Dominanz in der zentralasiatischen Region streitig zu machen.
Den westlichen Standpunkt verteidigten Mitte März noch am entschiedensten der Schöpfer des EG-Planes zur Neutralisierung Afghanistans, Lord Carrington, und sein westdeutscher Amtskollege Genscher. Der britische Außenminister bekam in Rumänien Verständnis und Unterstützung für seine Initiative bestätigt. Genscher hielt den Sowjetführern «mindestens drei» Fehlentsheidungen im Fall Afghanistan vor: diese würden sowohl die Afghanen und ihre Reaktion als auch die der Dritten Welt und diejenige des Westens betreffen. Moskau solle sich nicht in der Illusion wiegen, Europa und die USA trennen zu können.
Die «Prawda» blieb dem nichts schuldig. Sie warf dem westdeutschen Außenminister «grobe Verleumdung» vor. Die EG hätte unter anderem versucht, «Druck auf die Dritte Welt» auszuüben, wie man anläßlich der Asean-Konferenz gesehen

habe. Moskau trauerte offenbar verlorenen Positionen nach. Auch der «Druck», den der jugoslawische Außenminister Vrhovec ausgeübt haben sollte, kam unter Beschuß des sowjetischen Parteiblattes: Vrhovec hatte den Versuch unternommen, anläßlich einer Südostasienreise blockfreie Staaten zu einer Konferenz zusammenzutrommeln, um sie zu Afghanistan Stellung nehmen zu lassen. Die Standpunkte Jugoslawiens und Rumäniens waren in Moskau sehr wohl registriert worden.

Wie weit der Kreml das mehrgleisige Spiel trieb, wurde angesichts des Moskau-Besuchs von Kabuls Außenminister Schah Mohammed Dost besonders deutlich. Dost wurde ein Truppenstationierungsvertrag zur Unterschrift vorgelegt, in dem die «provisorische Anwesenheit sowjetischer Truppen in Afghanistan» festgeschrieben wurde. Anscheinend galten dem Kreml die bisherigen Verträge, selbst der immer wieder angerufene Freundschafts- und Zusammenarbeitsvertrag, den noch Taraki im Dezember des Jahres 1978 unterschrieben hatte, absolut nicht als ausreichend. Prag 1968 und Budapest 1956 ließen grüßen.
War die Anwesenheit der Roten Armee in Afghanistan doch nicht so «rechtens» und «problemlos», wie zuvor versichert worden war? Es mußte so scheinen, wenn man die knappe Mitteilung las, die der Kreml veröffentlichte: «Die praktischen Probleme der Umstände der provisorischen Anwesenheit eines begrenzten Kontingents sowjetischer Truppen auf afghanischem Territorium sind in Moskau diskutiert worden. Bei den Gesprächen zwischen Gromyko und Dost wurde in diesen Punkten eine Übereinstimmung erzielt. Der afghanische Außenminister befand sich am 13. und 14. März 1980 zu einem Freundschaftsbesuch auf Einladung der sowjetischen Regierung in Moskau.» Es war die Antwort auf alle Neutralisierungs- und Blockfreiheits-Pläne für Afghanistan.
Gromyko meinte dazu, es müßten «alle Versuche erfolglos bleiben», die Angelegenheiten des afghanischen Volkes «hinter dessen Rücken» lösen zu wollen. Das gelte ebenso für die Pläne, die die Souveränität des afghanischen Staates beeinträchtigen wollten, seine Regierung ignorierten und mit denen nicht garantiert werde, daß es keine äußere Einmischung in die inne-

ren Angelegenheiten gebe: «Solche Pläne und Versuche sind völlig aussichtslos.»

Als könne der eigenen Bevölkerung das dürre «Abkommen» nicht ohne «Zugemüse» verordnet werden, gestand die «Prawda» tags darauf den afghanischen «Konterrevolutionären», wie die Mujahidin bezeichnet wurden, «gewisse Qualitäten» zu. Die «vom Ausland geschickten Gruppen» seien gut organisiert, hieß es, sie verfügten über ein gutes Verbindungssystem und seien «für den Kampf in den Bergen ausgezeichnet ausgebildet». Damit wurden die Schwierigkeiten der eigenen Soldaten in eben diesen Bergen angedeutet. Das Parteiblatt beeilte sich hinzuzufügen, daß die Bevölkerung – selbstredend – den «Konterrevolutionären feindlich» gegenüberstehe und den sowjetischen Truppen «helfe, ihre Pflicht zu tun». Trotzdem werde es, gestand man den Sowjetbürgern ein, noch eine Weile dauern, bis das afghanische Engagement in militärischer Zusammenarbeit beendet werden könne.
Den Rest mußte die Sowjetbevölkerung wie immer selbst zusammensuchen. Da sie es gewohnt war, bekam sie bald heraus, daß vom Kreml in Kabul wenig bis nichts erreicht worden war: der entsprechende Satz bei Tass hieß: «Die afghanische Revolution ist in Gefahr.» Und drei Monate lang war von wachsender «Normalität» in Afghanistan gesprochen worden, gewiegte Moskauer Zeitungsleser zogen aus der endlosen Normalisierung die exakten Schlüsse.
Offiziell war bis Mitte März in der sowjetischen Presse von nicht einem einzigen Toten in Afghanistan die Rede gewesen. Trotzdem machte sich unter den einfachen Bürgern, die einen Angehörigen «beim militärischen Einsatz» verloren hatten, niemand etwas vor. Man wußte vom Aufstand in Kabul und in den afghanischen Provinzen, von Überfällen auf Konvois, von Gefechten, und daß es für die Rote Armee nicht allzu gut stand am Hindukusch.
Gerüchte und zweideutige Pressemeldungen taten das Ihrige, Unruhe zu schüren: der zu dieser Zeit gemeldete «tragische Tod» des Generals Nikolai Kostenko und der «plötzliche Tod» des Abgeordneten Leonid Lukaschewitsch wurden in «gefallen in Afghanistan» uminterpretiert. «Wird dies unser

Vietnam?» fragte ungeniert ein französischsprechender Moskauer den Korrespondenten einer Pariser Zeitung, der die Stimmung in der Bevölkerung zu erfragen suchte. Man war sich klar, daß dies kein Großer Vaterländischer Krieg war. Die Rote Armee kämpfte auf fremdem Boden.
Was man in Moskau und der übrigen Sowjetunion kaum wußte, durch entrüstete Dementis in der Presse aber schließlich doch erfuhr, war, in welcher Art und Weise sich die «brüderliche Hilfe» der Sowjetarmee in Afghanistan teilweise abwickelte. Waren es zunächst Dementis über «angebliche Massaker, angebliche Ausrottungspolitik», die von der Taktik der verbrannten Erde Kunde gaben, wurden in späteren Dementis noch andere häßliche Dinge lebhaft abgestritten: Napalm- und Giftgaseinsätze, überhaupt jegliche Art der chemischen oder biologischen Kriegführung.
Heute steht noch nicht genau fest, wieviel vom Inhalt solcher Meldungen, die großenteils nicht aus Afghanistan, sondern aus den Propagandamühlen in Peschawar stammten, ernstzunehmen ist. Tödliche Giftgase wurden, soweit bisher bekannt, nicht eingesetzt, Nervengase, die zeitweise Lähmungen oder Betäubungen verursachten, hingegen schon. Mit ihnen wurden Dorfbewohner ebenso wie in Berghöhlen verschanzte Guerillas außer Gefecht gesetzt. Flüchtlinge in Pakistan klagten über diese Mittel, die ihnen Erbrechen und teilweise Blindheit verursacht hatten. Die so «behandelten» Gebiete wurden jeweils, bevor Soldaten vorrückten, durch spezielle Entseuchungseinheiten, die zu jeder sowjetischen Division gehörten, gesäubert.

Solange die Feststellung des Wahrheitsgehalts dieser Art Kampfesmeldungen Schwierigkeiten bereitet, muß dahingestellt bleiben, wieviel überhaupt daran ist. Westliche Korrespondenten, die selbst als derart heimgesucht bezeichnete Gebiete bereisten, wollen dort von keinerlei Anzeichen von Gaseinsätzen gehört haben; sie bezweifeln auch die häufige Verwendung von Napalm. Es bleibt zu bemerken, daß die Sowjetunion zu den Garanten und Unterzeichnern der Konvention gegen die Anwendung von bakteriologischen und Giftgaswaffen gehört.

Den Mujahidin setzte am meisten der nachhaltige Einsatz konventioneller schwerer Waffen durch die Sowjettruppen zu. Er ließ sie Mitte März von einer «verzweifelten Lage» sprechen. Die sowjetische Armee hatte den längeren Atem als die afghanische. Die beschränkte sich früher immer auf periodische Strafaktionen und ihre Soldaten wollten nicht auf Landsleute schießen. Die «Schurawi» aber kamen immer wieder, ließen keine Pause zu, griffen mit Kampfhelikoptern und Luftlandeeinheiten auch in den Bergen an.
Diese Situation des kriegerischen Hin und Her in den am meisten umkämpften Provinzen Kunar, Nangahar und Paktia hat sich bis Ende April 1980 nicht geändert. Von gesicherten Basen um Kabul und von Jallalabad aus verhinderten gemischte sowjetisch-afghanische Truppeneinheiten ausdauernd – und wie es schien, mit zunehmendem Erfolg – die Bildung gegnerischer Stützpunkte in den Dörfern oder deren Nähe. Auf die Kampfmoral der schlechtbewaffneten Mujahidin, die auf die Zusammenarbeit und Unterstützung durch die ansässige Bevölkerung angewiesen waren, wirkte sich diese Taktik nachteilig aus. Sie bedeutete allerdings, daß die Sowjetunion zumindest für geraume Zeit ein Übermaß an Menschen und Material in Afghanistan im Einsatz halten mußte.
Nach den ersten drei Monaten vollständiger Besetzung Afghanistans stellte sich heraus, daß dieser Einsatz an Menschen und Material sich durchaus auch auf die Verwaltung des Landes bezog. Als rein afghanisch konnte sie längst nicht mehr bezeichnet werden. Karmal war es während dieser Zeit nicht andeutungsweise gelungen, einen zufriedenstellend funktionierenden Regierungsapparat zu stellen. Seit dem Februar-Aufstand in Kabul war zudem die Atmosphäre in den Ministerien total vergiftet: nicht nur unter den Afghanen, die für oder gegen die Regierung eingestellt waren, sondern – schlimmer – die beiden Kategorien von Afghanen schienen sich in ihrer Abneigung gegen die fremden Besetzer in gewisser Weise zu finden. Karmal zeigte sich, wenn überhaupt, dann nur schwerbewacht in der Öffentlichkeit. In den Ministerien, so berichteten Diplomaten, regierten allein die Sowjets, während die «regierenden» Afghanen Intrigen spannen und Mißtrauen säten.
Periodisch kam die Frage nach Ersetzung des unglückseligen

Regierungschefs auf, ebenso schnell verschwand sie wieder. Denn wer sollte Karmal ersetzen? Politiker von Format stellten sich nicht zur Verfügung. Geeignete Militärführer gab es zwar, doch zeigten sie gegenüber den Sowjets, wie schon in der Vergangenheit, betont ihre Unabhängigkeitstendenzen. Aus diesen Gründen handelten die Sowjets im Afghanistan ihres Statthalters Karmal mit ihren zivilen Funktionären aus eigener Machtvollkommenheit. Es gab niemanden, der ihnen diese Aufgabe abnahm.

Die Bilanz seit dem Dezember-Einmarsch sah schlecht aus für Moskau: keine verbreiterte politische Basis, keine regierungsfähige Partei, kein direkt faßbarer, doch ein überall präsenter Gegner, dazu internationale Ablehnung der «brüderlichen Hilfe» an Kabul. Zudem wurde erkennbar, daß selbst diejenigen, die seinerzeit einen Machtwechsel in Afghanistan begrüßt und herbeigeführt hatten, immer weniger wurden. Jene unzufriedene Mittelschicht halbwegs Gebildeter – Rückhalt der wenigen «Revolutionäre», die den König und Daud stürzten – erschien zwei Jahre später nicht weniger frustriert als zu der Zeit, da sie den neuen Machthabern noch zujubelte.

Man wandte sich nicht nur ab von den falschen Propheten, wie Beobachter in Kabul immer häufiger feststellten, man wandte sich vielmehr in immer größerer Zahl dem «wahren Propheten» zu: es wurde wieder gebetet. Für westliche wie östliche Beobachter war es ein Phänomen, eines mehr vor allem für die Sowjets und ihre sozialistische Vorhut, der es nie gelungen war, die Unterschichten in Kabul und anderen Städten und die Ausgebeuteten im ganzen Lande – diesen angeblichen Nährboden jeder Revolution – für sich einzunehmen. Dort hatte man schon immer gebetet, diese Tendenz hatte sich nur noch verstärkt: Sunniten und Schiiten, Stämme und ganze Volksgruppen fanden sich über die Religion in ihrem Widerstand.

Karmals unverdrossen-plumpe «Bemühungen» um islamische Länder und geflohene Landsleute fanden unter diesen Umständen taube Ohren. Hielt er den ersteren vor, sich einer «Verleumdungskampagne» gegen sein Regime angeschlossen zu haben, ehe er sie zu Zusammenarbeit und gemeinsamen Kampf gegen den «Imperialismus» aufrief, so versäumte er es nicht, geflüchteten Afghanen eine geregelte Rückkehr und die

Rückgabe ihrer Besitztümer und Ländereien zu verheißen, sofern sie heimkehrten, «aber nur unter Amin Beschlagnahmtes, und nur denjenigen, die keine Staatsfeinde sind». Für die wirklichen Vorgänge zeigte er sich blind, oder er durfte sie auftragsgemäß nicht sehen: der Kampf gegen den islamischen Widerstand mußte weitergehen.
Im Zeichen äußerster Spannung wurde in Kabul das afghanische Neujahrsfest begangen. Die Sicherheitsmaßnahmen waren in Erwartung neuer Zwischenfälle massiv verstärkt worden. Aufrufe zu strikter Disziplin wurden erlassen. Neben sowjetisch-afghanischen Militärstreifen verließ sich das Regime verstärkt auf bewaffnete jugendliche Parteimilizen. Diesen waren neue Uniformen und Papiere abgegeben worden, sie hatten ihre eigenen Waffenlager und Verhörzentren. Die französisch geführte Istiqlal-Hochschule war solcherart umfunktioniert worden. Ohne Unterlaß wurde von der Regierung nach Dienstwilligen gesucht, Soldaten und Zivilisten wurden zu Sondereinsätzen gegen die Aufständischen aufgefordert – all das waren keine Zeichen für die «Ruhe im Lande», wie sie in den Neujahrsansprachen beteuert wurde.
Schließlich geschah überhaupt nichts während der Neujahrstage. Karmal konnte sich ausgiebig in seinen abenteuerlichen Theorien ergehen. Nachdem er den Neutralisierungsvorschlag und die internationale Friedenstruppe für Afghanistan abgelehnt hatte, beschäftigte er sich wieder mit seinem Vorgänger Amin. Dieser habe, so die neueste Version, die Sowjets ins Land gerufen, «um unter der Bevölkerung antisowjetische Stimmung zu schaffen. Fremde Söldner hätten dies ausgenützt, um einzudringen; die «vom CIA-Agenten Amin desorganisierte Armee wäre zum Widerstand nicht fähig gewesen. Amin wollte es machen wie Sadat. Wir haben Beweise dafür.»
Von seinem alten Vater, General Hossein, erhielt Karmal Hausverbot.

China trumpft auf

Eine der von Russen und Afghanen immer wieder ins Kreuzfeuer genommenen Mächte, die Volksrepublik China, nützte in jenen Märztagen die Gunst der Stunde, und zwar weniger

durch praktische Rebellenunterstützung, wie immer behauptet, sondern auf dem diplomatischen Parkett. Chinas Thesen von den imperialistischen und hegemonistischen Sowjets hatten sich auf wundersame Weise bestätigt, und das nützte Peking in allen Bereichen aus. Nicht in erster Linie, indem es anderen half, sondern indem es sich selber helfen ließ.
So wurden zwar vom Stellvertretenden Verteidigungsminister Schiao Keh in Pakistan Gespräche über weitere chinesische Militärhilfe geführt, doch außer dem Hinweis, daß China bisher über zwei Milliarden Dollar habe springen lassen (über einen längeren Zeitraum in der Vergangenheit), kam dabei für Islamabad wenig heraus. In Japan beließ man es bei starken Worten beiderseits: Verurteilung der sowjetischen Aggression gegenüber Afghanistan und Forderung nach Truppenabzug (Japan hat mit der Sowjetunion wegen der Kurilen-Inseln ein Hühnchen zu rupfen). Die von Peking gewollte totale Isolierung der Sowjetunion machte Tokio nicht mit. Es hätte ein striktes Befolgen der amerikanischen Embargoempfehlungen bedeutet und wäre den japanischen Handelsinteressen nicht gut bekommen.
Hauptziel der Chinesen waren die USA. Hier wurden sie als willkommener Verbündeter empfangen. Motto: «Moskaus Feind ist mein Freund.» Washington an der Seite der an Menschen stärksten kommunistischen Macht, die betonte, sie fühle sich «bedroht». Man war sich bald darüber einig, daß mit einem baldigen Abzug der sowjetischen Truppen aus Afghanistan nicht zu rechnen war und baute darauf Gemeinsamkeiten auf. Den afghanischen Freiheitskämpfern solle, separat, aber wirksam, «legitime notwendige Unterstützung» gewährt werden, hieß es, wobei die Chinesen es nicht unterließen, darauf hinzuweisen, daß besonders die USA hier mehr tun sollten. Denselben Verlauf nahm die Erörterung des Themas Pakistan: Washington blieb bei seinem bereits von Zia abgelehnten Hilfsangebot, Peking unterstützte Zias maßlose Forderungen – es kostete nichts.
Dann vertrat Pekings Abgesandter Schang Wenjing eigene Interessen: China benötigte «nichtoffensive» militärische Ausrüstung, Transport- und Kommunikationsmittel – es erhielt sie. Zwei Tage später genehmigte die amerikanische Regierung

den Verkauf. Peking brauchte aus einer veröffentlichten Liste lieferbarer Ausrüstung nur auszulesen. Das Bestreben, die Zusammenarbeit mit China auszubauen, wurde in Washington ausdrücklich bekräftigt. Zwar sollten keine Angriffswaffen geliefert werden, aber bei der Modernisierung der chinesischen Streitkräfte wolle man gerne helfen, hieß es. Gleichzeitig wurden die amerikanischen Handelsbeschränkungen gegen Moskau verschärft.

Peking versprach einzig, sich dem Olympiaboykott anzuschließen. Es konnte eigentlich zufrieden sein, wäre nicht der kleine Schönheitsfehler gewesen, daß die gleichzeitige Asien-Rundreise von Außenminister Huang Hua ein ziemlicher Reinfall war. Man schätzte im Fernen Osten die Chinesen und ihre Absichten anders und exakter ein als in Amerika und blieb reserviert. Ganz war die Rundum-Offensive Pekings nicht gelungen.

Moskauer Abwehrgefechte

Die Sowjetunion blieb wenig wählerisch in der Rechtfertigung ihrer Aktionen in Afghanistan. Die Präsenz sowjetischer Truppen in dem «souveränen Nachbarland» sei «notwendig, um gegen dortige Konterrevolutionäre vorgehen zu können», hieß es in der «Prawda». Ein «erzwungener Exodus der Bevölkerung» wurde ebenfalls behauptet – Eingeständnisse eigener Schwäche, wo Stärke herausgekehrt werden sollte. Nichts ließ darauf schließen, daß Moskau daran gelegen war, die Afghanistan-Affäre durch eine politische Lösung zu beenden.

«Wenn schon ein Abschluß, dann auf altbekannte russische Weise: Annexion», umschrieb es ein enttäuschter Diplomat. «Ich fühle mich an das Sprichwort erinnert: ‹Die Hunde bellen, die Karawane aber zieht weiter›. Wahrscheinlich versucht man, vollendete Tatsachen zu schaffen.» Die «Prawda» wies erneut auf die UNO-Charta hin, hinter der man sich schon zuvor mit der Besetzungsaktion zu verstecken versucht hatte: «Die von Generalsekretär Breschnew erhobenen Forderungen nach Afghanistan-Garantien vor einem Abzug unserer Truppen stehen voll und ganz in der Linie der UNO-Charta.»

Außenminister Gromyko sagte in einem seiner heftigsten Angriffe auf die USA seit Jahren (Präsident Carter hatte ihn einige Wochen zuvor als «Lügner» hingestellt: «Er saß da und hat mir frech ins Gesicht gelogen.»): «Die gegenwärtige US-Regierung versucht die von ihr eingeleitete Intensivierung des Wettrüstens durch Verbreitung falscher Informationen über die sowjetische Außenpolitik zu vertuschen.» In Europa sei durch den Beschluß, in den Nato-Ländern nukleare Mittelstreckenraketen zu stationieren, die Lage kompliziert worden, man wisse, wer dahinterstecke, sagte Gromyko. Die Initiatoren seien «Glücksspieler, die keinen Gedanken daran verschwenden, welche Folgen ihr Spiel haben kann».
Nie während dieser Wortgefechte wurde vom Kreml dem Bedeutung beigemessen, daß die Sowjetunion, die ja «Gleichberechtigung» sowohl politisch wie militärisch für sich reklamierte, diese nur auf die Art fragwürdigen Wettrüstens hatte erreichen können. «Sie reden von Frieden und führen Krieg», nannte es der amerikanische Vizepräsident Walter Mondale. Er stellte klar, daß es in den USA keine Aussicht mehr gebe, das zweite Salt-Abkommen noch zu ratifizieren: «Moskau muß ein harter Denkzettel verpaßt werden.»
Carters Sondergesandter Clark, schon in Indien mit seinem Reden vom Krieg unangenehm aufgefallen, doppelte nach: «Es bedeutet wirklich Krieg, wenn es einen sowjetischen Übergriff auf Staaten am Golf geben sollte.» Die Situation zwischen beiden Großmächten schien festgefahren. Es werde erst besser werden, wenn in Moskau und Washington andere Männer ans Ruder kämen, hieß es in mehreren resignierenden Kommentaren.

Die sowjetischen Versuche, Irans islamische Machthaber für ihre Zwecke einzuspannen und die eigene anti-islamische Handlungsweise zu verschleiern, stießen in Teheran auf entschiedene Ablehnung. Ayatollah Khomeyni nannte die sowjetische Aggression gegen Afghanistan «eine brutale Intervention von Plünderern und Besetzern». Staatspräsident Bani-Sadr verwies darauf, daß sich die Sowjets seinem Vorschlag, eine internationale Untersuchungskommission einzusetzen, mit der dünnen Begründung widersetzt hätten, dazu bestehe «keine

Notwendigkeit». Er habe Moskau erklärt, als eine revolutionäre Nation könne Iran die Anwesenheit fremder Truppen im Nachbarland Afghanistan nicht gutheißen, und fordere deren sofortigen Abzug.
In islamischer Selbstgerechtigkeit nahm Iran es mit beiden Großmächten gleichzeitig auf: «Die Gefahr durch kommunistische Mächte ist nicht weniger groß als diejenige durch Amerika», erklärte Khomeyni. Er hoffe, das afghanische Volk werde «diese sogenannten Unterstützer der Werktätigen» bald los und erringe die «wahre Unabhängigkeit».
Der als voreilig bekannte iranische Außenminister Ghotbzadeh, der ein eigenes Steckenpferd ritt, indem er, angeblich unabgestimmt, eine Afghanistan-Konferenz ankündigte, an der die Sowjetunion, das Karmal-Regime und dessen Gegenspieler, die afghanischen Befreiungsbewegungen, sowie die Nachbarstaaten Pakistan, Iran und «möglicherweise» China teilnehmen sollten, bekam von zwei Seiten auf die Nase. Moskau distanzierte sich von der «einseitigen Aktion», obwohl es Botschaftsgespräche über das Konferenzprojekt gegeben haben soll. Die «seltsame Erklärung» Ghotbzadehs machte die Verstimmung zwischen Teheran und Moskau komplett.
Auch die Vertreter der afghanischen Freiheitskämpfer in Iran korrigierten den Außenminister: es gebe nichts anderes als Kampf gegen Kabul und die Besetzer, alles andere sei ausgeschlossen. Allerdings sei man interessiert, endlich etwas von den versprochenen Waffen für den afghanischen Freiheitskampf zu sehen. Damit hatte er an einen wunden Punkt gerührt: Mit praktischer Hilfe für die Mujahidin und die Flüchtlinge war Teheran äußerst zurückhaltend gewesen, nur an großen Worten hatte es nie gemangelt.
Irans Führungsspitze zeigte offensichtlich einen gewissen Respekt vor der Sowjetunion. Die Botschaften Moskaus und Kabuls in Teheran wurden scharf bewacht, die Beziehungen zu Kabul nie ganz abgebrochen. Die Worte des sowjetischen Botschafters Winogradow gegenüber Khomeyni hatten einigen Eindruck hinterlassen: «Wenn um drei Uhr unsere Botschaft besetzt wird, sind wir dreiviertel Stunden später in Teheran.» Moskau war nicht gewillt, mit sich umspringen zu lassen, wie es die andere Großmacht sich gefallen lassen mußte.

Zu den Vermittlungsversuchen der Europäischen Gemeinschaft und Irans gesellten sich Ende März weitere. Indien hatte seit längerem seine Fäden gesponnen. Es verfolgte wieder das alte Projekt des Indischen Ozeans als «Friedenszone». Zudem meldete sich das lange Zeit so schweigsam gebliebene Kuba. Dessen Staatschef Fidel Castro sah seine Position als Sprachrohr der Blockfreien durch die sowjetische Aktion direkt bedroht. Er sandte seinen Außenminister Malmierca auf eine Vermittlungsmission und stieß angeblich sowohl in Kabul wie in Islamabad auf offene Ohren. Pakistan hatte ohnehin mit einer Gipfelkonferenz der Blockfreien geliebäugelt. Karmal wiederum betraute Arafat, den PLO-Chef, angeblich mit der Vermittlung gegenüber Iran.
Der Ball lag im Blockfreien-Lager. Es erwies sich einmal mehr, daß es sich keineswegs um ein einziges und einiges Lager handelte. In der überdimensionalen Gruppierung von blockfreien Ländern kümmerte sich zu jener Zeit jeder mehr oder weniger um sich selbst.
Dem Kreml war Kubas Vorstoß genauso zuwider wie diejenigen Irans und der EG. Das lästige Afghanistan begann, wie es schien, selbst die engen Beziehungen unter «Bruderländern» zu vergiften. Moskau wollte überhaupt keinen Vermittler. So gesehen, verhandelten alle Außenstehenden mehr oder weniger mit sich selber, beruhigten ihr eigenes Gewissen und rechneten von vornherein mit abschlägigem Bescheid aus Moskau. Kubas Versuch fand nicht einmal Eingang in die sowjetischen Medien. Als kurz darauf Castro im eigenen Lande die Leute wegzulaufen begannen und die wirtschaftliche Lage bedrohlich wurde, hatte der «erste sozialistische Staat der Welt», die Sowjetunion, die sozialistische Hackordnung rasch wiederhergestellt.
Pakistan, als Kubas Steigbügelhalter verdächtigt, bekam vom Kreml seinen Teil ab: «Organisator der Wühlarbeit gegen Afghanistan», hieß es angesichts der Versuche Islamabads, eine Blockfreien-Konferenz zustande zu bringen. Dazu der scheinheilige Vorwurf, Pakistan habe von der Flüchtlingshilfe Gelder für «Konterrevolutionäre» abgezweigt.
Es blieben die indischen Versuche übrig, die Afghanistan-Situation zu bereinigen. Indira Gandhi schien am ehesten zu

wissen, wie Moskau zu ködern war. Sie rieb den Amerikanern erst einmal die Lagerung von Atomwaffen in ihrer Flottenbasis Diego Garcia im Indischen Ozean unter die Nase, zeigte sich dann «überzeugt», daß die Truppen der Sowjetunion in Afghanistan «verringert» werden könnten, falls die USA alles unterließen, was in Moskau ein «Einkreisungsgefühl» auslösen könne. Die Sowjets, so meinte Frau Gandhi, müßten «logischerweise» scharf reagieren, wenn Washington «über Nacht der Freund Pekings» werde.
Selbst in Neu-Delhi wurden die Schwierigkeiten nicht verkannt, denen die Initiative gegenüberstand. An eine Regionalkonferenz war angesichts der dezidierten Stellungnahme der Nachbarländer zum sowjetischen Einmarsch (und zu den neuen indischen Großmachtansprüchen) nicht zu denken. Trotzdem führte «die zweitgrößte Moslemnation der Welt» ihre Vermittlungsversuche fort. Vorerst resultierte einzig eine politische Annäherung zu Pakistan, mehr nicht. Moskau gab keinerlei Zusagen. Peking beobachtete aufgrund seiner nicht allzu freundlichen Beziehungen zu Neu-Delhi die indische Initiative zurückhaltend.
Frau Gandhi teilte deutlich die sowjetische Auffassung, daß die Afghanistan-Krise nicht erst im vergangenen Dezember angefangen habe. Die USA und China, so erklärte sie, hätten die Spannungen in der Region vorher offen oder verdeckt geschürt. Deshalb müsse man, da die Sowjets einen an Bedingungen geknüpften Rückzug zugesagt hätten, ihnen diese schaffen. Frau Gandhi bewegte sich auf steinigem Boden.

Bei den indischen Bemühungen konnte nicht übersehen werden, daß Indien selbst seit 1971 durch ein Freundschafts- und Zusammenarbeitsabkommen mit der Sowjetunion verbunden war. Abgeschlossen von eben der Frau Gandhi, die jetzt ihre Fäden spann. In Anbetracht der Moskauer Hegemoniegelüste mußte es nun in Indiens Interesse liegen, ein besseres Verhältnis zum neuen Pufferstaat Pakistan zu finden, um nicht eines Tages den großen Vertragspartner vor der eigenen Haustür zu haben.
Greifbar war einzig, daß auch Neu-Delhi den sowjetischen Truppenabzug aus Afghanistan verlangte. Das Prozedere

stand weitgehend in den Sternen. Moskau äußerte sich nicht. Erneut drohte eine Initiative zum Selbstzweck zu werden.

Afghanistan blieb nicht nur durch internationale Bemühungen in den Schlagzeilen. Auch im Lande selber wurde es nicht ruhig. Aufstände in den Provinzen und neue Unruhen in verschiedenen Städten lösten einander ab. Besonders gespannt war die Lage in Herat. Dort wie andernorts waren wieder die berühmten «Nachtbriefe» in Umlauf gebracht worden, mit denen zum Generalstreik aufgerufen wurde. Erneut machten die Basaris bei den Protestaktionen den Anfang. In Kandahar und Ghazni kam es zu eigentlichen Generalstreiks. Dort begannen die Einwohner, ebenso wie die von Kabul, wieder von den Dächern ihrer Häuser dem Himmel und den sowjetischen Helikoptern ihr protestierendes «Allah-o-Akhbar» entgegenzurufen. Der Aufstand in Kandahar nahm ein blutiges Ende.
Neue Desertionen wurden gemeldet, so zwei vollständige Einheiten von 600 Mann in Kandahar. Angeblich waren auch vereinzelt sowjetische Soldaten moslemischen Glaubens desertiert, die auf Mujahidins nicht schießen wollten – das war schwer nachprüfbar. Zu einem dramatischen Zwischenfall kam es beim Desertionsversuch von 360 afghanischen Soldaten und Offizieren des Stützpunkts Hussein Kot nördlich von Kabul. Die Einheit weigerte sich, zwei Tage nachdem sie von Mujahidins angegriffen worden war, ihre Basis zu verlassen und erschoß mehrere sowjetische Offiziere. Darauf wurde sie von sowjetischen Truppen aus der Luft angegriffen. Wer nicht getötet wurde, entkam zu den Aufständischen. Rebellionen wurden auch wieder aus Kharga, das zur Garnison von Kabul gehört, gemeldet.
Kämpfe in verschiedenen Provinzen hielten die sowjetischen Truppen mit einsetzendem Frühling weiter in Atem. Zwar hatten sie mit ihren eigenen Offensiven bewiesen, daß sie bei vollem Einsatz jedes Ziel in Afghanistan zu erreichen und erobern vermochten, doch konnten sie es auf die Dauer nicht halten oder gar verwalten. Sie verblieben einzig in strategisch wichtigen Positionen.
Die Fronten wurden fließend, sobald afghanische Einheiten oder Funktionäre zu versuchen hatten, sich mit den Einheimi-

schen zu arrangieren. An eine sozialistische Aufbauarbeit nach sowjetischem Muster war nicht zu denken. Für die Ernte 1980 waren die Aussichten schlecht; zahlreiche Vorräte, darunter Saatgut, waren verbrannt. Auf die afghanischen Streitkräfte war kein Verlaß. Sie wurden deshalb nur zögernd neu ausgerüstet und mit Munition versehen. Nicht nur die Sowjets, auch ihr Statthalter Karmal und die Mitglieder von dessen Regierung fürchteten sich offensichtlich vor dieser Armee und verließen sich lieber auf sowjetische Beschützer.
Schwere Kämpfe wurden im April 1980, nachdem die Offensiven in Kunar, Paktia und Badakhschan dort für eine kurzfristige Beruhigung sorgten, aus deren Nachbarregionen gemeldet: der Provinz Laghman, bei Kabul, sowie den Nordprovinzen Baghlan und Kundus. Der Hauptort Kundus wurde von mehreren tausend Moslemkämpfern eingenommen. Das Gefängnis wurde gestürmt, Gefangene wurden freigelassen, Gebäude angezündet, darunter Schulen. Tagelang beherrschten sie die Stadt. Über sehr große Verluste wurde aus Laghman berichtet. Dort sollen, wenn man den verschiedenen Meldungen Glauben schenken kann, während zwei Wochen andauernder Kämpfe um den Hauptort Kargai rund 5000 Menschen ums Leben gekommen sein, Verluste aller Seiten zusammengerechnet.
Die Zahl der nach Pakistan strömenden Flüchtlinge erreichte rund 2000 Personen pro Tag. Sie stellten die Regierung in Islamabad vor weitere schwere praktische Probleme. Allein seit der Einsetzung Karmals waren 170 000 Menschen geflohen. Die Gesamtzahl der registrierten afghanischen Flüchtlinge in Pakistan erreichte 700 000 Anfang April 1980.

Präsident Carter sah sich veranlaßt, den unverändert harten amerikanischen Standpunkt herauszustreichen. An eine Normalisierung der Beziehungen zur Sowjetunion sei erst nach vollständigem sowjetischem Truppenrückzug aus Afghanistan zu denken, erklärte er in einem Interview. Statt dessen müsse er feststellen, daß die Militärpräsenz ausgedehnt werde. Der Olympiaboykott durch die USA kennzeichne die Härte der internationalen Verurteilung des sowjetischen Verhaltens und werde ebenso aufrechterhalten wie alle übrigen amerikanischen Vergeltungsmaßnahmen. Zudem werde aller mit den

Olympischen Spielen in Zusammenhang stehender Geschäftsverkehr der USA mit der Sowjetunion unterbunden.
Carter bedauerte, daß sich die Verbündeten den amerikanischen Maßnahmen nur zögernd angeschlossen hätten und ihre «besondere Position in Europa» anführten. Besonders Frankreich und Deutschland zeigten «ein gewisses Widerstreben». Schützenhilfe leistete dem Präsidenten der während der ganzen Afghanistan-Krise sehr aktive Vizeaußenminister Warren Christopher. Die Afghanistan-Invasion, so sagte er, müsse «nicht das Ende der Entspannung bedeuten». Niemand verlange von den Verbündeten, daß sie ihre Detente-Politik aufgeben müßten, aber man dürfe auch nicht die Augen vor der Realität verschließen und solle über die eigene Region hinausdenken. In Afghanistan gebe es wieder 15 000 politische Gefangene und Exekutionen, erklärte Christopher, dazu weiterhin Aufstände der Bevölkerung. Neue Berichte hätten gezeigt, daß jetzt auch tödliches Gas eingesetzt werde, um den Widerstand zu brechen.
Die Politik der Stärke wurde von Außenminister Cyrus Vance auch vor dem Auswärtigen Ausschuß des Senats vertreten. Entschlossene Reaktion ohne wahllose Konfrontation sei notwendig, betonte er. Im Falle Afghanistan handle es sich um eine sowjetische Herausforderung. Das militärische und politische Gleichgewicht müsse wiederhergestellt werden, erst dann könne über Rüstungskontrolle und Salt wieder geredet werden. Erst einmal komme es darauf an, die falsche Wahl zwischen unerbittlicher Feindschaft und übergroßen Hoffnungen aus der Entspannung zu vermeiden.
Bei den Bemühungen, ihre militärische Position in der mittelöstlichen Region zu verstärken, verzeichneten die USA Erfolge: Mit der Türkei wurde ein neues Verteidigungsabkommen unterzeichnet, das die Benützung türkischer Stützpunkte durch amerikanische Truppen wieder ermöglichte; mit Somalia kam Washington überein, die dortigen Häfen und Flugplätze «zur Versorgung» seiner Truppen benutzen zu dürfen. Ähnliches sagten Kenya und Oman zu.
Nato-Experten, die sich mit der in Afghanistan entstandenen Lage beschäftigten, äußerten im April die Befürchtung, das Land sei im Begriff, «Manöverfeld» der Sowjets (für welchen

Ernstfall?) zu werden. Der Kampfhelikopter MI-24 werde speziell getestet und komme aufgrund seiner vielseitigen Verwendbarkeit und Erfolge vom Frühjahr an verstärkt zum Einsatz. Gegen diese gepanzerte Kampfmaschine, die zugleich Truppen transportieren könne, seien die Aufständischen hilflos. Schätzungsweise 300 MI-24 würden in verschiedenen Teilen Afghanistans eingesetzt.
Die Nato-Experten teilten im übrigen die Ansicht Präsident Carters: die Sowjets hatten sich in Afghanistan eingerichtet – auf Dauer. Kein Gedanke mehr an Abzug. Sie verstärkten die gesamten Infrastruktureinrichtungen für ihre Armee: Spitäler, Kommunikationswesen, Nachschubdepots, Militärlager. Die einzige Frage sei, ob Moskau sich dort mit oder ohne Karmal niederlassen wolle.

Im sozialistischen Lager lief die Propagandamaschine des schlechten Gewissens auch im April 1980 auf Hochtouren. Kabul und Moskau suchten krampfhaft nach den so nachdrücklich angeprangerten CIA-Agenten, man brauchte endlich «Geständnisse». Zwei in den Tagen der Kabuler Unruhen festgenommene Ausländer, ein Amerikaner und ein Australier, mußten wieder freigelassen werden. Versuche, ihnen etwas anzuhängen, scheiterten. Zwei weitere Ausländer, ein fanatischer ägyptischer Moslem und ein amerikanischer Student mit widersprüchlichen politischen Ansichten, mußten schließlich als Opfer herhalten: ihr unglückseliges Auftreten im Fernsehen schlug voll auf die Veranstalter zurück, die die beiden offensichtlich nur mit Mühe televisionsgerecht und präsentabel machen konnten. Einige Paschtunen («pakistanische Agenten») wurden in afghanischen Gefängnissen zur Geständnisreife gefoltert.
Das war schon alles. Dafür eine Hunderttausend-Mann-Armee. Eine mittlere Weltkrise. Moskau und Kabul bewiesen keine ihrer Anschuldigungen. Sie machten statt dessen weiteren Propagandawirbel, in dessen Nebel, so hofften sie, die häßlichen Tatsachen verschwinden sollten. Dokumentationen wurden präsentiert, Emissäre ausgesandt, Moskaus erste Propagandagarde rotierte: Falin, Samjatin, Arbatow, Semjonow, Partugalow und andere mehr. Die Hunderttausend-Mann-Armee

schafften sie nicht aus der Welt. Dem eigenen Publikum wurden gestellte Filme und Bilder vorgesetzt. Dementiert wurde alles, was die übrige Welt über die tatsächliche Situation in Afghanistan verbreitete. Es wurde keine Verhandlungsbereitschaft signalisiert, kein Schritt zurück getan.
«Gegen eine verdrehte Version» und «Die Wahrheit über Afghanistan» hießen Zusammenstellungen von Breschnew- und Gromyko-Ansprachen und östlicher Zeitungskommentare, mit denen der eigene Standpunkt untermauert, aber nichts bewiesen wurde. Sie führten, nicht nur im Westen, zu von Moskau ungewollten Schlußfolgerungen: Wenn diese «Begründungen» für den eigenen Fehltritt das einzige Mäntelchen waren, das man bieten konnte, stand es nicht gut für die sozialistische Sache – nicht nur in Afghanistan, sondern im Kreml selbst.

In Kabul fand Karmal trotz emsigen Bemühens kaum Gesprächspartner aus dem nichtsozialistischen Ausland. Die islamischen Staaten hielten sich strikt an das Gebot ihrer Resolution: keine Verhandlungen mit Kabul. In einem Interview lehnte Karmal den EG-Neutralisierungsvorschlag ein weiteres Mal ab. Er sei «Tarnung für verschiedene Formen der Aggression und Intervention». Erst nach deren Beendigung sei an einen Abzug der Sowjettruppen zu denken, die sich «in keiner Weise» in Afghanistans innere und äußere Angelegenheiten einmischten. Es war ein hartes Geschäft, in Kabul das absurde Versteckspiel der Sowjets als politischen Standpunkt vertreten zu müssen.
Gleichzeitig mußte Karmals Regime eingestehen, wie sehr es auf Wirtschaftshilfe der sozialistischen Länder rechnete. Die Lage im Lande auf dem Wirtschaftssektor sei «katastrophal», hieß es offiziell. Die Schuld daran trügen – natürlich – «Amin und die Konterrevolutionäre». Die verfehlte Wirtschafts- und Landwirtschaftspolitik der drei sozialistischen Regierungen Afghanistans kam jetzt zum Ausdruck. Es begann sich ebenso auszuwirken, daß nach Karmals Erscheinen neben westlichen auch die islamischen Staaten ihre Hilfe an Afghanistan gänzlich eingestellt hatten. Deshalb hieß es plötzlich, obwohl die Sowjetunion «mit selbstloser Hilfe auf breiter Basis» die Revo-

lution in Afghanistan unterstütze, müßten auch andere sozialistische Länder «ihre Rolle übernehmen». Das hieß in erster Linie Wirtschaftshilfe, technischer Beistand, Finanzspritzen – den Comecon-Staaten durchaus unwillkommene Belastungen. Obwohl «politischer Vermittlung» erneut Chancen gegeben wurden, namentlich den «freundlich» gesonnenen Versuchen Indiens, Kubas und der PLO, ging die Vogel-Strauß-Politik weiter, die Ablehnung substantieller Vorschläge blieb programmiert.
Ein anderes Zeichen, wie schlecht es um die Sache Kabuls stand, bildeten im April 1980 die immer dringlicher tönenden Appelle an die Wehrfähigen, sich als «Freiwillige» der Armee zur Verfügung zu stellen. Oberschüler und Reservisten wurden aufgefordert, sich zu melden. Begründet wurden die Aufrufe mit der «inneren und äußeren Reaktion». Desertionen konnten nicht wettgemacht werden. An den proklamierten «Neuaufbau» dieser Armee konnte Kabul allein nicht gehen. Das mußte Moskau an die Hand nehmen.
Das Regime klammerte sich an «wichtige» politische Entscheide wie den über die neue Landesfahne: «Gemäß dem Wunsch des afghanischen Volkes» solle es künftig zwei Flaggen geben, wurde großartig verkündet: die rote als Parteisymbol der DVP, die rot-schwarz-grüne als Landesfahne. Dieses Volk sei «bereit, allen Ländern, besonders den Nachbarn Iran und Pakistan, die Hand zu reichen, sobald die von amerikanischen Imperialisten, China, Großbritannien, Ägypten, Israel und reaktionären Kreisen in Pakistan verübten kriminellen Aktionen gegen Afghanistan eingestellt sind». Diese Hand wollte niemand ergreifen. Selbst Taraki-Anhänger begannen, das Land zu verlassen.

Auf seiten der Freiheitskämpfer sah man angesichts dessen keine Veranlassung, den Kampf um Afghanistan verlorenzugeben. Die sowjetische Kriegsmaschinerie hatte sich als verletzbar durch den an immer anderen Orten neu aufflammenden, kaum faßbaren Widerstand erwiesen. Zu viele Truppen wurden gebunden, zu wenige Erfolge erzielt. Was als Nachteil, als mangelnde Koordination der Aufständischen bedauert worden war, wandelte sich mehr und mehr zum Vorteil: der Wider-

stand war überall, bot aber kein Ziel, eine anhaltende Guerilla ließ praktisch das ganze Land revoltieren.
Intensiviert hatte sich die Aufstandsbewegung im April 1980 besonders in den Provinzen nahe der iranischen Grenze: Herat, Badghis und Nimrus. Er breitete sich jedoch auch in den angeblich «endgültig befriedeten» Provinzen Kunar, Nangahar und Paktia wieder aus. Öfter als zuvor gelang Aufständischen der Abschuß von Flugzeugen und Helikoptern. Vermehrt wurden Luftwaffenstützpunkte wie Parwan und Begram direkt angegriffen. Die Rote Armee hatte steigende Verlustzahlen zu melden: seit Dezember schätzungsweise tausend Gefallene, darunter mehrere Generäle und andere hohe Offiziere. In Kunar fielen beim Abschuß eines Helikopters gleich zwei sowjetische Generale und drei hohe afghanische Befehlshaber den Rebellen zum Opfer. Tass vermochte fast nicht zu folgen mit Todesmeldungen und Dementis: «Alles Erfindungen gewisser Kreise».
Gekämpft wurde wieder bei Jallalabad in der Provinz Nangahar, das angeblich «fest in der Hand der Armee» war. Besonders das Kama-Tal und Sokhrod waren tagelang umstritten. Weiter im Norden, im Kunar-Tal, regten sich die Aufständischen nahe dem Hauptort Chiga Sarai und bei Asadabad. Der Versuch, die Grenze zu Pakistan nachhaltig zu sperren, war den Sowjettruppen nur unvollkommen gelungen. Im April wurde schließlich auch in bisher verschont gebliebenen Gebieten im Süden und Osten Afghanistans gekämpft. Die Straßen von Kabul zum Khyber-Paß und zum Salang-Paß mußten oft während Tagen gesperrt bleiben. Wohlgemerkt: Stärker geworden waren die Aufständischen nicht, aber es war ihnen gelungen, das ganze Land in den Sog des islamischen Kampfes zu bringen.
«Mujahidin schießen auf alles, was sich bewegt», schilderte ein entsetzter Buspassagier die Situation, nachdem er die Fahrt über den Khyber mit mehrtägiger Verzögerung hinter sich gebracht hatte. «Es ist ihnen gleichgültig, ob sie bei den Gefechten ums Leben kommen. Sie fordern es heraus, sie wollen Schahid (Märtyrertum) für sich.» Er nannte einen wichtigen Grund für den Erfolg der moslemischen Krieger: in ihrem Glauben, im Bewußtsein, als Märtyrer einen Platz im Paradies

zu erhalten, hatten sie ihren Gegnern etwas voraus, das sich im Ernstfall entscheidend auf die Kampfkraft auswirken konnte. Diese Männer waren bereit, zu sterben – die sowjetischen Soldaten waren es keineswegs.
Am Khyber waren die «alten Zeiten» eingekehrt, die den Briten von ihren Afghanen-Feldzügen bis heute in den Knochen stecken. Mehrere Berichte sagten aus, daß die Mujahidin inzwischen die Helikopter nicht mehr besonders fürchteten. Sie konnten sie bei entsprechendem Verhalten bekämpfen oder ihnen entgehen. In der Anfertigung von Fallen kannte die Phantasie der Paschtunen kaum Grenzen. Dazu kamen die Kenntnisse und Erfahrungen aus der Zeit der Briten. Neue Fallen für Tanks und Helikopter waren bald erfunden.
Allerdings muß darauf hingewiesen werden, daß die fanatischen Moslems sich nicht auf die Zerstörung von Militärmaterial allein beschränkten. Die gesamte Infrastruktur in Afghanistan hatte seit dem Beginn der Aufstände vor zwei Jahren an allen Orten gelitten, handle es sich nun um Verwaltungsgebäude, Elektrizitätswerke, Fabrikanlagen, Brücken, Entwicklungsprojekte oder – nicht zuletzt – Schulen. Gezielt hatten die Mujahidin überdies ihren Feldzug auf Verantwortliche in den Dörfern, Städten und Behörden ausgerichtet: Parteifunktionäre, Beamte, Offiziere. «Der Lehrer wird immer zuerst erschossen», beschrieb mir einer der Mujahidin das Vorgehen.

Auftrieb hatten während des April einzig die indischen Bemühungen erhalten, auf diplomatischem Wege – vor allem aber abgestimmt mit dem Kreml und unterstützt von «fortschrittlichen Blockfreien» wie Kuba und Vietnam – den Problemkreis Afghanistan einer Lösung wenigstens ansatzweise näherzubringen. Zweimal in zwei Wochen kreuzte der kubanische Außenminister Malmierca in der Region auf. Nach Gesprächen in Moskau und Kabul eilte er nach Neu-Delhi. Am selben Tag empfing Frau Gandhi außer ihm noch den sowjetischen Stellvertretenden Außenminister Firjubin und den vietnamesischen Ministerpräsidenten Pham Van Dong und kündigte einen Besuch ihres früheren Außenministers Swaran Singh in Pakistan an. Würde Afghanistan eine Lösung nach sowjetischen Vorstellungen erleben?

Es gehe darum, ob die Blockfreien mit der geschaffenen Situation fertigwerden könnten und sollten, erläuterte die indische Ministerpräsidentin. Das Wort «Afghanistan» nahm sie nicht in den Mund, als sie sachlich feststellte: «Der Frieden hat einen Rückschlag erlitten.» Über ihre Gespräche hingegen wurde nichts bekannt. Ebensowenig über die zweite Botschaft Castros, die dieser als turnusmäßiger Vorsitzender der Blockfreien-Bewegung durch Malmierca hatte an Karmal überbringen lassen.

Beim gegenseitigen politischen Abtasten in Neu-Delhi kam es nicht einmal zur Erörterung konkreter Vorschläge. Malmierca betonte, keine festen Pläne mitzubringen. Es ließ sich bei aller Geschäftigkeit nicht verheimlichen, daß die bisherige These, wonach die Sowjetunion natürlicher Verbündeter der blockfreien Staaten sei, im Gefolge der Afghanistan-Invasion über Bord gegangen war.

Ein Versuch, Afghanistan und Pakistan einander politisch anzunähern, war durch das Verhalten Karmals, aber auch Zias («Mit diesem Menschen spricht man nicht») praktisch unmöglich gemacht worden. Die bloße Existenz Karmals an der afghanischen Führungsspitze wirkte innen- wie außenpolitisch immer katastrophaler. Selbst Indira Gandhi machte deutlich, daß sie nur «Regierungen anerkennt, die tatsächlich ihren Staat kontrollieren».

Sie blieb, seit sie den sowjetischen Außenminister Gromyko im Februar hatte kalt abfahren lassen, bei dieser unabhängigkeitsbetonten Haltung. Indien hatte eigene Großmachtambitionen und die eigene Sicherheit im Sinn. Logische Folgerung: die anderen großen Mächte hatten sich in Mittelasien herauszuhalten. Darauf lief die indische Haltung hinaus. Eine pakistanisch-chinesische Verteidigungsachse, die sich abzeichnete, paßte so wenig in Neu-Delhis Pläne wie eine sowjetische Armee in Afghanistan. Also mußte man sich an das undankbare Geschäft machen, die Sowjets aus Afghanistan hinauszukomplimentieren und die dort gehabte Pufferstaat-Situation wiederherzustellen. Die Afghanen wurden nicht gefragt.

Genausowenig hatten die Afghanen Mitte April 1980 etwas dazu zu sagen, als Karmals Revolutionsrat den neuen Truppenstationierungsvertrag mit der Sowjetunion ratifizierte. Er war zuvor bereits vom Obersten Sowjet und dessen Präsidium «gebilligt» worden und enthielt die «Bedingungen über die zeitweilige Stationierung eines begrenzten sowjetischen Truppenkontingents in Afghanistan». Es handelte sich um jenes Abkommen, das vier Wochen zuvor der afghanische Außenminister Dost in Moskau zu unterschreiben gezwungen gewesen war. Auch vom Apparat der Politbürokraten Moskaus war Afghanistan damit, nach sowjetischen Begriffen «rechtmäßig und legal», permanent unter Hammer und Sichel genommen worden.

Der propagandistische Wirbel um die Dokumente, deren Inhalt nicht veröffentlicht wurde, zeigte indessen, wie wenig behaglich Moskau beim gegenwärtigen Zustand zumute war. So wie sich westliche, islamische und blockfreie Länder mit Lösungsvorschlägen für Afghanistan vorwagten und sich damit höchstens vor sich selbst rechtfertigten, so versahen die Moskauer und Kabuler Genossen ihr vermeintlich «legitimes Verhalten» mit jedem nur möglichen Anschein von Rechtmäßigkeit – das waren Verträge und nochmals Verträge. Vom oft erwähnten Freundschafts- und Zusammenarbeitsvertrag, von der UNO-Charta war nicht mehr die Rede. Es war aus mit der Freundschaft. Das Feigenblatt hatte seine Schuldigkeit getan. Es war durch «gültige» Verträge ersetzt worden.

Was vom Wert solcher Verträge und der darin postulierten «zeitweisen Anwesenheit sowjetischer Truppen» zu halten war, zeigten zwei Fakten besonders deutlich: Kaum war das Truppenstationierungsabkommen unterzeichnet, kamen Unstimmigkeiten in der afghanischen Führung, die seit dem Besuch Dosts in Moskau nur knapp unterdrückt worden waren, offen zum Ausbruch. Es schien, als sei nicht nur das Volk, sondern auch die «Regierung» zu den Verträgen nicht befragt worden. Zum anderen hatte es derartige Verträge schon früher gegeben: mit der DDR, Polen, Ungarn und der CSSR. Dort stehen die sowjetischen Besetzungstruppen heute, zwölf Jahre nach dem «Prager Frühling» und der Invasion samt nachfolgenden «Verträgen», immer noch. Wer würde Afghanistans Husak sein? In Prag waren damals die «Bedingungen für einen zeitweiligen Aufenthalt sowjetischer Truppen in der CSSR» später

«geregelt» worden, nachdem anfänglich der Einmarsch als «Hilfeleistung der sozialistischen Staaten gegenüber einer imperialistischen und reaktionären Einmischung von außen» umschrieben worden war.
Dasselbe Verfahren war nach dem Dezember 1979 in Afghanistan angewendet worden. Die Breschnew-Doktrin hatte erneut ihr Opfer. Der Unterschied: es war dieses Mal ein offiziell blockfreier islamischer Staat – mit einem Volk, das keine Schwejks kennt, sondern kämpft.

Bewegung in die erstarrten Fronten zwischen Moskau und dem Westen kam erst im Mai 1980. Zwar war schon vorher von Bundeskanzler Schmidts Reiseplänen für Moskau, auf Einladung Breschnews hin, die Rede, doch konkretisierte sich Gesprächsbereitschaft in beiden Lagern erst anläßlich des Todes und der Beisetzung des jugoslawischen Staatschefs Marschall Tito. In Belgrad wurden zahlreiche Fäden auf höchster Ebene gesponnen. Weitere Signale kamen von den später folgenden Konferenzen des Warschauer Paktes und der Nato. Überdies verschwand einer der bisherigen Hauptakteure, der amerikanische Außenminister Vance, nach Carters mißglücktem Versuch, die US-Geiseln in Iran zu befreien, von der politischen Bühne.
Sein Nachfolger Edward Muskie traf anläßlich der 25-Jahr-Feier des österreichischen Staatsvertrages zu einem ersten ausführlichen Kontakt mit seinem sowjetischen Amtskollegen Gromyko zusammen. «Da haben sich zwei grimmige Typen gefunden, es kann eigentlich nur besser werden», lautete ein Kommentar nach ihrem Zusammentreffen, bei dem Afghanistan einer der Hauptgesprächspunkte war. In Sachen Afghanistan waren die Fronten erneut in Bewegung geraten.
Nichts machte dies deutlicher, als das überraschend angesetzte Treffen des französischen Staatspräsidenten Giscard d'Estaing mit dem sowjetischen Staats- und Parteichef Leonid Breschnew in Warschau, das nach Vorarbeit Gromykos in Paris schließlich auf Einladung des polnischen Parteichefs Edward Gierek zustande kam. Es ermöglichte auf dem alten polnischen Königsschloß Wilanow eine grundsätzliche Erörterung der Aspekte der Weltkrise 1980. «Giscard sprach und Breschnew

hörte zu», so läßt sich am besten der Verlauf dieses kleinen Gipfeltreffens umschreiben. Hatte der Franzose dem Russen die Augen geöffnet? Washington und Bonn gaben das nicht gern zu und klagten über «mangelnde Konsultation», mußten jedoch zugestehen, daß eine Notwendigkeit für das Treffen in Warschau durchaus gegeben war. Die Reise Schmidts nach Moskau wurde dadurch keineswegs überflüssig. Zuviel war bisher im Sande verlaufen, zuwenig kann gegenwärtig von den Amerikanern selbst erwartet werden. In Sachen Afghanistan bleibt noch viel Arbeit zu tun.

Anzeichen für eine allmähliche Besinnung in Moskau gab es, seit Breschnew seinen Aprilurlaub beendet hatte. Der KP-Generalsekretär, angeblich krank, entwickelte eine ungeahnte Aktivität, reiste zweimal nach Warschau, einmal nach Belgrad. Im Kreml zeichneten sich Widersprüche zwischen Partei- und Militärführung ab: die einen wollten in Afghanistan weniger Flagge zeigen, die anderen mehr. Breschnew wollte das angeschlagene Image mit einer weltweiten Friedensoffensive flicken, die Armee plädierte für eine Verstärkung auf 250 000 Mann in Afghanistan, um dort endlich reinen Tisch zu machen. Die Partei gab sich mit wenig zufrieden: ein halber Erfolg bei der Olympia-Teilnehmerzahl, ebenso beim Weizenboykott (auch ohne amerikanisches Getreide hungerten die Russen nicht) und an der Islamischen Konferenz von Mitte Mai, wo es wesentlich gemäßigter zuging als an der Sonderkonferenz vom Januar, als Moskau noch recht harsch verurteilt worden war, genügten ihr. Die sowjetische Armeeführung hingegen wollte alles – unter größtmöglichem Truppen- und Materialeinsatz. Sie will es noch heute und hat das Schicksal der Amerikaner in Vietnam deutlich vor Augen.

Die Erklärungen und Gesprächsversuche bis Ende Mai stellten hingegen nicht mehr als Ansätze zur Überwindung des internationalen Malaises dar. Im Grunde wurde noch keine Annäherung bei den grundsätzlichen Meinungsunterschieden sichtbar. Das Augenmerk konzentrierte sich zu diesem Zeitpunkt auf drei Hauptthemen:

einmal die Begrenzung und Verminderung der Rüstungsbemühungen in Europa, sowohl bei konventionellen wie bei nuklearen Waffen und den entsprechenden Streitkräften;

zum zweiten geht es immer noch um die Ratifizierung des zweiten Salt-Abkommens – durch die USA wohlgemerkt;
beim dritten Punkt sind die Amerikaner ebenfalls impliziert, beim Krisenhauptpunkt Afghanistan und dessen Bereinigung. Hier fordert Washington weiterhin zuerst einen sowjetischen Truppenabzug, Moskau aber zuerst Verhandlungen und die Anerkennung des Karmal-Regimes und seiner Berater aus der Sowjetunion.
Karmal ließ seine Milizen derweilen weiter schießen. Ende Mai waren es über 50 Schülerinnen der Kabuler Schulen, die den Kugeln seiner jugendlichen Parteimilizen zum Opfer fielen. Er und seine Hintermänner befanden sich weiterhin nicht in einer komfortablen Position. Der afghanische Widerstand verzeichnete Erfolge im ganzen Lande und profilierte sich auch international. Eine große Loya Jirga im pakistanischen Peschawar und die Teilnahme als «iranische Delegierte» an der Islamischen Konferenz in Islamabad bezeugten den ungebrochenen Willen, für ein freies Afghanistan weiterzukämpfen. In Wien wurde auch ein sowjetischer Truppenabzug gefeiert. Ob sich für Afghanistan ähnliches anvisieren läßt, bleibt abzuwarten. Ohne einen festgeschriebenen Zeitplan für einen Abzug der dortigen Sowjettruppen wird eine Lösung kaum erreicht werden. Alle Gespräche können vorläufig nur auf dieses Ziel ausgehen. Die Politiker müssen erreichen, die Entwicklung wieder so in den Griff zu bekommen, daß der Frieden mehr oder minder garantiert ist. Das letzte halbe Jahr zeigte, wie sehr die Weltgeschichte sich diesem festen Griff entzogen hat, wie rasch sich «eine Situation wie 1914» ergeben kann (Helmut Schmidt).

Es bleibt das Tauziehen um die Olympischen Sommerspiele 1980 in Moskau. Der von Präsident Carter verkündete Boykott amerikanischer Sportler, dem sich alle ob der Afghanistan-Invasion verärgerten Länder hätten anschließen sollen, bot Ende Mai beim offiziellen Anmeldeschluß für die Teilnahme in Moskau ein Patt: beide Seiten beanspruchten den «Erfolg» für sich, beide glaubten ihr Gesicht gewahrt. Das Internationale Olympische Komitee (IOK) weigerte sich bis zum Schluß, einer Verlegung oder Verschiebung der Spiele zuzu-

stimmen und die olympische Idee überhaupt politisieren zu lassen. IOK-Präsident Lord Killanin bemühte sich in persönlichen Gesprächen mit Breschnew und Carter um Verständnis für seinen Standpunkt. Die beiden Hauptgegner aber kamen ihm kaum einen Schritt entgegen.
Das Ganze endete am 27. Mai 1980 mit einem hochgespielten Auszählen der teilnehmenden und nicht teilnehmenden Nationen. Beide Seiten hatten sich zuvor mittels massiver Beeinflussung um Entscheide zu ihren Gunsten bemüht, was besonders bei ärmeren Nationen offene Ohren und Hände fand. Man kann die vom IOK schließlich bekanntgegebenen Zahlen (84 in Moskau teilnehmende, 57 fernbleibende Olympische Komitees) kaum zum Nennwert nehmen. Zu vieles spielte mit. Nicht jede Nation, die mitmacht, identifiziert sich automatisch mit Moskaus Standpunkt zur Afghanistan-Affäre, nicht jede, die wegbleibt, protestiert damit gegen den sowjetischen Einmarsch in Afghanistan und stärkt den USA automatisch den Rücken. Die Betrogenen, in jedem Fall, sind die Sportler, die teilnehmenden wie die nicht teilnehmenden. Zu Schadenfreude oder Triumphgeheul ist auf keiner Seite Anlaß. Auch nicht beim IOK.

Die anderen Versionen

Islam ist vielleicht die sozialste aller Religionen. Moslemisches Erwachen ist Ausdruck des Wunsches nach einem Wechsel.

Wadim Sagladin,
außenpolitischer Berater in Moskau

Schon lange bevor die Sowjetunion im Dezember 1979 Babrak Karmal an die Macht brachte, waren von den Regierungen und Massenmedien in Moskau und Kabul verschiedene Versionen darüber in die Welt gesetzt worden, wie sich die Entwicklung in Afghanistan «wirklich» abgespielt habe. Je nach Notwendigkeit wurden dabei Daten und Ereignisse verändert. Immer aber stand dabei im Zentrum, daß Moskau «überrascht» wurde oder «nichts damit zu tun hatte». Es will dabei dreimal von Hafizullah Amin und später dann von den Amerikanern auf verschiedene Weise vor Tatsachen gestellt worden sein. Zweifellos werden diese Begründungen auch in Zukunft, sollten neue Ereignisse in Afghanistan oder dessen Nachbarländern – im Grunde ist die gesamte vorderasiatische Region involviert – eintreten, entsprechend angepaßt werden. Desinformation aber liefern nach Moskauer Version ausschließlich die andern. Die Sowjetunion hat sich letztlich die Möglichkeit geschaffen, von Afghanistan aus politisch und militärisch in Richtung Pakistans und seiner offenen Grenzen oder in Richtung des Kernlandes der islamischen Revolution, Iran, vorzustoßen. In Iran stehen beispielsweise für einen der inzwischen zur Genüge bekannten «Hilferufe» an den sozialistischen Großen Bruder Kader der kommunistischen Tudeh-Partei und der marxistischen Volksfedayin bereit, zudem kann sich Moskau auf einen Vertrag von 1921 stützen, den es im Gegensatz zu Teheran immer noch als gültig betrachtet, falls es zu einem Einmarsch kommen sollte. Im pakistanischen Belutschistan existiert im Untergrund eine marxistische Befreiungsbewegung unbekannter Größenordnung, weitere Kader sowie Guerillas werden laut neuen Meldungen im afghanischen Belutschistan ausgebildet. Überdies scheint die offiziell verbotene Pakistanische Volkspartei (PPP) des hingerichteten Bhutto verstärkten Linkskurs, mit Sympathien für die Vorgänge im benachbarten Afghanistan, zu steuern.

Eines ihrer möglichen Hauptziele, zu deren Erreichung sie auch in Afghanistan angetreten ist, konnte die Sowjetunion bisher im wesentlichen verschleiern: die Zerschlagung der islamischen Revolution, bevor diese noch größere Ausmaße annimmt, sich weiter ausbreitet und über Afghanistan womöglich die moslemischen Sowjetrepubliken erreicht. Seit es einer verhältnismäßig kleinen, im Grunde machtlosen Gruppe von Ayatollahs und anderen Geistlichen in Iran gelang, mit der Hilfe unzufriedener breiter Volksmassen den für unangreifbar gehaltenen Schah zu stürzen, begann man im Kreml offenbar zu glauben, die ihm unverständliche Situation («Bandenkrieg») an den eigenen Südgrenzen könne kritisch werden. Obwohl Moskau das sowjetische Zentralasien ideologisch wie praktisch fest im Griff hat, wurde die ideologische «Bedrohung» in eine militärische uminterpretiert. Die afghanischen Moslemkämpfer lieferten Moskau jedenfalls eine Begründung, seinem allzeit herausgestellten Sicherheitsbedürfnis gemäß, den Einflußbereich der Roten Armee zu erweitern. Schließlich schürt ja – immer nach sowjetischer Version – im Osten auch die Volksrepublik China, angeblich durch deren Hilfe an die Mujahidin, die Unruhe an der Grenze zur Sowjetunion und verhindert so die Bildung der angestrebten «Sicherheitszone». Der alte Alptraum der «Einkreisung» schimmert durch.

Seit dem Sommer 1978, wenige Monate nach dem Putsch gegen Daud und nach der Verkündung der radikalen Reformprogramme seitens der an die Macht gelangten Demokratischen Volkspartei Afghanistans, war es offensichtlich, daß jenes Regime der Hundertfünfzigprozent-Revolutionäre näch-

stes Opfer der islamischen Welle werden würde, falls sie von den Sowjets nicht – möglichst legal – gestützt würden. Wo liegt da die Überraschung für den Kreml? Es wurden von Moskau massenhaft Verträge in allen möglichen Bereichen mit der Regierung Taraki abgeschlossen (etwa 30), bis hin zum eigentlichen Höhepunkt: dem Freundschafts- und Zusammenarbeitsvertrag vom Dezember 1978, dem Dreh- und Angelpunkt aller weiteren Aktivitäten beider Länder. Heute heißt es dazu, man habe «kein Chile in Asien» gewollt, man habe den Amerikanern «keinen Iran-Ersatz» überlassen wollen.
Moskau und Kabul beharren seit dem April-Putsch 1978 darauf, daß «die afghanischen Sozialisten legal und vom Volk unterstützt und begrüßt» ans Ruder gelangt seien. Daß sie sich mit Hilfe von linksgerichteten Offizieren an die Macht schossen und im Volk insgesamt kaum je eine Mehrheit erhalten hätten, da bekannt war, welch schmale Schicht von «Revolutionären» in Kabul Marx und Lenin nach dem Lehrbuch herunterbuchstabierte, wird weitgehend aus der Diskussion verdrängt. Eine Revolution, gar eine Revolution der Nelken, war der Coup der linken Offiziere nicht. Es war ein ganz ordinärer, ziemlich blutig verlaufener Militärputsch.
Was aber seither unter Taraki, Amin und Karmal in Afghanistan und für Afghanistan geschah, ist nach Moskauer Interpretation entweder klassenkämpferische Gesetzmäßigkeit oder «legal» und «rechtens». Wobei für die Fehlresultate und Grausamkeiten von Anfang an, bis hin zu seiner Absetzung und Hinrichtung, der angebliche Verfechter einer Unabhängigkeitspolitik «im Dienste der amerikanischen Imperialisten», Hafizullah Amin, herhalten mußte, während Taraki für die guten Absichten der «wahren Patrioten» steht und heute zum Mythos der afghanischen Revolution hochstilisiert wird: der gute Mensch von Kabul. Unbeantwortet blieb bisher die Frage, weshalb dem «bösen Geist» Amin während über anderthalb Jahren freie Hand gelassen wurde, wenn er doch «verdächtig» oder gar «längst durchschaut» war und seine «reaktionäre Politik» von der Mehrheit der Demokratischen Volkspartei «verurteilt» wurde; weshalb er sich sowohl im Sommer 1978 als auch im September 1979 der Mitregentschaft Babrak Karmals erfolgreich erwehren konnte.

Heute, nach über zwei Jahren verunglückter «Revolution» in Afghanistan, scheint es das vorrangige Bestreben Moskaus zu sein, über diese Episode den Mantel «rechtmäßigen» Schweigens zu breiten. Erst durch die massiven Proteste westlicher, islamischer und blockfreier Länder im Anschluß an die offene Intervention ist es darin gestört und irritiert worden. Deutliche Worte wie «Aggression» und «Invasion» sind Moskau offensichtlich peinlich. Die Wahrung des Besitzstandes, bei aller Unrechtmäßigkeit des Anspruchs, soll aber garantiert bleiben. Das geht aus der seither immer wieder erneuerten Beteuerung hervor, die sowjetischen Truppen würden aus Afghanistan abgezogen, sobald «kein Grund zur Hilfeleistung mehr vorhanden» sei. Wobei die eigene Intervention selbstverständlich keine derartige Einmischung darstellt. Dafür werden unermüdlich die Vereinigten Staaten und die Volksrepublik China als «Imperialisten», Pakistan, Iran und Saudiarabien als «islamische Reaktionäre» sowie, weil es in die politische Konstellation paßt, Israel und Ägypten als «Verräter an der gemeinsamen Sache» angeprangert. Bewiesen wurde damit nichts, außer der Schwäche der Moskauer Argumente zugunsten der Regierung marxistischer Provenienz, die in Kabul praktisch um jeden Preis im Sattel gehalten werden soll. Sie bliebe nicht einen Tag dort, würden sowjetische Streitkräfte und Berater abgezogen.
Was von den Truppenabzugsversprechungen zu halten ist, zeigen die weitergeführten militärischen Bewegungen: es strömten bis zum Juni 1980 immer neue Soldaten und Zivilberater nach Afghanistan, weitere Truppen sind an der Grenze des Landes auf sowjetischem Territorium zusammengezogen, Offensivaktionen gegen die moslemischen Widerstandskämpfer sind in Vorbereitung. In der afghanischen Verwaltung haben die Sowjets 1980 allein das Sagen. Karmal ist, wie von unabhängigen Beobachtern immer wieder bestätigt, nicht mehr als ein Feigenblatt, praktisch ein Gefangener seiner «Helfer und Freunde». Die Sowjetunion hat Afghanistan in eigene Regie übernommen.

Gegenteilige Propaganda beiseite gelassen, läßt sich im Sommer 1980 feststellen: auf seiten Moskaus ist weder die Einsicht

noch der Wille vorhanden, die afghanische Beute fahrenzulassen. Auf entsprechende Hinweise oder Taten warten diejenigen, die vorgeblich oder noch immer ehrlich darauf hoffen – Indien, Iran, verschiedene westliche Länder – vergeblich. Für Moskau ist die eigene «Vorwärtsverteidigung» ebenso rechtens wie das Festhalten an der jetzigen Regierungsform in Kabul möglichst ohne Einschluß islamischer oder gemäßigter Kräfte. Alles andere sind durch den unerwarteten Aufstand der Bevölkerung ausgelöste erzwungene Manöver im Rahmen des Klassenkampfs – Augenwischerei, Roßtäuschertricks.
Unglaubwürdig sind bei näherem Hinsehen die sowjetischen Begründungen für die Aggression gegen Afghanistan: einmal war es allein der Bösewicht Amin, der – zwiespältig genug – sowjetische Hilfe erbeten haben soll (und sich schließlich in dieser selbstgelegten Schlinge fing). Als dies auf Dauer nicht aufrechtzuerhalten war, kam die Version von den insgesamt vierzehn Hilfsgesuchen durch Taraki, Amin und Karmal auf, denen die Sowjetunion «brüderlich nachkommen» mußte. In Wirklichkeit hat sie sich nie gesträubt, sondern aufgedrängt.
Dann ging es plötzlich nicht mehr nur um Beistand für Kabul gegen einen «Angriff von außen», einen «nichterklärten Krieg», die sowjetische Sicherheit selbst war angeblich in Gefahr («unser weicher Unterleib»). Nachdem zuerst «Imperialisten» und sogar die Nato-Nachrüstungsbeschlüsse für Mittelstreckenraketen angeprangert wurden, bequemt man sich seither, «einige» Aktivitäten von «afghanischen Konterrevolutionären» allmählich zuzugeben. Hingegen kann ein weitreichender Volkswiderstand keinesfalls zugegeben werden. Das würde die «Legitimität» des sowjetischen Vorgehens und die ganze Argumentation Moskaus in Frage stellen.
Angesichts des fast vollständigen Zerfalls der afghanischen Armee und der dadurch bedingten massiven Einsätze sowjetischer Truppen in aufständischen Provinzen und großen Städten läßt sich auch die Darstellung nicht länger aufrechterhalten, «ein begrenztes Kontingent» sowjetischer Streitkräfte – in Stärke von sieben Divisionen! – sei allein zur «Pflege der gutnachbarlichen Beziehungen» und zur «zivilen Hilfeleistung» für die im Mittelalter steckengebliebene afghanische Bevölkerung gegen «bewaffnete Banden» ins Land gekommen.

Die ständigen Versicherungen, man wolle lieber heute als morgen wieder aus Afghanistan abziehen, das Ganze sei eher eine unangenehme Belastung, wie sie hohe sowjetische Funktionäre besonders zur Beruhigung westlicher Regierungen und Medien abgegeben haben, klingen wie Hohn, wenn man die Realität dagegen hält. Wie «vorübergehend» die Anwesenheit sowjetischer Truppen ist, unterstreicht deutlich jene Vereinbarung über «Probleme der Stationierung», die der afghanische Außenminister Dost im März in Moskau zu unterzeichnen gehalten war, sowie die im April 1980 erfolgte «Genehmigung» dieser geheimen Abmachungen durch den Obersten Sowjet in Moskau und den afghanischen Revolutionsrat.

Die sowjetische Version, ungeachtet der «Aufregungen um Afghanistan» an der Entspannung – wenn auch vielleicht nicht in der bisherigen Form – weiter interessiert zu sein, läßt sich, schon um Moskaus Verrat bei Koexistenz und Entspannung zu zeigen, anhand der Tatsachen in die richtigen Proportionen rücken. Moskau stellt unverblümt Vorbedingungen: es ist empfindlich auf seine weltpolitische «Gleichberechtigung», wenn nicht mehr, bedacht und behauptet gleichzeitig, der «Hegemonist» USA, namentlich in der Person Präsident Carters, wolle die «Weltmacht Sowjetunion» nicht als solche akzeptieren; dies aber sei die Basis für jegliche Entspannung im Weltmaßstab.

Von «Entspannung» hat Moskau eigentümliche Ansichten, sie wird ideologisch interpretiert: danach scheint sie durchaus «teilbar» und im Grunde nur unter machtmäßig Gleichen möglich zu sein. Zum einen ist sie in der Hauptsache für Europa bestimmt (und könnte möglicherweise als «Keil» zwischen Amerika und seinen europäischen Verbündeten dienen), zum anderen hat der «separate Fall Afghanistan» mit der ganzen Entspannung nichts zu tun – dort existiert «ein allein die Sowjetunion betreffendes Sicherheitsrisiko». Schließlich soll die Entspannung, was die Staaten der Dritten Welt angeht, überhaupt nicht gelten; sie hebt quasi die revolutionären Gesetze nicht auf. Dort soll, getreu der Breschnew-Doktrin, progressiven Regierungen und Bewegungen Unterstützung gewährt werden (Angola und Äthiopien sind solche Fälle). Der Klassenkampf geht für Moskau nie zu Ende.

So wurde im Verlauf der ersten Wochen und Monate 1980 denn nirgends auch nur das geringste Zeichen eines Zurückweichens entdeckt. An Afghanistan-Verhandlungen mit eigenen Konzessionen schien Moskau nicht interessiert, die Akte Afghanistan war schon fast geschlossen. Wurden Vorschläge substantiellen Inhalts auf den Tisch gelegt, wie der Neutralisierungsplan von seiten der Europäischen Gemeinschaft, aber auch weniger weit ausgearbeitete Vorstellungen Irans und Indiens, gab es aus Moskau ablehnenden Bescheid, verbunden mit aalglatten Kommentaren («Die Legitimität Karmals nicht akzeptiert»).

Es ist bemühend, aber doch notwendig, bis an den Anfang der «revolutionären» Entwicklung in Afghanistan zurückzugehen. Beim Putsch gegen Daud, der nach heutiger Version «fast ohne Blutvergießen» verlief, soll das «mittelalterliche Afghanistan eine demokratische Revolution vollzogen» haben. Wie das?, ist man versucht zu fragen. Vierzehnmal mußten danach die «revolutionären Regierungen» Moskau um Hilfe angehen. Man hatte es im Kreml wirklich nicht leicht! Doch von Anfang an floß der Strom sowjetischer Berater, Militärausbilder und Truppen nach Süden.
Von «Bandenkämpfen» war zu Beginn des Engagements ebensowenig die Rede wie von «ausländischen Angriffen». Diese Schutzbehauptungen kamen erst in den späteren Monaten der afghanischen «Revolution» auf, die nie so recht eine werden konnte. In dem zugegebenermaßen mittelalterlichen Land war dafür gar keine Basis vorhanden. Kabuls vorlaute und voreilige Revolutionäre trugen statt dessen partei-interne Kabalen aus. Der anfangs – und heute wieder – «hochverehrte Taraki» jagte den jetzt an der Macht befindlichen Karmal zum Land hinaus, mit der tatkräftigen Hilfe des heute als «reaktionär» verschrieenen Amin. Kurze Zeit später mußten die Khalq-Revolutionäre ihre eigenen Propagandasprüche fressen.
Nach Ansicht verschiedener westlicher Beobachter fiel Moskau spätestens zu diesem Zeitpunkt, vermutlich jedoch schon früher, dem zum Opfer, was heute als seine «Fehlkalkulation» umschrieben wird: es begann ernsthaft an dem harten Brocken Afghanistan zu kauen – und hat daran noch heute zu schluk-

ken. Natürlich aber hatte es schon in den früheren Jahrzehnten eine zielgerechte langfristige Entwicklungspolitik Moskaus in Afghanistan gegeben. Dazu wurden lange vor der sogenannten Revolution Partei- und Militärkader in der Sowjetunion ideologisch gerüstet. Als es im April 1978 dann «überraschend» soweit war, anerkannte der Kreml als erster, ohne den geringsten Zeitverlust, das neue Regime in Kabul. Es heißt, zwischen dem gemeldeten Tod Dauds und der diplomatischen Anerkennung sollen nicht mehr als 45 Minuten gelegen haben: Sowjetbotschafter Alexander Pusanow, seinerzeit «außerhalb der Hauptstadt auf einer Angelpartie», muß die Urkunde im Rucksack gehabt haben und in Fischerstiefeln bei den Militärs aufgekreuzt sein.
Man war und ist, nach Moskauer und Kabuler Version, «traditionell» befreundet, hat aber auch eine «über 2000 Kilometer lange gemeinsame Grenze, die in ein Aufmarschgebiet gegen die Sowjetunion verwandelt werden kann» – es marschierte dann ja tatsächlich jemand auf. Es war in ihrem unendlichen Sicherheitsbedürfnis die Sowjetunion selbst, die sich, da ihren Beratern die «Revolution» in Afghanistan ebenso zu entgleiten drohte wie die «Revolutionäre», zum Aufmarsch entschloß.

Nicht erst seit Mitte September 1979, als Taraki einem Gegencoup Amins zum Opfer fiel, wußte Moskau, daß – wenn schon nicht seine Grenzen – seine Investitionen politischer, wirtschaftlicher und militärischer Art in Afghanistan bedroht waren. Zwar nicht, weil der «Reaktionär Amin» Anstalten machte, sich «Amerikanern und Chinesen an den Hals zu werfen» – das tat er nur nach Moskauer Version. Der selbstbewußte Amin wußte allerdings, wie er mit den sowjetischen Apparatschiks umzugehen hatte. Als unabhängigkeitsgewohnter, wenn auch brutal-harter Paschtune verfolgte er seit längerem eine eigenständige Linie nationalistisch-progressiver Politik, die Moskau nicht gefallen konnte. Er versuchte offenbar, sich mit jenem Teil der afghanischen Offiziersschicht zu arrangieren, die ebenfalls linksnationalistisch dachte und der die sowjetische Oberaufsicht über die afghanische Armee, einschließlich der Politkommissare, suspekt war.
Gegen die von Amin entlassenen, aber nicht ausgeschalteten

Offiziere Watanyar, Masduryar und Gulabzoi sollten die eingekerkerten Generäle Abdul Quader und Mohammed Rafieh ausgespielt werden. Amin setzte die lebenslangen Haftstrafen der beiden herab. Der Zeitpunkt, wann die Anführer der Staatsstreiche gegen König Zahir und Prinz Daud freikommen würden, schien absehbar, die Folgen, wenn sie sich wieder an die Spitze der Armee setzen könnten, ebenfalls. Hier ging dann Amins Rechnung nicht auf. Moskau konnte in Afghanistan keinen Tito gebrauchen und handelte schneller. Die beiden Generäle sitzen heute gemeinsam mit ihren von Amin gefeuerten Offizierskollegen in der Regierungsspitze unter Karmal.

Der Fall Afghanistan war keine Fehlkalkulation Moskaus. Er war von Anfang an richtig kalkuliert worden. Er wäre innerhalb eines etwas längeren Zeitraumes unbeanstandet über die Bühne gegangen. Das islamische Erwachen aber, dieses durch Aktivierung der Volksmassen revolutionäre, jedenfalls originäre Ereignis, konnte in eine langfristige Kalkulation, weil nicht vorhersehbar, nicht einbezogen werden. Überdies konnte diese Erhebung von Volksmassen im Zeichen des Islam nicht sofort als «konterrevolutionär» abgetan werden – der Ayatollah ein Konterrevolutionär?

Als aber der gut kalkulierte Fall Afghanistan in die Defizitspalte rutschte, korrigierte Moskau das Heft nicht, sondern beharrte auf der Richtigkeit der Rechnung und wollte den vollen Betrag heraushaben. Zehn Jahre Entspannung und weitere Breschnew-Bemühungen gingen zum Teufel. Die Welt wurde um des fernen Kabul willen in eine Krise gestürzt, deren Auswirkungen letztlich noch nicht absehbar sind und begann über Schwächen und Lücken in der sowjetischen Führung zu rätseln; die Kreml-Astrologen hatten Hochkonjunktur. All das was man in den Monaten seit der Aghanistan-Invasion der Gegenseite – dem amerikanischen Präsidenten zumal – lautstark vorgeworfen hat, muß sich in weit beklemmenderem Umfang vorher in Moskau selbst abgespielt haben. Die Krise, mit der sich die Welt zum Auftakt des neuen Jahrzehnts konfrontiert sah, entstand aus einer Pervertierung der Breschnew-Doktrin, nicht aufgrund der Entstehung einer bis dahin kaum je in Erwägung gezogenen Carter-Doktrin. Der «Historiker»

Breschnew stand plötzlich vor den Trümmern seines Lebenswerkes und versuchte nachträglich an seiner Legende zu basteln.
Die übertriebenen amerikanischer Versuche, die eigene Weltmachtposition auf Kosten Moskaus aufzupolieren, waren den Sowjets dabei äußerst hilfreich. Hinter dem Desinformationsvorhang ließ sich trefflich streiten. Wurden die Olympischen Spiele in Moskau boykottiert, amerikanische Getreide- und Technologieexporte gestoppt, die Entspannung zuungunsten von Rüstungsbeschlüssen verlorengegeben, die Welt also in eine Krise gestürzt: die Sowjetunion war nicht schuld daran; vielmehr der Westen, der Islam, der amerikanische Präsident – als hätten sie schweigen sollen.
Nach dem Motto: «Alles hat längst vor Afghanistan begonnen», oder auch: «Der andere hat angefangen», wurden von den Sowjets nach dem Reinfall vor der Weltöffentlichkeit alle möglichen Gründe herangezogen, um die Invasion in Kabul zu rechtfertigen: der Rüstungswettlauf, amerikanisches Weltmachtstreben, angebliche Salt-Sabotage durch Carter, die Nato-Nachrüstungsbeschlüsse – Einmarsch in Afghanistan, um das Land vor der Nato zu retten? Gar um den Weltfrieden weiter zu gewährleisten? Allah mußte fürwahr mit den Mujahidin sein. In Wirklichkeit sollte verschleiert werden, daß Europa via Asien an der Gurgel gepackt worden war.
Auch Vorgänge, die erst nach der Dezember-Invasion 1979 ins Rollen kamen, dienten Moskau, den eigenen Übergriff und die ihm vorausgegangenen Aktivitäten zu rechtfertigen. Übelgenommen wurde beispielsweise den Amerikanern neben der Carter-Doktrin und dem Vorrücken im Indischen Ozean (was in erster Linie durch die Vorgänge in Iran mitbedingt ist) die Annäherung an die Volksrepublik China. Eine Sache, die während Jahren nicht recht vorankam, durch den sowjetischen Einmarsch in Afghanistan aber neue Impulse erhielt. Die Peking versprochene amerikanische Meistbegünstigungsklausel im Handel und die Militärhilfe müssen Moskau geschmerzt haben. Angebliche chinesische «Übergriffe» nach Afghanistan und «Transporte» über die Karakorum-Straße durch Pakistan ließen sich seither leichteren Herzens behaupten. Bewiesen hat Moskau sie bisher nie, ebensowenig die angeblichen «Ausbil-

dungslager» für afghanische Freiheitskämpfer und «ausländische Söldner».

Der Lärm um die Läuse im Pelz der Weltmacht Sowjetunion wirkte jedoch auf die übrige Welt angesichts der sieben sowjetischen Divisionen im Land am Hindukusch eher provokativ, zumindest unglaubwürdig, und schlug auf die Urheber zurück. «Unsere Sicherheit war bedroht, nicht diejenige Europas», hieß es aus Moskau. Verteidigung Moskaus also in Kabul? Der Khyber-Paß als nächste Linie, an welcher das sowjetische Sicherheitsbedürfnis bedroht sein würde? Die Reaktionen in aller Welt zeigten, daß aus gleichartigen früheren Ereignissen gelernt wurde. Die Fälle Ungarn und Tschechoslowakei waren in aller Munde. Den Moskauer Versicherungen vom «Sonderfall Afghanistan» wurde nicht geglaubt. Zu vorstellbar erschienen plötzlich die «Sonderfälle» Belutschistan, Paschtunistan, Pakistan, Kaschmir, Iran. Von der verletzlichen Ölroute aus dem Golf in den Indischen Ozean nicht zu reden.
Beschleunigte Waffenlieferungen an Pakistan, angesichts der Bankrottsituation des Landes kaum der Rede wert, wurden von der Sowjetunion flugs in «Lieferungen an afghanische Konterrevolutionäre» uminterpretiert. In Wirklichkeit sollte Pakistan der angestrebte große Waffen- und Geldfischzug infolge der brüskierenden Politik seines Militärmachthabers Zia-ul-Haq nicht gelingen. Material für die afghanischen Aufständischen wurde erst spät und in geringem Umfang geliefert. Bei den hochgespielten sowjetischen «Besorgnissen» um Karakorum-Straße, Khyber-Paß und Karatschi, die so gut ins Subversionskonzept paßten, dürfte in erster Linie der Wunsch der Vater des Gedankens gewesen sein – der Wunsch, es könnte sich dort tatsächlich etwas abgespielt haben, das die eigene Intervention nachträglich rechtfertigte.
Nicht ins Moskauer Konzept paßten zwei andere K: Khomeyni und Kabul. Die islamische Revolution in Iran war erfolgreich gewesen, die marxistische in Afghanistan mißlungen, beides ungefähr zur selben Zeit. Die Analogie lag nicht fern: Als die Amerikaner gingen, fiel der Schah – würden die sowjetischen Truppen gehen, fielen die Revolutionäre in Kabul. Das Festhalten an Afghanistan, das so zwingend gewesen sein soll,

konnte nur bedeuten: die Sowjetunion trat gleichzeitig auch gegen die islamische Revolution an.
Ein weltanschaulicher Konflikt aber ist mehr als eine Laus im Pelz. Der Kreml wäre der letzte, der ihn nicht ernst nähme. Nur kurze Zeit, im Sommer 1978, glaubte er den Versicherungen der Machthaber in Kabul. Rasch realisierte er, daß in Afghanistan die Revolution ohne Unterlaß ihre Kinder fraß und sich der Moslemwiderstand fast ungehindert ausbreiten konnte. Darauf war die Mär von den «Konterrevolutionären» schnell zur Stelle. Sie gehört zur klassenkämpferischen Grundausrüstung.
Daß die konfuse Situation in Afghanistan andere, weltanschauliche Ursachen hatte, konnte von Moskau in Anbetracht der 50 Millionen Moslems in den eigenen zentralasiatischen Republiken nicht eingestanden werden. Statt dessen kurierte der Kreml in Afghanistan an Symptomen herum. Doch er wurde gezwungen einzusehen, daß die Ursachen tiefer lagen. Und er fühlte sich bedroht – das geht im Kreml oft sehr schnell.
Zugeben wollte man weder diese Bedrohung noch die islamische Grundwelle überhaupt. Die politisch heruntergespielte «zeitlich begrenzte Hilfeleistung» an Afghanistan, die diskrete «Heimführung» der eigenen Gefallenen ohne Ehrenbezeugung haben hierin ihre Begründung. Es stimmt: In der Region herrschte ein «unerklärter Krieg», um die Terminologie der sowjetischen Medien zu gebrauchen. Aber spätestens seit Dezember 1979 war es nicht der Aufstand gegen Kabul, der damit gemeint sein konnte. Die Stoßrichtung war eher umgekehrt: Bekämpfung der wiedererstarkten geistigen Kraft namens Islam durch fortgesetzte Destabilisierung ohnehin schwacher islamischer Länder.
Auf diese Weise bedroht die Sowjetunion durchaus die Golfregion. Der Wunsch nach einem Hafen am warmen Wasser oder der Griff nach dem Erdöl sind nicht einmal vorrangig zu bewerten, obwohl das sowjetische Interesse an einem «ungehinderten Rohöltransport auch nach sozialistischen Ländern» plötzlich herausgekehrt wurde. Die Mobilisierung der arabischen Massen für die eigenen, nicht für islamische Zwecke ist das eigentliche Ziel. Die Besetzung der Kaaba in Mekka war ein Zeichen.

In Afghanistan ließ sich Moskau unverhältnismäßig lange Zeit. Von den Rankünen innerhalb der DVP-Spitze muß es gewußt haben. Daß Amin alleiniger Bösewicht gewesen sein soll, wie es heute hingestellt wird, kann nicht stimmen. Daß aber ausgerechnet er beiseitegeräumt werden sollte, ist aus Moskauer Sicht verständlich. Amin hat nie stillgehalten, ließ sich nie derart dirigieren wie die andern afghanischen Funktionäre. Typisch für ihn ist, daß er sich auch um der Revolution willen nicht beseitigen ließ.

Im Gegenteil: er reagierte sofort, als er von dem Vorhaben Wind bekam, feuerte «unsichere Elemente» aus seinem Kabinett, nämlich Taraki-treue Militärs, und ließ auch gegenüber dem «Vater des Volkes», Taraki, keinen Zweifel daran, wer Herr im Hause sei.

Als Amin diesen Standpunkt auch gegenüber den Sowjets herauskehrte, verrechnete er sich. Schon längst fühlten sich die «Brüder» aus dem Norden als die wahren Herren. Zwar mußte der intrigierende Botschafter Pusanow – der bekannte Angler – gehen, da er offenbar für das Entkommen der entlassenen Militärs unter den Ministern gesorgt hatte, aber Amins Schicksal war damit besiegelt. Er wähnte sich nur auf dem Gipfel seiner Macht.

Der Außenwelt wurde zu dieser Zeit jedoch die Version aufgetischt, zwischen Moskau und Kabul stehe alles bestens. In Wirklichkeit kam es schon bald zu ersten Armeemeutereien (Bala Hissar, Rischkur), bei denen sich zeigte, daß Teile der afghanischen Streitkräfte nicht auf Amin hörten. Zum selben Zeitpunkt, so die gegenwärtig gültige Lesart, soll Karmal angeblich nach Afghanistan zurückgekehrt sein und den Widerstand gegen Amin parteiintern organisiert haben. Die Version paßt zu dem, was ansonsten gegen Amin abrollte. Die Frage ist, wieso der krankhaft mißtrauische Usurpator während fast dreier Monate hinters Licht geführt werden konnte. Und wenn es stimmen sollte, daß Amin versuchte, sich von den sowjetischen Freunden zu distanzieren – besonders deren Militärpräsenz war ihm unbehaglich –, hätte er keinen Grund gehabt, sie um zusätzliche Hilfe zu bitten. Irgend jemand muß aber um Hilfe nachgesucht haben. Am Ende wird es doch Babrak Karmal gewesen sein.

Die seit den Dezember-Ereignissen in verwirrender Vielzahl herumgebotenen Versionen sind Ende Mai auf einige halbwegs glaubwürdige zusammengeschrumpft. Aber kann man Karmal glauben, wenn er behauptet, er habe im Dezember 1979 die DVP-Mitglieder in ihrer Mehrzahl hinter sich gebracht gehabt, habe einen Prozeß gegen Amin durchführen lassen, in dem dieser für schuldig befunden, abgesetzt und – später – hingerichtet wurde? Alles, ohne bemerkt zu werden? Amin war aber, wie feststeht, bis zu den letzten Dezembertagen noch am Leben und empfing Besucher. Demnach müßte die Partei hinter seinem Rücken gehandelt und nach außen hin in seinem Namen «Hilfe» angefordert haben. Amin begriff, was gespielt wurde, als die große Luftbrücke schon rollte, als die brüderliche Hilfe ihn zu erdrücken begann. Gefaßt hat die Partei ihn nicht, und sie hat ihn auch nicht hingerichtet. Vielleicht war er in Abwesenheit von den Karmal-Komplotteuren «verurteilt» worden. In die Falle gelockt wurde er von den Sowjets. Sie wollten ihn offenbar lebend. Doch Amin starb, wie bezeugt worden ist, in den Trümmern des zusammengeschossenen Darulaman-Palastes. Auch eine Art von Hinrichtung, aber sicherlich nicht das, was heute in Kabul verbreitet wird.
Seit Beginn des Jahres 1980 müssen Außenstehende mit solchen Versionen und mit Moskaus «letztem Trumpf» Babrak Karmal leben. Schon seine ersten Radioansprachen waren ominös, kamen nicht aus Kabul. In der Öffentlichkeit zeigte er sich erst Tage später. Die Welt sollte seine «Fakten» unbesehen glauben – sie tat es nicht: begrenzte militärische Hilfeleistung der Sowjetunion aufgrund bestehender Verträge, Absetzung und Hinrichtung Amins, er selbst von der Partei bestellter neuer Machthaber. Dazu der Schwall propagandistischen Sperrfeuers, der bis heute nicht änderte: imperialistische Einmischung ausländischer Banden und Söldner, Waffen aus den USA und China, Amin schuld an allem und jedem – der «CIA-Agent Amin» entstand.
Daß gleichzeitig sowjetische Divisionen Afghanistan besetzten und völlig dem Einfluß Moskaus unterwarfen, darüber wurde in Kabul zuerst gar nicht, dann beschönigend, dann mit verschiedenartigen Entschuldigungen geredet. Auch hier in mehreren Versionen. Besonders herausgestrichen wurde die von

der «vertraglichen gutnachbarlichen Hilfeleistung eines begrenzten Kontingentes friedlicher Sowjettruppen», die «zeitweilig» in Afghanistan seien.
Dafür wurde um so mehr gegen die Stürme der Entrüstung in aller Welt gewettert, die dem Einmarsch folgten. Karmal fand und findet nichts dabei, daß die Sowjetunion «friedlich» das ganze Land mit Truppen überzog. Daß jedoch die übrige Welt – islamische, blockfreie, westliche, sogar ostblockfreundliche und sozialistische Staaten – auf die Aggression mit Protesten und Resolutionen reagierte, das war «ungerechtfertigt». Der Kreml erkannte zu spät, welche Krise er heraufbeschworen hatte. Seither verleugnet er diese Krise wie ein uneheliches Kind, an dem er keine Schuld haben und das er am liebsten los sein will. Wer genügend trinkfest ist, findet unschwer Ostblockdiplomaten, denen er das Eingeständnis entlocken kann, man könne Afghanistan gern geschenkt haben – aber bitte mit Karmal.

Aus Moskaus Afghanistan-Krise erwuchs eine Welt-Krise zwischen den beiden Großmächten. Präsident Carter stilisierte Afghanistan auf dieselbe Stufe seiner «Weltpolitik» hoch wie Iran. Doch seine im Fall der Geiselnahme von Teheran gegenüber Iran gezeigte Geduld schlug ins Gegenteil um: der Menschenfreund Carter drohte mit Krieg, die Carter-Doktrin wurde in die Welt gesetzt. Die Welt hatte einen zweiten Kalten Krieg, Rüstungsanstrengungen rückten in den Mittelpunkt. Fast wurden darüber die Vorgänge in Afghanistan selbst, die Aufstände in den Provinzen, eigentliche Auslöser der Krise, vergessen. «Heute hängt alles von den Vereinigten Staaten ab», konnte sich Moskau in Verkehrung der tatsächlichen Gegebenheiten durch den Mund von Ex-Botschafter Falin vernehmen lassen.
Seither gelang nur mühsam ein Herunterstufen der Afghanistan-Krise. Seit sechs Monaten heißt es unverändert in Moskau: Entspannung ja, Verhandlungen nein, Truppenabzug teilweise, vielleicht. Und in Washington: Truppenabzug sofort, Verhandlungen anschließend, Entspannung vielleicht. Die anfängliche Einigkeit der Welt in der Ablehnung der sowjetischen Invasion scheint wie weggeblasen, seit es um Konkretes

geht. Abhängigkeiten gewannen die Oberhand. Und Moskaus Versionen zum Fall Afghanistans. Zum Teil wurden sie geglaubt, zum Teil bei der Suche nach einer Verhandlungsbasis akzeptiert.

Moskau profitierte am meisten von der zeitweiligen politischen Patt-Situation. Carter verspielte die Chance, «nach Kabul» mit der islamischen Welt möglicherweise einen wertbeständigen Konsens finden zu können, der Moskaus eigene Intentionen durchkreuzt hätte. So konnten die Sowjets versuchen, sowohl in Afghanistan als auch international, ihre angeschlagene Position zu verbessern.

Es war nicht leicht. Durch seine weiterhin verfolgte Doppeldeutigkeit machte Moskau erfolgversprechende Versuche, die Krise beizulegen, mehrfach zunichte. Einerseits glaubte man im Kreml nicht an die Ernsthaftigkeit der Aufregung, die das Ausland wegen des verhältnismäßig unwichtigen, armen, entfernten Afghanistan erfaßt hatte. Andererseits hielt man selbst dieses Land für wichtig genug, den Einsatz der Roten Armee fortzuführen und zu rechtfertigen (ohne die sieben Divisionen je zuzugeben), den Strohmann Karmal an der Macht zu halten, indem man einen Truppenabzug verweigerte und von künstlichen Bedingungen abhängig machte.

Ein Abzug, oder auch eine Volksbefragung, würde vernichtend für Karmal ausfallen und die Schwäche der linken Argumentation aufzeigen. Eine demokratische Wahl kann aber auch aufgrund der in Afghanistan bestehenden Verhältnisse und der Ereignisse der letzten zwei Jahre gegenwärtig nicht in Frage kommen. Zuviel Bitterkeit ist vorhanden, zu sehr sind die Meinungen gemacht. Afghanistan muß zur Ruhe kommen, darüber sind sich viele Seiten einig. Da jedoch niemand zu erkennen ist, der diese Ruhe neutral garantieren könnte, sieht Moskau keine Veranlassung, ein Zeichen zu setzen. Es wird versuchen, die «Revolution» jetzt selbst durchzuführen. Bis seine Version die einzige sein wird. Dann aber ist es für die übrige Welt zu spät, ein «demokratisches Verfahren» zu fordern.

Wem an Afghanistan und seinem Fortbestehen als freies Land gelegen ist, an einem Rückgängigmachen des sowjetischen Übergriffs und einer Korrektur der sowjetischen Interpretation der Geschichtsschreibung, muß die Initiative zu Verhandlungen behalten – jetzt! Dabei muß viel Mißtrauen abgebaut und dem Verhandlungspartner ein Weg aus der Sackgasse der Ideologie offengehalten werden, wenn man Afghanistan nicht abschreiben will.

Der Kampf um die Seelen

Die Gerechtigkeit besteht nicht darin, daß ihr das Gesicht nach Osten oder Westen richtet. Sondern der ist gerecht, der an Gott glaubt. (...)

(Koran, Sure 2, Beginn Vers 177)

Der in und um Afghanistan entbrannte Kampf muß nicht zuletzt als Kampf um die Seelen der moslemischen Gläubigen gesehen werden. Ein neuer Abschnitt eines langanhaltenden Kampfes. Schon einmal hat ihn die Sowjetunion geführt. Sie hat in ihm Erfahrung. Sie nimmt den Islam als Gegner ernst. Sie weiß, daß es nicht ein zweites Mal gelingen wird, ihm alle Übel anzulasten – Rückständigkeit, Unterentwicklung, Feudalismus –, sich selbst aber als Kämpfer für das Positive herauszustellen, für Gerechtigkeit, Zivilisation und Fortschritt. So sieht sie sich in der Situation, einerseits die Welle islamischen Erwachens dem eigenen Staatsgebiet fernzuhalten, indem sie den Kampf jenseits der Südgrenze in Afghanistan aufnimmt, andererseits aber in der weiteren moslemischen Welt den Anschein aufrechtzuerhalten, als sei sie ein Verbündeter des Islam.

Die eindrücklichsten Revolten und Kriegszüge in früheren Jahrhunderten gegen die westliche, d.h. christliche Vorherrschaft hat es fast immer im Namen des Islam gegeben. Den 1917 in Moskau frisch an die Macht gelangten Bolschewiken war das nicht entgangen. Sie versuchten diese Kraft für sich in Anspruch zu nehmen. Sowohl Lenin wie Stalin forderten die Moslems auf, die Revolution zu unterstützen. Und sie hatten zu Anfang einigen Erfolg: Namentlich unter den Tataren entwickelte sich ein Nationalkommunismus mit moslemischem

Einschlag. Tatarenführer wie Mullah-Nur Wahitow und Mir-Said Sultan Galiew taten sich mit dem Versuch hervor, Marxismus, Nationalismus und die Kräfte, die dem Islam innewohnten, zu verbinden. Kommunisten aus anderen Moslemregionen schlossen sich ihnen an.
Doch bald verloren die Bolschewiken das Vertrauen in diese Bewegung, die sie nicht kontrollieren konnten; es war ihnen suspekt, daß das ethnische Moment dem ideologischen gleichgestellt, wenn nicht sogar übergeordnet war. Während der gesamten zwanziger Jahre waren die Bolschewiken anschließend in Kämpfe mit moslemischen Widerstandskämpfern – den Basmatschi – verwickelt, ehe es ihnen gelang, deren gewalttätige Guerilla mit brutalen Mitteln niederzuwerfen. An den Grenzen zu Afghanistan hielt sie sich unter dem türkischen Militär und Abenteurer Enver Pascha bis zuletzt. In dem politisch ungeordneten Gebiet Zentralasiens waren in jenen Jahren die verbliebenen Khanate eines nach dem anderen verschwunden; die imperialistische Unterdrücker- und Russifizierungspolitik der Zarenzeit wurde von den Bolschewiken fortgeführt.
Die «Europäer» sind in den heutigen moslemischen Sowjetrepubliken eine Minderheit geblieben. Sie haben vielleicht die Erde der Turkmenen, Kirgisen, Tadjiken, Usbeken, Kasachen erobert und fruchtbar gemacht, ob sie aber die Seelen dieser schätzungsweise 50 Millionen großenteils sunnitischen Moslems wirklich erobern konnten, erscheint noch heute, nach Jahrzehnten der Kolonisierung und der religiösen Unterdrükkung, fraglich.
Der Islam hat sich in Sowjetasien gegenüber Marx und Lenin seit 60 Jahren als flexibel erwiesen. Er erscheint nicht im Gewand kriegerischer Aufsässigkeit gegenüber Staat und Partei; antisowjetische oder sezessionistische Bestrebungen sind nicht zu erkennen. Einzig in Duschanbe kam es am Maifeiertag 1978 zu Zusammenstößen zwischen Tadjiken und Russen. Der Islam hat den Preis für sein Überleben gezahlt: er hat sich angepaßt. Doch halten die Moslems weiterhin zusammen. Die Umma lebt in den Sowjetrepubliken nach wie vor. «Reinheit und Integrität des Islam sind erhalten geblieben», verkünden selbst die von der Regierung zugelassenen Muftis der obersten Glaubensbehörde. Offen Gläubige haben jedoch gesellschaft-

lich kaum Aufstiegschancen. Kulturell und geistig vom Islam beeinflußt zeigen sich die Funktionäre von Staat und Partei in Zentralasien aber allemal. Sitten und Bräuche leben, nicht im Untergrund wie Sufi-Bruderschaften und Tarikas in Kaukasien; nicht inoffiziell und nur zu Hause, sondern in der Öffentlichkeit. Nationalität und Religion scheinen weitgehend eins geblieben zu sein.
Daß Moskau argwöhnt, die militante Kraft der islamischen Bewegung schlafe in seinen Moslemrepubliken nur, hat es mit seinem «defensiven» Übergriff auf Afghanistan zu verstehen gegeben. Vom dortigen Geschehen sind beide Seiten in der Sowjetunion nicht unberührt geblieben: es leben Menschen der gleichen Völkerschaften gleich nebenan, über dem Fluß, und werden vom militärischen Zuschlagen Moskaus betroffen: teilweise sind es Nachfahren der vor den Bolschewiken nach Afghanistan ausgewichenen Flüchtlinge.
Daß Moskau ein Aufwachen, ein Übergreifen der islamischen Erneuerung über den Amu-Darya zu verhindern entschlossen ist, obwohl eine derartige Möglichkeit der Beeinflussung real kaum zu fassen ist, bezeugen vorsichtige Äußerungen in dieser Hinsicht: teils halb privat, unter Diplomaten und Journalisten, teils deutlicher unter den Diensttuenden in Afghanistan. Dort zeigte das rasche Auswechseln von Mannschaften moslemischen Glaubens, daß man jegliche «Ansteckung» vermeiden will. Der Koran soll nicht unter dem Militärmantel erneut nach Sowjetasien eingeschleust werden, vielmehr unter dem Militärstiefel in Afghanistan seinen Einfluß allmählich verlieren. Die Sowjets handeln in der Gewißheit, daß die Kontrolle über die islamische Bewegung langfristig schon deshalb notwendig ist, weil ansonsten dem Regieren auf der Grundlage des Marxismus-Leninismus womöglich ein Schlag versetzt werden könnte, der alles andere als erwünscht wäre.

Schon während des Zweiten Weltkrieges hatte Stalin wieder die Hilfe der moslemischen Bevölkerung gesucht und auch erhalten. Das angestrebte Ziel war fast erreicht: der Lebensstandard in den zentralasiatischen Republiken stieg, das islamische Erbe war fast zerstört. Unter Chruschtschow erschienen diese Republiken nach weiteren Säuberungen derart «gefestigt» und

untergeordnet, d.h. kollektivisiert, daß ihnen ein gewisses kulturelles Eigenleben wieder zugestanden werden konnte. Das sowjetische Interesse am Islam manifestierte sich nun außerhalb der Grenzen der Union: genügend junge Moslemstaaten waren entstanden, seitdem das kolonialistische westliche Joch abgeschüttelt worden war. Den Kolonialismus im Inneren des eigenen Staatsgebietes glaubte Moskau mit gutem Gewissen abstreiten zu können.
Bezeichnenderweise hatte das sowjetische Bemühen, moslemische Staaten auf Dauer auf seine Seite zu ziehen, kaum durchschlagenden Erfolg. Über sozialistische Ansätze kam man innerhalb von drei Jahrzehnten nicht hinaus; die Fälle Algerien und Libyen sprechen eher gegen Moskaus Ambitionen, Ägypten wurde zum großen Reinfall, Südjemen ist kaum der Rede wert, Irak und Syrien waren immer widerspenstige Partner. Afghanistan hätte die Gegenprobe bringen sollen. Das mißlang. So wird jetzt auch dort, wie früher in den Emiraten und Khanaten des Nordens, die «Überzeugung» der Völker mit Gewalt erfolgen. Ist Afghanistan wirklich nur «das einzige Emirat, das Stalin zu erobern vergaß»? Zwiespältig sind jedenfalls die Aussichten des Vorhabens der Sowjets: Selbst wenn sie das Land nicht gänzlich zerstören und von Grund auf neuerbauen wollen, werden sie es auf immer besetzt halten müssen.

Vergessen wird dabei, daß durch den sowjetischen Übergriff eigentlich der Westen einer umfassenden Konfrontation mit dem Islam, der sich bedroht fühlte, entgangen ist. Vor der Bedrohung durch die technologische und ideologische Herausforderung in ein Dilemma geraten, war der Islam daran, aus der bloßen Abwehr zum Angriff überzugehen. Khomeyni war auf dem besten Weg in die Offensive. Die Sowjets hatten den Sturz des Schahs begrüßt, doch sie hatten weder dies noch den Erfolg Khomeynis verstanden. Sie verstörte ein derartiger Erfolg der Massen, die einer anderen Revolution folgten als derjenigen Moskaus. Dann «geschah» Afghanistan. Seither sieht sich der Islam der Notwendigkeit gegenüber, sowohl gegen West wie gegen Ost Front machen zu müssen.
Die Verurteilung der sowjetischen Aggression in Afghanistan durch die schockierten Moslemstaaten reihenweise; das «Bei-

nahe-Vergessen» des israelischen Erzfeindes und der Palästinensischen Befreiungs-Organisation an der Islamischen Konferenz in Islamabad; Angriffe des Islam gegen Moskau, das neue Feindbild – das mußten die westlichen Länder erst verarbeiten. Trotz gleichzeitiger Distanzierung der Konferenz auch vom Westen scheint eine Chance zur Annäherung bei der Suche nach gegenseitigem Verständnis gegeben. Selbst wenn dem die gegenwärtigen Ereignisse in Iran entgegenstehen.

Auf der Seite des Westens, so wie er sich heute darbietet, wird der Islam niemals stehen können. Überdies haben sich die Abhängigkeiten geändert: es ist der energiehungrige Westen, der das Öl der Araberstaaten braucht, mehr als umgekehrt jene die Technologien des Westens oder Ostens. Doch kann der Versuch einer Annäherung und eventuellen Aussöhnung zwischen Islam und Industrie dazu beitragen, den untereinander gespaltenen Moslems (sie sind keineswegs die von Khomeyni propagierte «eine Familie») die Unterscheidung ihrer angenommenen oder wirklichen «Feinde» zu erleichtern. Es ist allerdings ein schwieriges Unterfangen: eine Unterscheidung von Religion, Staat und Politik hat es im Islam nie gegeben. Die meisten Schwierigkeiten des heutigen Iran rühren aus dem Umstand, daß der bisher oppositionelle Klerus sich Staatsgeschäften aller Art gegenübersieht, auf die er nicht vorbereitet und denen er nicht gewachsen ist.

Der gegenwärtige «Afghanistan-Vorteil», nach dem Beweis sowjetischer Expansions- und Konfrontationsgelüste, ist für den Westen von zweifelhafter Natur und kann sich bei falscher Handhabung äußerst negativ auswirken. Den Islam seine «Feinde» unterscheiden lassen – sei es der atheistische Kommunismus; sei es die Verwestlichung in islamischen Ländern, eingeschlossen ein Materialismus, der dem Wesen des Islam direkt entgegensteht; sei es die eigene Hypokrisie – das heißt: zuhören und den islamischen Belangen Geduld entgegenbringen. Geduld gegenüber jener Suche und Improvisation, die sich Erwachen nennt, kann sich als positiver erweisen als der Versuch, in Form von neuen Bündnissen rasch Kapital aus der jetzigen Situation schlagen zu wollen.

Sollte sich herausstellen, daß tatsächlich mehr hinter den sowjetischen Absichten in Afghanistan steckt als die «Befrie-

dung» dieses einen Landes, sollte die Sowjetunion meinen, gegen den Islam einmal mehr Front machen zu müssen, dann kann es durchaus sein, daß der erstarkte Islam diese Herausforderung nicht nur annimmt, sondern sich in der Folge gegenüber dem Leninismus auch als widerstandsfähiger erweist. Bei einer Diskussion in der afghanischen Steppe, in einer der «befreiten Zonen» im Süden des Landes, beriefen sich meine integristischen jungen Gesprächspartner voller Überzeugung auf ihre «stärkere Supermacht», auf Allah. Ein Student brachte es auf eine kurze Formel: «Es ist ein Kampf lebender gegen tote Seelen.» Was ihn und seine Mujahidin betraf, so hatten sie die imperialistische Herausforderung aus dem atheistischen Norden längst auf ihre Art begriffen und angenommen.
In ihren Augen war der Islam in die Aufgabe hineingewachsen, die Supermächte dieser Welt herauszufordern, sowohl als geistige wie als politische Macht. Anerkannte Grenzen haben für den Islam, zum Ärger Moskaus, ohnehin nie existiert. Gläubige Moslems machen daraus auch nie einen Hehl, während Moskau die ganze komplexe Situation herunterzuspielen und seine Moslemvölker ruhigzuhalten versucht. Für die Gläubigen im gesamten Gebiet südlich der Sowjetunion aber sind die 50 Millionen sowjetischen Moslems «unterdrückt», der «fünftgrößte Moslemstaat der Erde» ist ihnen ein lohnendes Ziel für ihre Aktivitäten: Unterwerfung kann es für den Moslem nur unter Allah geben. Der Kampf um die Seelen der eigenen Glaubensbrüder wie um die der Ungläubigen ist für ihn nie zu Ende.

Mullahs und Mujahidin, Flüchtlinge und Exilgruppen

Wenige Tage nach der Machtübernahme von Nur Mohammed Tarakis Demokratischer Volkspartei wurde im Mai 1978 in den Moscheen von Kabul erstmals zum Heiligen Krieg gegen die Regierung der Ungläubigen aufgerufen. Die Machthaber, die den Fortschritt wollten und schon bedroht sahen, antworteten auf die Jihad-Drohung mit einer ersten Repressionswelle. Weitere sollten folgen. Die meisten in der Hauptstadt amtierenden Mullahs jener Zeit verschwanden auf Nimmerwiedersehen im berüchtigten Staatsgefängnis von Pol-i-Charki. Wer heute in den Moscheen auftritt, ist in seinem Amt als Mullah von der DVP-Regierung ausdrücklich bestätigt, d.h. er gilt als relativ vertrauenswürdig. Wobei man in Karmals Ministerien schon zufrieden ist, wenn sich die Mullahs, wie vom Koran vorgeschrieben und auf den Dörfern weiter üblich, an das Lehren und Lernen des Korans halten, nicht aber seine Auslegung vornehmen.

Das Aufkommen einer religiösen Führerfigur in Afghanistan, mit der sich alle Moslems identifizieren könnten, wird dadurch weitgehend verhindert. Ganz davon abgesehen, daß es unter den Sunniten – 90 Prozent der afghanischen Bevölkerung – eine klerikale Hierarchie wie im Schiitentum (Iran) nicht gibt. Die sunnitischen Mullahs waren, wenigstens in Afghanistan, immer Staatsdiener – heute sind sie es mehr denn je. Ein Ayatollah Khomeyni, der ausspricht, was die Masse der Gläubigen empfindet, würde selbst in der jetzigen Situation bei frommen Afghanen eher Verdacht erregen denn Anerkennung finden. Nur die wenigsten sehen in der Machtausübung durch eine Schicht religiöser Führer, wie im Nachbarland Iran, unbedingt Vorteile.

Bilder Khomeynis oder Schariat-Madaris finden sich denn in

Afghanistan auch höchstens in Herat und anderen Orten nahe der iranischen Grenze sowie in den schiitischen Dörfern im Hazarajat oder den schiitischen Vierteln der afghanischen Hauptstadt. Vereinzelt sieht man sie zudem an den Wänden der Hauptquartiere einiger Exilgruppen im pakistanischen Peschawar, vornehmlich bei denen fundamentalistischer Ausrichtung. Mittel zum Zweck? Märtyrertum und Selbstaufopferung, den Schiiten eher vertraut und auch bei der Anheizung ihrer islamischen Revolution selbstverständlich, werden von diesen Gruppen am ehesten noch für den Kampf der Mujahidin um ein islamisches Afghanistan vertreten. Doch bei den Exilführern zeigt sich genausowenig ein Khomeyni wie in Kabul.

Mit einem Vorurteil Afghanistan gegenüber muß aufgeräumt werden: die Macht und der Einfluß der Religion bei den dortigen Sunniten – oft überdimensioniert dargestellt – sind zwar groß, aber keineswegs derart extrem wie vermutet. Auswüchse religiöser Fanatiker sind durch die Situation bedingt; eine andere Ursache mögen Unbildung, mittelalterliche Zustände und Isolierung in weiten Teilen Afghanistans sein. Das Fehlen einer Hierarchie im Klerus hat nicht nur das Mächtigwerden eines einzelnen Mullahs oder eines Ulemas (Schriftgelehrten), sondern bis in die Neuzeit auch weitgehend die Herstellung einer ausgeprägteren Form politischer Einheit im Afghanistan der Völkerschaften verhindert – und sei es im Glauben.

So gesehen hat es eine einheitliche Nation Afghanistan eigentlich nie gegeben. Unter der Monarchie waren die Völkerschaften bzw. Stämme in einem losen Rahmen zusammengehalten worden und lebten ansonsten, wie es Glaube und Traditionen vorschrieben. Kabul war weit. Eine ähnliche Politik – Distanzierung von den Tagesaktualitäten – scheint dem abgedankten letzten König, dem in Rom lebenden Zahir Schah, und seiner Umgebung heute noch vorzuschweben, wenn dort die Möglichkeiten für eine eventuelle Rückkehr des Königshauses nach Afghanistan diskutiert werden. Sie distanzierten sich bezeichnenderweise auch diskret von den meisten afghanischen Exilgruppen, denen sie mangelnde Autorität im größeren Rahmen der gesamtafghanischen Verhältnisse vorwerfen. Dies aber ist zugleich Schwäche und Stärke der afghanischen Monarchie gewesen: sie herrschte, und herrschte doch fast nicht. Ihr von seiten der islamischen Integristen aufgrund eines zaghaften Demokratieverständnisses und einer liberalen Grundhaltung vorzuwerfen, sie habe damit die Ausbreitung auch kommunistischen Gedankenguts begünstigt, erscheint zumindest weithergeholt.

Rebellen, Flüchtlinge, Exilgruppierungen, oder auch: Freiheitskämpfer, Glaubenskämpfer, Guerillas, Banditen, Konterrevolutionäre – es ist nicht einfach, den Status all der Afghanen zu umschreiben, die sich gegen die kommunistische Regierung in Kabul entschieden haben und diesen Entschluß in die Tat umsetzten: durch bloße Flucht in die Nachbarländer Pakistan und Iran, durch bewaffneten Widerstand oder durch beides.
Schätzungsweise eine dreiviertel Million Menschen konnte bis zum Frühsommer 1980 über die Grenzen fliehen, eine unbekannte Anzahl befindet sich innerhalb Afghanistans auf der Flucht oder wird, wie im belagerten Hazarajat, ausgehungert. Etwa 50 000 bis 100 000 Menschen – die Zahl ist naturgemäß nicht exakt auszumachen – leisten in den afghanischen Provinzen und Städten den sowjetischen und afghanischen Soldaten und Funktionären bewaffneten Widerstand.
Dabei ist beispielsweise die Szenerie entlang der offenen Grenze zu Pakistan in ständiger Bewegung: die Unterscheidung zwischen Flüchtlingen, Stammesbewohnern, Nomaden und Mujahidin fällt in der Grenzregion besonders schwer, ist fast unmöglich; die Menschen dort sind oft alles zugleich: sie, die es als Stammesangehörige, Schmuggler, Nomaden seit jeher gewohnt waren, über die imaginäre Grenze hin und her zu wechseln, flüchten heute vor kriegerischen Auseinandersetzungen, ohne zu wissen, ob sie je ungehindert über diese Grenze in ihr heimatliches Dorf oder Tal werden zurückkehren können.
Trotzdem, oder gerade deswegen, ruhen sie nicht. Nachdem ihre Familien notdürftig bei Verwandten aus demselben Stamm oder Klan oder aber in einem der behelfsmäßigen Flüchtlingslager untergebracht sind und Verletzte Pflege erhalten haben, machen sich die meisten Männer zur Rückkehr bereit; nur wenige Alte bleiben als Wächter bei den manchmal mitgebrachten Herden oder als Aufsicht über die Lager zu-

rück. Für die Rückkehrer heißt das vorläufig: Kampf. Für dieses Begehren finden sie offene Ohren. Sowohl in Pakistan wie in Iran haben sich afghanische Exilorganisationen gebildet, die sich ihrer annehmen, soweit sie bereit sind zu kämpfen. Aber das muß man kaum einen der kriegerisch veranlagten Paschtunen, die hier in der Mehrheit sind, fragen.

Im pakistanischen Peschawar, das auch als «zweite Hauptstadt Afghanistans» bezeichnet wird, residieren unzählige Gruppen und Grüpplein, die sich als politische Organisationen des afghanischen Widerstands sehen. Einig sind sie untereinander nicht. Zu verschieden sind ihre Auffassungen von einem künftigen Afghanistan ohne die dort jetzt regierenden «Gottlosen». Der von den Exilgruppen jeweils behauptete Alleinvertretungsanspruch gegenüber allen Flüchtlingen, Mujahidin und den Konkurrenten fällt bei näherer Betrachtung ihrer ideologischen Ansichten, Ziele und Aktivitäten rasch in sich zusammen. Die moslemischen Kämpfer verteilen sich, so stellt sich heraus, mehr oder weniger auf die sechs Hauptgruppen in Peschawar. Dabei sind die Grenzen fließend: manche Mujahidin sind loyal, andere kämpfen für den, der zahlt. Bandenwesen spielt hinein. Und es wird gezahlt! Eine Haupttätigkeit jener Exilorganisationen ist damit bereits genannt: finanzielle und militärische Mittel aufzutreiben, um den Widerstand fortzuführen bzw. zu kaufen. Sie können erst in zweiter Linie als Hilfsorganisationen zur Betreuung der Flüchtlinge angesehen werden.

Die dringend notwendige Hilfe für die nicht kämpfenden Flüchtlinge, meist Frauen, Kinder und Alte, wird großzügig und teilweise naiv von den Exilgruppen den Gastländern überlassen. Diese sehen sich Hunderttausenden von bedürftigen Menschen gegenüber, die innert kürzester Zeit hereinströmten, und sind dem Ansturm naturgemäß kaum gewachsen. Die Organisation von Hilfsaktionen, gemeinsam mit internationalen Hilfswerken, kommt nur schwer in Gang. Bürokratie und politische Verhältnisse tun das übrige, um die Arbeit zugunsten der oft in unbeschreiblichen Verhältnissen lebenden Flüchtlinge zu erschweren.

Der massive sowjetische Einmarsch in Afghanistan und der

harte Winter 1979/80 haben das Ausmaß der Probleme verdoppelt. Iran und Pakistan, das hat sich inzwischen gezeigt, sind angesichts der eigenen politischen bzw. wirtschaftlichen Sorgen von der Aufgabe der Flüchtlingsbetreuung dieses Ausmaßes offensichtlich überfordert – und auch gar nicht dazu bereit. Entweder will man sich nicht gegenüber der Großmacht Sowjetunion kompromittieren oder man tritt aus falsch verstandenem Nationalstolz auf eine Zusammenarbeit mit internationalen Organisationen nicht ein.

Von Pakistan zumindest ist bekannt, daß es alles selbst in die Hand nehmen will, um die Kontrolle über das Ganze zu behalten, und daß man in Islamabad behauptet, man würde es auch schaffen. Man habe genügend eigene Ärzte, heißt es, man brauche keine ausländischen Medizinerteams; man habe ausreichend einheimische Verwaltungsbeamte, internationale Spezialisten bei der Registrierung der Flüchtlinge würden nicht benötigt; man leiste humanitäre Hilfe in zureichendem Rahmen: Unterbringung, Nahrung, Kleidung, medizinische Versorgung, Beihilfen. Ein näherer Augenschein ergibt, daß diese Behauptungen vor allem eines bezeugen: ein hohes Maß von Verantwortungslosigkeit. Bei genauem Hinsehen erweisen sich genannte Zahlen und Aktivitäten oft als Propaganda, die nichts kostet.

So ist besonders die medizinische Versorgung in den vernachlässigten Zeltlagern nicht gewährleistet. Für den Sommer 1980 befürchten internationale Experten den Ausbruch von Seuchen und einen Wassermangel. Die sanitären und hygienischen Bedingungen sind derart, daß Epidemien zwangsläufig ausbrechen müssen. Von mir befragte Flüchtlinge behaupteten konstant und unabhängig voneinander, die von pakistanischer Seite angegebenen Hilfeleistungen würden kaum einmal bei ihnen eintreffen. Weder die inzwischen legendären, nie gezahlten 4 Rupien pro Tag noch die Nahrungs- und Medikamentenhilfe. Größtenteils seien sie nach der provisorischen Unterbringung auf sich selber gestellt: man lebe von mitgebrachten Vorräten, verkaufe Vieh und sonstige Habe, müsse Beziehungen spielen lassen oder sei auf verwandtschaftliche Hilfe angewiesen. Ohne diese Hilfe in großem Maßstab, die ohne Murren von Stammesangehörigen und Familienmitgliedern in Pakistan geleistet

wird, wäre das Flüchtlingsproblem längst zur Katastrophe ausgeartet.
Ein zusätzlicher hinderlicher Faktor bei der effizienten Flüchtlingshilfe ist die grassierende Korruption in allen Bereichen des pakistanischen Lebens, Verwaltung und Armee nicht ausgenommen. Hilfssendungen und vor allem Finanzmittel verschwinden immer wieder in undurchsichtigen Kanälen; zu gut kann man Güter und Gelder im eigenen Lande oder für sich selbst verwenden, als daß man sie den afghanischen Flüchtlingen zugute kommen lassen wollte.

Aktiv hervorgetan haben sich bisher mit großangelegten Hilfeleistungen besonders das UNO-Flüchtlingshochkommissariat, in Zusammenarbeit mit dem Welternährungsprogramm (WFP) der Nahrungs- und Landwirtschaftsorganisation der Vereinten Nationen (FAO). Dazu das Internationale Komitee vom Roten Kreuz (IKRK) und die Unicef, das Kinderhilfswerk der UNO. Ihnen ist eine Zusammenarbeit mit den pakistanischen Behörden gelungen. Ihnen stehen die vermutlich größten finanziellen Möglichkeiten offen; sie finden für ihre Spendenaufrufe international ein offenes Ohr; sie verfügen über die ausreichenden Erfahrungen für Fälle wie die afghanische Flüchtlingslawine.
Die internationalen Hilfswerke taten denn auch das einzig Richtige: sie nahmen die Verteilung der von ihnen zur Verfügung gestellten Güter selbst in die Hand, versuchten diese möglichst direkt und ohne «Vermittlung» lokaler Behörden den Bedürftigsten der Flüchtlinge zukommen zu lassen. Regierungsstellen und Exilorganisationen gingen bei diesen Hilfsaktionen weitgehend leer aus. Bargeld bekamen weder die einen noch die anderen in größeren Mengen zu sehen, sofern sie nicht einwandfrei nachweisen konnten, daß die Weiterleitung zur Direktverwendung für humanitäre Zwecke gewährleistet war.
Zumal die Afghanen hätten es mit Sicherheit und Selbstverständlichkeit für den Kauf von Waffen verwendet. Alles andere wäre für sie Verschwendung. Es sind immer wieder die ersten Worte, sobald Flüchtlinge das rettende Nachbarland erreicht haben: «Gebt uns Waffen – was sollen wir mit Brot?»

Oder: «Wenn wir Waffen zum Kämpfen bekommen, habt ihr hier bald keine Flüchtlingssorgen mehr.»

An Waffen gelangen die von Flüchtlingen zu Widerstandskämpfern werdenden Männer aufgrund der im pakistanischen Grenzgebiet seit Jahrhunderten herrschenden Verhältnisse leicht genug. Hier existieren seit undenklichen Zeiten in den halbautonomen Stammesgebieten zahlreiche kleine Waffenschmieden. Ganze Dörfer leben von der Herstellung leichter Feuerwaffen, Nachbildungen längst ausgemusterter Modelle zumeist, von beschränktem Kampfwert gegenüber der hochmodernen Ausrüstung des Gegners.
Der Waffenschmuggel tut ein übriges: innert kurzer Zeit ist in den Stammesgebieten ein umfangreicher Waffen-Schwarzmarkt entstanden. Hier taucht größtenteils sowjetisches Kriegsmaterial auf. Darunter befindet sich neben den Waffen von sowjetischen und afghanischen Soldaten neuerdings auch eingeschleustes sowjetisches Material vom Weltmarkt oder aus Beutebeständen Israels und Ägyptens, das von den USA, wie zugegeben wurde, indirekt an die Mujahidin gelangen soll. Hin und wieder findet sich auch ein Stück, das den Weg von der pakistanischen oder iranischen Armee hierhergefunden hat – meist amerikanisches Material.

Die politischen Implikationen, die das Afghanistan-Problem mit den Flüchtlingen und Mujahidin für die Gastländer mit sich bringen kann, dürfen nicht übersehen werden. Schon das eben genannte Beispiel vom Auftauchen auch amerikanischer Rüstungsgüter macht es den Sowjets und der afghanischen Regierung möglich, von «ausländischer Einmischung» zu sprechen. Den Vorwürfen aus Kabul und Moskau, Pakistan diene als Retablierungsplatz afghanischer «Konterrevolutionäre», setzt man sich in Islamabad nicht gern aus. Dies mag mit ein Grund sein, daß die angeblich gewährte Hilfe an die Flüchtlinge so schleppend vor sich geht.
Die schwierige Definition des Status der Geflohenen macht es Afghanistan und der Sowjetunion leicht, sich «bedroht» zu fühlen, sich ihrerseits im Nachbarland Pakistan einzumischen. Das geht so weit, daß behauptet wird, Flüchtlingslager seien

«Ausbildungslager von Rebellen». Bombardierungen von Lagern hinter der Grenze kamen ebenso wie Artilleriebeschuß «versehentlich» schon vor. Pakistan begnügte sich jeweils, wie bei den häufigen Verletzungen seines Luftraums, mit Protesten oder Vorsprachen in Moskau.

In Iran stellen die geflüchteten Afghanen ebenfalls einen Unsicherheitsfaktor dar. Pakistan und Iran drohen überdies als islamische Staaten in den kriegerischen Konflikt, der in Afghanistan unter der grünen Flagge des Islam gegen die Rote Armee ausgetragen wird, hineingezogen zu werden. Beide Länder haben zudem eine belutschische Minderheit, Pakistan dazu seine Pathanen (Paschtunen). Damit läßt sich von interessierter Seite künftig gut Politik machen. Sollte den Sowjets die angestrebte Schließung der Grenzen Afghanistans nicht gelingen, ließe sich durch kurzfristiges Hochspielen des Flüchtlingsdramas die politische Unrast in dessen Nachbarländern schüren. Schon heute herrscht unter Belutschen und Pathanen alles andere als Zufriedenheit mit der Zentralregierung in Islamabad. Zum einen sind die innenpolitischen Zustände der Grund, zum anderen die größtenteils zum Bleiben entschlossenen Flüchtlinge. Diese haben bisher Programme zur Umsiedlung weiter ins Landesinnere konsequent unterlaufen.

«Es ist bald die größte Flüchtlingsmasse, die wir überhaupt je gesehen haben», beteuerte mir gegenüber der Repräsentant des UNO-Flüchtlingshochkommissars, «schon jetzt übertrifft sie zahlenmäßig die Flüchtlinge an der thailändisch-kambodschanischen Grenze. Einzig die über eine Million nach Sudan und Somalia geflüchteten Äthiopier lassen sich hiermit vergleichen.» Eingerechnet bei diesen Angaben sind natürlich nicht jene Flüchtlinge, die bei ihrer Flucht auf eigenem Territorium in Not geraten sind, wie im Fall Kambodscha.

Die bei den Hilfsorganisationen eingehenden Spendengelder in Millionenhöhe reichen angesichts der immer noch steigenden Flüchtlingszahl nur für kurze Zeiträume. Das Flüchtlingshochkommissariat hat, bei einer angenommenen Zahl von 500 000 Menschen, um internationale Hilfe in der Höhe von 55 Millionen Dollar ersucht. Verteilt werden konnten bis zum Frühjahr 1980 erst rund 5 Millionen Dollar. Jeder registrierte Flüchtling hätte während der Wintermonate neben Zelten,

Decken, Kleidung und Haushaltswaren eine Tagesration von 400 g Weizen, 30 g Trockenmilch, Speiseöl, Hülsenfrüchte, 20 g Zucker sowie mehrere Gramm Tee – für jeden Afghanen ein Maß aller Dinge – erhalten sollen. Verwirklicht werden konnte dies nur zum Teil.
Nicht übersehen werden kann, daß die Registrierung der Geflüchteten lange Zeit überbürokratisch und schleppend vor sich ging. Wer bei Angehörigen untergekommen war, wer sich gar offen als Widerstandskämpfer auswies, wurde nicht registriert, erhielt keine Unterstützung und wurde in den offiziellen Zahlenangaben nicht aufgeführt. Die Flüchtlingszahlen sind deshalb bei weitem höher, als angegeben wird.
Die Registrierung läuft erst seit wenigen Wochen «normal». Zuerst hatte die pakistanische Verwaltung einen orientalisch-schwerfälligen Apparat aufgebaut, der eine zügige Abfertigung der Geflohenen eher behinderte denn erleichterte. Offensichtlich wollte Islamabad mehrere Dinge gleichzeitig damit erreichen: es versuchte potentielle Unruhestifter auszuschalten, dazu den Kabuler «Nachrichtendienst der Werktätigen», und außerdem sollte die Flüchtlingshilfe gar nicht so attraktiv erscheinen, daß sie weitere Kandidaten anzog.

Mit ganz anderen Augen sieht die Regierung in Kabul das Flüchtlingsproblem. Es ist für sie keinesfalls ein humanitäres Problem, sondern eine politisch brisante Angelegenheit. Die eigene Haltung gegenüber den geflüchteten Landsleuten wird je nach der momentanen Zweckmäßigkeit definiert. So heißt es einmal, es gebe in Pakistan «überhaupt keine Flüchtlinge», das Ganze sei eine Erfindung westlicher Propaganda, in Wirklichkeit handle es sich um «Konterrevolutionäre, Vasallen und Verführte». Dazu gebe es «Nomaden», die «zu Tausenden in Lagern zwangsweise unter ausländischer Anleitung zu Saboteuren ausgebildet» würden. Angeblich werden, nach Kabuler Version, «rund drei Millionen Nomaden», die jährlich die offene Grenze zwischen Pakistan und Afghanistan zu überschreiten gewohnt sind, «zwangsweise gehindert», im Frühling in die angestammten afghanischen Weidegründe ihrer Herden zurückzukehren. So jedenfalls äußerte sich der neue Minister für Grenzangelegenheiten, Fais Mohammed, im Februar 1980.

Pakistan habe im weiteren «Stammesangehörige als Geiseln genommen, eingeschüchtert und in Lagern interniert», heißt es in seiner abenteuerlichen Darstellung. Dabei wäre niemand glücklicher als Pakistan, wenn diese «Nomadenlast» verschwinden würde.
Eine andere afghanische Version erfolgte einen Monat später. Da unterschied Kabul plötzlich zwischen zwei Kategorien von Flüchtlingen, deren Existenz es nicht länger leugnen mochte. Einmal gab es «echte» Flüchtlinge, nämlich solche, die sich vor dem Karmal-Putsch vom 27. Dezember 1979 «aus Furcht vor der Repression seitens des Amin-Regimes» in Sicherheit gebracht hatten. Die «unechten» waren diejenigen, die vor Karmals Regime und den sowjetischen Besetzern im tiefsten Winter geflüchtet bzw. aus dem Land getrieben worden waren, oder wie es auf «parteichinesisch» hieß: «die sich provokatorischen und subversiven Aktivitäten wider die nationale Revolution und die legale Regierung von Afghanistan hingeben».
Daß es auch andere Gründe geben könnte, in Afghanistan Haus und Hof zu verlassen, zu fliehen oder gegen das herrschende Regime zu kämpfen, gab Karmal mit seinem Angebot vom gleichen Monat zu, in welchem er Geflohenen und Kämpfenden bei einer Rückkehr nicht nur eine Amnestie versprach, sondern ihnen auch ihr verlassenes Land – wenigstens teilweise – wieder zurückgeben wollte. Auf dieses Angebot, mit dem die Regierung in Kabul ihre Landreformversuche angesichts der katastrophalen Versorgungslage zurücksteckte, ging jedoch, soweit bekannt, niemand der Angesprochenen ein.
Den Beweis für die oft wiederholte Behauptung, in «über fünfzig Lagern» Pakistans, Irans und auch Chinas würden afghanische «Konterrevolutionäre» militärisch ausgebildet, um nachher in ihre Heimat zurückgeschleust zu werden und gegen die Regierung zu kämpfen, blieben die Sowjetunion und Afghanistan bisher schuldig. Trotzdem wird die Behauptung unverdrossen weitergetragen, selbst von höchsten Funktionären. Besser geworden ist sie dadurch höchstens in ihren eigenen Augen, hängen geblieben ist davon in der Weltöffentlichkeit ebenso wenig wie von der Behauptung, es gebe «ausländische Ausbilder und Söldner», welche die Unruhen in Afghanistan anstifteten. Sie konnten bisher nicht präsentiert werden. Die

verzweifelten Versuche, «CIA-Agenten» vorzuführen, sind in ihrer Tolpatschigkeit auf die Urheber zurückgeschlagen.

Eine Übersicht über die Widerstandssituation in Afghanistan im Frühsommer 1980 zeigt einerseits, daß der islamische Widerstand lebt, andererseits hat sich die Sowjetunion – offensichtlich zum Bleiben entschlossen – die Möglichkeiten geschaffen, die Mujahidin in den verschiedenen Provinzen nachdrücklicher zu bekämpfen. Sie tat dies bereits mit ihren Frühjahrsoffensiven in Kunar, Paktia und Bamiyan.
Zum Erliegen kam der afghanische Widerstand dadurch nicht. Die anspruchslosen Kämpfer für den moslemischen Glauben in einem freien Afghanistan sind andere Existenzbedingungen gewohnt als eine hochgetrimmte Armee, sie können unter miserablen Umständen in Gebirgen, unwirtlichen Steppen und Wüsten überleben, schwimmen innerhalb der zusammenstehenden islamischen Bevölkerung «wie die Fische im Wasser», getreu dem seligen Mao Tse-tung. Die Rote Armee kann das alles nicht. Sie muß immer wieder abgezogen werden.
Es wiederholt sich das seit zwei Jahren bekannte Schema: Kaum ist die Besatzungsmacht nach einem Vergeltungsschlag verschwunden, übernehmen die Mujahidin erneut das Kommando. An der Tatsache, daß es in den meisten afghanischen Landgebieten zwei Autoritäten gibt – bei Tag die offizielle, in der Nacht die der Freiheitskämpfer –, hat sich durch die überdimensionierte sowjetische Präsenz nicht viel geändert; sie ist für eine andauernde Besetzung des gesamten Landes immer noch nicht groß genug. So führen beide Seiten einen Abnützungskrieg. Zerrieben wird dabei in erster Linie die gnadenlos traktierte Zivilbevölkerung.
Einer militärischen Lösung ist niemand näher gekommen; einer politischen Lösung auf dem Verhandlungswege steht im Sommer 1980 noch die starre Haltung aller Beteiligten entgegen. Moskau und Kabul beharren auf der «Legalität» ihres Anspruchs, die Herrschaft in Afghanistan ausüben zu können, ohne der Verwirklichung dieses Anspruchs näherzukommen. Sie wiesen bisher alle Verhandlungsangebote zurück. Die Mujahidin und die im Namen des Islam auftretenden Exilorganisationen der Afghanen beharren ihrerseits auf dem Recht, sich

gegen die angemaßte Legalität Kabuls im Namen ihres Glaubens erheben zu dürfen. Sie werden dabei, zumindest verbal, von vielen islamischen Staaten unterstützt. Zahlreiche blockfreie und westliche Länder haben sich seit dem sowjetischen Einmarsch vom Dezember 1979 ebenfalls auf ihre Seite begeben. Ein Entscheid wurde damit aber nicht herbeigeführt.

Mangelnde Einigkeit in den politischen Ansichten – dieses Bild hat in den vergangenen zwei Jahren nicht nur die sozialistisch firmierende Kamarilla in Kabul geboten. Diejenige in der «anderen afghanischen Hauptstadt», Peschawar, stand ihr darin nicht nach. Alle Versuche, unter den großen Exilgruppen und ihren Führern Einigkeit zu erzielen, scheiterten an persönlichen Animositäten, verleumderischen Unterstellungen und weltanschaulichen Differenzen. Oft schien es, als würden eher Hindernisse aufgetürmt statt abgebaut. Jeder der Chefs in Peschawar wäre gern Emir von Afghanistan, das Land selbst wird darüber fast vergessen.

Anläßlich der Sonderkonferenz der islamischen Außenminister in Islamabad im Anschluß an die sowjetische Aggression gegen Afghanistan, bei der die Invasion durch die Rote Armee einmütig verurteilt wurde, hatten die sechs großen Exilgruppen der Afghanen erstmals Gelegenheit, sich der Weltöffentlichkeit gemeinsam zu präsentieren und ihren Anspruch, den afghanischen Widerstand zu führen, zu untermauern. Sie bildeten zu diesem Zweck einmal mehr eine jener Dachorganisationen, wie sie schon früher angestrebt wurden, aber jedesmal gescheitert waren: die «Islamische Allianz zur Befreiung Afghanistans». Hilfszusagen islamischer Länder an den afghanischen Widerstand wurden ihr gegenüber davon abhängig gemacht, daß die Gruppen im Rahmen der Allianz effektiver als bisher zusammenarbeiten würden: nach außen repräsentierend und als Koordinationsinstrument für den bewaffneten Widerstand in Afghanistan.

Der Allianz wurde bis zur ordentlichen Islamischen Konferenz, die Mitte Mai 1980 in Islamabad stattfand, zur Auflage gemacht, eine Charta, einen Präsidenten und ein überzeugendes Programm vorzuweisen, will sie auf wesentliche Unterstützung Anspruch erheben. «An uns fehlt es nicht», versicherte

ein arabischer Konferenzdelegierter nach Abschluß des Außenministertreffens in Islamabad, «wir haben immer zur Verfügung gestanden, mit Geld und mit Waffen – es fehlt an denen.»
Provisorischer Vorsitzender der Allianz wurde im Februar 1980, vor der Bildung des gemeinsamen Politischen Rates, der einen Präsidenten wählen sollte, der Führer der Jamiat Islami Afghanistan, Professor Burhanuddin Rabbani. Weiter beteiligten sich die Gruppierungen Hezbi Islami Afghanistan, unter Ingenieur Gulbuddin Hekmatyar; die Hezbi-Splittergruppe unter Maulana Junes Qales, Hezbi II genannt; die Harakat-e-Inqelabi, unter Professor Mohammed Nabi Mohammedi; die Nationale Befreiungsfront, unter Professor Sebghatullah Mujadidi; die Nationale Front für die Islamische Revolution, unter dem Pir Sayed Achmed Gilani. Alle sechs Gruppen behaupten, für das afghanische Volk zu sprechen. Daß nicht alle von ihnen die besten Verbindungen zu dem Land und dem Volk haben, für das zu kämpfen sie angeben, steht fest. Unabhängig in den abgelegenen Gebieten Afghanistans kämpfende Stammesführer und abgefallene Offiziere, die unterschiedlichen Stadtguerillagruppen und die einflußreichen Basaris in Kabul und den anderen Städten, die alle kaum Verbindung zu den Exilorganisationen haben, muß die Regierung Karmal mindestens ebensosehr fürchten wie den von außen kommenden Widerstand.
«Der wahre afghanische Freiheitskämpfer kommt nicht aus Peschawar. Er existiert irgendwo in einer Berghöhle, im Hindukusch oder im Hazarajat, er ist autark, organisiert seine Aktionen selbst und nur für sich», erläuterten mir unabhängig voneinander Kenner der afghanischen Szene die Situation: Diplomaten, Ethnologen, frühere Politiker, Mitglieder des Königshauses. Vertreter dieser Kämpfer hielten Anfang Mai in Peschawar eine vielbeachtete Loya Jirgah ab – ohne Exilgruppen. Bei denen ist dieses Thema tabu. Die dortigen Gruppen haben gegenwärtig wenig mehr gemeinsam, als daß sie gegen die Sowjetbesetzer und das Kabuler Marionettenregime miteinander oder getrennt, jedenfalls aber alle unter der Flagge des Islam, die Befreiung ihres Heimatlandes anstreben. Schon hier scheiden sich die Geister: Ist den einen der Glaube Her-

zenssache, so ist er anderen einzig als Mittel recht, diverse politische Ziele durchzusetzen – falls es je dazu kommen sollte. Unverrückbar, bis hin zu gegenseitigen kriegerischen Auseinandersetzungen ihrer Mujahidin-Truppen, halten alle Exil-Führer an der Richtigkeit ihres politischen Modells für ein freies Afghanistan fest. Mangelndes Demokratieverständnis, falls man solches überhaupt voraussetzen kann, zeichnet sie alle aus. Ansätze zu einer staatlichen Idee, mit welcher die Existenz des politischen Gebildes Afghanistan gesichert werden könnte, haben sie ebensowenig wie die Repräsentanten der Monarchie aus der Zeit vor dem Putsch der Sozialisten und Marxisten. Gesprächsansätze fallen in dieser Hinsicht auf wenig fruchtbaren Boden. Auch hier wieder die Parallele zu den jetzigen Machthabern in Kabul. Mit Theorien und Behauptungen, die in der Praxis als Grundlage für ein Zusammenleben in einer Nation Afghanistan nicht ausreichen, versucht man Politik zu machen und endet schließlich bei der afghanischen Weise, sein Recht zu beweisen: bei der Gewalt.
Das einzige erfolgversprechende Konzept kommt, soweit mir bekannt ist, von jener Konkurrenzgruppierung, die sowohl von Peschawar wie von Kabul gleichermaßen gefürchtet wird: den «wahren Sozialisten», jenen unter den Stadtguerillas in Kabul und Herat wie unter den Landguerillas in Badakhschan äußerst aktiven Sozialisten und Maoisten der Gruppe Schola-e-Javed, die am Aufstand in Herat ebenso beteiligt waren wie an den Generalstreiks der Basaris in Kabul und Kandahar, in Masar-i-Scharif wie Jallalabad.
Die Gruppe, die sich in den Städten als «Vereinigte Islamische Front für die Befreiung Afghanistans» bezeichnet und mit den bekannten «Nachtbriefen» die Erhebungen schürt, steht in echten Kontakten mit zahlreichen Widerstandsgruppen in Afghanistan selbst, namentlich in den Bergregionen, bei denen es sich um ethnische Minderheiten handelt. Sie will natürlich ebenfalls den Abzug der Sowjets und das Scheitern der Karmal-Regierung. Aber dann soll es eine «Föderative Republik Afghanistan» geben, unter gerechtem Einbezug der zahlreichen Minoritätengruppen im Lande. Es wäre der Tod der paschtunischen Staatsidee eines Groß-Afghanistan, und es würde die islamischen Forderungen in ihre Schranken weisen.

Schon unter dem König und Daud wurden Settem-i-Melli wie Schola-e-Javed dafür bitter verfolgt und bestraft. Eine Berücksichtigung ethnischer und religiöser Minoritäten stand in Afghanistan bisher nur nach außen hin im Programm der jeweiligen Machthaber. Die am Aufstand in Kabul wesentlich beteiligt gewesenen unterdrückten Schiiten versprechen sich von dem neuen Konzept den endgültigen Ausbruch aus ihrem Ghettodasein.

Bemerkenswert ist, wie weit die Ansichten über die Verwirklichung eines islamischen Staates unter den führenden sunnitischen Theologieprofessoren auseinandergehen. Minimale und maximale religiöse Gegensätze, nicht etwa politische, trennen so in Peschawar die Gruppen und lassen den Eitelkeiten Raum. Mehr oder weniger offen wird von den einen die Rückkehr zur alten Staatsform mit dem König und der Loya Jirga, dem Stammes- und Ständeparlament, gefordert; andere sehen in ihrer Parteigruppe der Schriftgelehrten (Maulanas) und Priester (Mullahs) die einzige politische Möglichkeit. Demokratische Strukturen schließen die meisten aus.

Ausdrücklich ausgeschlossen hat mir gegenüber der Ingenieur Gulbuddin Hekmatyar, Parteichef der Hezbi Islami, ein demokratisches Prozedere nach einer eventuellen Machtübernahme. Nach seinen Vorstellungen wird es unter seiner Führung einen Revolutionsrat geben, der die kompromißlos islamische Ausrichtung künftiger afghanischer Politik sicherstellen soll; all dem würden soziale und demokratische Zielsetzungen untergeordnet. Von Stammesrechten und Monarchie will der Integrist Hekmatyar überhaupt nichts wissen. Seine militante Hezbi Islami (Islamische Partei), als landesweit und volksverbunden im weitesten Sinne bekannt, vertraut darauf, im absoluten Alleingang zum «Sieg» – in welcher Form auch immer – zu gelangen.

Am ehesten kommt demokratischen Vorstellungen, trotz monarchistischer Tendenzen, der verwestlichte Pir Sayed Gilani von der Nationalen Front für die Islamische Revolution nahe. Dem Namen nach ein religiöser Führer, bereitet es ihm, einem modisch gekleideten lispelnden Spitzbart, am meisten Mühe, sich auf die neuen «islamischen» Bedingungen umzustellen.

Der frühere Geschäftsmann und Peugeot-Generalvertreter in Kabul will kein islamisches Joch.
«Ein islamischer Staat, ja, warum nicht? Aber, bitte sehr, frei, demokratisch, zeitgemäß. Wir sollten uns nicht abkapseln vom Westen, seinen Errungenschaften. Wir leben alle im selben Jahrhundert», betont er. Gilani hat gleichzeitig enge persönliche Beziehungen zum Königshaus und hat es trotzdem verstanden, Distanz zu zeigen. Für die anderen Gruppen ist er ein schwieriger Kunde. «Die Afghanen müssen entscheiden», unterstreicht der Spitzbart, «wer weiß schon, was sie wollen?» Er hofft auf ein demokratisch-westliches aufgeschlossenes Afghanistan, wäre aber nicht gegen die Rückkehr Zahir Schahs, wenn eine Abstimmung zu einem derartigen Ergebnis führen würde. Der alte Herrscher könnte seiner Ansicht nach durch sein persönliches Erscheinen und Wirken das Land über eine kritische Zeitspanne hinweg retten. «Aber dann muß Schluß sein. Wir sollten eine Republik bleiben, blockfrei und wirklich unabhängig, auch vom nördlichen Nachbarn. Schlagen können wir ihn niemals, ihn aus der Welt schaffen auch nicht.
Die Sowjetunion wird immer unser Nachbar sein. Also müssen wir einen Weg finden, freundschaftlich, aber unabhängig neben ihr zu existieren.» Der fünfzigjährige Aristokrat, der während der ganzen Zeit unseres Gesprächs mehr Nervosität als Ausstrahlung zeigte, machte dabei klar, wie wenig er von den ihm und den anderen unterstehenden Widerstandskämpfern hält: er dringt seit langem auf Verhandlungen auf hoher Ebene, will die Amerikaner ins Gespräch bringen. «Später können wir selber sehen.»
Hekmatyar vertritt seine Ansichten auf ganz andere Weise. Er ist trotz einer lebhaften politischen Vergangenheit immer noch ein schüchterner, junger Mann von 33 Jahren, dessen Scheu sich nur langsam legt, dessen tiefer Glaube an seinen religiösen wie politischen Auftrag aber überzeugt. Der «Ingenieur» ist gar keiner, er hat seine Jugend mehr in Gefängnissen und in Verschwörerzirkeln als an der Hochschule verbracht. Das Studium mußte er abbrechen, nachdem er sich in den Augen des Königs zu sehr in moslemischen Studentenkreisen engagierte. «Gulbuddin», wie ihn seine Anhänger nennen, hat Schweres erlebt, die meisten seiner Freunde sah er im Kampf gegen das

Königshaus und Daud sterben, er ist der einzige der zwölf Gründer der Islamischen Partei, der noch lebt. «Es sind alles Märtyrer», verweist er auf die Bildergalerie schwarzbärtiger Prophetengesichter in seinem Hauptquartier in Peschawar und streicht seinen Vollbart.
Es ist ein weiches Gesicht, und doch wie aus Holz, mit wissenden, schwarzen Augen. Sieht so der Fanatiker aus? Und doch will er, der Abkömmling armer Eltern, einen orthodoxen, theokratischen Staat. Er würde zum Zwang greifen, zweifellos, er würde es sich und anderen nicht leicht machen.
Der Gegensatz zum Aristokraten Gilani könnte nicht größer sein. Diese beiden genannten Führer der afghanischen Exilgruppen stellen nicht nur die größten persönlichen Unterschiede zur Schau, sie sind die Persönlichkeiten dieser Szene überhaupt. Beide haben bisher offensichtlich auch die umfassendste politische und finanzielle Förderung von außen erhalten. Entscheidend könnte für die Zukunft der Altersunterschied zwischen den beiden sein. Der Moslemführer Hekmatyar könnte durchaus den längeren Atem haben gegenüber Gilani, der an den kurzfristigen Erfolg mit Hilfe der USA glaubt.

Weltanschauliche und politische Differenzen waren wie üblich der Grund, daß sich die sechs großen afghanischen Exilgruppen nicht einmal in der Stunde der Not und Bewährung innerhalb der Islamischen Allianz vertrugen. Schon eine Woche nach dem Ende der Islamischen Sonderkonferenz gab Hekmatyars früher bereits isolierte Hezbi Islami den Austritt bekannt: sie fühle sich aufgrund ihrer militärischen Stärke und Effektivität im Kampf gegen die Regierung in Kabul sowie ihrer weiten Verbreitung in ganz Afghanistan zu wenig stark berücksichtigt, ließ sie verlauten, gab aber gleichwohl zu erkennen, daß die Tür für neue Gespräche offen bleibe.
Alle sechs Gruppen hätten im obersten Gremium der Islamischen Allianz, dem Politischen Rat, gleich stark mit je sieben Mitgliedern vertreten sein sollen. Nun konstituierte dieser sich gleichwohl, mit nur fünf Gruppendelegationen. Er mußte sich damit begnügen, eine Charta und ein Programm auszuarbeiten sowie einen repräsentativen Vorsitzenden und ein militärisches Oberkommando zu wählen. Gegen die Bildung einer eigentli-

chen Exilregierung Afghanistans auf seinem Territorium wendete sich Pakistan.

Zeichen für die Mißgunst der im Rat vertretenen fünf Gruppen untereinander war es, daß nicht einer ihrer Führer, sondern der zuvor verhältnismäßig unbekannte 35jährige Theologieprofessor Abdur Rasul Sayef – nach langem Gefängnisaufenthalt seit der Daud-Zeit erst vor kurzem freigelassen – im März 1980 zum Präsidenten der Islamischen Allianz gewählt wurde. Ob der seit seiner Jugend militant-religiöse Sayef, Absolvent der Al-Azhar-Universität in Kairo, der gesuchte charismatische Führer ist, um mit einer Stimme für das afghanische Volk, nicht nur für die Mujahidin, zu sprechen und auch die zerstrittene Führerschaft der konkurrierenden Exilgruppen zusammenzuhalten, muß nach den bisherigen Erfahrungen bezweifelt werden.

Das übrige Widerstand leistende Afghanistan und seine Vertreter wurden bei dem politischen Kleinkrieg in Peschawar augenscheinlich vergessen. Weder Sayef noch andere Allianz-Repräsentanten im Politischen Rat haben bisher verlauten lassen, wie sie sich eine Koordination ihrer Interessen mit denen anderer, ebenfalls am Kampf beteiligter Gruppierungen vorstellen. Exilierte Afghanen organisieren beispielsweise nicht allein von Peschawar aus, sondern auch von Iran her den bewaffneten Widerstand; Exilorganisationen wurden in zahlreichen westlichen und islamischen Staaten gebildet.

Auch die auf sich selbst gestellten, zersplitterten Stammesverbände, oft nicht mehr als sich befehdende Gruppen und Banden im Innern Afghanistans, ohne Verbindungen zur Außenwelt, müßten in einen Koordinationsversuch mit einbezogen werden. Die Behauptungen der Peschawar-Gruppen, auch jene Aufständischen im Landesinnern hinter sich zu haben, stimmen größtenteils nicht. Nicht vergessen werden dürfen weitere, teilweise recht effektiv sich bemerkbar machende Gruppen: die eine Zeitlang fast autonom agierenden schiitischen Hazaras im Hochland Innerafghanistans, die mit den Paschtunen nicht zusammenarbeiten wollen und ihr Azad Hazarajat (Freies Hazarajat) proklamierten. Ihr Schora-e-Inqelabi Itifaq Afghanistan (Vereinigter Revolutionsrat für ein islamisches Afghanistan) wurde am bekanntesten dadurch, daß sein An-

führer direkt an die UNO gelangte: er klagte die Regierung in Kabul des Völkermords im Hazarajat an;
die sich aus Turkmenen rekrutierende schiitische Gruppe Raad (Blitz);
die weit links stehenden Gruppierungen von Maoisten und Sozialisten (Schola-e-Javed und Settem-i-Melli), die im entfernten Badakhschan, nahe der sowjetischen Grenze, auf sich allein gestellt kämpfen, angeblich auch chinesische Unterstützung haben;
die diversen Guerillagruppen in den Städten, die sich meist aus Minoritäten zusammensetzen (Schiiten, Hazara, Tadschiken, Nasr-ul-Islami [islamische Krieger]).
Verhandlungen führte die Islamische Allianz, soweit bisher bekannt, einzig mit der sich Sozialdemokratische Partei nennenden Gruppe um den früheren Abgeordneten Mohammed Amin Wakman, die ihr Hauptquartier in Neu-Delhi hat und sich vergeblich darum bemühte, von der Sozialistischen Internationale anerkannt zu werden. Alle in der Allianz vertretenen Gruppen müssen – ebenso die außerhalb stehenden – den Beweis für ihre Fähigkeit zu politischer Zusammenarbeit erst noch liefern. Schaffen sie dies nicht, gehen sie das Risiko ein, endgültig unglaubhaft zu werden und ihre Führerschaft an andere einzubüßen, beispielsweise an Repräsentanten der Armee, der Monarchie oder der Loya Jirga.
Die Islamische Allianz, nicht einmal über den Raum Peschawar hinaus von Einfluß, muß – zwei Jahre nach der kommunistischen Machtübernahme in Afghanistan – zur Einsicht kommen, daß die afghanische Bevölkerung ebenso wie die Flüchtlinge in Pakistan mehr erwarten als Gezänk und Rivalitäten. Jeder der an der Allianz Beteiligten muß über den eigenen Schatten springen. Dazu hat es bisher nicht gereicht, auch wenn es lebhaft abgestritten wird. Dieselbe Kleinlichkeit und Mißgunst, die in Kabul innerhalb der regierenden Demokratischen Volkspartei seit langem zu beobachten ist, findet sich auch unter den afghanischen Repräsentanten im pakistanischen Exil.
Zumindest eine Korrektur haben die Ereignisse der vergangenen Jahre am überkommenen Afghanistan-Bild erbracht: es gibt nicht mehr nur das legendäre Abziehbild vom stolzen,

kriegerischen, unabhängigkeitsbewußten und gastfreundlichen Afghanen. Das hat einige Kratzer abbekommen. Andererseits: es gab und gibt dieses Idealbild in Afghanistan so wenig wie andernorts. Selbstsucht, Eitelkeit, mehr Hinterlist denn Stolz sind auf allen Ebenen sichtbarer geworden. Waren sie früher überdeckt und geregelt worden von Paschtunwali und aristokratischer Gebärde, so versehen heute Koran und Parteibuch dieselben Dienste – unzureichend wie gehabt.
«Die Welt schläft oder schaut zu wie bei einem Fußballspiel», klagte angesichts der Ereignisse in seinem Heimatland Professor Rabbani vor Journalisten nach der Sonderkonferenz von Islamabad. Auf Fragen, ob es nicht angebracht sei, das Spiel eher abzupfeifen statt in einen heißen Krieg einzusteigen, ging er nicht ein.

Die afghanischen Kämpfergruppen

Zum Zentrum der Exilpolitiker aus Afghanistan und damit zum Ausgangspunkt des Widerstandes in der gegenläufigen Richtung ist die zu Füßen des Khyber-Passes gelegene Stadt Peschawar geworden, die berühmt-berüchtigte Hochburg der Pathanen (Pakistans Paschtunen) schon zur Zeit des britischen Raj. Von Rudyard Kipling wurde sie besungen, in seinem «Great Game» wurde sie verewigt, wobei sowohl die Übersetzung «Großes Spiel» wie «Begehrtes Wild» angebracht erscheint. Diese «zweite Hauptstadt Afghanistans» war seinerzeit Ausgangspunkt der «Grand Trunk Road» quer durch den britisch beherrschten indischen Subkontinent – Kims Geist grüßt den Besucher noch heute allerorten.
Die sechs wichtigsten rechtsgerichteten afghanischen Widerstandsgruppen bildeten anläßlich der außerordentlichen islamischen Außenministerkonferenz die «Islamische Allianz für die Befreiung Afghanistans». Von dieser zog sich inzwischen die größte unter ihnen wieder zurück:
– *Hezbi Islami Afghanistan* (Islamische Partei) des Ingenieurs Gulbuddin Hekmatyar; gegründet 1968 und damit die älteste dieser Gruppen, hervorgegangen aus Moslemjugend und Moslembruderschaft; strebt eine fundamentalistische Repu-

blik in Afghanistan an; gegen Monarchie und Stammesgesellschaft, für Nationalstaat revolutionär-islamischen Zuschnitts.

Bei den verbliebenen fünf Mitgliedgruppen der Islamischen Allianz, alle erst nach dem Putsch der Demokratischen Volkspartei gegen Prinz Daud entstanden, handelt es sich um zwei oligarchische und drei religiöse Bewegungen:

- *Inqelab-e-Melli Islami* (Nationale Front für die Islamische Revolution) des Pir Sayed Achmed Gilani; führt als angeblicher Nachkomme des Propheten Mohammed den Titel Pir als religiöser Führer, rief nach zweimonatiger Beratertätigkeit unter Taraki zum Heiligen Krieg (Jihad) gegen dessen Regierung auf. Seine Familie, Angehörige der Qadaria-Sekte, stammt ursprünglich aus Irak; der aristokratische Gilani, Sohn eines Sufi-Poeten, hatte großen Einfluß und riesigen Landbesitz im Süden und Osten Afghanistans (Oruzgan, Sokhrod); seine Front ist am weitesten prowestlich, amerikafreundlich, nicht unbedingt monarchistisch, liberal.

Die folgenden vier Gruppen haben trotz religiöser Gegensätze früher bereits in der Vereinigung «Paiman-i-Ittehadya Islami Afghanistan» zusammengearbeitet:

- *Nedjat-e-Melli* (Front für die Nationale Befreiung), unter dem ebenfalls begütert gewesenen, politisch gemäßigten Professor für islamisches Recht Hazrat Sebghatullah Mujadidi; dringt am stärksten auf Einigung der verschiedenen Gruppen – unter seiner Führung; propagiert Wiedereinführung von Monarchie und Loya Jirga (Stammesparlament); wie Gilani arabischer Herkunft und mit engen Beziehungen zum Königshaus.

Gegen die traditionellen Stammesvorrechte wenden sich, wie die Hezbi Islami, die religiösen Gruppen:

- *Jamiat Islami Afghanistan* (Islamische Gesellschaft), unter dem 40jährigen Theologieprofessor Burhanuddin Rabbani; vermochte eine Anzahl islamischer Intellektueller um sich zu sammeln; ebenfalls aus der Moslembruderschaft (Akhwanis) hervorgegangen und diesen nahestehend; seinerzeitige Kompromißversuche mit Daud führten zum Bruch mit Hekmatyar, der nach schweren Kämpfen gegen den «roten Prinzen» das Exil und pakistanische Unterstützung wählte.

- *Harakat-e-Inqelab Islami* (Bewegung für die islamische Revolution), unter dem Theologieprofessor und früheren Abgeordneten Mohammed Nabi Mohammedi; um ihn sammelten sich Mullahs und Maulanas (Priester und Schriftgelehrte); verbrachte lange Jahre im Ausland, Ägypten, Libyen und mit libyscher Unterstützung in Skandinavien (wie auch Professor Mujadidi).
- *Hezbi Islami II,* eine Abspaltung der originalen Hezbi Islami Afghanistan von Hekmatyar; unter den Maulanas Junes Qales und Jallaluddin; ausgesprochen rechtskonservativ, reaktionär bis fanatisch; militärisch gut organisiert wie Hekmatyars Gruppe.

Einig sind die genannten sechs Gruppen unter dem Banner des Islam, wobei es Abstufungen in der Ernsthaftigkeit dieses Anliegens gibt, und im Wunsch, die «gottlose» Regierung in Kabul zu stürzen und ihre sowjetischen Stützen aus Afghanistan zu vertreiben. Darüber hinausgehende Zielvorstellungen mündeten bisher jeweils in verbale oder gar militärische Auseinandersetzungen. Verhandlungen geführt wurden, zur Stärkung der Allianz, bisher einzig mit der

- *Sozialdemokratischen Partei Afghanistans* unter dem in Neu-Delhi residierenden früheren Abgeordneten Mohammed Amin Wakman; um Beitritt zur Sozialistischen Internationale bemüht; lehnt jegliches Verhandeln mit den «Sozialisten» in Kabul ab.

Nach der politischen Linken ganz am äußersten Flügel, den DVP-Abspaltungen maoistischer und linkssozialistischer Provenienz, wurden von der Allianz, soweit bekannt, keine Fühler ausgestreckt. Dort existieren mindestens zwei kampfstarke Gruppen, vereint oder in Unterabteilungen, die angeblich mit chinesischer Unterstützung sowohl in der afghanischen Nordprovinz Badakhschan wie auch im städtischen Guerillakampf engagiert sind und für Autonomie- und Minderheitenprobleme ein offenes Ohr haben:

- *Schola-e-Javed* (Ewige Flamme), mit angeblich maoistischer Tendenz; trennte sich 1968 unter der einflußreichen Familie Mahmudi, den Brüdern Jahjari sowie Osman Landai von der DVP; wurde unter Daud und Taraki verfolgt und stark dezimiert; tauchte u.a. in Verbindung mit städtischen Guerillagruppen wieder auf; scheint an Streiks und Aufständen in Städten heute ebenso beteiligt wie an sezessionistischen Erhebungen in den Provinzen.

- *Settem-i-Melli* (Gegen nationale Unterdrückung), trennte sich unter Taher Badakhschi vom Parcham-Flügel der DVP; linkssozialistisch, nicht moskauhörig; spaltete sich später dreifach, darunter ein moslemisch-maoistischer Teil, gilt als paschtunenfeindlich und auf Minderheiten ausgerichtet; wurde nach Aufstandsversuchen unter Daud fast gänzlich zerschlagen; machte sich als «Alptraum der DVP» durch ihre verbliebenen Reste jüngst wieder bemerkbar.

Demokratische Republik Afghanistan

Die Regierung 1980

Das im Anschluß an die Machtübernahme Babrak Karmals Ende Dezember 1979 bekanntgegebene afghanische Kabinett bestätigte anhand der bekannten Namen eindeutig die Machtübernahme der Parcham-Fraktion innerhalb der Demokratischen Volkspartei und die Ausbootung des radikaleren Khalq-Flügels, dem Karmals Vorgänger Taraki und Amin angehörten. Erst später, im Frühjahr 1980, wurden die Versuche, «die Basis zu verbreitern», durch die Aufnahme gemäßigter Khalq-Anhänger und sogar angeblich Unabhängiger ins Kabinett und in die Verwaltung sichtbar.
Karmal selbst stellte sich als Staatspräsident, Regierungschef und Vorsitzender des aus fünf Mitgliedern bestehenden Revolutionsrates sowie als Generalsekretär der Demokratischen Volkspartei Afghanistans vor. Dem Revolutionsrat gehörten die bereits bekannten linksnationalen Offiziere General Abdul Qader und Oberst Aslam Watanyar ebenfalls an. Dazu kamen der ausgesprochen moskauhörige frühere Geheimdienstchef Assadullah Sarwari und der Parcham-Politiker Nur Mohammed Nur.
Außenminister wurde Schah Mohammed Dost, bereits früher Vizeaußenminister. Die Militärs General Mohammed Rafieh (Verteidigungsministerium) und Mohammed Gulabzoi (Innenministerium) übernahmen weitere wichtige Schlüsselposten, des weiteren Oberst Sheryan Masduryar als Transportminister. Eine Frau war ebenfalls im neuen Kabinett vertreten: die Ärztin Anahita Ratebzad, als Lebensgefährtin Babrak Karmals im Politbüro der Demokratischen Volkspartei jahrelang eine führende Rolle spielend, übernahm das Erziehungsministerium.

Die führenden Parcham-Repräsentanten Mohammed Khan Jallalar (Handelsminister), Fais Mohammed (Grenzminister), Sultan Ali Keschtmand (Planungsminister), Abdul Raschid (Justizminister), Abdul Wakil (Finanzminister) waren ebenfalls dabei. Schon aber zeichneten sich Schwierigkeiten personeller Art bei der Besetzung weiterer Kabinettsposten ab.
Erst Mitte Januar wurden weitere Portefeuilles besetzt: Informationsminister wurde Abdul Majid Sarblund, Industrieminister Ismail Danesch. Für öffentliche Angelegenheiten wurde Nasar Mohammed, für die Gesundheit Mohammed Ibrahim, für die Landwirtschaft Fasal Rahim Mehmand zuständig. Auch konnten erst zu dieser Zeit die meisten Posten der Provinzgouverneure besetzt werden.
Mit der Zusammenarbeit zwischen Parcham- und gemäßigtem Khalq-Flügel schien es von Anfang an zu harzen. Unabhängige Repräsentanten, wie von Kabul offen angestrebt, fanden sich nicht bereit, unter dem Marionetten-Ministerpräsidenten Karmal zu dienen. Die Ernennung Assadullah Sarwaris zum Stellvertretenden Ministerpräsidenten und quasi zum «Aufpasser» für Karmal machte die Sache nicht besser.

Grunddaten

Geschätzte Einwohnerzahl 1979: 21,37 Millionen Einwohner. Nach UNO-Angaben, aufgrund der unvollständigen Volkszählung: 16,6 Mio., darunter etwa 3 Millionen Nomaden.
Das Land ist fast 650 000 Quadratkilometer groß, was 30–35 Einwohner pro Quadratkilometer bedeuten würde. Die Bevölkerungsdichte im bergigen, wüsten- und steppenhaften und nur in wenigen Landstrichen fruchtbaren Afghanistan ist jedoch sehr unterschiedlich.
Die Hauptstadt Kabul weist mindestens 800 000, vermutlich aber bis zu 1 Million Einwohner auf. Sie platzte, wie alle asiatischen Großstädte, in den vergangenen Jahren aus den Nähten und vermochte den Zustrom der Bewohner vom Lande kaum zu fassen.
Weitere größere Städte sind mit je etwa 250 000 Einwohnern Herat und Kandahar. Die Angaben weichen stark voneinander

ab. So ergeben sich für Kundus, Masar-i-Scharif, Baghlan, Charikar jeweils Zahlen zwischen 100 000 und 150 000.
Eine Volksvertretung existiert seit dem Militärputsch vom April 1978, der die Demokratische Volkspartei an die Macht brachte, nicht. Die Verfassung wurde außer Kraft gesetzt, eine neue provisorische Verfassung erst im Frühjahr 1980 unter Babrak Karmal verabschiedet. Wahlen und Abstimmungen gab es unter den drei DVP-Regierungen während der letzten zwei Jahre nicht.
Afghanistan besteht aus 28 Provinzen (Wilayats) unter der Verwaltung von Gouverneuren (Walis). Es handelt sich dabei um linientreue Parteifunktionäre. Ein Mitbestimmungsrecht von Provinzfachleuten gibt es nicht.
Das Pressewesen wird strikt zentral gelenkt und wurde Ende April 1980 vollständig auf die sowjetischen Massenmedien ausgerichtet. Westliche Berichterstattung ist ausgeschaltet. Offizielle Nachrichtenquelle ist die Bakhtar-Agentur, einzige englischsprachige Zeitung die New Kabul Times, die einen Umfang von vier Seiten aufweist und mit ihren offiziellen Verlautbarungen wenig ergiebig ist. Radio Kabul sendet in den beiden Amtssprachen Paschtu und Dari. Es betreibt im weiteren Dienste in Russisch und Englisch sowie in verschiedenen Minoritätensprachen. Das Fernsehen beschränkt sich auf die Hauptstadt Kabul.
Die afghanische Armee ist in der Folge der moslemischen Aufstände zerfallen. Sie umfaßte früher über 100 000 Mann, großenteils Wehrpflichtige, wird jedoch Mitte 1980 auf höchstens noch 25 000 Mann regierungstreue Truppen geschätzt. Säuberungen und Desertionen sowie die Einsetzung von Politkommissaren trugen zu dieser massiven Verringerung bei. Die Spezialtruppen (Panzer, Luftwaffe) stützen sich mehr denn je auf sowjetische Ausbilder, Waffen und neuerdings auch Soldaten der Roten Armee. Die Zahlenangaben über ihre Ausrüstung sind weitgehend überholt. Die paramilitärische Gendarmerie, seinerzeit etwa 30 000 Mann, ist stark geschrumpft und wird bei wichtigen Aufgaben vermehrt durch Parteimilizen ersetzt. Auf allen Sektoren überwiegt der Einfluß der sowjetischen Armee, die weitgehend den Kampf gegen die moslemischen Aufständischen führt.

Wirtschaftlich ist Afghanistan eines der ärmsten Länder der Welt und äußerst abhängig von ausländischer Hilfe. Zwei Jahre unter sozialistischen Regierungen haben daran nichts geändert. Das Bruttosozialprodukt wird weiterhin auf etwa 2,2 Milliarden Dollar geschätzt. Dies entspricht, je nach angenommener Einwohnerzahl, einem Pro-Kopf-Einkommen von zwischen 120 und 200 Dollar. Der Anteil der Landwirtschaft am Bruttosozialprodukt beträgt unverändert fast 60 Prozent, Industrie einschließlich des Bergbaus und des Handwerks erbringen knapp 15 Prozent. Die Aufstände im Lande haben die Reformprogramme der sozialistischen Regierungen großenteils zunichte gemacht. Andere Zahlen sind entweder veraltet oder nicht erhältlich.

Dasselbe trifft auf die Bevölkerungszusammensetzung zu. Die erste tiefschürfende Volkszählung 1979 bietet ein unzuverlässiges Bild, sie ist weitgehend von der unsicheren innenpolitischen Situation derselben Zeit geprägt.

Aufgrund früherer Zahlen wird angenommen, daß die Paschtunen den größten Anteil an der afghanischen Bevölkerung stellen: rund 60 Prozent, verteilt auf die einzelnen Unterstämme dieser Volksgruppe. Zweitstärkste Gruppe sind die Tadschiken; über das ganze Land verteilt, läßt sich ihre Zahl nur schwer abschätzen, dürfte aber 30 Prozent erreichen. Da die Paschtunen sich als Führungsschicht des Landes verstehen, bilden die Tadschiken die Mittelschicht der Händler, Beamten und Angestellten.

Wesentlich geringere Prozentzahlen vermögen die übrigen Volksgruppen auf sich zu vereinigen: die türkisch-mongolischen Usbeken etwa 5 Prozent, die mongolischen Hazara rund 3 Prozent. Der Rest verteilt sich auf Turkmenen, Belutschen, Kirgisen, Kasachen und Bewohner iranischer und indischer Herkunft.

Zwei Drittel der Bevölkerung besteht aus Bauern, Pächtern und Landarbeitern und ist ausschließlich von diesem Sektor abhängig. Je ein Sechstel stellen die Stadtbewohner sowie die Nomaden. Der Bevölkerungszuwachs liegt unter 2,5 Prozent. Die Lebenserwartung erreicht gerade 35 Jahre.

Die Analphabetenrate von geschätzten 90 Prozent konnte nur geringfügig herabgesetzt werden. Vor allem bei den Frauen dürfte sie weiterhin 95 Prozent betragen. Da das traditionelle Erziehungssystem Afghanistans sich besonders in den Dörfern auf Religions- und Koranschulen gründete, war es ein Hauptanliegen der neuen fortschrittlichen Machthaber, hier den Hebel anzusetzen. Wesentliche Fortschritte sind, trotz allgemeiner Schulpflicht, nach zwei Jahren noch nicht erkennbar. Vielmehr wurde dieses Haupttraktandum zum Auslöser des allgemeinen moslemischen Widerstandes.

Wesentlich in diesem Zusammenhang ist die offizielle Religionsform: nach Artikel 2 der alten Verfassung sind die Afghanen Sunniten des hanefitischen Ritus. Das betrifft bis zu 90 Prozent der Bevölkerung. Beim Rest handelt es sich um Schiiten, Sikhs und «Nichtgläubige». Die im Grunde freie Religionsausübung wurde von den sozialistischen Regierungen mißachtet, Mullahs wurden verfolgt und exekutiert. Nach Zunahme der moslemischen Aufstände bemühten sich Amin und heute Karmal, die Moslems durch neue Versprechungen wieder zu beruhigen.

Grundlage der afghanischen Rechtsprechung war (und soll sein) die Scharia, das islamische Recht hanefitischer Schule. Nur in den obersten Rängen wurden vom neuen Revolutionsrat die direkt den Machthabern verantwortlichen Richter und Vollzugsorgane ausgewechselt.

Der nördliche Teil Afghanistans, vom Zentralhochland zum Pamir, wird von mächtigen Gebirgsketten durchzogen, die westsüdwestlich verlaufen und im Hindukusch über 5000 Meter und im Pamir über 6000 Meter erreichen. Steppen und Wüsten begrenzen Afghanistan im Norden und Süden. Ist es im Norden das turkestanische Tiefland, so sind es im Süden die Wüsten und Steppen der persischen Salzwüste und Belutschistans. Nur wenige Flüsse sichern dem Land Bewässerung und Elektrizität, darunter der Amu-Darya, der Helmand, der Hari-Rud und der Kabul-Fluß.

Der natürliche Pflanzenwuchs ist dürftig, Wälder gibt es – in einigen Gebirgsregionen – nur unzureichend. Landwirtschaftlich nutzbare Flächen finden sich vor allem im Osten von Kabul sowie im Norden um Masar-i-Scharif. Angebaut werden hauptsächlich Baumwolle, Weizen, Zuckerrüben, Zuckerrohr,

Obst. Ein weiterer wichtiger Faktor der Landwirtschaft ist die Schafzucht. Berühmt sind die Karakulfelle neugeborener Lämmer. Einen großen Anteil an der Zucht haben dabei die Nomaden.
Afghanistan weist eine ganze Anzahl Bodenschätze auf, angeführt vom Erdgas; nach Erdöl wird gesucht. Gefunden und teilweise ausgebeutet wurden bisher Kupfer, Blei, Kohle, Eisen, Gold, Silber, Asbest, Schwefel und – seit altersher – Lapislazuli. Industrialisierungsversuche der neuen Machthaber stützen sich vor allem auf diese Vorkommen, daneben auf die Textilindustrie.
Afghanistan verfügt über kein Eisenbahnnetz und nur über sehr wenige Flughäfen und Flugpisten. Das Straßennetz wurde nach dem Zweiten Weltkrieg namentlich in Richtung sowjetische Grenze ausgebaut, befindet sich jedoch davon abgesehen in schlechtem Zustand.
Das Klima des Landes wird, obwohl Afghanistan im sogenannten subtropischen Gürtel liegt, im wesentlichen von den Gebirgsformationen bestimmt, nicht von den Breitengraden. Es herrscht in erster Linie ein kontinentales Trockenklima; Monsun und Meereswinde haben fast keinen Einfluß. Die Temperaturunterschiede zwischen Sommer und Winter sind außerordentlich, die Zwischenjahreszeiten nur kurz.
Afghanistan bietet sich bis heute im Grunde als ein Flickenteppich von Völkern und Sprachen dar. Dabei fehlen Einzelheiten über die Verbreitung. Die Hauptsprachenfamilien sind das Indoeuropäische und das Ural-altaische. Zum Indoeuropäischen zählen die beiden Amtssprachen Paschtu und Dari. Letzteres wird außer von den Tadschiken auch von den Hazara, den in der Gegend von Herat lebenden Tschahar Aimak und den Kisilbasch gesprochen. Eigene Sprachen weisen die Belutschen im Süden und die Nuristani im Nordosten der Provinz Kunar auf. Ural-altaisch manifestiert sich unter den Usbeken (rund 1 Million), den Turkmenen (etwa 300 000) und der kleinen Gruppe der Bergkirgisen im äußersten Nordosten Afghanistans (Badakhschan und Wachan).
Alle Volksgruppen weisen im Grunde eng begrenzte Lebensräume auf. Sie entstanden im Verlauf der Geschichte, als ganze Völkerströme sich über das Gebiet des heutigen Afghanistan

ergossen. Draviden, Indoarier, Griechen, Skythen, Perser, Araber, Türken und Mongolen beeinflußten Kultur und Ethnographie des Landes. Hauptgruppen sind heute die Paschtunen, die Turkvölker und die Hazara.
Entsprechend ihrer Anzahl bevölkern die Paschtunenstämme den östlichen und südlichen Teil Afghanistans, mit größeren Ablegern auch den Westen und Norden des Landes. Während der eine der beiden großen Stammesverbände, die Durrani, sich um Kandahar und im Westen ausbreitet, bewohnen die Gilzai – zahlenmäßig größer, aber weniger einflußreich – die Gebiete um Kabul bis hinunter nach Kandahar.
Die Tadschiken, größtenteils Bauern und Handwerker, leben zur Hauptsache im nordöstlichen Afghanistan (Badakhschan), aber auch im Westen um Herat. Im Gegensatz zu den Paschtunen sind sie nicht ausgesprochen nach Stämmen und Klans zu unterteilen.
Eine weitere gut zu unterscheidende Gruppe in der afghanischen Völkervielfalt bilden die Hazara. Ihr traditioneller Lebensraum ist das Landesinnere Afghanistans, die schwer zugänglichen Provinzen von Ghor und Bamiyan, allgemein als Hazarajat bekannt. Sie breiten sich jedoch von dort aus auch auf Nachbarprovinzen aus. Die Hazara sind mongolisch-stämmige Schiiten. In ihrem Dari-Dialekt lassen sich noch heute eine ganze Anzahl mongolischer Wörter nachweisen. Bevölkerungsdruck und unwirtliche landschaftliche Gegebenheiten führten zu einer Abwanderung der arbeitsamen Hazara in die Städte. Als Hilfsarbeiter, Kleinhändler usw. bilden sie dort die Unterschicht der Bevölkerung. Wie sich gegenwärtig zeigt, sind sie auch ein harter Kern des Widerstands gegen das progressive Regime in Kabul und werden entsprechend hart verfolgt.
Die Turkvölker Afghanistans finden sich nördlich des Hindukusch. Es handelt sich größtenteil um Usbeken und Turkmenen. Dazu zählen aber auch die Bergkirgisen Badakhschans und des Wachan, des sogenannten «Pfannenstiels» von Afghanistan, der sowohl an die Volksrepublik China als auch an die Sowjetunion und Pakistan grenzt und nur wenige Kilometer Breite – leicht verletzliche, aber schwer überwindbare Kilometer – im Hochgebirge aufweist. Hier besitzt Afghanistan eine

70 Kilometer lange, erst 1965 endgültig festgelegte gemeinsame Grenze mit China.
Nicht zu der durch Schätzungen eher denn durch Zählungen festgestellten Bevölkerungszahl Afghanistans gehören die Nomaden (Kutschi oder Povindah). Mit ihren riesigen Herden stellen sie einen beachtlichen wirtschaftlichen Faktor dar. Nur die wenigsten von ihnen haben sich bisher im Bereich des neu bewässerten Gebietes um den Helmand-Fluß im Süden angesiedelt, wo mittels amerikanischer Hilfe jene unter Tamerlan verwüsteten Gebiete der Dascht-e-Margo (Salzwüste) wieder fruchtbar gemacht wurden (Provinz Nimrus). Auch in den vorgesehenen Gebieten im nördlichen Hindukusch ließen sich nur wenige Nomaden ansiedeln. Sie werden auf ungefähr 3 Millionen Menschen geschätzt und versuchen selbst unter den gegenwärtigen Verhältnissen ihre Wanderungen den Jahreszeiten nach beizubehalten.

Wirtschaftliche Auswirkungen

Der sowjetische Griff nach Afghanistan, angefangen bei der umfangreichen Unterstützung für die ersten sozialistischen Regierungen Taraki und Amin bis hin zum massiven Eingreifen Ende 1979 (nicht zu vergessen das Engagement in den vorhergehenden Jahrzehnten), zeitigte für Moskau folgenreichere Auswirkungen, als im Kreml vermutlich angenommen worden war. Nicht nur erwies sich im ersten halben Jahr 1980 das militärische und politische Intervenieren als weit umfassender als ursprünglich vorgesehen, auch die wirtschaftliche, dringend nötige Stützung Afghanistans erreichte einen Umfang, der kaum in den Vorausplanungen Moskaus enthalten gewesen sein konnte. Dazu kamen, im wesentlichen sicher nicht einkalkuliert, die «Strafmaßnahmen» der USA, die sich in erster Linie gegen die Sowjetunion richteten. Ihre langfristigen Auswirkungen lassen sich im Sommer 1980 ebensowenig erkennen wie diejenigen der mißglückten afghanischen Agrarreform- und Industrialisierungsprogramme.
Die darniederliegende Wirtschaft des aufstandsgeplagten Afghanistan rief und ruft nach Hilfeleistungen allerorten, in praktisch allen Sektoren. Anderthalb Jahre sozialistischer Sandkastenspiele brachten das Land – ohnehin eines der ärmsten der Welt – an den Rand des Existenzminimums. Hilfegesuche mußte es nicht allein auf militärischem Gebiet, sondern in großer Zahl und in immer rascherer Folge auch im wirtschaftlichen Bereich an die sozialistischen Bruderländer richten. Die Sowjetunion und die übrigen Ostblockstaaten sahen sich einem unerwartet hohen neuen Problemberg gegenüber, wurden jedoch bisher nicht müde, ihre Solidarität mit Afghanistan und seinem «fortschrittlichen» Regime zu beteuern.
Getroffen haben mag sie in diesem Zusammenhang besonders,

daß Präsident Carter nach der sowjetischen Invasion Afghanistans vom Dezember 1979 mit einschneidenden wirtschaftlichen Embargomaßnahmen die sozialistischen Heinzelmännchen konterte. Vom Stopp der Getreide-, Phosphat- und Technologie-Exporte nach der Sowjetunion erwartete er, daß sie Moskau besonders hart treffen würden, weil sie sich am ehesten auf die Planwirtschaft des Staatshandelslandes auswirken müssen.
Allerdings zeigte sich die westliche Staatenfront in der Frage gemeinsamer Exportbeschränkungen nach dem Osten keineswegs geschlossen. Zahlreiche Länder behielten in der Folge ihr eigenes Wohl und die eigenen Lieferverträge im Auge, anstatt sich den schmerzhaften amerikanischen Maßnahmen anzuschließen. Die Sowjetunion konnte deswegen teilweise bereits die entstandenen Verluste auf dem Weltmarkt wieder wettmachen.

Bei einer Betrachtung des afghanischen «Armenhauses» muß weiter zurückgegangen werden als bis zur kommunistischen Machtergreifung von 1978 oder der Ausrufung der Republik 1973. Afghanistan befindet sich nach islamischer Zeitrechnung im 14. Jahrhundert. Es wäre aber verfehlt, allein aus diesem Faktum auf entsprechende Rückständigkeit zu schließen. Das Land und seine unterschiedlichen Regierungen seit dem Zweiten Weltkrieg haben durchaus daran gearbeitet, den Anschluß an die wirtschaftlich-technische Entwicklung in der übrigen Welt langfristig zu erreichen. Im Kampf gegen die herrschenden Verhältnisse, mitsamt den Stammes- und Oligarchievorrechten, gab es jedoch immer wieder Rückschläge. Dazu kamen und kommen auch heute die keineswegs idealen Boden- und Klimaverhältnisse.
Dies alles veranlaßte Afghanistan immer wieder, ausländische Hilfe zu suchen. Es fand sie sowohl im Westen wie im Osten. Zeitweise entwickelte sich bei den Entwicklungsprogrammen der verschiedenen Länder ein als «vorbildlich» gepriesener ausgesprochener Konkurrenzkampf. Dabei schien Afghanistan, ganz seiner geographischen Lage entsprechend, in zwei Entwicklungssphären aufgeteilt: die Vereinigten Staaten zusammen mit anderen westlichen Ländern betätigten sich im wü-

stenhaften Süden, die Sowjetunion verfolgte Infrastrukturprojekte im Norden des Landes. Alle miteinander trafen sich in der «Mitte», in dem weiten Raum rund um die Hauptstadt Kabul, um dort ein Industrialisierungsprogramm kleineren Umfangs zu verwirklichen.

Westliche Beobachter wollen heute «schon immer» gewußt haben, daß die Sowjets mit ihrer großzügigen und uneigennützig erscheinenden Entwicklungspolitik gegenüber ihrem südlichen Nachbarn langfristige eigene Ziele im Auge hatten. Ob Moskau zu jener Zeit bereits eine Invasion des Landes in Betracht zog, läßt sich kaum nachweisen. Immerhin hatte Afghanistan im sowjetischen Bemühen um eine «Sicherheitszone» in Asien – zumal gegen die Volksrepublik China – durchaus seinen Stellenwert.

Statistisch ist seinerzeit längst nicht alles im Lande erfaßt worden. Die von seiten der Bevölkerung ausgehenden Schwierigkeiten haben sich bis heute nicht geändert. Ein exaktes Bild der Gesamtwirtschaft Afghanistans der fünfziger und sechziger Jahre zu zeichnen, stößt immer wieder auf Schwierigkeiten, auf Dunkelziffern. So wußte man lange Jahre hindurch nicht, wie viele Einwohner das Land hatte, von einer Aufschlüsselung nicht zu reden. Man schätzte die Einwohnerzahl auf 18 bis 20 Millionen, ehe eine mit amerikanischer Hilfe durchgeführte provisorische Volkszählung höchstens 16,6 Millionen ergab. Weiter signifikant: 85 Prozent der Menschen leben auf dem Lande, ungefähr 10 Prozent sind Nomaden, und der Rest von etwas über 5 Prozent sind Städter. Die Kindersterblichkeit zu jener Zeit – 220 pro 1000 – war außerordentlich hoch (Industriestaaten zwischen 16 und 20 pro 1000). Dies ergab einen Bevölkerungszuwachs von unter 2,5 Prozent. Das Wachstum des Bruttosozialprodukts lag und liegt knapp darüber; es konnte durch den gesellschaftspolitischen Wechsel in Kabul bisher nicht wesentlich beschleunigt werden.

Eines der wichtigsten Probleme Afghanistans war und ist noch heute das Analphabetentum. Dieser Kampf wird so rasch nicht beendet werden. Extremistische Moslems haben seit Jahrzehnten gegen ein Schulwesen nach modernen Begriffen gekämpft. Sie stürzten aufgrund dieser und anderer Bemühungen die «Reformkönige» Habibullah und Amanullah und zerstörten

zahlreiche Schulen. Sie verhalten sich – wenigstens die integristischen Gruppen, die den Widerstand gegen die «Gottlosen» in Kabul führen – auch heute nicht viel anders. Einzig Koranschulen soll es nach ihrem Willen geben. Der ökonomischen Entwicklung des Landes ist das nicht eben förderlich. Diese haben die frommen Moslems jedoch erst in zweiter Linie, nach der geistigen, im Auge.
Um die sozioökonomischen Schwierigkeiten in den Griff zu bekommen, förderten die Regierungen in den sechziger und siebziger Jahren vor allem die ländliche Entwicklung; sie gingen bewußt den langen, langsamen Weg. An diesen Entwicklungsprogrammen beteiligten sich auch amerikanische Experten. Sie bemühten sich gemeinsam mit den staatlichen Behörden um die Erhöhung der Zahl an Spitälern, Grundschulen und Lehrern, anstatt einzig großartig anmutende Entwicklungsprojekte in Sektoren durchzuführen, die höheres Prestige versprachen.
Im Fall Afghanistan kommt man nicht an der Tatsache vorbei, daß rund 80 Prozent der Bevölkerung in der Landwirtschaft tätig sind. Ein sogenanntes Industrieproletariat gab und gibt es kaum; ein Faktum, das besonders den verstädterten Linksintellektuellen mit ihren marxistischen Träumen schwer zu schaffen macht. Denn auf dem Lande haben sie ihre dem Marxismus-Leninismus entlehnten Ideen bis heute kaum an den Mann bringen können. Daher rührt großenteils die gegenwärtige politische Misere Afghanistans.
1975/76 wurde das Bruttosozialprodukt des Landes mit rund 1,5 Milliarden Dollar angegeben; aus dem Industriebereich rührten dabei etwa 2,5 Prozent her. Im Landwirtschaftssektor gelang Afghanistan in der Folge teilweise der Sprung zum Selbstversorger. Es verzeichnete im genannten Jahr eine Weizenernte von stolzen 3 Millionen Tonnen, auch die übrigen Getreidesorten und die Baumwolle ergaben Rekordernten. Gelungene Bewässerungsprojekte hatten dazu beigetragen; man ging daran, die eigene Textilindustrie auszubauen.

An der Tatsache, daß Afghanistan eines der rückständigsten Länder blieb, änderte das nichts. Lähmend wirkte sich besonders die schwerfällige Administration auf eine raschere Ent-

wicklung aus. Weder unter dem König noch unter dessen Nachfolger Prinz Daud hatten Verwaltungsbeamte bis hin zu höheren Rängen viel zu entscheiden. Ärzte und andere Akademiker arbeiteten zu geradezu lächerlichen Gehältern und weigerten sich überdies, in die Provinzen zu gehen. Private unternehmerische Initiativen wurden von den eifersüchtig über ihre Privilegien wachenden herrschenden Kreisen nicht gerade enthusiastisch gefördert. Daud befürwortete schließlich umfassende staatliche Aufsicht, Monopolisierung und Verstaatlichung für gewisse Sektoren.
Die afghanischen Sieben- und Fünfjahrespläne aus jener Zeit sind stark auf ausländische Hilfszusagen abgestützt. Neben der Sowjetunion, anderen Ostblockstaaten, den USA und einigen westeuropäischen Ländern bemühten sich besonders einige reich gewordene Ölstaaten am Golf um das arme islamische Bruderland am Hindukusch. Schah Reza Pahlevi versuchte eine Zeitlang durch die Vergabe zinsloser Kredite und Schenkungen in Milliardenhöhe Afghanistan aus dem Einflußbereich der Großmächte herauszuholen.
Bemerkenswert ist, daß seinerzeit mehr Gelder als Projekte vorhanden waren, für die sie hätten verwendet werden können. Mangelnde Effizienz, Schwerfälligkeit und Kurzsichtigkeit der damaligen afghanischen Führung waren offensichtlich; der Ruf nach politischen Veränderungen ließ nicht auf sich warten. Die Versäumnisse aus jenen Jahren lassen sich kaum allein hinter dem Etikett «konservativ» kaschieren.
Afghanistan veröffentlicht seit Jahren zwar eine Handels-, aber keine Zahlungsbilanz. Diejenige von 1975/76 wies bei einem Gesamtvolumen von 515 Millionen Dollar 35 Millionen Defizit auf. Das gesamte Erdöl, der Tee und der Zucker mußten eingeführt werden. Ausgeführt wurden traditionell Teppiche, Karakulfelle, landwirtschaftliche Erzeugnisse sowie – in den letzten Jahren – Erdgas von den neuentdeckten Feldern bei Taschkurgan im Norden.
Dieses Erdgas geht seither vollständig in die Sowjetunion; über speziell angelegte Leitungen sollen bis 1985 etwa 70 Milliarden Kubikmeter geliefert werden. Sie machen die sowjetischen Moslemrepubliken nördlich des Amu-Darya von Erdgaslieferungen aus anderen Teilen der Sowjetunion unabhän-

gig. Dafür erklärte sich Moskau gegenüber Afghanistan zu weitgehenden Kredithilfen und Umschulungsaktionen bereit und schloß zudem langfristige Entwicklungs- und Handelsabkommen mit Kabul ab. Daß sich alle diese Förderungsprojekte auf Nordafghanistan konzentrierten – wer achtete damals schon besonders darauf! Bald stand Afghanistan in Moskau mit mehr als 700 Millionen Dollar in der Kreide.
Zu diesen rudimentären Zahlen hinzuzufügen sind solche, die in kein Schema moderner Wirtschaft gehören, aber das Weiterexistieren rückständiger Staaten fast überall in der Welt ebenfalls möglich machen: der Schmuggel, der Anbau von Opium, die offenen und versteckten Einkünfte afghanischer Gastarbeiter in den Golfstaaten und die im Rahmen der Korruption verdeckten Beträge.

Im April 1978 wurde der immer konservativer agierende Präsident Daud von einer kleinen Schicht marxistischer Intellektueller und linker Militärs gestürzt. Unter diesen «Revolutionären» befanden sich, trotz lauter gegenteiliger Beteuerungen, kaum Bauern und Arbeiter. Das «neue Afghanistan» mußte von der Spitze her geschaffen werden, die Umwandlung in eine Republik hatte diesen «Revolutionären» nicht genügt, da die Aristokratie unter Daud in ihren Machtpositionen geblieben war. Sie hatte sich, trotz des Warnschusses durch Dauds Verstaatlichungen, nicht eben reformfreudiger gezeigt. Jetzt sollte alles anders werden. Das wurde es, jedoch in einem Sinne, den die Präsidentenmörder kaum beabsichtigt haben konnten.
Eine kleinbürgerliche städtische Schicht, knapp als Mittelstand zu definieren, war als «die neue Klasse» gegen Großgrundbesitzer und Feudalstrukturen angetreten. Bald nach Bekanntwerden ihrer ersten Reformprogramme, die alle sozialen Bereiche umfaßten, erwies sich, daß diese neue Minderheit an der Staatsspitze genauso weit entfernt vom Großteil der Bevölkerung im Lande agierte wie die von ihr vertriebene Oberschicht. Eines ihrer Hauptanliegen war eine großangelegte Landreform, ein weiteres die forcierte Industrialisierung. Beides konnte Afghanistan zweifellos gebrauchen. Weitgehende Hilfsabkommen mit «befreundeten Staaten», ausnahmslos

Ostblockländer, sollten den Funktionären der Demokratischen Volkspartei dabei helfen. Auf Zahlen und Prognosen ließ sich das Regime unter Nur Mohammed Taraki dabei vorerst nicht ein.

Die im Reformprogramm ebenfalls enthaltenen Punkte, die tief ins soziale Leben der einfachen Leute eingreifen würden – Beseitigung des Analphabetentums; Abschaffung der überkommenen Schuldenwirtschaft; Abschaffung auch des Brautpreises, der in Afghanistan eine wichtige wirtschaftliche Bedeutung für die Familien hatte –, bargen so viel Sprengstoff, daß bei umgehender Verwirklichung dieser ehrgeizigen Zielsetzungen von vornherein mit Schwierigkeiten für die neuen Machthaber gerechnet werden mußte. Die eine Folge war, daß sie sich durch Verträge vollständig unter den Einfluß Moskaus begaben. Andererseits gewann eine Bewegung Raum, die sich unter Daud nur in Umrissen hatte abzeichnen können, in den moslemischen Nachbarstaaten Afghanistans hingegen machtvoll angewachsen war: die wiedererwachte Kraft des Islam. Der afghanischen Revolution begannen die zu Revolutionierenden wegzulaufen – zu Allah und seinem Propheten Mohammed.

Außer revolutionären Absichtserklärungen ließ sich das Regime Taraki bis zum Herbst 1978 einzig einen Schuldenerlaß für die Bauern entlocken. Einesteils hatte es sich schon bald Parteiintrigen – eines angeblichen Putschs des Parcham-Flügels in der DVP und der linken Offiziere – zu erwehren; zum anderen wanderten im Anschluß daran unersetzbare Leute ins Gefängnis oder gingen ins Ausland. Und Tarakis Regime bestand eben nur aus einer dünnen Schicht ausgebildeter Kader. Außerdem wollte sich Taraki, ein getreuer Diener seiner Herren, «wissenschaftlich absichern» und begann mit einer ersten, das ganze Land umfassenden Volkszählung. Sie hätte in den kommenden Jahren die Grundlage für eine zuverlässige Zukunftsplanung bilden sollen.

Dabei fiel das Kind in den Brunnen. Tausende von Funktionären, zumeist jugendliche Idealisten, wurden aufs Land geschickt. Ihr überhebliches Gebaren brachte sie auf den Dörfern nicht weit. Das Beste, was ihnen passieren konnte, war, daß man sie mit Nichtbeachtung strafte und ihnen jegliche

Hilfestellung verweigerte, zu sehr hatten sich in den Jahren unter Daud die ebenso «fortschrittlichen» Parcham-Leute unbeliebt gemacht. Diese Erinnerung wirkte nach. Was die neue Regierung, die nun ihre Leute aus Kabul schickte, in ersten Verlautbarungen erklärt hatte, begünstigte nicht gerade die Versuche, durch Zensus und Alphabetisierung das Licht in die Hütten Afghanistans zu bringen. Oft waren die Abgesandten der Regierung, besonders in abgelegenen Gegenden, ihres Lebens nicht sicher.
Der Schuldenerlaß hätte Tarakis Regiment unter den Bauern populär machen und für eine «Basis» von Sympathisanten sorgen sollen. 800 000 Pächter und Kleinbauern wären angeblich davon betroffen gewesen. Die Verordnung wurde jedoch genauso übereilt und wenig durchdacht verkündet wie auch andere Reformpunkte. So wurde dadurch einzig das althergebrachte Funktionieren der Finanzierung landwirtschaftlicher Vorhaben durch Belehnung der kommenden Ernten abgeschafft. Das schädigte einesteils zwar reiche Großgrundbesitzer, betraf aber auch zahllose Kleinhändler, bei denen sich die Bauern bisher mit Waren aller Art eindeckten. Niemand von ihnen zeigte in der Folge große Lust, Bauern und Pächtern weiterhin Kredite zu gewähren. Was das zu Beginn der Bodenreform bedeutete, wurde bald deutlich.

Die im Herbst 1978 erlassenen Dekrete zur Agrarreform sowie der gleichzeitig bekanntgegebene erste sozialistische Fünfjahresplan bestätigten die von den DVP-Funktionären gern beiseitegelassene Tatsache, daß sie sich mit ihren Projekten für ein neues Afghanistan wirtschaftlich auf Gedeih oder Verderb in die Hände der Sowjetunion begeben hatten. Im ersten halben Jahr nach dem Aprilputsch waren zivile und militärische Sowjetberater in großer Zahl ins Land geströmt. Taraki hatte sich durch rund 30 verschiedene Hilfsabkommen abgesichert. Er ahnte zweifellos, daß er sich mit seiner «Revolution von oben» auf wirtschaftliches und politisches Glatteis begab.
Dies war nur eine weitere Phase der Abhängigkeit vom großen Nachbarn im Norden. In den Jahren zuvor war die Sowjetunion bereits Hauptabnehmer der afghanischen Exporte gewesen. Der gesamte Handel des Binnenlandes Afghanistan hatte

sich, nach Sperrung bzw. Behinderung seiner Transitrouten durch Pakistan, nach Norden ausgerichtet. Moskau war zum Haupthandelspartner und zum Hauptkreditgeber geworden. Es mußte fast verständlich erscheinen, daß es seine umfangreichen Investitionen politisch und später militärisch zu sichern suchte: Der Schuldner war ein mausarmes Land mit einer wackligen Putschistenregierung, deren erste revolutionäre Ansätze bereits auf nachhaltigen Widerstand breiter Schichten in allen Landesteilen gestoßen waren. Daß man mit diesem «Schutz» gleich mehrere Fliegen mit einer Klappe schlug, konnte den Sowjets später nur recht sein.
Der neue Fünfjahresplan sollte ein erster Schritt zur Beendigung der wirtschaftlichen Misere Afghanistans sein. Er war von sowjetischen Spezialisten entworfen worden, die praktisch in allen afghanischen Ministerien saßen. Vor allem die Rohstoffe, über die Afghanistan in beträchtlicher Zahl verfügt, sollten besser ausgebeutet werden. Bemerkenswerterweise hatten Industrialisierungsprojekte in diesem Plan, der eher auf ein Agrarland hätte zugeschnitten sein sollen, breiten Raum erhalten. Infrastrukturaufgaben, namentlich Straßenbau und Elektrifizierung, wurden als mindestens so wichtig eingestuft wie landwirtschaftliche Projekte, obwohl aus der Landwirtschaft bis zu 60 Prozent des Staatseinkommens resultierten. Man muß sich weiter vor Augen halten, daß Afghanistans Staatshaushalt 35 Prozent der Ausgaben allein für Löhne und Gehälter der Staatsbediensteten vorsah, und 25 Prozent – beträchtlich für ein armes Land – in die Armee flossen. Nachdem die reichen islamischen Ölstaaten sich angesichts der sowjetischen Domination in Kabul zurückgezogen hatten, mußte Moskau auch die Deckung des staatlichen Defizits übernehmen.

Bei der Durchführung der Agrarreform machte sich erschwerend bemerkbar, daß es in Afghanistan niemals so etwas wie Grundbucheintragungen gegeben hatte. Überdies können nur rund 16 Prozent der Grundfläche des Landes als landwirtschaftlich nutzbar gelten. Auch durch großangelegte Bewässerungsprojekte läßt sich dieser Prozentsatz nur schwer verbessern. Nicht jeder Afghane, der viel Land sein eigen nennt, ist deswegen ein reicher Mann. Das Ungerechte in Afghanistan:

5 Prozent Großgrundbesitzer teilten sich in ungefähr die Hälfte des bewässerten Landes.
Die sozialistische Regierung unterschied in ihren Anwendungsdekreten zwischen unbewässertem und bewässertem Land und stufte die Bodenzuteilungen an Neubauern zwischen 6 und 2 Hektar ab. 12 000 Quadratkilometer fruchtbaren Landes wurden sofort verstaatlicht, nur 2500 davon gingen an Bauern, der Rest an Genossenschaften. Wie überhaupt bei fortschreitender Landreform, durch die angeblich 600 000 Familien «beglückt» wurden, das eigentliche Ziel, die Bauern in Agrar-Großbetrieben zusammenzufassen, nie aus dem Auge gelassen wurde.
Ein neuer Fonds, gespeist von staatlichen Stellen und den Bauern selbst, sollte anstelle der bisherigen Kreditgeber helfen, neue Grundeigentümer vor finanziellen Problemen zu bewahren. Doch sowohl dieser Fonds als auch ein effektives System zur Verteilung von Saatgut und landwirtschaftlichem Gerät ließ sich nicht bewerkstelligen. Die ehemaligen Grundherren, die bisher für diese Dinge gesorgt hatten und sich aus der Ernte entschädigen ließen, dachten nicht daran, einzuspringen und den Sozialisten aus der Klemme zu helfen.
Die hierarchischen Verhältnisse auf dem Lande taten das ihrige: teilweise hatten die ehemaligen abhängigen Pächter und Landarbeiter ausgesprochene Angst, sich auf eigener Scholle ansiedeln zu lassen. Zu tief verwurzelt war noch die Macht der Stammeschefs, der Mullahs, der Beys, der für abgeschafft erklärten Oligarchie insgesamt, als daß die Annahme enteigneten Landes für einen Neubauern gefahrlos gewesen wäre. Sardars und Mullahs waren selbst Grundbesitzer gewesen und zählten nun zu den Geschädigten. Sie schlugen mit den ihnen verbliebenen weltlichen und geistlichen Mitteln zurück. Die Auswirkungen sollten sich rasch zeigen.
Heute steht fest, daß höchstens eine Viertelmillion Familien in den Genuß der von Kabul verordneten «Gaben» an enteignetem Land kamen. Dann mußte die weitere Durchführung der Agrarreform abgebrochen werden, zu groß wurden Widerstände und Aufstände in den Provinzen. «Der erste Teil der Bodenreform wurde planmäßig beendet», hieß das in Kabuls neuer Sprachregelung. In Wirklichkeit hatte der islamische Wider-

stand nachdrücklich angeklopft, wie sich auch 1979 zeigte. Viele potentielle Neubauern verzichteten auf das Land von Kabuls Gnaden, das sie kaum bebauen konnten und ihnen nur persönliche Schwierigkeiten verursachte.

Fast jedem Neubauern war nach wenigen Monaten Taraki-Regierung klar, daß er im Gegenzug für die Landzuteilung politische Konzessionen zu machen hatte. Er würde sich mit der Annahme des Bodens an die unbeliebten Kabuler Herrscher binden, sozialen Neuerungen, so sehr er ihnen vielleicht widerstrebte, würde er nachgeben müssen. Und schützen würde den Neubauern auf seinem Stück Land fern der Hauptstadt kaum jemand vor Übergriffen von seiten der Stammeschefs, Mullahs und Mujahidin – den «Banditen» im neuen Sprachgebrauch.

Traditionsbewußtsein, Glaube und Unbildung wurden ein entscheidender Faktor für das Scheitern der afghanischen Bodenreform.

Niemand mochte die im Grunde notwendigen, aber spärlich eintreffenden landwirtschaftlichen Gerätschaften annehmen. Niemand von der tiefgläubigen Landbevölkerung wollte es mit den einflußreichen Mullahs und den hinter ihnen stehenden moslemischen Kämpfern verderben. Niemand wußte genau, was da aus Kabul auf ihn zukam. Aber angesichts der saloppen Berater, Funktionäre, Studenten und Milizen, die ausgeschickt wurden, die Revolution populär zu machen, war bald klar, daß es auch gegen den eigenen Glauben gehen würde. Über den aber gedachte man nicht einmal zu diskutieren.

Unbildung oder Ausbildung hin oder her, die afghanische Landbevölkerung wußte bald, welchem Lager sie sich zugehörig fühlte. Latente kriegerische Gelüste taten ein übriges, dem islamischen Widerstand Auftrieb zu geben – Afghanistan stand im ersten Jahr der sozialistischen Revolution wieder einmal da, wo es im Verlauf der Jahrhunderte schon oft gestanden hatte: im gewalttätigen Kampf gegen «Kabul» – wer immer auch dort sitzen mochte. Jedermann begann, wirtschaftlich in erster Linie an sich selbst zu denken und für sich selbst zu sorgen: Familie für Familie, Stamm für Stamm, Provinz für Provinz. Man organisierte den Lebensunterhalt für sich und seinesgleichen, ohne an das größere Ganze zu denken, und man führte im Namen Gottes und des Propheten den Kampf um sein Seelenheil.

Gerettet wurden die afghanischen Regierungen der jüngeren Vergangenheit allesamt jeweils von ausländischen Hilfsgeldern. Dabei übernahm die Sowjetunion bald den Hauptpart: 1978 beispielsweise waren es schon 1,37 Milliarden Dollar, soweit solche Zahlenangaben als gesichert angesehen werden dürfen. Meist erklärten die Sowjets sich damit einverstanden, mittels langfristigen Handelsverträgen afghanische Produkte aller Art zur Abzahlung eingeräumter Kredite abzunehmen. Ein Beispiel ist das bereits erwähnte Erdgasabkommen, das über zwanzig Jahre läuft. Das Erdgas deckt gegenwärtig einen großen Teil des afghanischen Staatshaushalts, nachdem von Moskau eine beträchtliche Preiserhöhung akzeptiert worden ist. Afghanistan wird anstelle von bisher etwa 100 Millionen nun rund 180 Millionen Dollar jährlich an Erdgaserlösen erhalten. Das haben die Mujahidin auf ihre Weise genützt: sie sprengten Ende Mai 1980 die Hauptgasleitung nach der Sowjetunion.
Mit solchen Zahlen ist es aber so eine Sache: Für verschiedene Produkte wurden sogar doppelte Weltmarktpreise mit der Sowjetunion vereinbart, bezahlt aber wird gegenwärtig vornehmlich mit Gegengeschäften auf «Naturalienbasis». Kabul ist darauf angewiesen und wird dabei nach Strich und Faden übers Ohr gehauen. Von Moskau werden seinerseits überhöhte Preise eingesetzt und dazu Güter zweifelhaften Ranges geliefert: gebrauchte Maschinen, Automobile und Busse sowie Rüstungsgüter. Die letzteren nehmen, ob die Afghanen für alle diese Waffen überhaupt Verwendung haben oder nicht, rund 25 Prozent der Lieferungen ein.
Durch Monopolisierung der Exporte und Abschreckung westlicher Unternehmer und Interessenten durch völlig ungerechtfertigte, mutwillige Steuererhöhungen hat sich die Sowjetunion in Afghanistan schon lange vor dem Einmarsch vom Dezember 1979 eine wirtschaftlich unangreifbare Stellung erobert. Westliche Importe gibt es fast nicht mehr (außer durch den Schmuggel), 1977 wurden noch Importzölle von 400 Millionen Dollar verzeichnet, gegenwärtig dürften es nicht einmal mehr 10 Prozent davon sein. Auch mit der Wirtschaft macht Moskau Außenpolitik. Der Tourismus ist in Afghanistan naturgemäß fast völlig zum Erliegen gekommen. In früheren Jah-

ren war er eine beachtenswerte Einnahmequelle, und nicht etwa, weil Kabul in den Ruf eines Hippie- und Rauschgiftparadieses gekommen war.
Das für kurze Zeit auf dem Getreidesektor autarke Afghanistan muß inzwischen wieder Weizen einführen. Die Mißernten nach der verunglückten Agrarreform haben das Land in eine kritische Versorgungslage gebracht. Das hat selbst der neue Regierungschef Karmal zugegeben. Die Sowjetunion, selber vom amerikanischen Weizenembargo betroffen, muß zur Versorgung Afghanistans mit Nahrungsmitteln einspringen und Importe von anderer Seite organisieren, um eine Hungersnot im Lande zu verhüten.
Anläßlich einer Landwirtschaftskonferenz Anfang März 1980 in Kabul hat Babrak Karmal eingeräumt, daß seine Regierung auf Einfuhren aus Indien und der Sowjetunion dringend angewiesen sei. Von den noch zu erwartenden wirtschaftlichen Engpässen angesichts des andauernden politischen Widerstands gegen sein Regime sprach er nicht. Ihm dürfte aber ebenso wie westlichen Beobachtern klar sein, daß es sich bei der Situation, wie sie sich im späten Frühjahr des Jahres 1980 bot, keineswegs um «saisonale Schwierigkeiten» handelt, wie er sie beschönigend nannte.
Der zugegebene Rückgang der Agrarproduktion hatte ungeahnte Preissteigerungen zur Folge. Mit einem Aufschwung der Produktion in der nächsten Zeit ist nicht zu rechnen. Einen Produktionsrückgang in der Landwirtschaft von 9 Prozent gab Karmal zu, ebenso einen Rückgang der bebaubaren Bodenfläche um 8 Prozent. Die ohnehin magere Industrieproduktion sank um 25 Prozent. Mit der Materie vertraute Diplomaten, auch neutraler Länder, nennen noch weit drastischere Zahlen.

Von einer eigenen Wirtschaftsplanung mit begründeter Aussicht auf deren Durchsetzung ist in Kabul kaum noch ernsthaft die Rede. Man verläßt sich, wie aus praktisch sämtlichen offiziellen Erklärungen und Publikationen hervorgeht, auf massive sowjetische Unterstützung, dies nicht nur im Nahrungsmittelbereich, sondern ebenso bei Düngemittel- und Saatgutlieferungen sowie Bewässerungsprojekten. Zusätzliche Verträge für Sofortlieferungen im Frühjahr und Sommer 1980 mußten sowohl mit der Sowjetunion als auch mit anderen Ostblockstaaten vereinbart werden.

Der Winter 1979/80 war für Afghanistan besonders hart. Karmal hat denn auch das Wetter ebenso für die kritische Lage verantwortlich gemacht wie seinen plötzlich so kontraproduktiven Vorgänger Amin und alle sonstigen Kräfte, welche «die Landreform sabotiert haben». Taraki und Amin hatten zu ihrer Zeit ganz ähnliche Ausreden bereit gehabt. Auch in Afghanistan, nicht nur im Land Absurdistan, ist der Spruch bekannt: «Die Schwierigkeiten eines Landes liegen immer an seinem Klima.»

Notmaßnahmen haben das Karmal-Regime und dessen sowjetische Hintermänner im letzten Winter über die Runden gebracht. Erdgas und Holz mußte Afghanistan zurückkaufen. Dem Mangel an Grundnahrungsmitteln versuchte man durch die Einrichtung staatlich kontrollierter Verteilzentren sowie einen rigorosen Preisstopp, ebenfalls kontrolliert, beizukommen. Trotzdem wurden Preiserhöhungen von bis zu 100 Prozent bei manchen Waren gemeldet, andere erschienen überhaupt nicht mehr auf dem freien Markt. Die Landeswährung, der einst so stabile Afghani, verfiel rapide.

Die Gefahr einer Hungersnot in Afghanistan, zumindest in bestimmten Provinzen, ist nicht von der Hand zu weisen. Solche Katastrophen sind auch aus früheren Jahren bekannt. Hatten sie jedoch dazumal hauptsächlich natürliche Ursachen und die Mißwirtschaft kam an zweiter Stelle, so beruht die jetzige kritische Situation eindeutig auf verfehlten Maßnahmen, hat also künstliche Ursachen. Das Scheitern der überhastet in Angriff genommenen und dann abgebrochenen Landreform schlägt 1980 voll durch. Das ständige Fehlen landwirtschaftlicher Arbeitskräfte, die sich als Mujahidin lieber dem der Produktion nicht gerade förderlichen Widerstandskampf hingeben, macht sich genauso bemerkbar wie das Vernichten der Erntevorräte infolge kriegerischer Zusammenstöße und Bombardierungen. Dazu kommt die ständige Anwesenheit von 100 000 Mann sowjetischer Truppen, die teilweise aus dem Lande versorgt werden müssen und einen großen Teil an Vorräten verbrauchen, und die Beschlagnahme von Transportmitteln durch die Besat-

zer, was einer gleichmäßigen Verteilung von Nahrungsmitteln kaum zuträglich war und zu lokalen Engpässen führte.
Sollte sich die sowjetische Besetzung Afghanistans in Anbetracht des nicht nachlassenden Widerstands ausweiten, wird sich Moskau zur eigenständigen Versorgung seiner Truppen in seinem neuesten Satelliten mittels eines umfangreichen, noch zu schaffenden Organisationsapparates entschließen müssen, denn Kabul kann wenig zur Versorgung der «hilfeleistenden begrenzten Kontingente» beitragen. Es wäre eine hochpolitische Entscheidung für Moskau – und der Gnadenstoß für die Demokratische Republik Afghanistan.

Die amtliche englischsprachige «Kabul New Times» hat anläßlich der Bekanntgabe des «ausgeglichenen» Haushaltsplanes für 1980/81 offiziell die katastrophale Wirtschaftslage Afghanistans zugegeben. «Die Wirtschaft in den meisten der afghanischen Provinzen ist gegenwärtig ruiniert», hieß es. Die Schuld hatten, selbstredend, der Sündenbock Amin sowie «Saboteure und Terroristen im Solde von Imperialismus und Reaktion». Produktionsstätten, Genossenschaftsgüter und Nachrichtenverbindungen seien beschädigt, Straßen und Brücken zerstört worden. Immer mehr «irregeführte und bedrohte» Menschen würden ihren Arbeitsplatz verlassen.
Von den 33,7 Milliarden Afghani des neuen Haushaltsplanes trägt die Sowjetunion angeblich mindestens 10 Milliarden – in Wirklichkeit lassen sich die sowjetischen Lieferungen, Leistungen, Schenkungen und deren Verrechnung kaum noch kontrollieren und buchhalterisch darstellen. Als Soforthilfe lieferten die Sowjets beispielsweise im Frühjahr 1980 Konsumgüter, einschließlich Weizen, Zucker, Speiseöl und Textilien, im Wert von 1,7 Milliarden Afghani (rund 50 Millionen Dollar), als Schenkung wohlverstanden.
Nach Karmals Worten vor einer internationalen Juristenkommission belaufen sich die sowjetischen Zahlungen während der vergangenen zehn Jahre inzwischen auf etwa 4 Milliarden Dollar; darin dürfte die Militärhilfe enthalten sein. Für den Zeitraum von 1950 bis 1970 errechnete die Weltbank rund 1,5 Milliarden an Sowjethilfe.
Um die internationalen Programme großer Organisationen zu-

gunsten Afghanistans, nicht die von Ostblockstaaten allein durchgeführten, steht es inzwischen schlecht. Die Vereinten Nationen sahen sich im Februar 1980 gezwungen, den größten Teil ihrer 35 Projekte im Lande, an denen Unesco, Weltgesundheitsorganisation und Internationaler Entwicklungsfonds beteiligt sind, wegen der unsicheren Lage einzustellen. Nur in größeren Städten wird die Arbeit vorläufig fortgesetzt. Dabei leistet sich die Regierung Karmal den Luxus, über Projekte, die unter Amin begonnen wurden, nicht «begeistert» zu sein. Die Weltbank stellte Projekte außerhalb von Kabul ebenfalls ein. Die Lieferungen der UNO-Nahrungsmittel- und Landwirtschaftsorganisation (FAO) wurden eingestellt bzw. an die im benachbarten Pakistan darbenden über 750 000 Flüchtlinge umgeleitet. Es handelt sich um 112 000 Tonnen Nahrungsmittel, größtenteils Weizen. Die Islamische Handelskammer schloß Afghanistan aus. Von den USA, die wie zahlreiche andere Länder ihre Wirtschaftshilfe schon beträchtlich gekürzt hatten, kam nach der Ermordung ihres Botschafters Adolph Dubs überhaupt nichts mehr. Der Entscheid der EG-Kommission vom Februar 1980, der Sowjetunion und den anderen Comecon-Staaten keinerlei Subsidien mehr auf Butterimporten zu gewähren, richtete sich auch gegen Afghanistan. Gleiche Maßnahmen auf dem Fleischsektor wurden ebenfalls ins Auge gefaßt.

Neben dem regulären jährlichen Handelsabkommen zwischen Moskau und Kabul, das eine Ausweitung des Gesamtvolumens um 70 Prozent vorsieht (1978: 450 Millionen Dollar), wurde im Februar ein besonderes landwirtschaftliches Hilfsabkommen unterzeichnet. Es sieht die Lieferung von Weizen-, Hafer- und Baumwollsamen sowie Phosphaten in großem Umfang vor. Verdeutlicht heißt das: In den abgelegenen, einer eigentlichen Aushungerungspolitik von seiten der afghanischen und sowjetischen Streitkräfte unterliegenden Provinzen Afghanistans wie dem Hazarajat haben die Bauern begonnen, das Saatgut aufzuessen. Und gehortete Nahrungsmittel gibt es dort nicht mehr.

Zahlenmaterial neueren Datums über die wirtschaftliche Entwicklung Afghanistans in den vergangenen zwei Jahren ist kaum erhältlich, zumal es kaum eine nennenswerte Entwick-

lung gibt. Der Prozeß der Umwandlung der agrarischen Strukturen des Landes steckt immer noch in den Kinderschuhen. Am herkömmlichen Gefüge änderte sich unter den sozialistischen Regierungen nur wenig. Mit dem Hinweis «Der revolutionäre Prozeß ist noch nicht abgeschlossen» werden Auskunftsuchende in Kabul beschwichtigt. Diskussionen über die Abhängigkeit des Landes von den Hilfsprogrammen der Comeconstaaten, gar über die Undurchführbarkeit mancher Programme angesichts der Widerstände in der Bevölkerung sind nicht erwünscht und kaum möglich.
Keinen Zweifel lassen die Machthaber in Kabul daran, daß sie von ihren hochgesteckten Entwicklungs- und Industrialisierungsplänen nicht ablassen werden und weiter auf die Hilfe der sozialistischen Bruderländer vertrauen. Sie haben die Erfolge der Kollektivierungsmaßnahmen in den benachbarten sowjetischen Moslemrepubliken Usbekistan, Turkmenien, Tadjikistan, Kirgisien und Kasachstan vor Augen und verweisen gerne darauf. Um welchen Preis die dortigen wirtschaftlichen Leistungen und gesellschaftlichen Veränderungen erreicht wurden – welcher Preis also auch von der afghanischen Bevölkerung gefordert werden wird –, darüber sprechen sie nicht.

Die Sowjetunion hat sich durch ihre Besetzung Afghanistans unter dem Deckmantel von «Hilfeleistungen entwicklungspolitischer und militärischer Art» auch Schwierigkeiten im eigenen Lande eingehandelt. Westliche und islamische Länder zeigten sich nach der Aggression vom Dezember 1979 nicht bereit, den sowjetischen Griff nach Kabul ungestraft hinzunehmen. Der amerikanische Präsident Carter griff schon in den ersten Tagen nach der Invasion zu wirtschaftlichen «Strafmaßnahmen» gegen Moskau und appellierte an die befreundeten westlichen Länder, es den USA gleichzutun. Mit der Koordination dieser Maßnahmen war es allerdings nicht weit her, da eine vorherige Konsultation der Verbündeten nicht stattgefunden hatte. Erst später bekam Washington die Vereinheitlichung der Maßnahmen über die sogenannte Cocom-Liste des Koordinierungskomitees für Exportkontrollen besser in den Griff.
Die vereinbarten Weizenexporte nach der Sowjetunion für

1980, bis auf die gerade laufenden Lieferungen, wurden von den Amerikanern sofort eingestellt. Es handelte sich dabei ausschließlich um Futterweizen. Nach Ansicht amerikanischer Wirtschaftsexperten werden, sollten diese Lieferungen ausbleiben, in der sowjetischen Fleischversorgung längerfristig angeblich Engpässe auftreten. Dann nämlich, wenn es Moskau nicht gelingen sollte, auf dem Weltmarkt rasch Ersatzlieferanten zu finden; es würden zahlreiche Notschlachtungen wegen Futtermangels stattfinden, und im Anschluß daran entstünden die genannten Engpässe, hieß es. Diese Futterweizenverluste konnten jedoch in der Zwischenzeit von der Sowjetunion durch Handelsvereinbarungen mit Drittländern, namentlich Argentinien und Brasilien, aber auch so «westlichen» Nationen wie Kanada und Australien, wettgemacht werden.

Carters Versuche, eine einheitliche Front westlicher Länder gegenüber Moskau zustande zu bringen, waren beim Technologie-Exportstopp ebensowenig erfolgreich wie beim Getreideembargo. Trotzdem überprüfen die USA weitere Verträge mit der Sowjetunion. Nach dem Phosphatexportstopp «auf unbestimmte Zeit» soll auch das Seeschiffahrtsabkommen unter die Lupe genommen werden. Von den Verbündeten erwarten die Amerikaner kaum noch, daß diese eigene Verträge brechen oder Exportkredite und -garantien kündigen. Sie mußten sich mit der Versicherung begnügen, daß die verbündeten Länder nicht noch ihrerseits geschäftliche Vorteile aus dem Zurücktreten der Amerikaner von Kontrakten mit Moskau ziehen, und selbst dieses Versprechen wird nicht immer streng eingehalten. Washington muß sich dabei an der Nase fassen, es läßt selbst keine durchdachte Restriktionspolitik erkennen. Bei der Anwendung der Carterschen «Strafmaßnahmen» im wirtschaftlichen und kulturellen Bereich gegenüber der Sowjetunion, von denen rund 240 Projekte betroffen sind, herrscht in Washington keine «unité de doctrine».

Letzter Clou des amerikanischen Präsidenten – nachdem sichtbar wurde, daß ein amerikanischer Olympiaboykott die Sowjets am meisten schmerzt – ist das Verbot der Lieferung weiterer US-Ausrüstungsgegenstände für die Olympischen Sommerspiele 1980 in Moskau. Das Verbot verunmöglicht Übertragungen der Spiele nach den USA, denn die Fernsehgesellschaft

NBC, welche die Übertragungsrechte erworben hatte, kann keine weiteren Zahlungen leisten. Auch Zeitmeßgeräte und Sportartikel, insgesamt Material im Wert von 20 Millionen Dollar dürfen nicht exportiert werden. Alle Genehmigungen wurden widerrufen.
Besonders scharf schaut Washington seit der restriktiven Anwendung der Cocom-Liste auf Einhaltung des Technologie-Embargos. So sollen bestimmte Güter wie Computer aus den Nato-Staaten und Japan, das dem Koordinationskomitee ebenfalls angehört, nicht mehr an die Sowjetunion geliefert werden. Als Begründung führen die Amerikaner an, der wirtschaftliche und militärische Ausbau des sowjetischen Staates mit westlicher Technologie solle nicht noch forciert werden. Aus eigenem Sicherheitsinteresse heraus müsse den Nato-Verbündeten daran gelegen sein, der harten amerikanischen Linie zu folgen. Die USA exportierten 1979 für 3,4 Milliarden Dollar Waren nach der Sowjetunion, davon für 2,6 Milliarden Agrarprodukte.
Wie zu erwarten war, reagierte Moskau in heftiger Form, aber auch mit Hohn auf die amerikanischen Sanktionen. Einerseits handle es sich dabei um eine «grobe Einmischung», vor allem in olympische Belange, andererseits werde die amerikanische Wirtschaft mit Verlusten in Millionenhöhe belastet. Die Berechnungen Washingtons seien «unbegründet», hieß es, die politischen Erwartungen, die damit verbunden seien, würden sich nicht erfüllen.
Die Sowjets verwiesen darauf, daß wichtige westliche Länder eindeutig erklärt hätten, sich den «Strafmaßnahmen» Carters nicht anschließen zu wollen, und behaupteten im weiteren, die eigene Wirtschaft sei «völlig autark». Eine Wirtschaftsblockade sei nutzlos. Man könne sich aus dem Lande und mit Hilfe anderer sozialistischer Länder versorgen. Die Diskriminierungen von seiten der Amerikaner würden sich höchstens als Bumerang erweisen, da Washington sich als unzuverlässiger Handelspartner gezeigt habe.
Gleichzeitig wurde scheinheilig hinzugefügt, man sei an einer «Arbeitsteilung» und «Zusammenarbeit in beiderseitigem Interesse» weiterhin interessiert. Von Afghanistan kein Wort – vielmehr die plötzliche Forderung nach einem ungehinderten

Transport von Rohöl aus den Golf-Staaten nach den Ostblockländern. Druck hatte in Moskau nur Gegendruck erzeugt. Das Afghanistan-Problem war einer Lösung keinen Schritt nähergekommen.

Die Paschtunen und der Zündstoff Paschtunistan

Der sowjetische Einmarsch in Afghanistan hat eine neue Seite im Krisenbuch um das zwischen Pakistan und Afghanistan umstrittene Paschtunistan-Problem eröffnet: heute führt indessen Moskau die Feder in diesem Konflikt. Ließ Pakistan bisher die Paschtunenkrieger, die als Flüchtlinge aus Afghanistan kamen, ungehindert als Mujahidin zurück in ihr Heimatland ziehen, um dort gegen die «Gottlosen» in Kabul – seien es nun Afghanen oder Sowjets – ihren Heiligen Krieg (Jihad) zu führen, so muß es heute damit rechnen, daß von Kabul der Spieß umgekehrt wird.
Schon sind «versehentlich» Übergriffe von afghanischer Seite vorgekommen: Flüchtlingslager, angeblich «Ausbildungsstätten für Konterrevolutionäre», wurden von Artillerie über die Grenze hinweg beschossen und von Flugzeugen mehrfach «irrtümlich» bombardiert. Pakistans Kriegsrechtsverwalter General Zia-ul-Haq erklärte jedesmals eilig, diese Fälle würden für ihn als Militär noch keinen Casus belli darstellen und seien entschuldbar. Erst als letzthin auch schwerbeladene sowjetische Antonow-Transportmaschinen die unübersichtliche Grenze überflogen, zur Landung in Peschawar gezwungen werden sollten, aber kurz vor der Piste in Richtung Afghanistan durchstarteten, ließ er sich zu einem scharfen Protest direkt in Moskau herbei. Pakistan fühlt sich längst nicht mehr wohl in seiner Haut als Nachbar Afghanistans. Es fürchtet, diese Haut womöglich demnächst zu Markte tragen zu müssen. Mit dem Verschwinden des Pufferstaates Afghanistan ist es selber in eine derartige Rolle gerückt. Die erträumte Rolle eines «Sperrriegels», im Verein mit der Volksrepublik China, nimmt ohnehin niemand recht ernst. Mit den sowjetischen Truppen vor der eigenen Haustür sieht sich Pakistan 1980 gezwungen, eine

Lösung des jahrzehntelang verschleppten Paschtunistan-Problems seinerseits ernsthaft anzustreben. Es könnte sich zu einer Existenzfrage für den ungefestigten Moslemstaat Pakistan auswachsen. Einer Internationalisierung des Konflikts sind Tür und Tor, in diesem Fall die ungeschützten Grenzen, weit geöffnet.

Für Afghanistan galt «Paschtunistan» seit der Gründung Pakistans im Jahre 1947 als eine bei passender Gelegenheit jeweils hervorgeholte «Existenzfrage». Im Grunde aber sind die Paschtunen (Pathanen in Pakistan) weniger stark politisiert als beispielsweise ihre südlichen Nachbarn, die Belutschen. Besonders engagiert hat sich in dieser Frage während seinen zwei Regierungszeiten, 1953–1963 und 1973–1978, Prinz Mohammed Daud. Dabei ging er soweit, Afghanistan dreimal nicht nur in eine Krise, sondern an den Rand eines Krieges mit Pakistan zu treiben: 1955, 1961 sowie 1977/78, vor seinem endgültigen Sturz. Daß Afghanistan den pakistanisch-indischen Krieg von 1971 nicht dazu ausnützte, die Paschtunistan-Frage endgültig zu seinen Gunsten zu lösen, lag in erster Linie daran, daß Daud nicht an der Macht war und König Zahir es vorzog, den Konflikt, den sein Vetter geschürt hatte, friedlich beizulegen.

Indirekt ist «Paschtunistan» der Auslöser der seinerzeitigen noch stärkeren Anlehnung Afghanistans an die Sowjetunion gewesen. Als Pakistan mit Repressalien nicht nur drohte, sondern dem Binnenland Afghanistan die Transitstrecken zum Indischen Ozean sperrte, lehnte sich Kabul noch stärker als ohnehin schon militärisch und wirtschaftlich an Moskau an. Es ließ von den Sowjets seine Verbindungen nach dem Norden ausbauen: so von Kabul her über den Salang-Paß samt einem 3500 Meter langen Tunnel nach den Städten Kundus und Masar-i-Scharif, aber auch die Strecke vom sowjetischen Kuschka nach der zweitgrößten Stadt Herat und weiter nach Süden.

Als «Paschtunistan» gelten in den Augen Afghanistans alle von Paschtunenstämmen in Pakistan und Afghanistan bewohnten traditionellen Stammesgebiete. Im «eigenen Land», Afghanistan, sehen sich die mehr als 8 Millionen Paschtunen als das eigentliche «Staatsvolk». Das Herrscherhaus gehörte ihm an, ebenso die kommunistischen Staatschefs Taraki und Amin. Paschtunische Vorrechte wurden in der Verfassung verankert. Paschtu ist seit 1936 neben dem Dari (Altpersisch) Amtssprache. Weitere etwa 8 Millionen Paschtunen (Pathanen) leben in halbautonomen Stammesgebieten in Pakistan, verteilt auf die Nordwest-Grenzprovinz und Nordbelutschistan.

Der Name «Nordwest-Grenzprovinz» (North West Frontier Province/NWFP) deutet an, um was es sich im Falle Paschtunistan handelt: um ein Grenzproblem. Es hat seinen geschichtlichen Hintergrund. In dieser unübersichtlichen Stammesregion endete seinerzeit im Westen der Einflußbereich der Britisch-Ostindischen Company bzw. des Vizekönigreiches Britisch-Indien. Zweimal, 1842 und 1879, waren die Briten bei dem Versuch, Kabul und den entstehenden Pufferstaat Afghanistan unter ihrer Kontrolle zu bringen, blutig gescheitert. Darum sollte noch vor dem Ende des 19. Jahrhunderts eine endgültige Grenzziehung erfolgen. Das Land wurde vermessen und anschließend ein Abkommen zwischen dem Afghanenherrscher Abdurrahman und dem Foreign-Office-Sekretär für Britisch-Indien, Sir Mortimer Durand, ausgehandelt und im Jahre 1893 unterzeichnet. Dabei entstand eine weitere schmale Pufferzone: diejenige der halbautonomen Stammesgebiete (Kurram, Khyber, Waziristan, Mohmand, Bajaur, Orakzai, Bannu, Peschawar, Kohat und Dera Ismail Khan), in denen allein ein «political agent» im Namen der Zentralgewalt tätig war, größtenteils rein repräsentativ, aber ansonsten genossen die einzelnen Stämme freie Hand unter dem «indirect rule».

Die seither als «Durand-Linie» bezeichnete Grenze besteht bis heute weitgehend nur auf dem Papier der Kartographen. Offiziell besetzte Grenzübergänge gibt es nur zwei: bei Torkham am Khyber-Paß (zwischen Peschawar und Kabul) sowie bei Chaman in Belutschistan (zwischen Quetta und Kandahar). Die künstliche Grenze wurde von den folgenden Emiren und Königen Afghanistans jeweils anerkannt (Habibullah 1905, Amanullah 1921, Nadir Schah 1930), die betroffenen Stämme der Paschtunen und Belutschen zogen aber weiter unbeanstandet durch die Täler und über die Gebirgspässe zwischen dem südlichen Belutschistan und den Ausläufern des Hindukusch. Das Problem schlief, solange es nicht zur Krise herbeigeredet wurde, zumal einzig nördlich des Khyber-Passes Lebensgebiete einzelner Stämme direkt durchschnitten wurden, ansonsten aber die Grenze den Einflußbereichen gewisser Hauptstämme folgte.

Es kam das Jahr 1947. Großbritannien zog sich vom indischen Subkontinent zurück. Es entstanden der Hindustaat Indien und der Moslemstaat Pakistan. Afghanistan aber, von London nicht konsultiert (vielleicht ein Fall später, kalt genossener Rache?), nahm dies übel: Es gab bekannt, es fühle sich an die Durand-Linie nicht länger gebunden, und verlangte, daß die Gebiete der Paschtunen jenseits seiner Grenze Afghanistan angeschlossen würden. Man kann also nicht alle Schuld an der Entwicklung zum «Fall Paschtunistan» dem Prinzen Daud zuschieben. Die Forderungen wurden vom Königshaus in Kabul generell vertreten. Zwar war auch Daud, als Verteidungsminister und General, schon mit an der Macht beteiligt, doch die Politik bestimmten weitgehend zwei Onkel des Königs und Dauds: Haschim und Mahmud, Brüder von deren Vätern Nadir und Mohammed Aziz.
Der Anspruch des jungen Staates Pakistan auf die betreffenden Gebiete der Pathanen wurde von Kabul rundweg abgelehnt, obwohl sich die dort lebenden Bewohner in einer – nicht ganz astreinen – Abstimmung für ein Verbleiben bei Pakistan ausgesprochen hatten. Kabuls Gegenrede: über ein unabhängiges Pathanengebiet (von dem man hoffte, es würde Afghanistan zugeneigt sein) sei nicht abgestimmt worden. Als dies nichts nützte, verweigerte Afghanistan die Zustimmung zur Aufnahme Pakistans in die gerade gegründeten Vereinten Nationen (UNO).
Seither leben beide Länder in einem Zustand angespannten Mißtrauens nebeneinander. Zu einem freundnachbarlichen Miteinander kam es kaum einmal. Nicht nur von seiten Indiens (u.a. Kaschmir-Problem), auch von Afghanistan her hatte Pakistan keinen guten Start. Das belastete die Beziehungen zwischen beiden Ländern bis heute, zumal Afghanistan immer betont freundschaftliche Gefühle gegenüber Indien bezeugte, vielleicht in dem Wunsch, Pakistan doch eines Tages in die Zange nehmen zu können. (Es handelt sich dabei um reine

Zweckpolitik: Noch heute ist das schlimmste Schimpfwort, das ein Afghane austeilen kann: «Hindu».) Die ständige Forderung Kabuls nach eigenen staatlichen und politischen Rechten für Paschtunen und Belutschen jenseits der afghanischen Grenzen bietet in Anbetracht der gegenwärtigen kritischen politischen Situation einen Zündstoff ungeahnten Ausmaßes; man kann sich seiner vordergründig bedienen, um ganz andere Vorstellungen hinter diesem Nebelvorhang durchzusetzen. Ob man diesen Zündstoff unter Kontrolle behalten kann, darf angesichts der ungebrochenen Eigenständigkeit der Stämme an dieser wilden Grenze nie als sicher angenommen werden.
Seinerzeit gelang es Pakistan, die Ansprüche Afghanistans mit dem Hinweis abzublocken, die umworbenen Pathanen und Belutschen seien keineswegs bereit, sich dem entwicklungsmäßig zurückgebliebenen Nachbarland anzuschließen und auf ihren bisherigen höheren Lebensstandard (nach örtlichen Maßstäben) zu verzichten. Überdies habe Kabul keine Anstalten gemacht, die Paschtunen unter seiner eigenen Herrschaft jemals betreffend Unabhängigkeit oder Autonomie zu befragen. Angesichts der afghanischen Gleichung Paschtunen = Afghanen kam das einem pakistanischen Angriff auf die Existenzgrundlage des scheckigen Staatsgebildes gleich, das unter dem Namen Afghanistan eine Vielzahl von Völkern, Stämmen, Sprachen und Religionen unter der Majorität der Paschtunen vereinigte.

Das Paschtunistan-Problem hat auch eine rein pakistanische Seite. Die dortigen Pathanen (und die Belutschen) begnügten sich keineswegs mit der Bekundung, angeblich künftig Pakistan zugehören zu wollen. Sie versuchten vielmehr, den Regierenden in Karatschi – und später in Islamabad – größere Autonomiezugeständnisse abzufordern. Daß sie sich dabei jeweils hinter dem Wink mit «Kabul» verschanzten, wirkte angesichts der Halsstarrigkeit der jeweiligen pakistanischen Zentralregierung verständlich.
Namentlich unter dem zivilen Ministerpräsidenten Bhutto, aber auch vorher unter Marschall Ayub Khan, versuchte Islamabad seine Ansprüche auf die halbautonomen Grenzgebiete brachial durchzusetzen: es setzte gegen alle irgendwie gearte-

ten Unabhängigkeitsgelüste Gewalt ein und schickte die Armee. Heute regiert, wieder einmal, die Armee in Pakistan, und sie zeigt ein aufmerksames, weiterhin der Repression zugeneigtes Ohr für Autonomiebewegungen aller Art.
Pakistan ist ein seit seiner Gründung ungefestigter Staat. Die Armee erlitt gegenüber dem Hauptfeind Indien ausschließlich Niederlagen; eine Provinz (Ostpakistan, das heutige Bangladesch) ging verloren. Man lebt in der Angst vor weiteren Verlusten. Neben den Pathanen verhielten sich auch die Belutschen nie ruhig; nach der Hinrichtung Bhuttos im Gefolge einer Justizfarce General Zia-ul-Haqs halten auch die Sindhis, die den Verlust Karatschis als Landeshauptstadt ohnehin nie verwunden haben, als Bewohner der dritten Provinz gegenüber den allgegenwärtigen, überall regierenden Pandjabis aus der überfüllten vierten Provinz Pandjab nicht mehr still.

Politische Unruhen in der nahen Zukunft muß Islamabad heute rund um den ungelösten Fall Paschtunistan tatsächlich fürchten. Einmal unter den eigenen Pathanen und ihren aus Afghanistan geflohenen paschtunischen Stammesbrüdern. Sie belaufen sich inzwischen auf rund eine Million Menschen und könnten angesichts des herrschenden Elends in den Flüchtlingslagern politisch gemeinsame Sache gegen Islamabad machen. Zum andern muß in der künstlichen Hauptstadt des künstlichen Staates Pakistan in Betracht gezogen werden, daß Afghanistan bei einem weiteren ungehinderten Einsickern von Mujahidin (bewaffneten Moslemkämpfern) von Pakistan her militärisch und politisch zurückschlägt. Die in früheren Jahren vor den Repressalien der pakistanischen Armee nach Afghanistan geflüchteten Menschen könnten sehr wohl marxistisch indoktriniert zurückkehren. In Belutschistan ist dies bereits in kleinerem Rahmen passiert. Die Botschaft dieser ideologisch versierten Abgesandten würde im geknebelten Pakistan gewiß keine verschlossenen Ohren finden.
Das Lebensgebiet der Paschtunen insgesamt läßt sich ungefähr mit einem liegenden Halbmond vergleichen. Im Nordosten der pakistanischen Nordwest-Grenzprovinz, in Sichtweite des Hindukusch, beginnend, zieht sich ihr Stammesterritorium, auf beiden Seiten der Durand-Linie, vom Suleiman-Gebirge

nach Südwesten: über die afghanische Provinz Paktia und deren pakistanisches Gegenstück Waziristan bis ins nördliche Belutschistan und in die afghanischen Provinzen Kandahar und Oruzgan. Von dort reicht es aufwärts nach Nordwesten über Farah bis in Richtung Herat. Paschtunische Bevölkerungsinseln existieren überdies in einigen wenig zugänglichen Landesteilen Afghanistans, so im Norden nahe der sowjetischen Grenze.

Die genaue Zahl der paschtunischen Bevölkerung steht nicht fest. Auch nicht nach der großaufgezogenen und nur halb geglückten, aber viel propagierten Volkszählung unter dem Taraki-Regime. Noch immer wird laut UNO-Angaben generell mit 16–17 Millionen Einwohnern Afghanistans gerechnet. Was darüber hinausgeht, kann nicht als gesichert gelten. Der Widerstand der selbstbewußten Paschtunen gegen neugierige, progressive Zählbeauftragte aus den Städten war groß. Das versuchte Eindringen in ihre bisher streng bewahrte, vom moslemischen Brauchtum geschützte Privatsphäre – um womöglich auch die Frauen zu zählen – stieß großenteils auf feindselige Ablehnung. Insgesamt erreichen die Paschtunen möglicherweise die Zahl von 16 Millionen, davon 8 Millionen in Afghanistan. Dort stellen sie deshalb knapp die Mehrheit der gesamten Bevölkerung und nehmen sich seit altersher das Recht, als eigentliches Staatsvolk zu gelten. Erst mit dem «großen Wurf», der mißglückte, nämlich auch die in Pakistan lebenden Pathanen «heimzuholen», wäre ihnen die Untermauerung dieses unbewiesenen Anspruches endgültig gelungen.

So ist es, ob ausgesprochen oder nicht, immer eine Aufgabe der in Kabul regierenden Politiker gewesen, die Vorherrschaft der Paschtunen trotz allen Anfechtungen zu bewahren. Das war unter der Monarchie so – das Königshaus gehörte einem Hauptzweig, den Durrani, an –, das wurde, trotz gegenteiliger Beteuerungen und der Einräumung von laut verkündeten Rechten für die Minoritäten, unter den seit 1978 regierenden Gilzai-Paschtunen Taraki und Amin fortgesetzt. Selbst der angebliche Kakar-Paschtune Babrak Karmal, dessen Vater ein königlicher General war, dem man aber auch eine teilweise tadschikische Abstammung nachsagt, muß sich erst daraus lösen.

Wenig ist über den Ursprung der Paschtunen bekannt. Sassanidische und indische Formen (abgan und avagana) wurden ins Persische übernommen (afghan). Die Benennungen Paschtun und Pathan mögen griechische (Herodot, Ptolemäus, Strabo) oder arianisch-indische Ursprünge (Avesta) haben. Erste Ansiedlungen von solchen Paschtunen existierten nachgewiesenermaßen bereits im erwähnten Hauptgebiet, dem Suleiman-Massiv. Von dort aus dürften sich die Paschtunen zwischen dem 7. und 15. Jahrhundert vor allem nach Osten, dem fruchtbaren indischen Subkontinent, dem Fünfstromland (Pandjab) ausgebreitet haben. Sie machten es nicht anders als andere Eroberer: sie gingen den lockenden Fleischtöpfen nach. Erst seit dem 18. Jahrhundert gab es eine ausgesprochene Wanderbewegung nach Westen, in Richtung Iran. Sie wurde von den jeweiligen Machthabern in Kabul bewußt durch Beihilfen gefördert und ist im Zusammenhang mit den Bestrebungen, einen eigenen Staat Afghanistan zu gründen, zu sehen.
Die geographische Zerrissenheit des Stammesgebietes der Paschtunen hat viel zur Entstehung der zahlreichen Untergruppen beigetragen. Diese leben noch heute nicht in bester Eintracht; die Paschtunen sind keinesfalls «ein» Volk. Die blutigen, kämpferischen Auseinandersetzungen zwischen ihnen – und gegenüber fremden Mächten – haben ihnen den Ruf einer furchtlosen, kriegerischen Stammesgesellschaft eingetragen. Diese Gesellschaft hat sich seit jeher wenig um Anweisungen übergeordneter Regierungen in Kabul oder anderswo gekümmert. Ihr Dasein zwischen Nomadisieren und Seßhaftigkeit wurde seit jeher durch zahlreiche, oft komplizierte Stammesgebote geregelt, einen eigentlichen Ehrenkodex unter der Bezeichnung «Paschtunwali». Die unter dem britischen Vizekönig Lord Curzon 1901 vereinbarten «Frontiers Crimes Regulations» galten (und gelten) für die Pathanen nur formell.

Im Paschtunwali werden namentlich verschiedene Bestrafungsarten bis in alle Einzelheiten geregelt; soziale und ethische Probleme werden ebenfalls behandelt. Wie es dem ungebärdigen Paschtunen gebührt, stehen die Regeln von Rache und Krieg, nicht von Vergebung, über allem. Eine Änderung dieses Kodex würde einen Angriff auf den Lebenssinn des Paschtunen bedeuten. Rache und Krieg sind in ihm mehr oder weniger gleichbedeutend mit Existenzrecht. Höchstens eine Stammesversammlung (Jirga) entscheidet in gewissen Fällen, ob Vergebung oder Schadenersatz oder Verjährung nach langem Blutvergießen angebracht ist. Einem Fall paschtunischer Blutrache fielen beispielsweise im Jahre 1933 selbst König Nadir Schah und dessen Bruder Mohammed Aziz zum Opfer, die Väter des letzten afghanischen Königs Zahir Schah und dessen Nachfolgers Mohammed Daud.

Geradezu heilig ist den Paschtunen aufgrund des Paschtunwali das Gastrecht (Melmestia). Dies gilt nicht allein dem Fremden, sondern auch dem Feind aus einem anderen Stamm oder Klan gegenüber. Schon manche Paschtunen versuchten sich auf diese Weise der Verfolgung durch Badal, die Blutrache, zu entziehen. Sie nehmen eine Art Aufnahmerecht in Anspruch, das mit dem eigentlichen Gastrecht nicht ganz identisch, aber ebenfalls im Paschtunwali enthalten ist. Allerdings können sie es hinfort nicht wagen, das Territorium ihrer notgedrungenen Gastgeber wieder zu verlassen – sie würden praktisch unter die Wölfe fallen. Die Inanspruchnahme dieses Rechtes will genau erwogen sein.

Dem Gebot, eigenhändig Blutrache zu üben, wird sich auch heute kein einziger Paschtune entziehen. Es gibt für ihn keine Alternative, will er weiterhin vom Zusammenleben mit den Stammesangehörigen profitieren; das Begriffsniveau reicht für weitergehende «Ersatzfolgerungen» nicht aus. «Unsere Gewehre funktionieren, unsere Dolche sind geschärft – sie sind keine Zierde allein», dies versichern aufrechte Paschtunenkrieger dem plötzlich eindringenden Fremden oft und gerne. Wer aber einmal das Gastrecht bei diesen ungestüm-wilden, doch herzlich-naiven Bergkriegern genossen hat, wird um eine unauslöschliche Lebenserfahrung reicher sein. Das Paschtunwali hat auch ihn, wenn schon nicht gefangen, so doch beeindruckt. Das Leben unter Paschtunen, und sei es für einen noch so kurzfristigen Zeitraum, gleicht in manchen Bezügen einer «Heimkehr» oder einer «Rückkehr» zu Ursprüngen, von deren Existenz man zwar wußte, die man aber endgültig verschüttet glaubte. Der Paschtune teilt Haus und Herd mit seinem Gast, fühlt sich selbst geehrt und bestätigt, und er und sein Klan fühlen sich direkt und ohne alle Einschränkungen und Entschuldigungen für ihn verantwortlich – bis zur Hingabe des eigenen Lebens.

Die paschtunischen Stammesgebiete, seinerzeit von den Briten eingerichtet, kennen eine halbdemokratische Selbstverwaltung durch die Jirga nicht nur gegen innen, sondern auch gegen außen – Islamabad oder Kabul. Von Verhandlungen halten die Paschtunen indessen wenig: Privilegien werden ertrotzt und, wenn es sein muß, erkämpft. Die Kämpferlust ist Ausdruck angeborener Aggressivität, ebenso der wilde Stolz. Für den Paschtunen gehören Kampf und Ehre zusammen, ohne sie ist ihm das Leben nur ein halbes Leben.
Die zentralen Regierungen hüten sich deshalb bis in die Gegenwart, mit militärischer Macht oder ziviler Autorität in den Paschtunengebieten aufzutrumpfen. Die Briten versuchten das einst, unter einer Unzahl an Opfern von Menschenleben, ehe sie sich zum «indirect rule» durchrangen. Von den Herrschern in Kabul wurden Einmischungen dieser Art fast nie unternommen.
Eine Ausnahme gibt es allerdings: Anfang der dreißiger Jahre übertrieb Nadir Schah bei seinem Versuch, mit kriegerischen Mitteln die ungestümen Stämme im Kurram-Tal zu «befrieden». Gegen sein grausames Vorgehen riefen diese Stämme die Briten zu Hilfe, und die ließen sich nicht lange bitten: mit dem für Kabul niederschmetternden Resultat, daß Waziris und Afridis in der Kurram-Agency unter britisch, später pakistanisch garantierter Halbautonomie ihr Leben nach eigenen Vorstellungen richten konnten. Schmuggel und Waffenherstellung erreichten dort eine Hochblüte, die noch heute anhält.
Hatten die Briten ihre wenigstens auf dem Papier bestehende Oberhoheit durch eine Anzahl von militärischen Befestigungen zwischen Quetta und Peschawar dokumentiert, so gingen 1947 die in diesem Grenzgebiet die Macht übernehmenden Pakistaner einen Schritt weiter: sie zogen jegliche Truppen aus den Stammesgebieten zurück; die meisten Forts wurden aufgelassen und verfielen. Der junge Staat konnte sich deren Unterhalt und Besetzung gar nicht leisten. Nur wenige Anlagen blieben intakt und wurden dauernd von Truppen belegt.

Das damals angängige Verhalten, als weitblickend, großzügig und vertrauenerweckend bezeichnet, scheint sich in der gegenwärtigen politischen Situation an der Durand-Linie jedoch ins Gegenteil zu kehren: 1980 versuchen Kabul und dessen sowjetische Hintermänner aus dem freien, unbehinderten Grenzverkehr von Stämmen und Nomaden das Recht auf militärische Verfolgung und Bestrafung von «Banditen und Söldnern» abzuleiten. Seit Mitte 1978 behaupten sie bereits ein «Einsickern» solcher «Bewaffneter». Gemeint ist der für Kabul und Moskau äußerst irritierende, unerwartete moslemische Widerstand gegen die «gottlosen» Machthaber der neuen Zentralregierung und dessen Unterstützung durch paschtunische Glaubensbrüder von der anderen Seite der imaginären Grenze. Frömmigkeit aber geht beim Paschtunen ebenso wie bei den übrigen Afghanen einher mit Stolz und Krieg. Pakistan sah sich gezwungen, wenigstens geringfügige Verstärkungen an diese Grenze zu verlegen.
Wegen der Schwäche der gegenwärtigen Regimes in Kabul und Islamabad ist dem Problem nicht beizukommen. Durch das unverhältnismäßige Eingreifen und die militärischen Möglichkeiten sowjetischer Truppen auf afghanischer Seite hat die ständige Unruhe im Paschtunengebiet das Ausmaß einer Krise angenommen. Heute dringen sowjetische Tanks bis an die unmarkierte Grenze vor, werden komplette sowjetische Einheiten in Grenznähe verlegt – bis auf weiteres.
Moskau dürfte es im Grunde nichts ausmachen, die technische Durchführbarkeit dessen unter Beweis zu stellen, was Pakistans Machthaber Zia-ul-Haq bezweifelte, als er auf die Kabuler Vorwürfe ob des fortwährenden ungehinderten Grenzverkehrs – Flüchtlinge nach Pakistan, bewaffnete Mujahidin nach Afghanistan – antwortete: «Die Grenze schließen? Bitte sehr, dann schließt sie selber. Pakistan will und kann dies aufgrund der bestehenden Abkommen nicht tun.»
Islamabad ist dazu weder militärisch noch politisch oder finanziell in der Lage. Bereits jetzt gebärden sich Pakistans Pathanen, ihre offenen und geheimen Anführer sowie die fast eine Million aus Afghanistan geflohenen Stammes- und Glaubensbrüder selbstbewußter, als es dem Geschmack der Zentralregierung entspricht.

An einem weiteren Anschwellen der Flüchtlingszahl, besonders was die Paschtunen betrifft, besteht in Pakistan nicht das geringste Interesse. Moskau würde Zia-ul-Haq nur einen Gefallen tun, sollte es sich mit seinen Truppen an den Versuch machen, aus der Durand-Linie eine befestigte, gesicherte Grenze zu machen. Ob die dort wohnenden Stämme sich dies gefallen lassen, ist eine andere Sache.

Wie bereits gesagt: Ein neues Blatt im Geschichtsbuch der kriegerischen Paschtunen ist begonnen worden. Das Buch hat noch viele leere Seiten.

Belutschistan: Ein Krisenherd wird aufgewertet

Der dünnbesiedelte, wüstenhafte Großraum Belutschistan ist bereits für die Briten ein Reizwort und eine Versuchung gewesen. Er ist es – mit der roten Großmacht im Norden und der Flottenkonzentration im Süden, im Indischen Ozean und am Golf – bis heute geblieben. Bis hierher schob Britisch-Indien im 19. Jahrhundert sein Einflußgebiet vom indischen Subkontinent her vor, gegen den Widerstand der Belutschenstämme, die zuvor auch den Moghulkaisern widerstanden hatten. Erst durch die Briten wurden, zwecks Abwehr zaristischer Intentionen, die Grenzen mit Iran und dem entstehenden Afghanistan festgelegt. Dieselbe Grenze – die Durand-Linie –, die, auf dem Papier, von den Himalaja-Ausläufern her die Stammesgebiete der Paschtunen (Pathanen) durchtrennt, verläuft weiter südlich auch durch die angestammten Belutschenregionen. Verwaltet wurden diese Stammesgebiete deswegen noch lange nicht. Die Briten beließen es, wie im Falle der Paschtunen, bei einer lockeren Oberhoheit, einer gewissen Militärpräsenz (indirect rule), und ansonsten bei der Herrschaft der traditionellen Sardars (Stammeshäuptlinge).

Der größte Teil der nomadischen Belutschenstämme – angeblich verwandt mit den Kurden, und zwar schon aus vorislamischer Zeit – findet sich im heutigen pakistanischen Belutschistan (rund 1,3 Millionen Menschen); schätzungsweise 300 000 Belutschen leben im südlichen Afghanistan; ungefähr auf 1 Million beläuft sich ihre Zahl in der iranischen Südostprovinz Seistan-Belutschistan. Die «stille Grenze» ist hier, gleich wie im Norden, äußerst durchlässig. Die unkontrolliert hin- und herziehenden Belutschen, Brahuis, Pathanen und etwa vierzig kleineren Volksgruppen wissen teilweise nicht einmal, daß sie existiert. Die es wissen, nutzen sie auf ihre Weise: zum

Schmuggel, einer der Haupteinnahmequellen in diesem nicht sehr fruchtbaren, klimatisch wie politisch ausgesprochen ungemütlichen Landstrich. Die Läden des Basars von Quetta, der Hauptstadt, wo seinerzeit die Briten ihre erste Garnison anlegten, zeugen auch 1980 von diesem florierenden Wirtschaftszweig.

Neben dieses eher läßliche Vergehen der Übertretung der Zollgesetzgebung sind durch die jüngsten politischen Entwicklungen andere getreten, die, würde ihnen nachgegeben, für den gesamten geostrategischen Raum weitaus größere Auswirkungen hätten als die sowjetische Besetzung Afghanistans. Wenn es einen vorbereiteten Boden für einen weiteren sowjetischen Annexionsversuch gibt, ist es das seit jeher stark politisierte Belutschistan. Hier genießen die marxistischen Bestrebungen Kabuls manchenorts offene Sympathie. Hier stößt die pakistanische Militärregierung, die man verdächtigt, die Provinz nicht nur im Kolonialstil zu verwalten, sondern auch noch ein Atomversuchsgebiet in ihr anzulegen, auf ebenso mißtrauischen Widerstand wie alle Regimes vorher, die versuchten, Belutschistan zu bändigen.

Die neuesten Meldungen zu den beiden letzterwähnten politischen Faktoren sind allerdings alarmierend. Der indische Geheimdienst ließ Mitte März 1980 verlauten, die Sowjets würden in Afghanistan belutschische Stammesangehörige auf eine «Frühjahrsoffensive» vorbereiten, die sie gegen die benachbarten Gebiete von Pakistanisch- und Iranisch-Belutschistan vorzutragen im Sinn hätten, um sich endgültig am «warmen Wasser» zu etablieren, nämlich am Indischen Ozean und am Golf, und damit nahe den verletzlichen Öltanker-Routen. Unter dem Vorwand, den speziell unabhängigkeitsbewußten Belutschen endlich ihren eigenen Staat zu gewähren, würde es den Sowjets möglich sein, die ungefestigten Regimes in Iran und Pakistan weiter zu destabilisieren und überdies der moslemischen Aufstandsbewegung in Afghanistan selbst einen harten Schlag zu versetzen.

Kurze Zeit darauf wurde aus unterrichteten Kreisen in Quetta bekannt, daß Vorbereitungen zur Aufstellung eines neuen Armeekorps in Belutschistan und zur Zündung des langerwarteten ersten pakistanischen Atomsprengsatzes im Gange seien.

Der unterirdische Versuch solle in dem belutschischen Bezirk Chagai stattfinden. Nomaden aus der Region erklärten, von der Armee sei bereits ein 40 Quadratkilometer umfassendes Wüstengelände abgesperrt worden. Mit Gewalt würden eventuelle Beobachter aus dem Gebiet entfernt. Es handelt sich um das am dünnsten besiedelte Gebiet Pakistans.
Zweifellos ist das neue Armeekorps ebensowenig wie die Zündung eines nuklearen Sprengsatzes nur eine Prestigeangelegenheit für die Militärregierung in Islamabad. Es sind auch erst nachdrückliche Warnungen nach Norden, an die Adresse Kabuls und Moskaus. Und schließlich: gegenüber den ständig aufsässigen Belutschen wären es Zeichen der Stärke von seiten der Zentralregierung, damit diese sich mit autonomistischen Regungen zurückhalten.
«Wir unterstehen bis heute militärischer Besetzung und fremder Verwaltung», gab mir bei meinem letzten Besuch in Quetta ein Belutschenpolitiker zu verstehen, «meine Freunde und ich dürfen unser eigenes Land nicht regieren – das tun allein die Pandjabis. Schlimmer kann es auch unter den Kommunisten nicht werden.» Diese Stellungnahme schien mir, nach zahlreichen gleichlautenden Äußerungen, kennzeichnend für die ambivalente Haltung, die in Belutschistan gegenüber den Ereignissen im benachbarten Afghanistan eingenommen wird. Der Politiker, der es nicht riskieren wollte, daß ich seinen Namen nannte, wies darauf hin, daß nicht allein die jungen Leute, sondern ein großer Teil der gesamten Bevölkerung seine Ansicht teilen würden.
Was er nicht sagte: Das riesengroße Belutschistan, etwa 40 Prozent des pakistanischen Territoriums (ca. 350 000 Quadratkilometer), kann gar nicht genügend Verwaltungsbeamte stellen, um die Administration in eigene Hände zu nehmen. Die zahlreichen aus dem Pandjab (Fünfstromland) kommenden Funktionäre, vom höchsten bis zum niedrigsten Beamten, tun ihrerseits allerdings wenig, die lokalen Gefühle zu besänftigen. Und bei den Militärs in den Garnisonen sind es meist Pathanen, die der Zentralgewalt in der Problemprovinz Belutschistan Achtung, wenn auch nicht Ansehen verschaffen.
Eine Drohung wird somit in Belutschistan in der sowjetischen Invasion nur von den regierenden Pandjabi-Militärbehörden

gesehen. Denen sind die weitgehenden, schon aus der britischen Kolonialzeit herrührenden Autonomiewünsche der kaum zähmbaren Belutschen ein Alptraum. Sie sehen darin einen Versuch, Pakistan einer weiteren Provinz – nach Bangladesch – zu berauben. Schlechtes Gewissen dürfte dabei ebenso eine Rolle spielen: genau wie durch die manipulierte Abstimmung unter den Pathanen der Nordwest-Grenzprovinz, bei denen diese sich angeblich für einen Verbleib bei Pakistan aussprachen, erreichte der junge Staat Pakistan 1947 durch ein Geheimabkommen zwischen Staatsgründer Mohammed Ali Jinnah und dem Führer der belutschischen Stammesverbände, dem Khan von Kalat, daß sich ganz Belutschistan dem neuen politischen Gebilde anschloß. Die Militärbürokraten betonen, gefragt und ungefragt, jederzeit die «Ruhe», die heute in der Wüstenprovinz herrscht. Sie ist mehrheitlich eine Folge der blutigen Niederschlagung zahlreicher Aufstände der unruhigen Nomadenstämme. Die Autonomiegelüste aber haben die Militärs nicht zu unterdrücken vermocht.
Heute wird in Quetta von manchen Kreisen von einem Groß-Belutschistan, einem Anschluß an Afghanistan, sogar von einer eigenen sozialistischen Sowjetrepublik geträumt und manchmal gesprochen. Vielleicht ist es nicht zum Nennwert zu nehmen, aber das Bestreben, die Anwesenheit der Sowjets in Afghanistan für die eigenen Zwecke auszunützen, ist zweifellos vorhanden. Daß am Ende wieder sie selbst die Ausgenützten sein würden, wie unzählige Male zuvor bis in die Gegenwart, sehen viele der unzufriedenen Belutschen nicht.

«Entweder hier in Pakistan oder auf der iranischen Seite wird etwas passieren. Es ist ein leichtes, in Belutschistan einen neuen Aufstand anzuzetteln.» Diese Ansicht fand ich verschiedene Male, unabhängig voneinander, von Diplomaten in Islamabad vertreten, die die durch den Sprung der Sowjets nach Kabul entstandene Situation analysierten. Sie zeigten sich über die Brüchigkeit der gegenwärtigen Regimes in Afghanistans Nachbarländern Iran und Pakistan gleichermaßen besorgt. Führende Militärs haben sich diesen Besorgnissen inzwischen angeschlossen. Sie sehen die kurze Distanz zwischen der unbefestigten afghanischen Grenze und der Küste des Indischen Oze-

ans: rund 500 Kilometer zerklüftetes Bergland und unfruchtbare Wüste – wirklich eine Versuchung.
«Ich kenne das. Alle diese Leute sehen nicht mit unseren Augen», entgegnete mir auf entsprechende Vorhalte mit einem Abwinken der Sprecher des führenden Oppositionspolitikers Ghaus Bakhs Bizenjo. «Sie sehen bloß den sowjetischen Griff nach dem Öl. Und dann die alte Geschichte vom russischen Wunsch nach dem warmen Wasser des Indischen Ozeans. Unsere belutschischen Wünsche sehen sie nicht.» Belutschen wie er, vielleicht nicht die Mehrzahl, sind die einzigen Bewohner der aufgewerteten mittelasiatischen Region, die durch die sowjetische Bedrohung eine Verbesserung der eigenen Position erkennen wollen. «Die Russen können nicht schlimmer sein als die Pandjabis», hielt man mir auch an der Universität in Quetta entgegen.
Bizenjo selbst gibt sich mit seiner oppositionellen, heute in den Fesseln des Parteienverbots liegenden Nationalpartei (PNP) recht gemäßigt. Er weiß warum. Das war vor Jahren anders. Wegen «Anstiftung von Aufständen» saß er in den siebziger Jahren mehrmals im Gefängnis. Heute genießen die Stammesfürsten (Sardars) der belutschischen Hauptstämme Mengal, Marri und Bugti eine Art politische Narrenfreiheit. Neben Bizenjo sind das Khair Bakhs Marri und Ataullah Mengal. Sie alle hatten Anteil am Versuch der PNP-Vorgängerin, der Nationalen Awami-Partei, in ganz Pakistan die Stammesvorstellungen unter einen Hut zu bringen, sie alle scheiterten und sahen sich, wie auch der NAP-Führer der Pathanen, Wali Khan, von Ministerpräsident Zulfikar Ali Bhutto verfolgt und verhaftet. Erst unter den gegen Bhutto putschenden Militärs erhielten sie ihre Bewegungsfreiheit zurück. Allerdings war es, wie sich herausstellte, bis heute eine Freiheit in Anführungszeichen. Ganz Pakistan befindet sich seit 1977 fest in Händen dieser Militärs.

Bizenjo hatte seinen Gouverneursposten damals unter Bhutto verloren. Seine «Aufstände» hatten darin bestanden, daß er im Rahmen seiner Aufgaben und der Parteilinie für eine gewisse Autonomie Belutschistans im pakistanischen Staat einzutreten versuchte. Das war schon zuviel. Obwohl er heute beständig seine Loyalität gegenüber dem Staat wiederholt, behalten die

Militärs ihn wie die anderen prominenten Belutschenführer scharf im Auge. «Es gibt keinerlei Aufstandsbewegung in der Provinz», lautet ihre stereotype Antwort auf diesbezügliche Fragen, «und es wird auch keine mehr geben.»
Der Fall von Pakistans bestinformiertem Journalisten, Salamat Ali, mag als Beispiel dafür dienen: Er wurde im Herbst 1979, nachdem er anhand ausführlicher Untersuchungen neue Aufstandsversuche in Belutschistan vorhergesagt hatte, anhand des Kriegsrechts für vier Monate eingekerkert; die ursprüngliche Strafe war weitaus höher, an der Auspeitschung laut der neuen islamischen Gesetzgebung kam Salamat Ali knapp vorbei.
Die neueste Verdächtigung von seiten der empfindlichen Belutschen belastete im Frühjahr 1980 sogar die amerikanisch-pakistanischen Annäherungsversuche. Militärhilfe für die regierenden Generale in Islamabad sehen die Belutschenpolitiker gar nicht gerne. Damit würde nicht die Grenze zu Afghanistan verteidigt werden, sondern sie würden im Innern der Provinz gegen die Stämme eingesetzt, behaupten sie. Sie alle haben ihre Erfahrungen mit den pakistanischen Zentralregierungen nicht vergessen. Die Meldungen über ein Atomversuchsgelände in ihrer Wüstenprovinz scheinen eine Bestätigung für ihr Mißtrauen zu sein.

Mindestens viermal nach der pakistanischen Unabhängigkeit von 1947 ist es in Belutschistan zu schwerwiegenden, separatistischen Stammesaufständen gekommen. Das Zusammenfügen der unter den Briten mit lockerer Hand geführten Distrikte (Zhob, Loralai, Quetta-Pishin, Sibi und Chagai) sowie der eigenständigen Kleinstaaten (Kalat, Kharan, Makran und Las-Bela) mit den übrigen Stammesgebieten zur vierten westpakistanischen Provinz Belutschistan gelang nur unter Schwierigkeiten. Es gilt als Wurzel der seit dreißig Jahren andauernden Aufstandsversuche. Für die sich von Anfang an benachteiligt fühlenden Belutschen gab es nur Kampf. Die Gefechte begannen 1948, setzten sich 1958 fort, zogen sich jeweils ohne rechten Erfolg über Jahre hin, das von 1962 bis zum Jahre 1966 (unter Marschall Ayub Khans Regime), das von 1973 bis 1977. Zuvor war es zum fehlgeschlagenen Versuch der Nationalen Awami-Partei (NAP) gekommen, sich mit den Stämmen auf

eine dauerhafte Lösung zu einigen bzw. wenigstens nach dem Abfall Ostpakistans die übrigen separatistischen Tendenzen nicht ebenfalls überborden zu lassen.
Als dies nicht genügend gelang, jedenfalls in Belutschistan eher die Aufstandsgelüste geschürt schienen, ließ Ministerpräsident Bhutto die Armee eingreifen. Massiver Einsatz militärischer Mittel – Panzer, Luftwaffe, iranische Helikopter – war zur Niederschlagung der Rebellionen erforderlich, Hunderte von Toten waren jeweils die Folge. Andere Quellen sprechen von mehreren tausend belutschischen Stammesrebellen und ihren Familien, die getötet wurden. Sie wurden nie gezählt. Aber die Einmischung Irans, dessen Schah um die eigene Provinz Seistan-Belutschistan fürchtete, nahm den Aufständen schließlich den Schwung.
Ab hier gehen die Darstellungen der Ereignisse auseinander. Tatsache ist, daß Tausende von Belutschen samt ihren Familien bis 1977 vor Bhuttos Strafaktionen über die «Stille Grenze» nach Afghanistan flüchteten. Wie viele es waren und ob sie aufgrund ihrer Zahl einen Bedrohungsfaktor darstellen könnten, steht nicht fest. Manche Quellen sprechen von etwa 7000 Familien, was jedoch hoch gegriffen erscheint. Der seinerzeitige afghanische Präsident Daud versuchte diese Belutschen genauso zu seinen Zwecken auszunützen wie deren Nachbarn im bergigen Norden, die Paschtunen: Afghanistan als Binnenland strebte nach einem Zugang zum Meer, und der konnte nur durch Belutschistan führen.
Die jungen Belutschen Afghanistans und ihre geflüchteten Nachbarn aus Pakistan – angeblich auch solche aus Iran – wurden aus politischen Gründen bevorzugt und erhielten eine Ausbildung in Kabul. Auf diese junge Generation möchten sich die Befürworter eines autonomen Belutschistans heute stützen; daß diese Jungen, unter den heutigen Verhältnissen in Kabul, ideologisch auf Moskau ausgerichtet wurden, stört sie wenig.
Die alten Stammesführer, trotz Militärregierung immer noch als die eigentlichen Führer der Provinz angesehen, schließen die sowjetische Option nicht mehr aus, nachdem ihre begrenzten Autonomiewünsche von Islamabad jahrzehntelang abgelehnt und blutig unterdrückt worden sind. Diese Sardars, de-

ren Vorrechte bei einer solchen Regelung zuerst beseitigt werden dürften, sehen der nächsten Zukunft mit einem gewissen Fatalismus entgegen. Sie erwarten von Pakistan nichts mehr. Sie glauben nicht daran, daß es ihre Provinz würde verteidigen können, trotz eventueller Atombombe. Und sie selbst sehen keine Veranlassung, sich zur Verteidigung Pakistans in die Bresche zu schlagen.
Um der Versuchung für diese Belutschenführer – und derjenigen Kabuls und Moskaus – einen Riegel zu schieben, plädieren westliche Diplomaten und Politiker seit längerem dafür, Minderheiten wie den Belutschen, die ein ständiger Unruheherd sind und bleiben, die verlangte Selbstverwaltung zu gewähren; Loyalität zum jeweiligen Staat setzen sie dabei voraus. Sie sehen die anhaltende Unruhe im gesamten mittelöstlichen Staatenbereich in erster Linie als ein Minderheitenproblem, dessen Lösung am ehesten in einem Entgegenkommen der Zentralgewalt gegenüber ihren politisch erwachten Minoritäten bestünde.
Vielen Belutschenführern und ihren Anhängern würde ein solches Entgegenkommen durchaus genügen. Sie wollen ihr Erbe bewahren, ihre Sprache lehren dürfen, das schmale bisherige Provinzeinkommen selber verwalten und durch vermehrte Ausbeutung der vorhandenen Bodenschätze, darunter Erdgas und Erdöl, möglichst erhöhen. Nicht alle Belutschen hören auf die Töne linker Ideologen. Fraglich bleibt, ob Pakistan oder Iran diese Möglichkeit, dem sowjetischen Expansionismus Einhalt zu gebieten, ergreifen wird.
Die jetzige pakistanische Militärregierung hat zumindest die Chance, sich mit den Belutschenstämmen zu arrangieren. Sie war es, die Bhutto 1977 stürzte und damit der wohl gnadenlosesten militärischen wie politischen Verfolgung der Belutschen ein Ende setzte. General Zia-ul-Haq setzte einen Hochverratsprozeß in Hyderabad bedingungslos aus und gewährte eine umfassende Amnestie. Seither bemüht er sich, wenn anscheinend auch meist vergeblich, um die Gunst der Stämme an der Grenze zu Afghanistan. Die Bevölkerung im Innern der Provinz scheint friedlicher veranlagt.
«Wir werden aber weiter wie eine Kolonie behandelt», klagte mir ein Stammeschef bei einem Zwischenhalt südlich von Dera

Ismail Khan. «Die meinen, weil im Moment alles ruhig ist, die Sache sei gelaufen. Warten Sie, bis wir uns erholt haben. Wir sind nie gerecht behandelt worden und werden es auch jetzt nicht. Schönen Worten glauben wir nicht mehr – nichts ist in Ordnung.» An eine Wiederherstellung seiner ursprünglichen Vorrechte auf Stammesebene glaubt er ebensowenig wie an die Rückgabe seiner im benachbarten Afghanistan enteigneten Ländereien. Aber er hat eine neue, alte Begründung, die von Ideologen in Quetta unermüdlich verbreitet wird, zur Untermauerung seiner Unzufriedenheit wiederaufgenommen: er fühlt sich, seinen Stamm, die ganze Provinz Belutschistan von Islamabad aus «kolonisiert».

Gewiß hatten es die pakistanischen Zentralregierungen in den vergangenen Jahren an Fingerspitzengefühl fehlen lassen, wenn es um die Empfindlichkeiten der Belutschen ging. Der britischen, gegen außen gerichteten Politik (forward policy) hatten sie nichts an die Seite zu stellen. Das kam bei der völlig anders gearteten Mentalität der Pandjabis, die im jungen Staat Pakistan die Herrschaft über Armee und Verwaltung an sich zogen, überhaupt nicht in Betracht. Sie erwiesen sich, anders als das gleichzeitig als Nationalstaat entstehende Indien, als unfähig, nationalen Fragen gerecht zu werden; ein politisches Konzept in bezug auf die Minoritäten, wie es Nehrus Kongreßpartei anzubieten hatte, wurde in Pakistan nicht sichtbar. Ihre einzige Lösung, angesichts der chronischen Übervölkerung in der eigenen Provinz Pandjab, war es, in allen übrigen Provinzen des jungen Staates selbst die Macht zu übernehmen. So kontrollieren Mitte 1980 die Pandjabis in ganz Pakistan, nicht allein in Belutschistan, 90 Prozent aller Verwaltungsposten. Aber das ändert nichts an den belutschischen Gefühlen, sich besonders ausgebeutet vorzukommen.

Belutschistan verfügt, um dies mit einem Beispiel zu unterstreichen, über eine Menge abbauwürdige Mineralien und über bedeutende Erdgasvorkommen. Aber das Erdgas wird dahin geleitet, wo es am dringendsten gebraucht wird: nach Industriezentren im übrigen Pakistan; Belutschistan erhält dafür etwa 26 Millionen Dollar jährlich. Dafür aber muß es für den Eigengebrauch Gas zurückkaufen, und das wird nicht verstan-

den. Zudem hegt man den Verdacht, ein ausgedehnterer Abbau der Bodenschätze, darunter Uran, werde absichtlich hintertrieben.
Dieser Vorwurf gehört zu den Hauptverdächtigungen, mit denen Vertreter von politischen Gruppierungen ebenso wie Stammesklans die Pandjabis überziehen: Belutschistan solle, trotz des erwiesenen Hereinpumpens überproportionaler Finanzmittel, von der Zentralregierung kurz gehalten und aus dem unterentwickelten Status nie herausgeführt werden; es werde für die Heranbildung lokaler Verwaltungskader absichtlich wenig getan. Demgegenüber werden die regierenden Pandjabis nicht müde, auf das unausgewogene Bevölkerungsverhältnis im pakistanischen Gesamtstaat hinzuweisen: etwa 60 Prozent Pandjab-Bewohnern stehen 2, höchstens 3 Prozent Belutschen gegenüber. Dies bei völlig unproportionaler Bodenfläche, durch welche Belutschistan als Pakistans größte Provinz automatisch größere Infrastrukturausgaben beansprucht.
«Sie können so eine rückständige Provinz nicht von heute auf morgen, nicht mal in Jahrzehnten an diesen Staat heranführen», beteuerte Provinzgouverneur General Rahimuddin denn auch anläßlich eines Interviews. «Die separatistischen Gelüste, verübeln Sie uns das nicht, empfinden wir als ungerecht, wenn wir unsere Aufbauleistungen und die offiziellen Loyalitätsbezeugungen dagegenhalten.» Er nimmt die Drohungen ungeduldiger Stammeschefs, in denen auch Rache und Mord immer mal wieder anklingen, nicht besonders ernst. «Schauen Sie, diese Sardars werden, trotz gegenläufiger Entwicklung, von ihren Leuten immer noch als geistiges und weltliches Oberhaupt betrachtet. Dem versuchen sie mit ihren Reden Rechnung zu tragen. Das meiste ist für den Eigengebrauch bestimmt, eine Art Wahlkampf zur Sicherung der eigenen Machtstellung, wenn Sie so wollen.» Dem den Briten abgeschauten, doch nie erreichten «indirect rule» wird auf diese Weise, indem man großzügig manches überhört, den pakistanischen Möglichkeiten entsprechend nachgelebt. Friedlich stimmende Subsidien allerdings zahlt man den rund 400 großen und kleinen Stammeshäuptlingen nicht. Das kann Pakistan sich nicht leisten. Im Gegenzug muß es die Möglichkeit von Unruhe und Aufständen verstärkt einkalkulieren.

Noch haben viele der Häuptlinge die ursprünglichen Grenzen ihrer Herrschaftsgebiete nicht vergessen. Angebliche Benachteiligungen dieser früheren Staatengebilde durch Zentral- und Provinzregierung sind deshalb trotz der verhältnismäßig hohen Ausschüttung von Staatsgeldern ein weiterer Grund zur Unzufriedenheit, die den im Vergleich zu den Pathanen nicht weniger kriegs- und beutelüsternen Belutschen zu Rebellion Anlaß gab. Zwar waren alle diese Aufstände, wenn überhaupt, dann schlecht vorbereitet – eher vom Zaun gebrochen. Angesichts der geographischen Verhältnisse zogen sich aber auch die isoliertesten von ihnen oft über Jahre hin. Zu politischen Umwälzungen in der zusammengewürfelten Provinz Belutschistan führten sie in keinem einzigen Fall. Nur die Beziehungen zu Islamabad wurden nachhaltig gestört und bieten so bis 1980 einen Ansatzpunkt für das Schüren latenter Autonomiegelüste – auch von außen her.
Eine «Volksfront des bewaffneten Widerstands», angeblich unterstützt von Irak und der Sowjetunion, via Kabul, existiert nachgewiesenermaßen. Sie versucht mit der alten Behauptung vorgeblicher nationaler Unterjochung und Ausbeutung die Situation in ihrem Sinn auszunützen. Ob sie identisch ist mit der seinerzeitigen «Belutschischen Volksbefreiungsfront» (BPLF), deren angeblich der IV. Internationale nahestehende marxistische Führung unter den belutschischen Nationalisten die radikalste war, ist nicht sicher. Bedeutsam scheint hingegen, daß diese linken Nationalisten sich heute aus den Rivalitäten der Großmächte heraushalten, auch keine Unterstützung von sowjetischer Seite mehr zu wollen scheinen. Ihnen gelang auf jeden Fall eine Politisierung der jungen Generation, die über die politische Betätigung im Rahmen herkömmlicher Parteien wie NAP und PNP hinausgeht. Diese haben sich von ihrer Zerschlagung bzw. Stillegung ohnehin bis heute nicht erholt. General Zia konnte das belutschische Mißtrauen nicht zerstreuen. Unter Kriegsrecht und dauernden Wahlverschiebungen bleibt die Situation gespannt, politische Verhandlungen finden nicht statt.
Junge Linke und die alten, unverändert mächtigen Sardars fanden sich in Belutschistan zu einer unheiligen Allianz. Sie haben unterschiedliche Beweggründe für ihre Forderung nach regio-

naler Selbstverwaltung. Dabei gehen sie sehr weit: sie leugnen sowohl die Existenz Pakistans als Nation als auch das von Zia-ul-Haq propagierte «eine moslemische Volk». Für sie, so glauben sie, gibt es angesichts eines zerfallenden Pakistans nur eine bessere Zukunft. Dabei sind sie längst in ein Spiel der Großmächte einbezogen, das sie nicht spielen wollen. Und sie können es aus eigener Kraft – wieder einmal – nicht ändern.

Afghanistan nach dem Zweiten Weltkrieg

König Zahir Schah regierte Afghanistan seit der Ermordung seines Vaters Nadir Schah im Jahre 1933 während vierzig Jahren. Sein Vetter und Schwager, Prinz Mohammed Daud, amtete zwischen 1953 und 1963 als Premierminister. Der politisch mündig gewordene König verkündete 1963 überraschend Dauds Demission und ernannte einen zivilen Ministerpräsidenten.

1964 erhält Afghanistan eine Verfassung, die Parlament und Parteien vorsieht und das Königshaus von politischen Posten ausschließt.

1965 wird das erste Parlament gewählt und ernannt. Einer der Abgeordneten heißt Babrak Karmal, Sohn eines Generals.

1969 Zweites Parlament, in dem auch Hafizullah Amin auftaucht. Wenig politische Aktivitäten. Schnell wechselnde Regierungen.

1973 macht der durch die Verfassung von der Politik ferngehaltene Daud gemeinsame Sache mit linken Militärs und dem Parcham-Flügel der Demokratischen Volkspartei, erklärt den König für abgesetzt und ruft die Republik aus.

1975 Das Experiment Dauds mit der Linken ist gescheitert. Der Staatschef versucht eine Politik der Blockfreiheit, lehnt sich weniger eng an Moskau an als zuvor.

1977 entsteht eine Loya Jirga alten Stils, ein ernanntes Stammes- und Ständeparlament, das über eine Einheitspartei und Verfassung befinden soll. Da innenpolitisch gescheitert, Verschleppungspraxis durch Daud. Monarchistische Rückfälle. Parcham schließt sich wiederum der Demokratischen Volkspartei Tarakis (Khalq) an.

1978 Im April wird Parcham-Führer Mir Akhbar Khyber von unbekannter Seite ermordet. Massendemonstrationen folgen. Daud läßt die DVP-Führer verhaften. Daraufhin putschen linke Offiziere unter Abdul Qader. Sie ermorden Daud und übergeben die Macht der DVP. Taraki wird Staats- und Parteichef.
Im Sommer desselben Jahres zerbricht erneut die Koalition Khalq-Parcham. Karmal und Genossen werden ins Ausland abgeschoben, die Partei gesäubert. Initiator Hafizullah Amin wird im März 1979 Premierminister. Erste moslemische Widerstände gegen das kommunistische Regime in Kabul. Meutereien in der Armee. Immer mehr sowjetische Militär- und zivile Berater kommen ins Land. Im Dezember Freundschafts- und Beistandspakt mit der Sowjetunion.

1979 Im September stürzt Amin den aus Moskau zurückkehrenden Taraki und überrascht damit die Sowjets. Der Versuch, eine breitere Basis für die sozialistischen Experimente der Khalq zu schaffen, scheitert.
Am 27. Dezember stürzt der von den Sowjets im Gefolge einer massiven Militäraktion wieder ins Land geholte Parcham-Führer Babrak Karmal Amin und übernimmt die Macht. Seither steht Afghanistan nominell unter Karmals Regierung. Die Sowjetunion leistet «zahlreichen Hilfegesuchen» aufgrund des Freundschafts- und Beistandspaktes Folge und übernimmt es, gegen «ausländische Einmischungsversuche», d.h. die überall im Lande zuschlagenden Moslemkämpfer selbst vorzugehen.

1980 befinden sich zivile und militärische Gewalt in Kabul, soweit absehbar, vollständig in Händen der Sowjets.

In zwei Jahren vom Pufferstaat zum Satelliten

Afghanistan, der Schlagzeilenlieferant zu Beginn des Jahres 1980, blickte Ende April auf den zweiten Jahrestag seiner «Großen Saur-Revolution» und gleichzeitig auf vier Monate der «Herrschaft» des moskautreuen Babrak Karmal unter sowjetischer Besetzung zurück.
Seit jener blutigen Militärrevolte linksgerichteter Offiziere, bei der am 27. April 1978 der erste und einzige Präsident der afghanischen Republik, Prinz Mohammed Daud, beseitigt und ein von der Demokratischen Volkspartei Afghanistan (DVP) geführtes sozialistisches Regime installiert wurde, ist das mittelasiatische Binnenland am Hindukusch von einem international beachteten Pufferstaat zu einem nichtssagenden sowjetischen Satelliten à la Mongolei heruntergekommen.
Obwohl das Erscheinen der Sowjets um die Jahreswende 1979/80 eine internationale Krise gewaltigen Ausmaßes auslöste, die der Entspannung in der Welt praktisch ein Ende setzte, machten sich die «begrenzten Kontingente von Truppen» und die «befreundeten Berater» unbeirrt daran, während ihres «zeitweiligen Aufenthaltes», der mit Verträgen vorher und nachher untermauert worden ist, in Afghanistan «die Revolution zu retten».
Durch das Abschließen und Ratifizieren eines zusätzlichen Truppenstationierungsvertrages, der über das Freundschafts- und Zusammenarbeitsabkommen vom Dezember 1978 hinausging, versuchten nach erfolgter Invasion Moskau und Kabul die geschaffenen Fakten völkerrechtlich zu besiegeln. Hochoffiziell genehmigten Oberster Sowjet und afghanischer Revolutionsrat im April 1980 mit dem Abkommen die «Bedingungen für die zeitweilige Stationierung eines begrenzten sowjetischen Truppenkontingents» in Afghanistan. Genaue Angaben über

die Stärke des Kontingents und die Aufenthaltsdauer sind nicht veröffentlicht worden.
Ähnliche Stationierungsabkommen wurden 1956 mit Polen, ein Jahr später mit Ungarn und 1968 mit der CSSR abgeschlossen. Afghanistan war anderen Ostblockländern gleichgestellt worden, obwohl es der «sozialistischen Staatengemeinschaft» offiziell noch nicht zugerechnet werden kann. Man weiß, was der Passus «zeitweilige Stationierung» zu bedeuten hat: die Truppen des «Bruderlandes» werden entweder sehr lange bleiben oder überhaupt nie mehr gehen. Die Ungarn und Tschechoslowaken können ein Lied davon singen. Oder werden islamische Renaissance und moslemische Glaubenskämpfer das Drehbuch des sowjetischen Regisseurs durchkreuzen?
Was zu der unerfreulichen Situation geführt hat, ist schnell umschrieben: die afghanischen «Revolutionäre» provozierten ihr Scheitern. In den vergangenen zwei Jahren hat das überhastete Experiment einer dünnen Schicht unqualifizierter kleinbürgerlicher Möchtegern-Revolutionäre, das seinen mittelalterlichen Gesellschaftsstrukturen verhaftete islamische Afghanistan mittels einer «Revolution von oben» in einen sozialistischen Modellstaat laizistischer Ausrichtung zu verwandeln, mangels ausreichender Basis Schiffbruch erlitten. Von den «Hundertfünfzigprozent-Revolutionären» der DVP sind in dieser Zeit alle Fehler gemacht worden, die zu begehen waren. Die neuere afghanische Geschichte mit ihrem Reichtum an gescheiterten Reformversuchen, von den Königen Habibullah und Amanullah bis zu den Parcham-Sozialisten unter Daud, wurde von ihnen nicht zur Kenntnis genommen. Sie verkündeten in ihrem Theorienwahn gar, die Lehrbücher der marxistisch-leninistischen Revolution umschreiben zu wollen: sie seien im Begriff, eine «Modellrevolution von der Spitze aus» zu schaffen, wegweisend für andere «für den Sozialismus reife Staaten und Bewegungen». Taraki reiste dieser Thesen wegen gar im September 1979 an den Blockfreien-Gipfel nach Havanna. Anschließend ging es dem «weisen Vater des Volkes» zu Hause an den Kragen. Drei Monate später schon erlitt sein Mit-Genosse und Nachfolger Amin dasselbe Schicksal. Jedesmal wanderten die jeweiligen Anhänger in die Gefängnisse und vor Exekutionspelotons.

Die übriggebliebenen Reste der Revolutionäre der ersten Stunde müssen sich, wie übrigens auch die Weltöffentlichkeit, heute damit abfinden, daß die offensichtlich leicht irritierten, aber unnachgiebigen «großen Freunde und Helfer» aus dem Norden, mit deren alleinigem Rückhalt die Experimente der vergangenen zwei Jahre überstanden werden konnten, in Kabul das Heft selbst in die Hand genommen haben. Das alles ganz «legal», mit einer «legitimen» afghanischen Regierung als Deckblatt, mit vertraglich zugesicherten exterritorialen Rechten und offensichtlich bereit, den moslemischen Widerstand notfalls auch mit einem noch größeren Militäraufgebot zu bekämpfen.
Babrak Karmal ist nach außen hin die Marionette des Kremls für die letzten Gutgläubigen einer enttäuschten, desillusionierten Staatenwelt geblieben; sein Regime ist im Sommer 1980 noch immer isoliert. Blockfreie, neutrale und islamische Länder hatte die Sowjetunion mit ihrem unverhüllten Einmarsch und Machtanspruch gegen sich aufgebracht. Im innenpolitischen Bereich ist Karmal nichts als der augenblickliche Spitzenmann der hoffnungslos zerstrittenen, in Intrigen (jetzt auch über die Anwesenheit der Sowjets) verstrickten und künstlich am Leben erhaltenen Demokratischen Volkspartei. Ein Regierungschef ist er selbst nach primitivsten politischen Maßstäben nicht. Es mangelt ihm an Übersicht, Kontrolle und Macht. Von souveräner Regierung – gleichbedeutend mit afghanischer Verwaltung – des in einer schweren Wirtschaftskatastrophe steckenden, vom Ostblock ausgehaltenen Landes kann angesichts des zählebigen Volksaufstandes im islamischen Gewand keine Rede sein. Karmal kann sich nicht mal mehr im Hause seines Vaters sehen lassen.

Die afghanische Revolution kehrte sich gegen die übertrieben fortschrittlichen Sozialisten mit ihren zahlreichen Reformprogrammen. Unter der grünen Flagge des Islam fand sich bald eine seltsame Koalition moslemischer Fundamentalisten, davongejagter Feudalisten und «wahrer» Sozialisten zu einem unkoordinierten, aber teils recht wirkungsvollen Heiligen Krieg (Jihad) gegen die Heilsbringer aus Kabul und Moskau. Ihnen lief die schockierte Bevölkerung nach, nicht den Progressiven. Doch diesen half die Uneinigkeit der Widerstandsbewegung, an der Macht zu bleiben. Beide Seiten verstrickten sich in einen Bürgerkrieg an zahlreichen Fronten, dessen Ende sich bis zum Sommer 1980 trotz der sowjetischen Militärintervention noch nicht abzeichnete.

Wenn «Prawda» und Tass melden: «Die Revolution in Afghanistan ist in Gefahr», so heißt das im Klartext nichts anderes als: die afghanische Revolution ist im Grunde nicht zu retten. Ein zerfallenes Land, eine zerfallene Partei und Regierung, eine zerfallene, von Desertionen geschwächte Armee müssen mit massivem finanziellem, wirtschaftlichem und militärischem Einsatz von der Sowjetunion am Leben gehalten werden. Aber getreu der Breschnew-Doktrin verläßt Moskau einen progressiven Verbündeten nicht – und schon gar nicht einen vor der eigenen Haustür.

«Wir geben ihnen alles, sogar unser Leben», kommentierte ein junger Moskauer die Lobeshymnen der eigenen Regierung auf den aufopferungsvollen Einsatz der Roten Armee und ihre uneigennützige Hilfe im Lande der Afghanen.

Die Bilanz sieht nicht gut aus für den Kreml und für Karmal. Man bietet Resolutionen über den Truppenabzug aus Afghanistan die Stirn und lehnt Verhandlungsvorschläge ab, die beispielsweise auf eine Neutralisierung und Wiederherstellung echter Blockfreiheit des Landes am Hindukusch dringen. Weder militärisch noch politisch wurde die Lage dort stabilisiert. Die internationalen Beziehungen sind auf lange Zeit nachhaltig gestört, die Olympischen Spiele haben ihren Glanz verloren, Wirtschaftssanktionen beginnen sich auszuwirken.

Trotzdem wird das «legitime» Regime in Kabul von Moskau gestützt. Es ist durch die brutalen Repressionsakte, die dem blutigen Coup von 1978 folgten und mindestens hunderttausend Menschen das Leben kosteten, nicht legitimer geworden, ebensowenig durch die fragwürdigen Vertragsabschlüsse. Jedes Beteuern der Sowjets einer unbedingten Unterstützung des Regimes in Kabul beleuchtet eher Argumentationsschwächen, als daß es Stärke aufzeigen würde. Bei einem Abzug würde die Regierung Karmal weggefegt werden; innerafghanische Rivalitäten wären die Folge.

Vergessen wurde ob des politischen Hin und Hers das afghani-

sche Volk. Wahlen oder Abstimmungen fanden in den letzten zwei Jahren nicht statt – ohnehin ändert sich ja nach kommunistischem Demokratieverständnis die «Volksmeinung» niemals. Die Völkerschaften Afghanistans aber, die Stämme, Sprachen, regionalen Eigenheiten und riesengroßen Bedürfnisse, denen sich das Land gegenübersieht, dürfen nicht vergessen, sondern sollten endlich berücksichtigt werden. Beide Seiten geht das an: links wie rechts.
Afghanistan ist nicht nur ein geopolitischer Faktor auf der Weltkarte. Dem Lande muß in erster Linie sozial beigesprungen werden, auf praktisch allen Gebieten, ob nun unter roter, grüner oder sonst einer Flagge. Mit abstrakten Begriffen wie «Neutralität» oder «Blockfreiheit» ist diesem Staat und seinen Völkern nicht geholfen, wenn sie nicht mit handfestem Inhalt versehen werden und die kulturellen Gegebenheiten der Region berücksichtigen. Sind wir aber derartig weitgehend überhaupt an der Existenz Afghanistans als Staat interessiert?

Der Eindruck, Afghanistan sei zu Beginn der zwanziger Jahre von den nach Mittelasien vordringenden bolschewistischen Revolutionären nur «aus Versehen nicht erobert worden», mitsamt den Emiraten und Khanaten nördlich des Amu-Darya, drängt sich heute dem neutralen Beobachter angesichts des aus jahrzehntelanger entwicklungspolitischer Dominanz hergeleiteten sowjetischen Machtanspruchs beim kleinen Nachbarn im Süden auf. Dabei hängt jedoch nichts so schwer am Bein des moskauhörigen Parcham-Führers Karmal wie die sowjetische Präsenz allerorten. Ins Land gebracht, um die angestrebte «Verbreiterung der Basis» der Partei zu erreichen, scheitert dieser Versuch des sich gemäßigt gebenden Karmal gerade daran, daß er sich von den verhaßten Schurawi hat an die Macht helfen lassen.
«Ja, wenn er allein gekommen wäre», heißt es im Sommer 1980 haßerfüllt in Kabul, «dann hätte sich über manches reden lassen.» Im Gegensatz zu seinen Vorgängern von der Khalq-Fraktion innerhalb der DVP betreibt Karmal zurzeit eine bewußt harmlos aussehende Politik. Er bemüht sich um ein «niedriges Profil» für sich, seine Regierung und deren Programme. Die Rechte islamischer Religionsausübung werden

anerkannt, bei der Nationalhymne, der Landesfahne und auch in der jüngst veröffentlichten provisorischen Verfassung wurden Rückzieher gemacht, politischen Gefangenen wurde zum größten Teil die Freiheit wiedergegeben. Die Repression scheint weniger ausgeprägt. Selbst an den für unabdingbar erklärten Reformvorhaben hat Karmal Abstriche vorgenommen, die nun bei der Landreform und dem Kampf gegen das Analphabetentum den ursprünglichen Intentionen direkt entgegenstehen. Es nützt ihm anscheinend jedoch nichts. Seine größte Belastung sind die Sowjets; daran wird in Afghanistan jeder neue politische Anlauf gemessen.

Einen sowjetischen Truppenabzug wird es aber nicht geben; auch keinen Wechsel an der Regierungsspitze in Kabul. Die Suche nach einem «neutralen» bzw. gemäßigten Repräsentanten außerhalb der DVP ist mehrfach gescheitert. In der gegenwärtigen Situation, mit sowjetischen Gewehrläufen im Rücken, stellt sich niemand zur Verfügung. Jemanden aus den Reihen der linksgerichteten Offiziere mag Moskau nicht riskieren; die oftmals vor den Kopf gestoßene afghanische Armeeführung huldigt mehr denn je nationalistischen Tendenzen.

Es bleibt nur die Folgerung: Afghanistans Husak ist bereits vorhanden – er heißt Babrak Karmal. Ein für Außenstehende vielleicht schmerzhafter Denkprozeß, von der Macht der Umstände diktiert, doch für Moskau ganz gewiß nichts Neues. Afghanistan hat eine altbekannte Geschichte in neuem Gewand erlebt. Es wird aus dem jetzigen Satellitendasein so rasch nicht wieder herausfinden.

Die moslemischen Kämpfer allein sind zu schwach, um das Blatt zu wenden. Die eine Million Flüchtlinge in den Nachbarstaaten Iran und Pakistan haben andere Sorgen; die städtische Bevölkerung wird es müde, weitere Generalstreiks und Aufstände zu organisieren, sie ist verunsichert. Im internationalen Bereich wird die Akte Afghanistan inzwischen distanzierter betrachtet. Es scheint nur eine Frage der Zeit, wann diese Akte geschlossen wird. Zeitgewinn – darauf spekulieren die Sowjets seit dem Dezember 1979.

Sollten die Unruhen aber weitergehen und von den übermächtigen Invasoren nicht unter Kontrolle gebracht werden können, müßte von der Karmal-Mannschaft endlich das Naheliegende angepackt werden: Sie müßte versuchen, einen Kompromiß aller Beteiligten herbeizuführen – mit den Mujahidin wie mit den Sowjets. Nach dem Motto: Teilmitsprache der einen gegen Teilrückzug der anderen, eine Politik des Schritt für Schritt. Es wäre für Afghanistan etwas ganz Neues. Doch die bisherigen Erfahrungen lassen für Hoffnungen wenig Raum.

Biographien

Babrak Karmal

Der gegenwärtige afghanische Staats-, Regierungs- und Parteichef Babrak Karmal, 1929 im Dorf Kamari bei Kabul geboren, entstammt einer aristokratischen Familie. Sein Vater General Hossein Khan entstammt einer paschtunischen Patrizierfamilie und ist mit der königlichen Familie blutsverwandt. Während langen Jahren war er Gouverneur der Provinz Paktia. Erst 1975, unter Mohammed Daud, verlor er diesen Posten.
Babrak erhielt aufgrund seiner Herkunft eine gute Bildung. Seinen Familiennamen Karmal (eventuell vom Dorfnamen Kamari oder vom Wort Kar = Arbeit herstammend) legte er sich, wie alle Afghanen, erst spät zu, als solche Namen gebräuchlich wurden. An der deutschen Schule in Kabul, dem Amani-Gymnasium, machte Karmal seine Matur im Jahre 1949.
Nach seinem Jura- und Politikwissenschaft-Studium sowie dem obligaten Militärdienst arbeitete Karmal auf verschiedenen Posten im Planungsministerium. Er engagierte sich für die von den Sozialisten vertretene Politik und landete mehrere Male im Gefängnis. Seinen Ministeriumsjob hängte er nach Gründung der Demokratischen Volkspartei Afghanistans 1965 an den Nagel, um sich ganz der Politik hinzugeben. Neben Taraki und Khyber gehörte Karmal zu den Gründern der DVP und ließ sich 1965 und 1969 als «Unabhängiger» ins erstmals frei gewählte Parlament in Kabul wählen.
1967 spaltete sich die DVP in einen eher linksnationalistischen Flügel unter Taraki und Amin, Khalq (Volk) genannt, und in den Parcham (Flagge) genannten moskautreuen Flügel unter Karmal und Khyber. Streitpunkt war vor allem die «halblegale» Teilnahme an den Wahlen 1969 sowie den wenig demokra-

tischen Verwaltungsgremien. Die Khalq-Fraktion zog darauf die Untergrundarbeit vor, die Parcham-Gruppe arbeitete mit im Staat und fand sich auch nach dem Sturz des Königs 1973 bereit, zusammen mit Prinz Mohammed Daud die Regierung zu tragen.

Karmal und seine Parchamis sahen sich jedoch vom reaktionären Daud bald von der Macht verdrängt. Sie schlossen sich im Sommer 1977 erneut mit der Khalq-Fraktion zusammen. Im Anschluß an die Ermordung Khybers im April 1978 kam es zur Revolution gegen Daud. Die DVP übernahm von den linksgerichteten Putschoffizieren die Macht. Taraki wurde Ministerpräsident, Karmal Vizepräsident. Die Zusammenarbeit der beiden Fraktionen hielt nur bis zum Sommer desselben Jahres. Dann wurden von Vertretern der harten Khalq-Linie, wie Amin, die Parchamis aus der Partei hinausgesäubert und abgeschoben. Karmal landete als afghanischer Botschafter in Prag, wurde aber wenige Monate darauf wegen mangelnder «Linientreue» abberufen, blieb jedoch vorsichtshalber im Exil. Er galt seither als «letzte Trumpfkarte» der Sowjets im afghanischen Machtpoker.

Im Gefolge der sowjetischen Truppen, die im Dezember 1979 in Kabul einmarschierten und Amin ausschalteten, kam Karmal wieder nach Afghanistan und wurde neuer Machthaber. Seither erwies sich, daß er den Posten rein nominell ausübt und sich Machtintrigen innerhalb der DVP hingibt, anstatt sie zu regieren. Er wird als Generalsekretär der DVP und Vorsitzender des Revolutionsrates, also Staatschef, bezeichnet.

Die Unterstützung der aufgebrachten moslemischen Bevölkerung errang Karmal trotz seinen Versprechungen betreffend freier Religionsausübung und größerer Demokratie nicht. Auch gegenüber den islamischen Staaten blieb Karmal isoliert. Er hat seine Position angesichts von Resolutionen des Weltsicherheitsrats, der UNO-Vollversammlung und der Islamischen Konferenz, die den vollständigen Abzug der sowjetischen Truppen aus Afghanistan fordern, in den ersten Monaten seiner Amtsführung nicht festigen können und gilt als moskauhörige Marionette. Die Sowjettruppen, die ihn ins Land brachten, erweisen sich seither als seine größte Belastung, weil sie alle Konsolidierungsversuche seiner Partei zunichte machen.

Hafizullah Amin

Der am 27. Dezember 1979 gestürzte und hingerichtete afghanische Staatschef Hafizullah hat angeblich den gleichen Jahrgang wie sein Nachfolger Babrak Karmal: 1929. Er wurde im Dorf Paghman, nahe der Hauptstadt Kabul, als Sohn eines kleinen Angestellten geboren. Nach dem Schulbesuch studierte Amin an einer Pädagogischen Hochschule und war im Erziehungsministerium tätig. In den USA erwarb er 1957 bzw. 1962 ein Lizentiat in Erziehungswissenschaft. Er führte einige Zeit den Verband afghanischer Studenten in den USA.
1965 zurückgekehrt, schloß Amin sich der im selben Jahr gegründeten Demokratischen Volkspartei von Nur Mohammed Taraki an, die gezwungen war, als sozialistische Partei teilweise im Untergrund zu arbeiten. Amin übernahm in der Folge den Vertrauensposten, für die Partei die Verbindungen zu Armee und Geheimdienst herzustellen und zu pflegen. Daraus rührten bis zuletzt seine persönlichen politischen Erfolge. An der Vorbereitung des Putsches linksgerichteter Offiziere gegen Präsident Daud war Amin, da die führenden DVP-Politiker wie Taraki und Karmal nach der Ermordung des Partei-Mitgründers Khyber und den folgenden Massendemonstrationen im Gefängnis saßen, maßgeblich beteiligt.
Der nach dem Putsch an die Macht gelangte Revolutionsrat der DVP ernannte Amin zum Außenminister und Vizeministerpräsidenten. Er galt seither als der «starke Mann» hinter Präsident Taraki und wurde für zahlreiche Repressionsmaßnahmen bis hin zu Exekutionen verantwortlich gemacht und im Volk mit dem bezeichnenden Namen «Scheitani», der Teufliche, belegt. Trotz enger Anlehnung an die Sowjetunion stritt Amin ab, das neue Regime sei «marxistisch». Seither werden ihm linksnationalistische Tendenzen nachgesagt.
Am 27. März 1979 gab Taraki das Amt des Regierungschefs an Amin ab. Amin zeigte sich als politischer Aktivist, konnte jedoch mit den verbreiteten Aufständen der Moslembevölkerung trotz massiver Repression und sowjetischer Hilfe nicht fertigwerden. In seinem Kabinett kam es zu Spannungen mit den linksgerichteten Militärs. Die Unbeliebtheit Amins wuchs bis Herbst 1979 derart, daß seine Ablösung vorgesehen wurde.

Einem solchen Coup kam Amin zuvor. Er entließ im September die Militärs aus seinem Kabinett und stellte Staatschef Taraki nach dessen Rückkehr aus Moskau zur Rede. Bei der daraus resultierenden Schießerei wurde Taraki schwer verletzt. Am 16. September wurde sein «Rücktritt aus Gesundheitsrücksichten» und am 9. Oktober sein Tod bekanntgegeben: Hafizullah Amin war Staatschef in Afghanistan.
Er erfreute sich nur drei Monate lang dieses Amtes. Den Sowjets war er nicht genehm, sie betrieben insgeheim seine Ablösung. Der sowjetische Botschafter in Kabul wurde auf Amins Betreiben abgelöst; starke Beraterstäbe und Truppen der Roten Armee kamen ins Land. Amin soll sie angeblich zu Hilfe gerufen haben. Sie wurden schließlich gegen ihn eingesetzt und stürzten ihn Ende Dezember 1979. Karmal übernahm die Macht.
Zu Amins raschem Sturz haben neben seinen brutalen Methoden gegenüber politischen Gegnern vor allem seine angeblichen Versuche, sich teilweise von der übermächtig gewordenen Sowjetunion abzusetzen, beigetragen. Amin war jedoch zu isoliert, um damit Erfolg haben zu können. Er hatte am Ende keine Freunde, nur noch Feinde.

Nur Mohammed Taraki

Der erste sozialistische Präsident der Demokratischen Republik Afghanistan, Nur Mohammed Taraki, hat bis zu seiner Machtergreifung im April 1978 ein recht diskretes Leben, teilweise im Untergrund, geführt. Geboren 1916 in dem kleinen Dorf Mukur in der Provinz Ghazni südlich von Kabul, wuchs er in bäuerlicher Umgebung auf, arbeitete während seiner Schulzeit schon als Laufbursche und ging 1935 als Vertreter einer afghanischen Firma nach Bombay in Indien. Zwei Jahre später zurückgekehrt, studierte er neben seiner Arbeit Wirtschaftswissenschaft. Er schloß dieses Studium 1941 mit einem Diplom ab.
Sich zur Schriftstellerei hingezogen fühlend, arbeitete Taraki anschließend bei Radio Kabul, im Volkswirtschafts- und im Informationsministerium und engagierte sich in der progressi-

ven Literatenbewegung «Erweckte Jugend», die für eine Demokratisierung Afghanistans eintrat. Als Schriftsteller in der Paschtu-Sprache machte Taraki sich mit einer Art «Blut- und Boden-Literatur» einen gewissen Namen. Nachdem er zum stellvertretenden Leiter der Nachrichtenagentur Bakhtar aufgerückt war, wurde er Anfang der fünfziger Jahre als Presseattaché nach Washington entsandt.

Bekannt als Verfasser sozialistischer Schriften, machte Taraki sich dort rasch unbeliebt, kehrte nach Kabul zurück, gründete ein eigenes Dolmetscherbüro, arbeitete dabei für zahlreiche amerikanische Stellen und machte sich zusätzlich daran, die entstehende sozialistische Bewegung als Partei zu erfassen. Offizielles Gründungsdatum der Demokratischen Volkspartei Afghanistans, zu deren Gründern Taraki dann gehörte, ist der 1. Januar 1965. Lange vorher war die Gruppe jedoch illegal tätig. Die DVP spaltete sich schon 1966 in die moskautreue Fraktion der Parcham unter dem Generalssohn Karmal und in den Flügel Khalq unter Taraki und Amin.

Während Karmals Parcham sich ab 1973 an der Regierung unter Prinz Daud beteiligte, verschwanden Taraki und seine Gruppe im Untergrund. Unter dem Eindruck der zunehmend reaktionärer werdenden Politik Dauds fanden Parcham und Khalq im Juli 1977 wieder zusammen. Sie bereiteten auf lange Sicht den Sturz Dauds vor.

Als im April 1978 der Partei-Mitbegründer Khyber von unbekannter Seite ermordet wurde, beschleunigte dies die konspirativen Aktionen der DVP. Es gelang ihr, über Amin durch linksgerichtete Offiziere den Putsch gegen Daud zu organisieren und durchführen zu lassen. Die Militärs schlugen am 27. April los – einen Tag später sah sich Nur Mohammed Taraki an der Macht.

Der eher unbeachtete Schriftsteller wurde zum Vorsitzenden des neuen Revolutionsrates, Staatsoberhaupt und Ministerpräsidenten von Afghanistan. Ohne Verzug kündete er einschneidende Reformmaßnahmen für das zurückgebliebene Land an und sah sich dabei vermutlich dem Ziel seiner literarischen Träume nahe. Er wurde bald auf den Boden der politischen Wirklichkeit zurückgeholt. Schon im selben Sommer sah er sich islamisch motivierten Aufständen unter der Bevölkerung gegenüber, der die angekündigten Reformen zu radikal und zu rasch erschienen, dazu parteiinternen Intrigen.

Diese führten zu einer neuerlichen Parteispaltung. Karmal und die Exponenten seiner moskautreuen Parcham-Gruppe wurden ins Ausland abgeschoben oder landeten im Gefängnis. Die Khalq-Fraktion fand sich allein an der Macht. Mit repressiven Methoden versuchte Taraki der wachsenden Unruhe im Lande Herr zu werden, was jedoch nicht gelang. Die Reformmaßnahmen mußten modifiziert und verzögert werden und konnten schließlich nur mit Hilfe sowjetischer Berater begonnen werden. Die Anlehnung der DVP-Regierung an Moskau war offensichtlich, jedoch stritten Taraki und Amin sie ab.

Gegen den aufstrebenden, selbstbewußt-nationalistischen und brutalen Amin hat sich Taraki nur ein Jahr behaupten können. Das Amt des Regierungschefs trat er im März 1979, nach den blutigen Unruhen in Herat, an diesen ab. Er selbst wurde mehr und mehr zu einer Vaterfigur für Afghanistan hochstilisiert. Die Bezeichnungen für den Schriftsteller Taraki nahmen groteske Formen an: «Weltberühmter Dichter» und «Poet der Massen», «Genieschriftsteller» und «Vater des Volkes» ließ er sich nennen, setzte dem wenigstens keinen sichtbaren Widerstand entgegen. Diese Selbstüberschätzung führte schließlich zum Sturz Tarakis, obwohl gerade er von Moskau dazu ausersehen war, die «Verbreiterung der Basis» seiner Partei zu bewirken.

Im September 1979 fühlte er sich berufen, die afghanische «Modellrevolution» – eine Revolution von der Spitze, ohne eigentliche Massenbasis – am Blockfreien-Gipfel in Havanna vorzustellen. Bei seiner Rückkehr konfrontierte ihn Breschnew in Moskau mit den Realitäten: in Afghanistan konnte es angesichts zunehmender Aufstände und Repression nicht so weitergehen. Amin sollte abgelöst, der exilierte Karmal wieder in die Regierung aufgenommen und die «Verbreiterung der Basis» in die Wege geleitet werden. Taraki hatte dies offenbar akzeptiert, und linksnationale Militärs sollten vor seiner Rückkehr einen Putsch gegen Amin in die Wege leiten.

Es kam anders: das Opfer wurde Taraki. Amin kam dem geplanten Putsch zuvor, entließ die verdächtigen Offiziere aus seinem Kabinett, stellte Taraki nach dessen Heimkehr im Kabuler Präsidentenpalast und machte sich nach erfolgreichem Überstehen einer Schießerei zum neuen Herrn Afghanistans. Es war der 16. September 1979. Taraki trat «aus Gesundheitsgründen» zurück. Bei diesem Schußwechsel wurde Taraki zumindest schwer verletzt, wenn nicht gar getötet. Die genauen Umstände seines Todes wurden nie bekannt. Offiziell wurde sein Tod erst am 9. Oktober 1979 bekanntgegeben. Wahrscheinlich starb er an den Schußverletzungen oder aber an einem Schlaganfall schon am 17. September. Später, als Amin von Karmal und den Sowjets gestürzt worden war, kam die Version auf, Taraki sei von Geheimdienstlern im Auftrag Amins erwürgt worden. Jedenfalls ging der erste Präsident des sozialistischen Afghanistans den afghanischen Weg, den der Gewalt.

Prinz Mohammed Daud Khan

Erster Staatschef der Republik Afghanistan nach Abschaffung der Monarchie wurde 1973 aus eigener Machtvollkommenheit ein Vetter des abgesetzten Königs Zahir Schah, Mohammed Daud Khan. Ihre Väter waren Brüder; beide wurden 1933 im Verlauf einer Blutracheaktion ermordet. Zahir Schah wurde König, ließ seine Familie regieren und machte Mohammed Daud, der seine erfolgreiche Militärkarriere mit dem Generalsrang krönte, zuerst zum Verteidigungsminister und 1953 zum Ministerpräsidenten. Daud regierte selbstherrlich während zehn Jahren, und wurde 1963 von Zahir Schah entlassen. Er sah sich die demokratischen Versuche des Königs zehn Jahre lang an und übernahm in einem unblutigen Putsch 1973 wieder die Macht. Das Königreich Afghanistan hatte ausgespielt.
Mohammed Daud Khan hat seine Zugehörigkeit zur königlichen Familie nie geleugnet und zeit seines Lebens alle Vorteile daraus gezogen. Er wurde am 18. Juli 1908 in Kabul geboren, sechs Jahre vor dem späteren König. Er begann seine Ausbildung an den verschiedenen ausländisch geführten Schulen der Hauptstadt, der Habibia- und der Istiqlal-Hochschule, trat früh in die Militärschule in Kabul ein und vervollständigte seine Studien schließlich in Paris.

Als Karriereoffizier verwaltete er schon in jungen Jahren verschiedene Provinzen als Gouverneur und wurde 1937, knapp dreißigjährig, Oberbefehlshaber der Streitkräfte und Leiter der Militärschule: Afghanistan schien ihm offenzustehen. Trotzdem mußte er es sich erobern. Schon 1939 hatte er einen massiven Aufstand königsfeindlicher Stämme niederzuschlagen; er avancierte zum Generalleutnant. Später heiratete er die Schwester Zahir Schahs. Nach dem Zweiten Weltkrieg wandte Daud sich einer politischen Karriere zu. Er wurde Botschafter in Paris und Bern. In Afghanistan übernahm er 1950 das Amt des Verteidigungsministers.
Nachdem die diktatorisch regierenden Onkel des Königs abgewirtschaftet hatten und ein neuer «starker Mann» gesucht wurde, war die Reihe an Daud. Im Herbst 1953 wurde er Ministerpräsident. Die Ämter des Innen- und Verteidigungsministers verwaltete er vorsichtshalber gleich mit. Denn Daud war aus demselben Holz wie seine Vorgänger: Afghanistan unterstand quasi einer Diktatur.
Seine zehnjährige Amtszeit war von zweifelhaften Erfolgen gekennzeichnet. Mit Pakistan begann Daud einen Streit über die Paschtunistan- und die Belutschistan-Frage, mit den Vereinigten Staaten später über das Ausmaß der Wirtschaftshilfe. Das geographisch isolierte Afghanistan begann sich unter seiner Führung verstärkt der Sowjetunion und ihrer anscheinend uneigennützigen Hilfe anzunähern, die Amerikaner zogen sich vorsichtig zurück. Die einflußreiche Schicht von Wirtschaft und Handel in Afghanistan entzog Daud jedoch ihre Gunst; der König sah überdies die Zeit für eigene Regierungs- und Demokratieversuche gekommen.
Am 11. März 1963 sah sich Daud von Zahir Schah mit seiner eigenen Demission konfrontiert. Er hinterließ ein gegenüber der Sowjetunion schwer verschuldetes und abhängiges Land, begann aber seinerseits hart mit jenen feudalen Strukturen ins Gericht zu gehen, die aufzuheben er zuvor wohlweislich vermieden hatte.
Nachdem Zahir Schah sich während zehn Jahren mit Demokratisierungsversuchen unter bürgerlichen Ministerpräsidenten um Kopf und Kragen regiert zu haben schien, ergriff der im Hintergrund abwartende Daud die Chance, zu retten, was zu

retten war: er übernahm aus eigener Initiative wieder die Macht. 1973 erklärte er den abwesenden König für abgesetzt, die Monarchie für am Ende und rief die Republik Afghanistan aus – unter seiner eigenen Führung. Nach außen hin versuchte er eine neue, fortschrittliche Politik: linksgerichtete Offiziere und Politiker beteiligte er an der Regierung, die Beziehungen zu Moskau intensivierte er. Afghanistan schien auf Reformkurs zu sein.

In Wirklichkeit steuerte Daud einen ganz anderen Kurs. Er versuchte die abgewirtschaftete Monarchie zu retten und entpuppte sich innenpolitisch als ausgesprochener Reaktionär. Die Linken halfterte er bald ab, nachdem sie mit ihren Reformversuchen im Lande fast überall auf Widerstand gestoßen waren. Allerdings brachte Daud die sich ausbreitenden Linkstendenzen im Lande nie ganz unter Kontrolle.

Als er versuchte, außenpolitisch einen von der Sowjetunion unabhängigeren Kurs zu steuern, war es rasch um ihn geschehen. «Echte Blockfreiheit» war nicht nach Moskaus Vorstellungen. Die Hilfeleistungen des Schahs von Iran, welche die Entwicklungshilfe der Sowjetunion und vor allem deren stetig gewachsenen Einfluß auf Wirtschaft und Militär Afghanistans ablösen sollten, wurden verübelt. Annäherungen an eine islamische Position, aufgrund der konservativen neuen Verfassung von 1977, entfernten Daud endgültig von seinen früheren «fortschrittlichen» Freunden.

Aufgrund von Massendemonstrationen nach der ihm angelasteten Ermordung des Gewerkschaftlers und Universitätsdozenten Khyber versuchte Daud im April 1978 die Linke endgültig zu zerschlagen und ließ die Führer von deren illegaler Partei verhaften. Der Versuch ging daneben. Linksgerichtete Offiziere, die er längst nicht mehr kontrollierte, putschten am 27. April 1978 gegen ihn.

Daud, sein Bruder Naim, früherer Außenminister, und eine große Anzahl Familienangehöriger kamen bei dem Coup ums Leben. Dem ehemals «roten Prinzen» blieb nichts mehr, als sich mit der Waffe in der Hand seiner übermächtigen Gegnerschaft zu erwehren. Er hatte gegen die Angriffe von Panzern und Luftwaffe keine Chance. Die Rechnung Dauds, Afghanistan als Republik vor dem «Fortschritt» der Linken zu retten, war nicht aufgegangen. Jener ungestüme, für das Land nicht geeignete «Fortschritt» machte sich nun mit Gewalt Platz.

König Mohammed Zahir Schah

Mohammed Zahir, vom Stamm der Barakzai-Paschtunen, einer Untergruppierung der Mohammedzai und der Hauptgruppe der Durrani, kam eher überraschend zum Rang eines Königs von Afghanistan. Sein Vater Nadir Schah, ein General aus dem Hause der Durrani, entriß 1929 dem tadschikischen Banditen und Revolutionär Batscha-e-Saqao die Macht und rief sich zum König aus. 1933 wurde er im Gefolge einer Blutrache-Aktion echt paschtunischen Zuschnitts vom Sohn eines ein Jahr zuvor hingerichteten Generals umgebracht. Der neunzehnjährige Sohn Zahir sah sich auf dem Königsthron.
Die Macht errungen hatte der Jüngling damit nicht. Seine Familie übernahm das Kommando. Einflußreiche Onkel des Königs regierten Afghanistan und retteten das Land und seine Neutralität über die schwere Zeit des Zweiten Weltkriegs. Haschim und Mahmud, den Brüdern Nadir Schahs, folgte 1953 schließlich Zahirs Vetter Daud Khan als Ministerpräsident. Dessen Tendenzen, außenpolitisch die Anlehnung an die Sowjetunion zu betreiben und wegen der Paschtunistan-Frage in Unfrieden mit dem jungen Nachbarstaat Pakistan zu leben, sah Zahir Schah – endlich seiner Rolle als König bewußt – mit Unbehagen. Er erkannte vielleicht als erster, daß Afghanistan sich nicht länger der Neuzeit verschließen konnte, indem es Reformen im Innern blockierte.
1963 wurde Zahir Schah aktiv; er wußte die mit Daud unzufriedenen Wirtschaftskreise des Landes hinter sich. Er entließ den autokratisch agierenden Vetter und versuchte es in der Folge mit bürgerlichen Regierungschefs. Den Abbau der inneren Unruhen und der übertriebenen Abhängigkeit von der Sowjetunion schaffte er nicht. Demokratisierungsversuche gerieten über Ansätze nicht hinaus. Die neue Verfassung von 1964 mit Zweikammersystem und Abschaffung monarchistischer Regierungsvorrechte erreichte das Ziel, Afghanistan von Grund auf zu demokratisieren, bei weitem nicht. Parteien wur-

den bei den Wahlen zum Parlament, die 1965 erstmals erfolgten, offiziell nicht zugelassen. Daß die Regierung von der «Wolesi Jirga», der Volkskammer, bestätigt werden mußte, änderte an den ursprünglichen Macht- und Regierungsverhältnissen nicht viel. Die Abgeordneten fühlten sich einzig ihrer Stammeszugehörigkeit und ihren Interessen verpflichtet. Zahir Schah hatte für sich selbst eine Funktion als «erster Bürger des Landes», als Vermittler und Koordinator zwischen den drei Gewalten vorgesehen. Von dieser Position ist er selbst im Exil bis zum Jahre 1980 nicht abgegangen. Sie entsprach und entspricht seinem bescheidenen, im Grunde unpolitischen Charakter.

Außenpolitisch wurde unter Zahir Schah und seinen Regierungschefs so gut als möglich die Politik der ursprünglichen Neutralität Afghanistans herausgekehrt. Allerdings ließ sich dies gegenüber der Machtposition der Sowjetunion auf die Dauer nicht durchhalten. Formell legte Afghanistan sich außenpolitisch unter dem König nie einseitig fest. Innenpolitisch vermochten Zahir Schah und die von ihm forcierten Demokratisierungsansätze den verstärkten Forderungen weiter Kreise der städtischen Bevölkerung nach Fortschritt und nach Abbau überkommener Strukturen nicht entgegenzukommen. Fortlaufende Unruhen waren die Folge.

In dieser Situation griff im Juli 1973 Daud Khan erneut ein. Er erklärte Zahir Schah während dessen Kuraufenthalt in Italien für abgesetzt, die Monarchie für beendet und rief die Republik aus. Für den König regte sich fast niemand. Also dankte Zahir Schah im August ab und verbrachte die folgenden Jahre im italienischen Exil, zwar in engem Kontakt mit dem Heimatland und wohlversehen mit einer ausreichenden Pension, aber vergebens auf eine Chance zur Rückkehr wartend.

Erst in jüngster Zeit, nach den vergeblichen Versuchen, in der afghanischen Bevölkerung ein substantielles Echo zu finden, hat sich die sozialistische Regierung – via Moskau – dazu bereitfinden müssen, wieder diskrete Kontakte zum Königshaus zu knüpfen. Ohne zählbaren Erfolg zwar, aber die grundsätzliche Bereitschaft Zahir Schahs läßt politische Möglichkeiten für die Zukunft offen.

Bildlegenden

1

Ingenieur Gulbuddin Hekmatyar, Führer der Hezbi Islami Afghanistan. «Ein junger Mann mit einem Gesicht, wie es auf gotischen Altären die Trauernden haben: schmal, lang, mit melancholischen Augen unter schweren Lidern, umrahmt von einem schwarzen Bart... Von Hekmatyar sagt man, er rage mit Kopf und Schultern über die anderen Exilführer hinaus.»

Frankfurter Allgemeine Zeitung
Ende Mai 1980

2

Die Truppen Hekmatyars mit erbeuteten sowjetischen Panzern in der belutschischen Steppe. Gefahren werden diese intakten Fahrzeuge von ausgebildeten Panzersoldaten der afghanischen Armee, die zu den Mujahidin der Hezbi Islami desertiert sind. Sie haben Regierungstruppen und Sowjets an der Straße Kandahar–Kabul schon schwere Verluste zugefügt, unter der grünen Flagge des Islam.

3/4

Und das sind die Gegner der Mujahidin: Transportmaschinen vom Typ Antonow-22 bringen sowjetische Truppen, Waffen und anderes Material. Kampfhelikopter vom Typ MI-24, gepanzert und fast unangreifbar, befördern Truppen in unwegsames Gelände und gehen mit Raketen, Bomben und schweren Maschinengewehren gegen die Freiheitskämpfer vor.

5/6

Im harten Winter 1979/80 haben sich die sowjetischen Truppen rund um Kabul und an anderen strategischen Punkten eingegraben. Die afghanische Hauptstadt wird mit Panzersperren und Kanonenstellungen – im Bild 122-mm-Haubitzen – «geschützt» bzw. abgeriegelt. Trotz unzureichender Bewaffnung erzielen die Mujahidin Erfolge gegen diese Gegner.

7/8
Abgeschossener und getarnter sowjetischer Kampfhelikopter MI-24, ein sogenanntes «Gunship», bei Asmar in der Provinz Kunar. Eroberter gepanzerter Mannschaftswagen der Sowjets in der Provinz Zabul im Süden.

9/10
Der unheilbringende Raketenwerfer eines sowjetischen Kampfhelikopters, den trotz schwerer Panzerung und Bewaffnung sein Schicksal in der Provinz Nangahar ereilte: die Freiheitskämpfer holten ihn vom Himmel. Mit erbeuteten Waffen, hier eine Haubitze, älteres Modell, setzen sie sich oft erfolgreich zur Wehr.

11
Die Exponenten des von den Sowjets installierten Regimes unter Babrak Karmal, deren Bilder mit viel Propaganda unters Volk gebracht werden.

12/13
Aufnahmen, die für sich selbst sprechen: Durchaus nicht alle Gefangenen wurden freigelassen. Hier spricht ein Häftling, durch Gitterstäbe getrennt, mit seinem Bruder. Für viele gibt es keine Hoffnung. Gefängniswärter und Soldaten schossen in die eindringende Menge: es gab Tote und Verletzte in Pul-i-Charki. Und neue Verhaftungen.

14/15
Die Ausbildung in einem Militärlager der Mujahidin in Südafghanistan ist hart und gründlich: übergelaufene Offiziere der afghanischen Armee führen das Kommando und entwikkeln komplette Trainingsprogramme für alle Arten erbeuteter Waffen und Geräte, vom Maschinengewehr bis zum Panzer. Der Autor konnte sich nur mit Mühe der freundschaftlichen Aufforderung zum Mitmachen entziehen.

16/17
Ständig bereit zu Gebet und Kampf: die Auseinandersetzungen sind in Afghanistan vor allem eine Glaubenssache. Selbst während Gefechten wird in Gebirgen, Steppen und Wüsten fünfmal täglich das vorgeschriebene Gebet verrichtet. Blickrichtung Mekka, die Höhenzüge besetzt, schwerbewaffnete Posten auch hier. – Ein Blick auf eine Stellung am Berg: das Fliegerabwehrgeschütz bietet den Gläubigen Schutz.

18/19
Interviews, Pressekonferenzen, ein Schwatz beim Teetrinken – der Autor mußte ungewöhnliche Wege gehen, um an seine Gesprächspartner zu gelangen. Oben: Mit dem Hezbi-Islami-Sprecher Mangal Hussain, einem Absolventen und Lektor der Universität Kabul. Unten bei einer Vorstellung von Waffen und Übermittlungsgerät in einem militärischen Ausbildungslager der Mujahidin. Mit Pelzmütze in der Mitte: der von Leibwächtern mißtrauisch beschützte junge Kommandant.

20/21
Ein Gespräch mit dem Chef der Hezbi Islami Afghanistan, Gulbuddin Hekmatyar, und dessen Empfehlung, die Stärke seiner «Islamischen Partei» und ihrer Mujahidin (Glaubenskämpfer) selber festzustellen: in der Steppe Belutschistans, und in entsprechender Gewandung.

22/23
Das Training im Militärlager unter glühender Sonne in der Steppe oder bei eisigem Wind im Hochland von Belutschistan wird ernstgenommen. Hier werden aus einfachen Bauern Soldaten für die Sache des Islam geformt – Morgenappell und Exerzieren gehören dazu. Zwischen den Gefechten gibt es im Lager keine Ruhe: Verwundete werden gepflegt, Fahrzeuge und Geräte repariert, man versucht möglichst auf sich selbst gestellt zu agieren.

24/25
Der Autor wurde in das karge Leben in der Wüste mit einbezogen: zu essen gab es wenig, ab und zu fand sich ein Stein in

der Suppe oder im Brot. Gebetet wurde viel, und es fehlte nicht an diskreten Versuchen, den Berichterstatter zum «wahren Glauben» zu bekehren. – Patriotische Ansprache des jungen Kommandanten vor dem nächsten Gefecht – für Hezbi Islami Afghanistan und Ingenieur Hekmatyar.

26/27
Der prokommunistische Gouverneur Nizamuddin der Provinz Kunar und was von ihm übrig blieb nach der berühmt gewordenen Übergabe der Garnison von Asmar. Dort ging die gesamte Besatzung mit dem Kommandanten an der Spitze mit Waffen und Gerät zu den Mujahidin über – vorher aber tötete sie Gouverneur, Politkommissare und Funktionäre.

28
Eindrücke wie von allen Kriegsschauplätzen. Auch in Afghanistan leidet die Zivilbevölkerung am meisten, der Winter 1979/80 war besonders hart. Die Flüchtlingszahl in Pakistan beträgt 750 000. Kinder mit Zeichen schwerer Unterernährung und mit Verwundungen sind keine Seltenheit. Flüchtlingslager schießen allerorten aus dem Boden, es mangelt an allem und jedem.

29
Er ist überzeugt, den ungleichen Kampf gegen die Supermacht Sowjetunion und gegen ihre Ideologie kraft seines Glaubens gewinnen zu können: Gulbuddin Hekmatyar.
«Gelingt es den Russen, den afghanischen Widerstand in diesem Jahr zu liquidieren, mag sein Name bald vergessen werden. Kann jedoch der Widerstand weiterkämpfen, wird man von Hekmatyar noch viel hören. Junge Männer in Kabul sagen heute: Der zukünftige Präsident Afghanistans wird Gulbuddin Hekmatyar heißen.»

Frankfurter Allgemeine Zeitung,
Ende Mai 1980

1

2

3

4

5

6

7

8

9

10

11

12

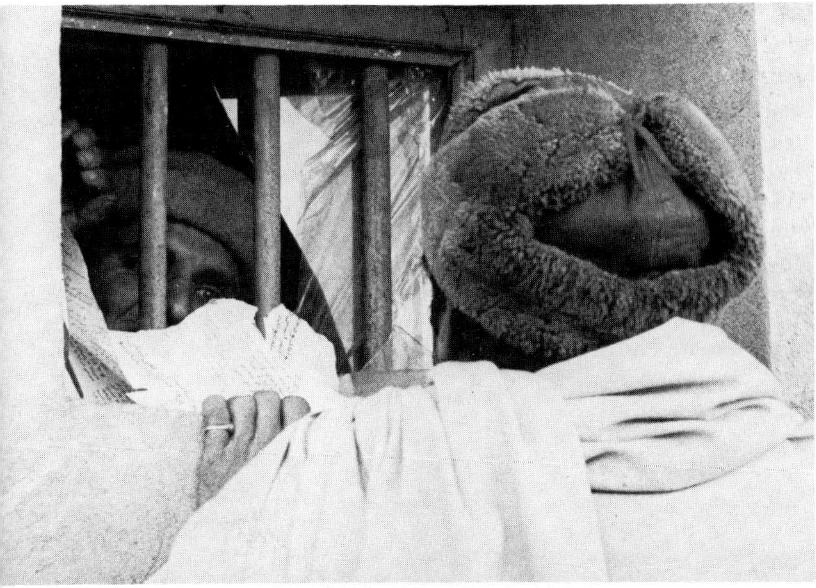

13

14

15

16

17

18

19

20

21

22

23

24

25

26

27

29